Jahrhundertschicksale

Schriften der
Gedenkstätte Deutscher Widerstand
Herausgegeben von
Peter Steinbach und Johannes Tuchel

Simone Barck
Anneke de Rudder
Beate Schmeichel-Falkenberg
(Herausgeberinnen)

Jahrhundertschicksale

Frauen im sowjetischen Exil

Schriften der
Gedenkstätte Deutscher Widerstand
Reihe A: Analysen und Darstellungen
Herausgegeben von
Peter Steinbach und Johannes Tuchel
Band 5

Lukas Verlag
für Kunst- und Geistesgeschichte
Kollwitzstraße 57
D-10405 Berlin
http://www.lukasverlag.de

Das Titelbild zeigt (von links)
Hulda, Elvira und Irmgard Schünemann
in Tscheljabinsk 1939.

Gestaltung
Atelier Prof. Hans Peter Hoch,
Baltmannsweiler

Druck
Allprintmedia GmbH, Berlin

Printed in Germany
1. Auflage 2003

ISBN 3-931836-93-2

Inhalt

»Jahrhundertschicksale« – ist es denn vorstellbar, dass sich in dem Schicksal eines Menschen ein ganzes Jahrhundert spiegelt? Was kennzeichnet denn ein Jahrhundert? Sind wir nicht oft zu schnell, wenn wir seine Konturen festlegen? Was prägte das 20. Jahrhundert, welches Symbol macht es fasslich? Ist es der Stacheldraht, der Judenstern, das Hakenkreuz oder der Sowjetstern, gar das Mauerbruchstück? Wie sicher ist das Urteil des Historikers? Hat man nicht erst vor wenigen Monaten noch das 20. Jahrhundert als angeblich »kurzes« im Jahre 1914/18 beginnen und schon 1989 enden lassen wollen? Wurde der Historiker am 11. September 2001 nicht eines Besseren belehrt?

Vielleicht war das 20. Jahrhundert vor allem das Jahrhundert »moderner Diktaturen«, die sich weltgeschichtlich durch den Anspruch legitimierten, die Zukunft der Menschheit durch tiefe Eingriffe in das Bestehende, das als das Alte und dem Untergang Geweihte bezeichnet wurde, zu verändern? Wir sehen dann vor allem Prozesse und fragen vielleicht zu selten, wie sich diese auf das Leben des Individuums auswirkten.

In diesem Sinne berühren uns Schicksale von Menschen, in denen sich das 20. Jahrhundert als das Jahrhundert der Diktaturen besonders spiegelt. Viele von diesen Menschen hatten gehofft, das Jahrhundert zu gestalten. Sie wollten Verhältnisse stürzen, die in Jahrhunderten entstanden waren, und im Zuge einer radikalen Veränderung eine neue Welt schaffen. Proklamiert wurde dieser »Jahrhundertmensch« in der Krise des 19. Jahrhunderts. Er sollte Geschichte nicht mehr erleiden, sie passiv hinnehmen, sondern aktiv und bewusst gestalten. Nicht Amboss, sondern Hammer wollte er sein. Die erstrebte neue Welt verlangte nach neuen Werten und neuen Menschen. Sie konnte nur entstehen im politischen Kampf mit den Trägern alter Gewalten und überkommener Interessen, verschärfte sich aber auch durch die Konkurrenz ganz unterschiedlicher Vorstellungen von dem heraufziehenden neuen Jahrhundert der Befreiung. So entstanden aus Proklamationen neue Konflikte, die manche Historiker heute als »Weltbürgerkrieg« deuten wollen.

Sehr bald zeigte sich: Wer nur verändern will, geht Risiken ein, denn er produziert nicht selten Leid und sieht sich möglicherweise rascher, als er sich vorstellen kann, in einer ganz anderen Rolle. Ihn treibt der Auftrag, die Verhältnisse zu revolutionieren, und unversehens wird er selbst zum Opfer der Verhältnisse. Zunächst mag sich der Revolutionär damit trösten, dass Rückschläge nur der Konsolidierung neuer Ausgangspositionen revolutionärer Veränderung dienen. Bald aber erkennt er, dass er selbst aus der Bahn geworfen, bedroht, verfolgt, auf die nackte Existenz zurückgeworfen worden ist. Er ist auf der Flucht und fühlt sich ebenso unbehaust wie ausgeliefert. Häufig wird er verfolgt von jenen, die er bekämpfte. Manchmal verfolgen ihn seine eigenen Gesinnungsgenossen, mit denen er eine neue Welt schaffen wollte. Er gerät an eine doppelte Front.

In ganz besonderer Weise gilt dies für viele, deren Schicksal in diesem Buch behandelt wird. Denn sie flohen in das Exil vor den Nationalsozialisten und suchten Sicherheit in der Sowjetunion, um dort zu erleben, wie sich die Unterdrückung gegen Kommunisten, gegen »eigene Leute« und »Parteifreunde« richtete. Seit der Mitte der dreißiger Jahre lebten viele, die von einer Befreiung der Menschheit durch die Schaffung einer sozialistischen und kommunistischen Gesellschaft träumten, gefährlich: Denunziationen, Untersuchungen, Säuberungen, Schauprozesse, Verschleppungen und Hinrichtungen machten deutlich, wie gefährdet das Individuum im 20. Jahrhundert nicht trotz, sondern wegen vieler welthistorischer Befreiungsversprechen blieb.

Damit ist ein entscheidender Umstand der Geschichte des 20. Jahrhunderts angesprochen. Erwachsen aus dem Anspruch, das Alte zu überwinden, das Neue zu schaffen, steigern sich im 20. Jahrhundert die politischen Gegensätze und münden in Revolutionen und Kriege. Emanzipationsbestrebungen schlagen dabei immer wieder in Unterdrückung, in Vertreibungen, systematische Verfolgung Andersdenkender und Vernichtungsaktionen um. Erziehungsdiktaturen, die Menschen fördern und die Menschheit ihrer eigentlichen Bestimmung zuführen wollen, werden dann zu totalitären Systemen, die sich aus der Erklärung absoluter Gegnerschaft legitimieren, weltanschauliche Führungsansprüche erheben und auf die Vernichtung des ideologischen Gegners, der zum Feind erklärt wird, abheben.

Der ideologische Gegensatz zwischen Faschismus und Bolschewismus gibt dem 20. Jahrhundert über viele Jahrzehnte seine Spannung und auch seine Struktur, die bestenfalls kompliziert wird durch den Selbstbehauptungswillen des Verfassungsstaates, der sich zu den Prinzipien bekennt, die Diktaturen ablehnen. Verfassungsstaaten prägen die Geschichte des 20. Jahrhunderts nur, weil sich ein großer Teil ihrer Werte in der Reaktion auf die Proklamationen diktatorischer Herrscher behaupten kann. Verfassungsstaaten entstehen aus dem Misstrauen der Bürger gegenüber den Trägern von Macht und Herrschaft; sie zeichnen sich durch den Willen aus, jedem Mitbürger politisch zu vertrauen. Deshalb mobilisieren sie, herausgefordert, ungeheure politische Kräfte. Diktatorische Systeme hingegen betonen die Verpflichtung des Bürgers, wachsam seinen Mitbürger zu beobachten, ihm zu misstrauen. Vertrauen hingegen verlangen diktatorische Regierungen von allen, die ihrer Herrschaft unterworfen sind.

Die Gegensätze zwischen diktatorischen Staaten und Verfassungsstaaten, aber auch zwischen linken und rechten Diktaturen verbergen sich immer wieder in den großen ideologischen Konflikten zwischen Nationalsozialismus und Stalinismus. Sie werden am Ende der dreißiger Jahre jedoch völlig verwirbelt. Denn am 23. August 1939 wird die Welt überrascht durch die Nachricht, dass Hitler und Stalin, die prägenden Diktatoren des 20. Jahrhunderts, einen Nichtangriffspakt geschlossen haben, dessen eigentliche Zielrichtung wenige Tage später mit dem Überfall der deutschen Truppen auf Polen deutlich wird. Hitler und Stalin haben sich über die Aufteilung Polens und die Eingliederung des Baltikums in den sowjetischen Machtbereich geeinigt.

Zwei Jahre später verändern sich diese Fronten mit dem Angriff der deutschen Wehrmacht auf die Sowjetunion. Nun sind die westlichen Demokratien Verbündete Stalins und ermöglichen ihm nicht nur, die 1939 gewaltsam eroberten kleinen Staaten Mitteleuropas seinem Imperium einzuverleiben, sondern seinen Einflussbereich mit dem Sieg über »Hitlerdeutschland« weit nach Westen auszudehnen. Diese weltpolitischen Fakten sind gut bekannt, werden inzwischen auch nicht mehr bestritten. Die Protokolle der Kriegskonferenzen sind ediert, Erinnerungen der beteiligten Staatsmänner geschrieben, die Folgen der Kumpanei von Diktatoren und der Kooperation von westlichen Demokratien und sowjetischer Diktatur erforscht.

Wie die beteiligten Zeitgenossen die fundamentalen politischen und lebensgeschichtlich tief gehenden Verwirrungen und Verwerfungen, Umorientierungen und Enttäuschungen verarbeiteten, darüber wissen wir wenig. Eigentlich schwand für viele, die sich gerade am Gegensatz von Nationalsozialismus und Marxismus orientiert hatten, jeder feste Grund ihres politischen Daseins. Denn das Zeitalter der Extreme, wie Eric Hobsbawm es nennt, mutete seinen Zeitgenossen extreme Erfahrungen zu. Was könnte eine grundlegende Neukonturierung der Welt, die es zu überleben galt, besser deutlich machen, als die Verfolgung des vor dem nationalsozialistischen Terror geflohenen Menschen in seinem Zufluchtsland, gar seine Auslieferung an die ehemaligen Verfolger?

»Jahrhundertschicksale« hatten extreme Diskontinuitäten, politische Umbrüche, für unglaublich gehaltene Entwicklungen auszuhalten und zu überstehen. Dies gilt vor allem für jene Menschen, die aus ihren Bahnen geworfen wurden, weil sie vertrieben und verfolgt wurden und im Exil ihr Leben zu retten suchten. Exil bedeutet, sich angesichts lebensgefährlicher Bedrohung einen neuen Ort zum Leben zu suchen, der von denen, die den Emigranten aufnehmen, eingeräumt wird. Der Exilant wird geschützt, indem ihm Asyl gewährt wird. Das Asyl gilt als Ort der Sicherheit, der ersten Behausung nach der Verfolgung, die mit dem Verlust der Heimat einhergeht.

Das Exil galt als sicherer Ort, der nicht einmal durch den Verfolger, der den Flüchtling in das Asyl treibt und in das Exil zwingt, verletzt werden durfte. So wurde es seit der Antike gehalten. Aber so galt es nicht mehr im 20. Jahrhundert. Und in besonderem Maße galt dies für das nationalsozialistische Deutschland und für die stalinistische Sowjetunion, die schließlich zum GuLag wurde, in dem viele deutsche Gegner Hitlers drangsaliert wurden. Gefährdet wurde die Sicherheit des Flüchtlings, der Hitler entkommen war, durch ideologische Gegensätze, durch das Misstrauen der Herrschenden, durch ihre wahnwitzige Furcht vor jedem, den sie als Abweichler identifizieren wollten. »Säuberungen« wurden durchgeführt, die sich gegen die eigenen Anhänger richteten. Diese Verfolgungsenergie unterschied nach dem Urteil von Hermann Weber den Stalinismus von anderen bis dahin bekannt gewordenen Spielarten des totalitären Denkens. Nirgends gab es angesichts dieses nach innen gerichteten Terrors mehr einen sicheren Ort.

Was dies für den einzelnen Verfolgten bedeuten konnte, machen die Beiträge dieses Bandes deutlich. Sie haben mehr im Auge als das Schicksal von Emigrantinnen, die im Exil auf vielfältigste Weise herausgefordert waren, und fügen sich zu einer eindringlichen Beschreibung extremer menschlicher Herausforderung und Gefährdung. Denn das 20. Jahrhundert war nicht nur das Jahrhundert der Diktaturen, sondern auch der extremen Entheimatung, weil nicht einmal das Asyl Sicherheit und das Exil Zuflucht boten.

In der Geschichte des Exils spiegelt sich die Verlassenheit des Menschen in einem Jahrhundert, das mit großen Emanzipationsversprechen begann. Sie macht deutlich, in welchem Maß das Individuum im Zeitalter der extremen ideologischen Konfrontation Sicherheit nur noch bei sich selbst fand. Dieser so gefundene feste Grund barg aber in sich den Keim für eine Entwicklung, die schließlich

Diktaturen überwand. Deshalb spiegelt sich in dem Schicksal, in dem wir das Jahrhundert erkennen wollen, vieles: neben ideologischen Gegensätzen und diktatorischer Unterdrückung Widerständigkeit und individuelle Selbstbehauptung. Daran erinnern die Beiträge dieses Bandes.

Diktaturen, der Widerstand gegen Diktaturen und die Orientierung an Normen und Werten, die sich auf den Lebenswert des Einzelnen und seinen Anspruch auf eigenverantwortliches Handeln beziehen, geben dem Jahrhundert seine Konturen. Sichtbar werden sie in den Schicksalen Einzelner. Daran erinnert dieser Sammelband, der zugleich auch viel von den Hoffnungen enthält, die Menschen prägten, die das 20. Jahrhundert zu bestehen hatten.

Unser besonderer Dank gilt den Herausgeberinnen, die mit viel Zeit und Engagement diesen Band in der Schriftenreihe der Gedenkstätte Deutscher Widerstand realisiert haben.

Berlin, im November 2002
Peter Steinbach/Johannes Tuchel

Beate Schmeichel-Falkenberg

Exilforschung – Arbeit gegen das Vergessen

Das Exil der NS-Zeit hat vielerlei Gesichter – und je länger man sich damit beschäftigt, um so deutlicher zeigt sich, dass generalisierende Aussagen schwer möglich sind. In jedem Zufluchtsland der Welt waren die Bedingungen unterschiedlich, ebenso wie die individuellen Voraussetzungen jeder einzelnen Exilantin, jedes einzelnen Exilanten. In manchen Fällen war das, was dann später im Rückblick unter dem Begriff Exil subsumiert wurde, ursprünglich gar nicht als solches gedacht und geplant. Im Falle Palästina/Israel etwa zwangen zwar auch Ausstoßung und Verfolgung dazu, aus dem Mutterland Deutschland zu fliehen, aber es war doch die Aussicht auf einen Judenstaat, an dessen Aufbau man mithelfen wollte, es war eine gezielte Einwanderung, die viele dann dort eine zweite, endgültige Heimat finden ließ.

Auch die »Heimat der Werktätigen«, die große Sowjetunion, war für viele Kommunisten und Sozialisten, für linke Intellektuelle und Künstler ein ersehntes Ziel. Dies schien das Land zu sein, in dem der Traum von einer klassenlosen Gesellschaft gelebt werden konnte. An Leib und Leben vom Nationalsozialismus bedroht, setzten die Emigranten ihre Hoffnungen darauf, in dem neuen Staat mit offenen Armen aufgenommen zu werden. Enthusiastische Berichte steigerten die Erwartungen und erleichterten den Abschied von Mitteleuropa.

Was dann später über die Zustände im stalinistischen Russland bekannt wurde, weckte höchst unterschiedliche Reaktionen. Im Westen hing den Berichten vielfach der Geruch von Propaganda an, sie wurden nicht geglaubt. In den befreundeten Ländern wurden die Missstände systematisch verschwiegen. Erst allmählich lüftete sich der Schleier der Geheimhaltung. Nach der Chruschtschow-Rede von 1956 begann die Welt zu ahnen, zu welchen Verbrechen das Stalinregime fähig gewesen war, obwohl vieles weiter im Dunkeln blieb. Es bedurfte des Zusammenbruchs der kommunistischen Weltmacht, um aus jetzt zugänglichen Quellen und Berichten ein genaueres Bild der Tyrannei sowie der Verfolgung aller vorgeblichen Feinde der Sowjetunion zu erhalten. Davon legt dieses Buch vielfach Zeugnis ab.

Als die Arbeit der Frauenexilforschung Ende der achtziger Jahre begann, wusste man über das Schicksal von Frauen in der Emigration wenig und über ihr Leben in der Sowjetunion fast gar nichts. Darum entwickelte die Arbeitsgemeinschaft »Frauen im Exil« innerhalb der Gesellschaft für Exilforschung schon bald den Plan, sich gezielt mit den Frauen im Exil der Sowjetunion zu befassen und ihre Schicksale zu erforschen. Es handelte sich um Frauen, die allein oder mit ihren Lebenspartnern aus dem nationalsozialistischen Deutschland in die Sowjetunion aufgebrochen waren, voller Hoffnungen, und die dann bald auf Grund von Denunziationen, falschen Verdächtigungen, angeblicher Agententätigkeit oder auch nur wegen eines auffälligen Namens oder einer nichtkonformen Lebensweise verhaftet wurden und verschwanden.

Alle diese Frauen waren mit großem Idealismus in das Land gekommen und hatten sich politisch und künstlerisch engagiert. Es gab zunächst nur spärliche Quellen über ihre wechselnden Aufenthaltsorte, ihre Lebensweise und ihren Verbleib während der stalinistischen Verfolgung und des Zweiten Weltkrieges. Ihr weiterer Lebensweg verlor sich oft ganz im Dunkeln. Im Westen konnte man nur vermuten, dass sie in die spätere DDR gegangen waren und dort über die Vergangenheit in Russland schwiegen. In vielen Fällen bewahrheitete sich diese Annahme dann auch. Nach der »Wende« schien deshalb die Zeit gekommen, sich des Schicksals der betroffenen Frauen anzunehmen, auf dass diese Opfer des Stalinismus nicht vergessen würden.

Die entsprechenden Unterlagen, so viel war zu vermuten, würden höchstwahrscheinlich in Russland zu finden sein. In der reichlich blauäugigen Annahme, dass bereits in der nachstalinistischen Ära in der Sowjetunion einschlägige Forschungsarbeit betrieben worden sei und diese Arbeit nun verstärkt fortgesetzt würde, entstand am Anfang der neunziger Jahre die kühne Idee, eine Arbeitstagung in Moskau zu veranstalten. Aufgrund der Kontakte unserer Mitglieder Simone Barck in Berlin und Irina Iwanowa in Moskau hofften wir auf die Mithilfe russischer Kolleginnen und Kollegen und setzten auf Unterstützung am Ort des Geschehens – sei es durch die deutsche Botschaft, das Goethe-Institut oder russische Universitäten und Forschungsstätten.

Keine dieser Hoffnungen erfüllte sich, kein Forscher, keine Forscherin wurde gefunden, der oder die sich dieses Themas angenommen hätte. Die angesprochenen Institutionen signalisierten nicht nur Desinteresse, sondern ausgesprochene Unlust zu kooperieren.

So mussten wir den Plan aufgeben und stattdessen versuchen, in Deutschland Kooperationspartner zu finden. Dies gelang bald und unkompliziert mit der Gedenkstätte Deutscher Widerstand in Berlin und ihrem Leiter Johannes Tuchel. Sein Angebot, die Tagung an der Gedenkstätte auszurichten, wurde mit Freuden akzeptiert, zumal schon 1993 eine erfolgreiche Tagung zum Exil von Frauen hier stattgefunden hatte, die wegen der guten Zusammenarbeit in bester Erinnerung geblieben war.

Für mich waren es vor allem einzelne Werke, die mich die Probleme der Frauen im sowjetischen Exil deutlicher erkennen und besser verstehen ließen: neben den Erinnerungen Margarete Buber-Neumanns und Susanne Leonhards vor allem der Bericht »Das endlose Jahr« von Karl-Heinz Jakobs über Dorothea Garai in sibirischen Straflagern (und meine Korrespondenz mit dem nach Westdeutschland verdrängten Autor), zur Wendezeit dann das Buch von Elfriede Brüning »Lästige Zeugen«, ihre Tonbandgespräche der achtziger Jahre mit Opfern der Stalinzeit, und Carola Tischlers Dissertation »Flucht in die Verfolgung«. Trotz dieser Publikationen gab es ein weitverbreitetes Schweigen über dieses Thema, das mir immer unbegreiflicher wurde.

Während der Tagung »Frauen im Exil« 1997 in Mainz referierte Meinhard Stark zum ersten Mal über seine Recherchen zu »Frauen im GULag«, von denen er drei ausführlich interviewt hatte. Sein Bericht löste bei den Zuhörern ungläubiges Entsetzen, Erschütterung, Tränen und eindringliche Fragen und Debatten aus. Danach war uns klar, dass diesem Thema im Rahmen der AG »Frauen im Exil« unbedingt eine eigene Veranstaltung gewidmet werden musste. Mit Hilfe der Gedenkstätte Deutscher Widerstand kam dann 1998 in Berlin die Tagung »Jahrhundertschicksale – Frauen im sowjetischen Exil« zustande, die der vorliegende Band dokumentiert.

Es zeigte sich, dass der Rahmen einer Frauenkonferenz – Männer waren sowohl unter den Referenten wie unter den Teilnehmern eine verschwindende (aber sehr willkommene) Minderheit – besonders geeignet war, über diese überaus schwierige, bedrängende und schmerzhafte Thematik zu sprechen. Es zeigte sich ferner, wie schon bei früheren Tagungen, dass eine sachlich-wissenschaftliche Haltung und akademisches Interesse nicht ausreicht, um dem Thema gerecht zu werden. Taktgefühl, Empathie, Rücksichtnahme und zuweilen auch die Fähigkeit zum Schweigen sind gefragt, wenn Menschen sich zu öffnen beginnen und das zur Sprache bringen, was einen großen, entscheidenden Teil ihres Lebens ausmacht.

Es kam während der Tagung in Berlin 1998 zu bewegenden Szenen des Wiedererkennens, des gemeinsamen Erinnerns, des endlich Sprechenkönnens, auch dann, wenn vorher der Entschluss festgestanden hatte, nur zuzuhören und nichts zu sagen. Seit dieser bedeutsamen Tagung hat das Thema uns alle, die wir dabei waren, nicht mehr losgelassen. Eine große Zahl weiterer Publikationen dazu sind inzwischen erschienen oder noch in Arbeit. Weiterhin besteht ein sehr großer Forschungsbedarf. Die Sicherung relevanter Fakten erweist sich als mühsam, zumal der Zugang zu den Quellen in Russland in der Zwischenzeit wieder erheblich erschwert wurde.

In der Folge der Berliner Tagung haben sich zudem eine Reihe von Frauen – teilweise von Freunden, Kindern und Enkeln gedrängt – entschlossen, über ihre Erlebnisse in der Stalinzeit in der Sowjetunion zu berichten. Auch vor diesem Hintergrund sollte in einigen Jahren eine zweite Tagung zum Thema durchgeführt werden, unter Heranziehung weiterer, neuer Forschungsergebnisse und der Auswertung der inzwischen publizierten Literatur und anderer Dokumentationen, ergänzt z.B. auch durch eine Reihe von Filmen und TV-Interviews zum Thema. Denn die Aufarbeitung des Exils von Frauen in der Sowjetunion steht nach wie vor erst an ihrem Anfang.

Die Tagung »Jahrhundertschicksale – Frauen im sowjetischen Exil« nahm in der zehnjährigen Tätigkeit der AG »Frauen im Exil« einen besonderen Stellenwert ein, und der Ort, an dem sie stattfand, war von besonderer Bedeutung: Berlin als die Stadt, in deren östlichem Teil die meisten der aus der Sowjetunion zurückgekehrten Frauen lebten und heute noch leben, und die Gedenkstätte Deutscher Widerstand als Ort der umfassenden Erforschung und Dokumentation des Kampfes gegen den Nationalsozialismus.

Ein kurzer Rückblick sei gestattet: Der 8. Konferenz zum weiblichen Exil der NS-Zeit 1998 waren Tagungen vorangegangen, die sich mit verschiedenen Berufsgruppen wie Schriftstellerinnen, Pädagoginnen, Politologinnen, Journalistinnen, Soziologinnen, Psychotherapeutinnen und anderen befassten. Bildende Künstlerinnen im Exil sollten ein Jahr später folgen. Es wurde über Lyrikerinnen und ihre Exilverarbeitung gesprochen, über lesbische Paare im Exil, über Schulen im Exil und immer wieder über Sprache: die neue Sprache des Exils und die Muttersprache, die verloren zu gehen drohte. Behandelt wurden die Bedingungen von Exil, Migration und Asyl in den verschiedenen Zufluchtsländern: in den USA, in England, in der Schweiz, in Skandinavien oder in französischen Internierungslagern, wobei die gender-spezifischen Unterschiede stets im Blickfeld der Fragestellungen blieben.

Aufgrund der über die Jahre nahezu konsistenten Zusammensetzung der Arbeitsgruppe aus Wissenschaftlerinnen verschiedener Disziplinen, aus Publizistinnen und am Thema interessierten Schriftstellerinnen konnte dann auch das schwierige, sensible Problem des Exils in der Sowjetunion aufgegriffen und gründlich behandelt werden – mit durch die Erfahrung besonders geschärftem Gehör und behutsamer Zunge. So gelang es immer wieder, über das gemeinsame Anliegen in befreiender Weise miteinander zu sprechen. Die Tagung lebte von der intensiven Kommunikation derjenigen, die das Exil am eigenen Leibe erlebt und erlitten hatten, mit denjenigen, die es aus engagiertem Interesse heraus besser verstehen und für die Nachwelt die Erinnerung daran festhalten wollten.

Gehört die Mitarbeit der Zeitzeuginnen und Überlebenden des NS-Exils zu einem der kostbarsten Essentials der Beschäftigung mit dem Exil von Frauen, so waren und sind auch Interdisziplinarität, Internationalität und die von Anfang an sehr enge vertrauensvolle Kooperation ost- und westdeutscher Exilforscherinnen notwendige Bestandteile der Arbeit und haben sie zu etwas Besonderem im Wissenschaftsbetrieb gemacht. Zu bemerken bleibt, dass viele Wissenschaftsinstitutionen der Exilforschung und speziell der Frauenexilforschung lange die kalte Schulter zeigten. Dass die Arbeit der AG »Frauen im Exil« nicht eingebunden war in überlieferte Hierarchien, war allerdings auch von Vorteil: Karriererücksichten brauchten nicht genommen zu werden, Konkurrenzneid gab es nicht, es herrschte dagegen eine solidarische, freundliche und vom Engagement für die Sache getragene Atmosphäre.

Irmela von der Lühe schreibt im Jahrbuch 14 der Exilgesellschaft, die seit Jahren stattfindenden Arbeitstagungen hätten nicht nur vielfältige Forschungen angeregt und vorangetrieben, sie dürften »überdies wegen der stets intensiven Begegnungen zwischen Emigrantinnen, Zeitzeuginnen und Wissenschaftlerinnen als singulärer Fall menschlicher und wissenschaftlicher Kooperation gelten.«[1]

Ein wichtiger Teil der AG-Aktivitäten galt der Erforschung des Exilalltags, über den wenig bekannt war. Man fragte, wie und wo Emigranten und ihre Familien wohnten, wie sie sich ernährten, wie und wo Frauen den nötigen Unterhalt verdienten, was die Männer dazu beitrugen. Probleme von Empfängnis, Verhütung, Abtreibung, von Geburt und Tod, von Partnerschaften und Freundschaften bekamen unter den schwierigen Bedingungen des Exils und der Flucht eine spezifische Bedeutung. Hierzu waren die mündlichen und schriftlichen Äußerungen der Überlebenden eine unschätzbare Informationsquelle. Gerade im Exilalltag, von dem lange wenig die Rede gewesen war, erwies sich ja die vielgerühmte weibliche Flexibilität, Erfindungsgabe, Nüchternheit und Stärke als überlebenswichtig.

Die langjährige Beschäftigung mit dem weiblichen Exil führte in der Arbeitsgruppe auch dazu, den Topos von der Exilgeschichte als reiner Verlustgeschichte, als »Geschichte der Angst« (so Wolfgang Frühwald), zu relativieren. »Exil als Chance« war bereits in den ersten Frauenexiltagungen ein Diskussionsthema. Viele dieser erstmalig diskutierten Themen waren Anlass zu weitergehenden Untersuchungen in Form von wissenschaftlichen Arbeiten und Publikationen, die ein breiteres Publikum erreichten. Die jeweils rund 150 Teilnehmerinnen der Tagungen empfanden sich stets auch als Multiplikatorinnen und setzten häufig das gemeinsam begonnene Nachdenken an ihren Arbeitsstellen fort, an Universitäten, in den Medien, in Schulen. Eine Reihe von Magister- und Promotionsarbeiten nahm bei den Jahrestagungen ihren Ausgang, laufende Projekte wurden hier erstmals diskutiert.

1
Irmela von der Lühe:
»Und der Mann war oft eine schwere, untragbare Last«. Frauen im Exil – Frauen in der Exilforschung, in: Exilforschung. Ein internationales Jahrbuch, Band 14: Rückblick und Perspektiven, München 1996, Fußnote 24, S. 59/60.

Vergleiche mit dem gegenwärtigen Exilleben von Frauen in Deutschland erbrachten aufschlussreiche Parallelen, zeigten aber auch merkliche Unterschiede der Exilsituationen von gestern und heute. Mehr und mehr setzte sich die Erkenntnis durch, wie schwierig es ist, trennscharfe Feststellungen über Charakteristika des Frauenexils herauszuarbeiten. Einige typische Kennzeichen sind allerdings inzwischen wohl unstrittig und werden auch durch andere gender-spezifische Forschungen bestätigt: So darf davon ausgegangen werden, dass Frauen eher bereit waren, NS-Deutschland zu verlassen und ins Exil zu gehen, dass Frauen sich leichter in die fremde Umgebung eingewöhnten, was sie befähigte, häufig den Unterhalt der Familie zu sichern. Andererseits steht auch fest, dass sie es weit schwerer hatten als Männer, in ihrem gelernten Beruf oder entsprechend ihrer Ausbildung zu arbeiten und dass Doppel- und Mehrfachbelastungen bei ihnen eher die Regel waren als die Ausnahme.

Ebenso unbestreitbar bleibt die Erkenntnis, wie wenig die Leistungen der Frauen im Exil und im Widerstand gegen den Nationalsozialismus bisher bekannt und gewürdigt wurden. Dies zu ändern und ihren Verdiensten gerecht zu werden, wird eine Aufgabe für die Zukunft bleiben. Je weiter die NS-Zeit und ihre Schrecken zurückliegen, um so schwieriger wird es sein, kommenden Generationen das Geschehene angemessen zu vermitteln und das Gedenken an die Opfer lebendig zu erhalten. Deswegen ist unsere Forschungs- und Vermittlungsarbeit so wichtig.

Will sich die Frauenexilforschung in Zukunft, um Kontinuität zu wahren, in akademischen Institutionen etablieren, was in mancher Hinsicht durchaus erstrebenswert wäre, so müsste sie sich ihre unorthodoxe Arbeitsweise in Methoden und Inhalten, die Unvoreingenommenheit und Offenheit ihrer Anfangszeit zu bewahren versuchen. Solange jedoch die Möglichkeit einer Integration des Frauenexils als eigenständiges, interdisziplinär angelegtes Forschungsgebiet nicht gegeben ist, wird die Arbeitsgemeinschaft »Frauen im Exil« als unabhängige Gruppe bestehen bleiben müssen: als ein Sammelpunkt, eine Art Schaltzentrale, als Netzwerk, von dem Impulse ausgehen und Pläne entwickelt werden. An Aufgaben fehlt es nicht. Es gilt, die Erinnerung an den Holocaust und seine Folgen im kollektiven Gedächtnis zu festigen und für künftige Generationen zu erhalten.

I.
Bedingungen, Strukturen, Terror

Simone Barck

Frauenexil im »Vaterland aller Werktätigen« –
Topographie eines Forschungsfeldes und seine
»weißen Flecken«

»Gruß den Werktätigen des Westens«

»Endlich war es soweit. Am 19. April 1934 fuhren wir durch das Grenztor von Negoreloje. Dort auf dem Bahnhof traf ich die ersten Rotarmisten. Ihr Äußeres war mir von Abbildungen her wohlvertraut. Der Anblick der lebendigen Menschen, die hier gegen die Feinde aus aller Welt Wache hielten, überwältigte mich. Es gibt sie wirklich…«.[1] So wie hier Trude Richter, die 34-jährige Lehrerin und wegen ihrer Kuriertätigkeit für den illegalen BPRS verfolgte Kommunistin, haben viele der hundert und tausend deutschsprachigen Emigranten ihre ersten Eindrücke vom Sowjetland formuliert. »Mit etwa 100 kommunistischen Emigranten reisten wir im Januar 1936 von Prag über Polen erwartungsvoll in die Sowjetunion. Wir empfanden es als großes Glück, in das Land des Roten Oktober eingeladen zu werden.«[2] Ihre deutlich große Erwartungshaltung resultierte aus der vorbehaltlosen Anerkennung der historischen Avantgarde-Rolle der Sowjetunion für den Weltkommunismus.

»Gruß den Werktätigen des Westens« – so lautete seit den zwanziger Jahren der Willkommensgruß der Sowjetunion für die aus dem Westen ankommenden Besucher und Exilanten. Er stand in großen Lettern auf dem halbrunden großen hölzernen Torbogen von Negoreloje, der sowjetischen Grenzstation, auf der in die auf andersspurigen Gleisen fahrenden russischen Züge umgestiegen werden musste. Das Holztor mit der Losung und dem roten Sowjetstern, die Rotarmisten auf dem Bahnsteig, »hochgewachsene Arbeiter- und Bauernsöhne in ihren Mänteln aus grobem, ungefärbtem Tuch, wie sie lachten, sprachen, aus Zeitungspapier ein ›Ziegenbein‹ für ihren Machorka drehten«,[3] rote Fahnen und die kleinen bescheidenen Holzhäuser waren erste symbolhafte Wahrnehmungen der zahlreichen Spezialisten, die bereits in den zwanziger Jahren zahlreich in die UdSSR strömten. »Unvergesslich die Fahrt durch den Triumphbogen an der Sowjetgrenze mit der Parole ›Proletarier aller Länder, vereinigt euch!‹«[4]

Diese Aufschrift auf der anderen Seite des Holztors, wenn der Reisende oder politische Funktionär, der oder die Illegale das Land wieder verließ, »Proletarier aller Länder vereinigt euch!« entsprach dem Denken und Fühlen der Kommunisten unter ihnen: Man war auch nach weiblich-kommunistischem Selbstverständnis im »Vaterland aller Werktätigen«, das pionierhaft zur sozialistischen Gesellschaft voranschritt, und dies in einer feindlich gestimmten und gefährlich agierenden Umkreisung. Die politische Heimat wurde als »Heimat für die Heimat« begriffen, und der Internationalismus prägte das politische und private Leben der Emigranten. »Mitten auf dem Roten Platz standen mein Mann und ich Hand in Hand und empfanden, glaube ich, das gleiche: Nun sind wir wirklich in Moskau, im Land der Werktätigen der ganzen Welt.«[5]

Abb. 1
Grenztor von Negoreloje 1935

1
Trude Richter:
Totgesagt. Erinnerungen,
Halle-Leipzig 1990, S. 265.
2
Adele Schiffmann:
Erinnerungen, in: Beiträge zur Geschichte
der Arbeiterbewegung, 32 (1990) 2, S. 224.
3
Richter:
Totgesagt (Anm. 1), S. 265.

4
Lilli Beer-Jergitsch:
18 Jahre in der UdSSR.
Unveröffentlichtes Manuskript, S. 6.
Befindet sich im Dokumentationsarchiv des
Österreichischen Widerstandes in Wien.
5
Ohne Scham. Lebensbericht der Nelly Held,
erfragt und herausgegeben von
Marianne Krumrey, Berlin 1990, S. 73.

Exil von Frauen in der Sowjetunion zu thematisieren heißt Fragen nach dem Leben und Kämpfen, Leiden und Sterben von Frauen in der Sowjetunion aufzuwerfen. Es werden Auskünfte über weibliche Jahrhundertschicksale gesucht, denn es geht um eine besondere Dimension lebensgeschichtlicher Erfahrungen von Frauen im 20. Jahrhundert – Frauen, die sich in ihrer Mehrzahl politisch für gesellschaftlichen Fortschritt, soziale Gerechtigkeit und ökonomische Gleichheit engagiert haben.

Es sind im wesentlichen zwei Generationen: die der Mütter, meist noch in den neunziger Jahren des vorigen Jahrhunderts geboren, und die der Töchter, die in den zwanziger Jahren bis Mitte der dreißiger Jahre zur Welt gekommen waren. Als Angehörige beider Generationen waren sie durch ihr Leben direkt mit Krieg und Revolution, mit zwei unterschiedlichen, aber totalitären Diktaturen, mit Gewalt und Terror, mit Flucht und Vertreibung verbunden, in Haft und Exil verwickelt. Sie verband eine große doppelte Gemeinsamkeit: das klare »Anti« gegenüber Ausbeutung und Unterdrückung einerseits, und das (zunächst) vorbehaltlose »Pro« gegenüber dem sowjetischen Versuch des Aufbaus des Sozialismus in einem Land andererseits. Insofern hingen die meisten von ihnen der Überzeugung an, dass es möglich sei, einen Sozialismus mit menschlichem Antlitz zu schaffen, Demokratie und Sozialismus vereinigen zu können.

Ihre Energien schöpften sie aus den jahrhundertealten sozialistischen Utopien, aus ihren kommunistischen Idealen und politischen Vorstellungen aus der Geschichte der sozialen Bewegungen. Für sie war der Kommunismus »kein Gespenst«, sondern eine erstrebenswerte Sache, gleichbedeutend mit Frieden und Glück für alle, sozialer Sicherheit und politischer und ökonomischer Gleichberechtigung von Mann und Frau. Das Engagement dieser Frauen für eben diese »Sache«, ihre Hoffnungen und Aktivitäten, ihre Lebenserwartungen und realen Lebensverläufe wurden für den quantitativ bedeutendsten Teil von ihnen durch die von den stalinistischen Herrschaftsapparaten veranlassten und durchgeführten Verfolgungs- und Repressionsmaßnahmen sowie massenhaften Verbrechen und Ermordungen schwersten existentiellen psychischen und physischen Belastungen und Zerstörungen ausgesetzt. Das Sicherheit versprechende Exil verkehrte sich für viele in eine mörderische Falle.

Faktologische und soziologische Aspekte

Trotz bedeutender Fortschritte der Forschung in den letzten zehn Jahren sind bis heute exakte Zahlen zu den im GULag umgekommenen Frauen unbekannt. Die Geschichte der Forschungen zum sowjetischen Exil war bis 1989 durch deutliche Dichotomie und Asymmetrie sowie entscheidenden Quellenmangel gekennzeichnet. Waren in den westlichen Darstellungen vor allem die stalinistischen Folgen für die internationalen Antifaschisten herausgestellt worden, so dominierte in den östlichen ein weitgehend apologetisches Bild von der »zentralen Rolle« des sowjetischen Exils.

Ohne Übertreibung kann festgestellt werden, dass erst durch den nach 1989 erfolgten Zugang zu den sowjetischen und ostdeutschen Primärquellen eine wirklich solide archivalisch abgesicherte Forschung möglich wurde. Das betrifft auch Untersuchungen zum weiblichen Exil in der Sowjetunion, die wie die Exilforschung insgesamt durch den interdisziplinären Blick von Historikern, Soziologen, Kulturhistorikern sowie Stalinismusforschern in eine neue Phase einzutreten scheint. Dies dokumentiert anschaulich das 1998 erschienene »Handbuch der deutschsprachigen Emigration 1933–1945«, das nachdrücklich auf die Notwendigkeit verweist, bei den insgesamt mindestens 20000 exilierten Frauen »geschlechtsspezifische Aspekte«[6] angemessen zu berücksichtigen. Zugleich werden die methodologischen und theoretischen Probleme, eine Exilforschung unter der

Kategorie der Geschlechterdifferenz zu entwickeln, auf der Basis des bisher dazu Vorliegenden erörtert. Bei den für die Sowjetunion festgestellten Forschungs-desiderata[7] wäre allerdings genau das weibliche Exil noch zu ergänzen. Erste Zwischenergebnisse dazu dokumentiert der vorliegende Band.

Während bis 1989 für Umfang und Zusammensetzung des sowjetischen Exils nur vage Schätzungen existierten, sind seit Öffnung der sowjetischen und ostdeutschen Archive erstmals Dokumente verfügbar geworden, die annähernd ein Bild des tatsächlichen Umfangs des Exils sowie des Ausmaßes der von den stalinistischen Repressionen Betroffenen vermitteln.

Die Nachforschungen und die fortgeschrittene statistische Erfassung der Repressions- und GULag-Opfer durch die sowjetische Memorial-Bewegung[8] haben auch viele Einzelschicksale deutscher Emigranten aufklären können. So würde schon heute eine Zusammenfassung der in über 37 Publikationen der »Martyrologen« vorliegenden deutschen Namensangaben eine genauere Opfer-statistik deutschsprachiger Arbeiter, Spezialisten und Emigranten ermöglichen. Die in der Regel mehrere hundert Seiten umfassenden, jeweils mehrbändigen »Gedenkbücher« aus den verschiedensten Regionen der ehemaligen Sowjetunion vermitteln einen definitiven Einblick in die Dimensionen des Massenterrors.[9]

Die Arbeiten sowjetischer Historiker und Journalisten wie z.B. Fridrich J. Firsow, Alexandr Watlin, Arkadi Waksberg, Vitali Schentalinski, Natalija Mussi-jenko und Oleg Dehl sowie deutscher, österreichischer und Schweizer Forscher wie Hermann Weber, Reinhard Müller, Peter Huber und Hans Schafranek schufen einen neuen Wissensstand. Während die beiden ersten Dokumentationen zum sowjetischen Exil noch Zahlen von 400[10] bis 1136[11] Repressierten festhielten, er-faßte Reinhard Müller 1991 bereits die Zahl von 2546[12] und wies 1993 auf eine Quelle von Anfang 1936 hin, nach der für die Sowjetunion für 1936 eine geschätz-te Zahl von 4600 politischen Emigranten[13] überliefert ist. Davon befanden sich im April 1938 etwa 70% in NKWD-Haft.

6
Hiltrud Häntzschel:
Geschlechtspezifische Aspekte, in:
Claus-Dieter Krohn/Patrik von zur Mühlen/
Gerhard Paul/Lutz Winckler unter redaktioneller
Mitarbeit von Elisabeth Kohlhaas (Hrsg.):
Handbuch der deutschsprachigen Emigration
1933–1945, Darmstadt 1998, S. 101–117.
7
Hans Schafranek:
Sowjetunion, in: Handbuch der deutsch-
sprachigen Emigration (Anm. 6),
S. 394–395.
8
Vgl. hierzu Wladislaw Hedeler:
Gibt es eine Schwarzbuch-Debatte in Russland?,
in: Sozialismus, 24 (1998) 12, S. 43–48;
Ders.: Jagoda, Jeshow, Berija und der eiserne
Felix, in: Sozialismus, 25 (1999) 2, S. 56–58.
So enthält z.B. der Martirolog rasstreljanych i
zachoronnych na poligone NKVD »objekt
Butovo« 8.8.1937 bis 19.10.1938, Moskau
Butovo 1997, biographische Angaben von 20765
Opfern, davon 267 Angaben zu erschossenen
deutschen Emigranten.
Vgl. hierzu Reinhard Müller: »Wir kommen alle
dran«. »Säuberungen« unter den deutschen
Politemigranten in der Sowjetunion (1934–1938),
in: Mittelweg 36, 6 (1997) 6, S. 38.

9
Eine Aufstellung der bisher vorliegenden
Gedenkbücher verdanke ich Wladislaw Hedeler.
10
Hermann Weber:
»Weiße Flecken« in der Geschichte.
Die KPD-Opfer der Stalinschen Säuberungen
und ihre Rehabilitierung,
Frankfurt am Main 1989 bzw. 1990.
11
In den Fängen des NKWD. Deutsche Opfer
des stalinistischen Terrors in der UdSSR,
Berlin 1991.
12
Reinhard Müller:
Einleitung, in: Reinhard Müller (Hrsg.):
Die Säuberung. Moskau 1936: Stenogramm
einer geschlossenen Parteiversammlung,
Reinbek bei Hamburg 1991, S. 17.
13
Zitiert nach Reinhard Müller:
Permanenter Verdacht und »Zivilhinrichtung«.
Zur Genesis der »Säuberungen« in der KPD, in:
Herrmann Weber/Dietrich Staritz in Verbindung
mit Siegfried Bahne/Richard Lorenz (Hrsg.):
Kommunisten verfolgen Kommunisten.
Stalinistischer Terror und »Säuberungen« in
den kommunistischen Parteien Europas
seit den dreißiger Jahren, Berlin 1993, S. 259.
Es handelt sich hierbei um eine Schätzung von
Herrmann Nuding.

1998 ergab die erstmalige Auswertung der NKWD-Verhaftungsbefehle und der entsprechenden Rückmeldungen für die Jahre 1937/38 eine Zahl von insgesamt 70 000 (!) Verhafteten, die der Kategorie »Deutsche« zugeordnet waren.[14] Die weitere Quellen erschließende Gesamtdarstellung zum sowjetischen Exil von Carola Tischler hält an der Zahl von 4000 bis 5000 Emigranten fest, weist jedoch zu Recht darauf hin, dass über die umfangreiche proletarische deutsche Spezialistentätigkeit in der UdSSR gegenwärtig noch die größten Wissensdefizite existieren. Waren es z.B. bereits im Jahre 1931 ca. 20 000 ausländische Arbeiter,[15] so reduzierte sich zwar die Zahl durch Rückwanderung nach 1933,[16] darf aber immer noch mit ca. 15 000 Mitte der dreißiger Jahre angenommen werden, bis durch verstärkte Abschiebungen sowie durch den Terror eine drastische Verringerung eintrat.

Zu den jeweils weiblichen Anteilen bei diesen Zahlen kann nur annähernd geschlossen werden: Nimmt man die Zahl von 1136 zur Grundlage, so ergibt sich mit nur 165 Frauen ein Anteil von ca. 10%, der zu gering erscheint. Eher wird man zu berücksichtigen haben, dass in vielen Fällen die Frauen in ihrer Eigenschaft als Ehefrauen mitgingen und als solche nur selten in den Statistiken erfasst wurden. Für die politische Emigration kann die sogenannte Fahndungsliste UdSSR ergänzend, aber nur unter Vorbehalt hinzugezogen werden und einen ungefähren Anhaltspunkt liefern: Von den ca. 2800 Erfassten sind ca. 450 weiblichen Geschlechts. Was diese »erste Gruppenbiographie des deutschsprachigen Exils in der Sowjetunion«[17] aussagt, ist – trotz der nachgewiesenen Sachfehler und der kritischen Einordnung als Täterquelle – vor allem die Bestätigung des betont politischen Charakters dieses Exils. Darüber hinaus listet sie so manchen bisher nicht bekannten Namen auf und kann insofern zu weiterer Recherche ergänzend herangezogen werden.[18]

Seit Erscheinen des »Schwarzbuchs des Kommunismus« mit den von Stéphane Courtois in die Welt gesetzten recht spekulativen Opferzahlen wird in der Forschungsliteratur zu Recht ein vorsichtiger Umgang mit den Opferzahlen angemahnt, die Methode des gegenseitigen Hochrechnens der Holocaust- und der GULag-Opfer in Frage gestellt und generell für mehr Sorgfalt mit den Quellen plädiert.[19] Bei vielen setzt sich die schmerzliche Erkenntnis durch, dass wohl letztlich nur annähernde Quantifikationen der Repressionsopfer herauskommen werden und manches Schicksal überhaupt »namenlos« bleiben wird.

Aus einer solchen Perspektive erweist sich die erwähnte Arbeit der Martyrologen als unschätzbar und relativiert sich manche von den revisionistischen Stalinismusforschern in den letzten Jahren vertretene These über die Ursachen und das Ausmaß des Terrors. Ein »differenzierter multikausaler Erklärungsansatz«[20], der nach den innen- und außenpolitischen Gründen, den politischen, ökonomischen und sozialen Strukturen der sowjetischen Gesellschaft, nach der Rolle der Täter und Opfer gleichermaßen fragt und der dabei die Wirkung der »stalinistischen Alltagsideologie«[21] thematisiert, lässt weitere Aufschlüsse über den historischen Stalinismus und seine Praktiken erwarten.

Bei der für 1936 angegebenen Zahl von 4000 – 5000 deutschsprachigen Emigranten und Emigrantinnen kann ein Anteil von schätzungsweise maximal 30 bis 40 Prozent Frauen angenommen werden.[22] Die oben genannten Forschungen setzen für diese Zahl 70% Verhaftungen und Tote an, was einen Kreis von 3000 Opfern stalinistischer Verbrechen, davon ca. 1500 Frauen, ergäbe. Unsere im Anhang abgedruckte und natürlich fragmentarische Liste enthält als Haupteinträge »nur« gut 300 Frauennamen, was das Ausmaß des noch zu Ermittelnden verdeutlicht und zugleich befürchten lässt, dass viele Frauen- und Mädchenschicksale ungeklärt bleiben werden. Für alle bisherigen Zahlen wird man wohl mit Korrekturen rechnen müssen.

Überblicksdarstellungen und weibliche Perspektiven

Mit Carola Tischlers Dissertation von 1996 »Flucht in die Verfolgung. Deutsche Emigranten im sowjetischen Exil 1933–1945« liegt ein ausgewogener, sorgfältig recherchierter und quellenfundierter Gesamtüberblick vor. In einer gelungenen Mischung von politikgeschichtlichen und sozial-alltagsgeschichtlichen Aspekten gibt sie erstmals einen Überblick über alle Bereiche und Tätigkeitsfelder des sowjetischen Exils der deutschsprachigen Emigranten. Besonderen wissenschaftlichen Neuwert haben vor allem ihre Ausführungen zum jüdischen Exil und die Darstellung zu den sogenannten Russlandrückkehrern, von denen bis 1939 ungefähr 3500, in der Zeit des deutsch-sowjetischen Nichtangriffsvertrages ca. 1000 Personen nach Deutschland kamen, darunter ein Teil von »Abgeschobenen« aus NKWD-Haft.[23]

Waren sich schon bisherige Darstellungen über den vorrangig politischen Charakter der Sowjetunion als Exilland einig, so wird man nicht sagen können, dass wir über den mit der KPD und KI sowie den internationalen Organisationen wie RGI, IRH u.a. verbundenen politischen Emigrationsalltag schon alles wüssten. Das gilt natürlich insbesondere für die hier tätigen Frauen. In Abwandlung der bekannten Brecht-Sentenz »Wer baute das siebentorige Theben?« könnte man fragen: Wer schrieb die Reden und Protokolle der großen Politik, der Kongresse und Zusammenkünfte, wer sorgte für das leibliche Wohl, wer führte den Briefwechsel und übersetzte, wer kümmerte sich um das alltägliche Funktionieren in politischen und gesellschaftlichen Organisationen und Institutionen? Dass für

14
Reinhard Müller (unter Mitwirkung von Natalija Mussijenko): »Wir kommen alle dran«. Säuberungen unter den deutschen Politemigranten in der Sowjetunion 1934–1938, in: Hermann Weber/Ulrich Mählert (Hrsg.): Terror. Stalinistische Parteisäuberungen 1936–1953, Paderborn-München-Wien-Zürich 1998, S.123, Fußnote 18. Einer von den zahlreichen NKWD-Befehlen, die erstmals die politischen, sozialen und regionalen Mechanismen der Verhaftungen einsehbar machen, war der mit der Nummer 00439 (vom 25. Juli 1937), der die Verhaftung »aller Deutschen« verfügte, was sowohl Politemigranten deutscher wie russischer Staatsangehörigkeit, Arbeiter und Spezialisten sowie Sowjetdeutsche betreffen konnte. Vgl. auch Carola Tischler: Flucht in die Verfolgung. Deutsche Emigranten im sowjetischen Exil, 1933–1945, Münster 1996, S.123.
15
Vgl. hierzu: Exil in der UdSSR, Leipzig 1989, Band 1, S.26 und Band 2, S.798.
16
Bis 1939 bzw. bis 1942 sollen 3500 bzw. 4000 Russlandrückkehrer die Sowjetunion verlassen haben. Vgl. Tischler: Flucht in die Verfolgung (Anm. 14), S.125.
17
Werner Röder: Sonderfahndungsliste UdSSR. Über Quellenprobleme bei der Erforschung des deutschen Exils in der Sowjetunion, in: Exilforschung. Ein internationales Jahrbuch, Band 8: Politische Aspekte des Exils, München 1990, S.103.
18
Werner Röder: Sonderfahndungsliste UdSSR. Faksimile und Beiband, Erlangen 1976.

19
Vgl. zur Kritik und Auseinandersetzung mit dem »Schwarzbuch« Manfred Behrend: Rezension, in: Beiträge zur Geschichte der Arbeiterbewegung, 41 (1999) 1, S.111–115; sowie Gerd Koenen: Utopie der Säuberung. Was war der Kommunismus?, Berlin 1998.
20
Johannes Baur: »Großer Terror« und »Säuberungen« im Stalinismus. Eine Forschungsübersicht, in: Zeitschrift für Geschichtswissenschaft, 45 (1997) 4, S.348.
21
Stephen Kotkin: Magnetic Mountain. Stalinism as a Civilization, Berkeley 1995, S.285.
22
Aus einer Liste der Moskauer KPD-Führung vom Januar 1944 über »verwendbare KPD-Mitglieder und Politemigranten« geht hervor, dass von den namentlich genannten 264 Personen 135 Frauen waren. Vgl. Peter Erler: Heeresschau und Einsatzplanung. Ein Dokument zur Kaderpolitik der KPD aus dem Jahre 1944, in: Klaus Schröder (Hrsg.): Geschichte und Transformation des SED-Staates. Beiträge und Analysen, Berlin 1994.
23
Tischler: Flucht in die Verfolgung (Anm. 14), S.125. Wie sehr die Quellen des RSHA auch für die Ermittlung von verschollenen Emigrantinnen ergiebig sein können, zeigen die Dokumente zu Waltraut Nicolas, aus denen man alleine schon fünf Namen von Frauen entnehmen kann, die bisher in keiner Aufstellung vorhanden waren.

Abb. 2
Familie Pieck beim Baden in Kunzewo,
August 1938
Stehend von links nach rechts:
Arthur Pieck (Sohn von Wilhelm Pieck),
Elli Winter (Tochter von Wilhelm Pieck),
Ursel Lode (Schwester von Grete Lode-Pieck),
Lore Pieck (Tochter von Wilhelm Pieck)
Sitzend von links nach rechts: Wilhelm Pieck,
Mutter Lohbeck (Haushälterin),
Grete Lode-Pieck (Frau von Arthur Pieck),
Theo Winter (Schwiegersohn von Wilhelm
Pieck)

Abb. 3
Familie Pieck in Kunzewo, August 1938
Von links nach rechts:
Eleonore Staimer (Tochter von Wilhelm Pieck,
mit dem Rücken zur Kamera),
Lore Pieck, Ursel Lode, Mutter Lohbeck,
Elli Winter, Grete Lode-Pieck

diese noch ausstehende Sozialgeschichte auch Quellen aus bisher sekretierten Archivbeständen genutzt werden können, zeigt ein Blick in das sogenannte Erinnerungsarchiv des Zentralen Parteiarchivs im seinerzeitigen IML.[24]

So gibt es z.B. in den nie veröffentlichten Erinnerungen der Tochter von Wilhelm Pieck, Elli Winter, eine aufschlussreiche Beschreibung im Zusammenhang des VII. Weltkongresses der Kommunistischen Internationale im Juli/August 1935. Sie berichtet gewissermaßen die Profangeschichte dieses großen Ereignisses im heißen Moskauer Sommer 1935: »Mein Vater trug einen weißen Leinenanzug, der nach einem langen Sitzungstag natürlich vollkommen durchgeschwitzt und verknautscht war. Da stand dann meine Mutter am Waschfass und wusch und bügelte einen der drei weißen Anzüge, damit ihr Mann, der Genosse Pieck, jeden Kongresstag in einem frischen weißen Anzug beginnen konnte.«[25]

Es sind also vor allem die Perspektiven der Ehefrauen und Geliebten, der Mütter und Töchter, der Stenotypistinnen und der weiblichen Mitarbeiterinnen in den patriarchalisch strukturierten Partei- und Organisationsapparaten, die bisher in der Exilgeschichtsschreibung fehlen. Neben den Innensichten des Parteilebens in der Emigration und den Einsichten in kommunistische Mentalitäten sowie in die Motivationen des weiblichen Widerstandes mangelte es generell bisher an den Sichtweisen »von unten«, den Erfahrungsberichten von ganz »normalen« Emigrantinnen. Allerdings gibt es gerade auf diesem Feld durch die protokollierten Eingaben und Briefe von Repressionsopfern, denen sich der Beitrag von Reinhard Müller in diesem Band ausführlich widmet, bedeutungsvolle Fortschritte. Diese Dokumente sind unersetzbare Zeugnisse von stalinistischen Lagerwirklichkeiten.

Carola Tischler hat in ihrer Arbeit auch einen Überblick über solche Einrichtungen wie die Lenin-Schule, die sog. M-Schule, d.h. militärpolitische Schule, und die KUNMW (Kommunistische Universität der nationalen Minderheiten des Westens) gegeben, an denen – mit Ausnahme der Lenin-Schule, die vorwiegend Männern vorbehalten war – auch viele Frauen lernten und studierten. Sie holten so die ihnen oft bisher vorenthaltene Bildung nach, wie es z.B. Emma Tromm und Emma Stenzer[26], die Witwe des 1933 von den Nazis ermordeten kommunistischen Reichstagsabgeordneten Franz Stenzer, beschrieben. Oder sie qualifizierten sich hier für die politische Arbeit u.a. als Instrukteurinnen, Kurierinnen oder Funktionärinnen.

24
Vgl. hierzu Beatrice Vierneisel:
Das Erinnerungsarchiv. Lebenszeugnisse als Quellengruppe im Institut für Marxismus-Leninismus beim ZK der SED, in: Martin Sabrow (Hrsg.): Verwaltete Vergangenheit. Geschichtskultur und Herrschaftslegitimation in der DDR, Berlin 1997, S. 117–144; sowie Karin Hartewig: Das »Gedächtnis« der Partei. Biographische und andere Bestände im Zentralen Parteiarchiv in der »Stiftung Archiv der Parteien und Massenorganisationen der DDR im Bundesarchiv«, in: Jahrbuch für Historische Kommunismusforschung, 1 (1993), S. 312–323.
25
Elli Winter: Auf dem Wege zur Vereinigung, 16. 6. 1965, S. 8, SAPMO-BA, SG Y30/1342/1.
26
Vgl. das Zeitzeuginnen-Gespräch in diesem Band.

Frauen, die von sowjetischer Seite erwünschterweise meist mit Partnern und Kindern kamen, unterlagen den allgemeinen sowjetischen Exilbedingungen: d.h. es musste ein politischer Auftrag vorliegen oder die Einladung einer sowjetischen Einrichtung. Sie waren durchweg berufstätig, integrierten sich mit Ausnahme vieler Prominenter in die sowjetischen Verhältnisse und bildeten mit anderen Emigranten und den Russen »als Freunden« bis Mitte der dreißiger Jahre eine »ganz schöne Gemeinschaft«[27]. Die seit 1934 heraufziehenden, in den Jahren des großen Terrors 1936–1938 eskalierenden Verhaftungen wurden nicht nur von den Betroffenen als Schock wahrgenommen, sondern von allen als unbegreifliches Geschehen und tragisches Verhängnis empfunden.

Es kam zu einer Simultaneität der Wahrnehmungsweisen, die je nach der persönlichen Situation und Perspektive so oder so ausgeprägt war: das Erleben von sozialen Fortschritten und ökonomischen Verbesserungen, das sich auch im Alltag bemerkbar machte, und die Konfrontation mit rational nicht erklärbaren Vorgängen wie Bedrohung, Verhaftung und Verschleppung von als unschuldig angesehenen Angehörigen und Mitemigranten, Arbeitskollegen und – auch russischen – Nachbarn. Die zunächst von vielen noch akzeptierten Sicherheits- und Überprüfungsmaßnahmen von Partei und Staat begannen ab 1937 einer zunehmenden Fassungslosigkeit, einer eskalierenden kollektiven Feindpsychose, Hilflosigkeit sowie Angst und Schrecken zu weichen. Es war eine »schizophrene Atmosphäre: jeder misstraute seinem Nächsten. Die Angst verwirrte uns vollkommen.«[28]

Liest man im umstrittenen »Schwarzbuch des Kommunismus«, dessen Dämonisierung und pauschalisierende Gleichsetzung von nationalsozialistischer Menschenvernichtung mit stalinistischen Massenverbrechen seinen wissenschaftlichen Wert mindert, den von Nicolas Werth verfassten, sorgfältig und differenziert gearbeiteten Teil »Ein Staat gegen sein Volk« mit der rekonstruierten tatsächlichen Grauensbilanz, setzt das hier vorgeführte Ausmaß des Massenterrors alle bisherigen Vorstellungen dazu außer Kraft. Die von Werth beschriebene »Institutionalisierung des Terrors als Regierungsform«[29] zeigt vieldimensional das Gesamtsystem, dem auch der größte Teil der Emigrantinnen ausgeliefert war.

Angesichts der durch Krieg und Diktaturen verschuldeten Millionen Toten hat der Historiker die Aufgabe, die Ursachen ihrer Schicksale, die Umstände ihres Lebens und Sterbens, ihres Alltags in Freude und Leid zu rekonstruieren. Wenn man davon ausgehen kann, dass die Menschen ihre Geschichte »nicht aus freien Stücken, nicht unter selbstgewählten, sondern unter unmittelbar vorgefundenen, gegebenen und überlieferten Umständen«[30] machen, dann trifft das auch für die sowjetischen Verhältnisse der dreißiger und vierziger Jahre in vollem Maße zu und erfordert die konkrete Analyse der objektiven und subjektiven Bedingungen der Existenz von Frauen im sowjetischen Exil.

Gegenüber der Grauensbilanz des Schwarzbuches, das Thesen »vom Ende der Geschichte« und vom angeblichen »Tod der Utopien« zu bekräftigen scheint, schlägt der französische Philosoph Paul Ricœur einen anderen Umgang mit der Geschichte und dem Gedenken vor. Befragt zu den Schreckensbilanzen des 20. Jahrhunderts, antwortet er: »Die Ereignisse dieses Jahrhunderts können einen dazu verleiten, die Geschichte als einen riesigen Friedhof anzusehen. Aber wir müssen dem widersprechen. Die Geschichte besteht nicht nur aus Toten. Ich spreche in diesem Zusammenhang vom ›Rückschlag der Zukunft auf die Vergangenheit‹. Die Historiker tendieren dazu, die Vergangenheit als abgeschlossen zu verstehen. Es ist eine große Versuchung zu glauben, die Vergangenheit sei determiniert, die Zukunft unbestimmt. Es geht aber darum, das Unabgeschlossene der Vergangenheit vor dem Vergessen zu bewahren. Die historischen Akteure hatten Träume, hochfliegende Hoffnungen, Projekte.«[31]

Er betont angesichts des belastenden »Schweigens der Toten« die Wichtigkeit von Zeugen und von Zeugnissen, fordert eine »Archäologie des Subjekts«. Wenn also die Geschichte kein Friedhof ist, käme es bei einer »weiblichen« Archäologie des Subjekts darauf an, die komplexen weiblichen Lebensrealitäten in ihren geistigen und sozialen Vorgeschichten, in Glück und Leid aufzusuchen und ihre Handlungsmotivationen und antizipatorisch-emanzipatorischen Strategien zu beleuchten. Denn, so Ricœur, »die Dokumente sind tot, und später können nur die Fragen der Nachgeborenen sie wieder mit Leben erfüllen.«

Das seinerzeit am weitesten verbreitete zeitgenössische Erklärungsmuster zum Repressionsproblem, das hundertfach überliefert ist, lautete: Stalin wisse nichts von diesen Dingen, den massenhaften Verhaftungen von Unschuldigen; und tatsächliche »Klassenfeinde« bei den Partei- und Sicherheitsorganen seien möglicherweise die Schuldigen. Die Zurückgebliebenen zermarterten sich den Kopf nach eventuellem Fehlverhalten, sie durchforsteten ihr ganzes Leben nach möglichen »Versäumnissen« ihrer »Klassenwachsamkeit«, die auch eine selbstverständliche Denunziationspflicht beinhaltete.

Das NKWD-Prinzip, die politischen Anklagen nach »Kontaktschuld« zu konstruieren und zu erfinden, schuf für die engen Emigrantenkreise höchste Gefährdungen. So geriet z.B. Emma Tromm, Autorin des Buches »Frauen führen Krieg« (Berlin 1932 bzw. Moskau 1934) und Mitarbeiterin der IVRS, wegen ihrer Beziehungen zu dem verhafteten polnischen Emigranten Abraham Brustawitzki in eine inquisitorische Versammlung der deutschen Schriftsteller im September 1936. Ihr damals geführtes Tagebuch spiegelt die generelle Atmosphäre und die gravierenden Zwänge: »Trifft nicht jeden eine ähnliche Schuld? Sind nicht fast alle mit dem einen oder andern bekannt und war nicht jeder blind, der um mich herum sitzt. Was wird aus mir, wenn die Genossen kein Vertrauen mehr zu mir haben?«[32]

Dass als Erklärung den meisten nur der Glauben an tiefe Missverständnisse und böse Irrtümer blieb, spiegeln auch die zahlreichen »Eingaben«, die Angehörige der Verhafteten an Stalin, Molotow, Dimitroff, Pieck oder die NKWD-Behörden richteten – Reinhard Müller hat ihnen im vorliegenden Band einen eigenen Beitrag gewidmet. Auch aus diesen Dokumenten geht die gespenstische Atmosphäre deutlich hervor. Wir erfahren viele Details aus dem stalinistischen Alltag der dreißiger Jahre, vor allem auch über die besonders dramatische Lage, die für die zurückbleibenden Frauen und Kinder entstanden war. So sind z.B. mehrere Briefe von Ella Brückmann, der Frau des im Juni 1938 verhafteten und im GULag umgekommenen Kaderreferenten des Exekutivkomitees der Kommunistischen Internationale (EKKI) Georg Brückmann, von Reinhard Müller als »Funktionstäter«[33] bezeichnet, an Stalin überliefert.

27
Beer-Jergitsch 18 Jahre in der UdSSR
(siehe Anm. 4), S. 64.
28
Ohne Scham. Lebensbericht der Nelly Held
(Anm. 5), S. 101.
29
Stéphane Courtois/Nicolas Werth/
Jean-Louis Panné/Andrzej Packowski/
Karel Bartosek/Jean-Louis Margolin:
Das Schwarzbuch des Kommunismus,
München-Zürich 1997, S. 290.
30
Karl Marx: Der achtzehnte Brumaire
des Louis Bonaparte, in: Institut für Marxismus-
Leninismus beim ZK der SED (Hrsg.):
Karl Marx/Friedrich Engels Werke
in 42 Bänden, Band 8, Berlin 1960, S. 115.

31
Paul Ricœur: Die Geschichte ist kein Friedhof,
in: Die Zeit vom 8.10.1998, S. 68.
32
Zitiert nach Müller (Hrsg.):
Die Säuberung (Anm. 12), S. 54.
33
Reinhard Müller: »Schrecken ohne Ende«.
Eingaben deutscher NKWD-Häftlinge und ihrer
Verwandten an Stalin, Jeshow u.a., in:
Exil, 17 (1997) 2, S. 88.

Vom Oktober 1938 stammt ein bemerkenswert proletarisch energischer Brief von Ella Brückmann, der seine Kraft aus der festen Überzeugung schöpft, dass ihr Mann unschuldig ist: »Er hat niemals, weder in Deutschland noch in der Sowjetunion in Opposition gestanden oder Abweichungen gehabt. Er ist vollkommen unbefleckt aus allen Parteireinigungen und Kontrollen hervorgegangen, er hat bestimmt bis zum letzten Augenblick vor seiner Verhaftung das Vertrauen seiner ihm übergeordneten Genossen gehabt.«[34] Führte die dringliche Beschwörung der KI oder der KPD-Führung dazu, dass Anfragen und Interventionen durch Dimitroff oder Pieck erfolgten – einige wenige solcher Dokumente sind überliefert –, kam es in einigen seltenen Fällen zur Freilassung. Insgesamt jedoch haben die KI- und KPD-Abteilungen in beängstigender Weise Hand in Hand mit der NKWD-Bürokratie zusammengearbeitet. Darauf wies der im Parteijargon als »Kader-Müller« bekannte Georg Brückmann bereits aus der Haft noch stolz hin: »Die Mitarbeiter der Kaderabteilung, die mit meiner Arbeit vertraut sind, müssen bestätigen, dass das NKWD von keiner anderen Sektion so viele Materialien erhielt wie von der deutschen.«[35]

Seine Frau Ella stellte zum Ausmaß der »Maßnahmen« fest: »Es gibt fast keine deutsche Familie, die nicht irgendwie von Verhaftungen betroffen ist. Sei es der Mann, Vater, Bruder, Sohn, die Mutter, Frau, Schwester oder vielleicht ein sehr guter Freund oder Kollege.« Dann schilderte sie zwei Phasen in der »Stimmung unter den deutschen Genossen«: Während man bei den vor zwei Jahren einsetzenden Verhaftungen die Schuld der »Volksfeinde und Banditen« verstanden habe, sei mit den Massenverhaftungen seit 1937 eine neue Lage eingetreten. »Täglich erfuhr man neue Namen. Man staunte: Der auch und der auch? Aber jeder war überzeugt, sie haben sicher etwas getan. Viele Genossen haben sich nicht gescheut, einzugestehen, dass sie nachts, wenn schwere Schritte zu hören waren, Herzklopfen bekamen… Jetzt stehen die deutschen Genossen den vielen Verhaftungen völlig ratlos gegenüber. Sie sagen: es kann unmöglich sein, dass die deutsche Partei in ihren Reihen so viele schlechte Elemente hatte, dass alle Verschickten wirkliche Spione, Konterrevolutionäre usw. sind.«[36] Sie beschrieb, wie ihr als »Maschinistin der deutschen Sprache« (d.h. Stenotypistin) durch die Beschlagnahmung der Schreibmaschine jegliche Existenzgrundlage entzogen worden sei, sie ihre Wohnung im Kominternhaus verloren habe und ihre fünfjährigen Zwillinge als »Volksfeind-Kinder« nicht mehr im Kindergarten der KI angenommen würden.

Auf den sich hier auftuenden Circulus vitiosus, der manche Mutter in den Selbstmord trieb, war bereits in dem vom NKWD im August 1937 erlassenen Befehl Nr. 00486 »Über die Repressierung von Familienangehörigen« mit entsprechenden »Anweisungen« reagiert worden: nämlich mit verfügter Verhaftung der »Frauen der durch das Militärkollegium und Militärtribunale entsprechend der ersten und zweiten Kategorie seit dem 1. August 1936 verurteilten Landesverräter, der Mitglieder der Spionage- und Terrororganisationen der Rechten und Trotzkisten«.[37] Von Ella Brückmann und ihren Kindern fehlt seitdem jede weitere Spur, ihr Mann, im April 1941 zu acht Jahren verurteilt, kam im Workuta-Petschora-Lager um.

34
Ebenda, S. 84 – 86, hier S. 86.
35
Abschrift in der Sammlung »Antikomintern-Block«, Hamburger Institut für Sozialforschung, zitiert bei Müller/Mussijenko: »Wir kommen alle dran« (Anm. 14), S. 139.
36
Müller: »Schrecken ohne Ende« (Anm. 33), S. 85.

37
Vgl. dazu den hier erstmals abgedruckten Befehl auf den Seiten 47–53 dieses Bandes.
38
Vgl. Karl Heinz Jahnke: In einer Front. Junge Deutsche an der Seite der Sowjetunion im Großen Vaterländischen Krieg, Berlin 1986.

Einen sehr viel Mut erfordernden Sonderbereich antifaschistischer Tätigkeit vor allem in den vierziger Jahren nahmen die Frontkämpferinnen, Partisaninnen und Fallschirmspringerinnen wahr. Hier ergab sich eine interessante Verbindung zum innerdeutschen antifaschistischen Widerstand, u.a. zur Roten Kapelle. In der DDR hat die Heroisierung einiger weniger solcher Frauen wie z.B. Käte Niederkirchner dazu geführt, dass die vielen anderen Namen erst nach und nach bekannt wurden.[38] Ein seit 1999 laufendes Forschungsprojekt von Hans Schafranek »Im Visier von Gestapo und NKWD«, das sich erstmals den Fallschirmspringern biographisch, sozialpsychologisch und institutionengeschichtlich widmet, verspricht Auskunft auch über den beachtlichen weiblichen Anteil unter ihnen.[39]

Ein interessanter Fall ist z.B. der von Erna Eifler, die nach Fallschirmabsprung in Hamburg 1943 festgenommen wurde, sich zu einem Funk-Spiel mit der Gestapo erpressen ließ und im Juni 1944 im KZ Ravensbrück erschossen wurde. Während Leopold Trepper, der »grand chef«, sie als ehrenwerte Kundschafterin erwähnte, tat sich die SED-Geschichtsschreibung mit ihr als angeblicher »Verräterin« schwer. Ihre – und die von anderen – überlieferten Gestapo-Aussageprotokolle machen die fließenden Grenzen von taktischem Verhalten und Verrat deutlich und mahnen historische Genauigkeit und sensible Quellenkritik an.[40] Gerhard Paul und Klaus Mallmann haben zu Recht auf den weiblichen Anteil am antifaschistischen Kampf hingewiesen und frauenspezifische Widerstandsformen analysiert.[41] Sie sehen in der vielseitigen und gefahrvollen wie opferreichen Tätigkeit von einer in ihrer Gesamtheit bisher nicht genau bekannten Anzahl von Frauen einen wesentlichen Bestandteil einer noch ausstehenden Sozialgeschichte des »Exils von unten«.

Quellen und ihre Dimensionen – das Beispiel Maria Ostens

Die Eingaben der Verhafteten und der betroffenen Familien wurden in ihrem Umfang erst nach der Öffnung der sowjetischen Archive bekannt, ebenso die Anklage- und Prozessunterlagen der verhafteten und zu großen Teilen umgekommenen Emigrantinnen und Emigranten. Die bisher aus diesem Komplex veröffentlichten Dokumente und Materialien werfen als Quellentyp wichtige Fragen auf: handelt es sich doch bei letzteren um eindeutig von den Tätern hergestelltes Aktenmaterial, das Manipulationen und Konstruktionen sowie freie Erfindungen von Tatbeständen enthält. Trotzdem bekommen wir außer den Einblicken in die Verhörmethoden und Folterpraktiken sowie in das Ausmaß der Denunziationen bei einem angemessenen quellenkritischen Umgang auch wesentliche Informationen über die oft letzten Lebensstationen der Emigrantinnen.

39
Hans Schafranek: Im Visier von Gestapo und NKWD. Projekt über Fallschirmagenten der UdSSR im Zweiten Weltkrieg, in: Mitteilungen des DÖW, Folge 144, Dezember 1999, S. 1–2. Vgl. auch Peter Erler: Militärische Kommandounternehmen. Deutsche Polit-Emigranten als sowjetische Fallschirmagenten und Partisanen 1941 bis 1945, in: Zeitschrift des Forschungsverbandes SED-Staat, 8/2000, S. 79–81; Hans Schafranek: Im Hinterland des Feindes. Sowjetische Fallschirm-Agenten im deutschen Reich 1942–1944, in: DÖW Jahrbuch 1996, S. 10–40.

40
Vgl. hierzu Simone Barck: Widerstands-Geschichten und Helden-Berichte. Momentaufnahmen antifaschistischer Diskurse in den fünfziger Jahren, in: Martin Sabrow (Hrsg.): Geschichte als Herrschaftsdiskurs. Der Umgang mit der Vergangenheit in der DDR, Köln-Weimar-Wien 2000, S. 150–168.
41
Gerhard Paul: Als Stenotypistin und Fallschirmagentin gegen Hitler. Zum Widerstand deutscher Frauen im Exil; Klaus-Michael Mallmann: Zwischen Denunziation und Roter Hilfe. Geschlechterbeziehungen und kommunistischer Widerstand 1933–1945, beide in: Christl Wickert (Hrsg.): Frauen gegen die Diktatur – Widerstand und Verfolgung im nationalsozialistischen Deutschland, Berlin 1995, S. 118–136 und 82–97.

Abb. 4
Maria Osten (Gresshöner) mit ihrem Mann, dem
russischen Filmregisseur J. Tscherbjakow, um
1929

Ein Beispiel dafür ist der »Fall« von Maria Osten, deren Spuren sich nach dem Juni 1941 verlieren und deren wirkliches Todesdatum erst 1991 bekannt wurde: Sie wurde am 8. August 1942 in Saratow erschossen. Die antifaschistische Schriftstellerin Maria Gresshöner, die sich aus Sympathie für die Sowjetunion den Namen »Osten« zugelegt hatte, ist als eigenständige Autorin und engagierte Kommunistin bisher immer noch zu wenig wahrgenommen worden, dafür aber umso mehr als Lebensgefährtin des bekannten russischen Journalisten Michail Kolzow, mit dem sie seit 1932 liiert war.

So begrüßenswert daher an sich Ursula El-Akramys Buch »Transit Moskau. Margarete Steffin und Maria Osten« (Hamburg 1998) ist, so bedauerlich ist seine entschiedene Wertminderung durch den ungenauen, fehlerhaften und lückenhaften Umgang mit der vorliegenden Sekundärliteratur.[42] Ärgerlich vor allem auch wieder die stiefmütterliche Behandlung der Texte Maria Ostens, die fehlende, aber für den Zeitgeist und Ostens spezifische journalistische Fähigkeiten lohnende Analyse ihres Buches »Hubert im Wanderland« (Moskau 1935). Leider macht es sich in diesem Punkt auch Arkadi Waksberg, dem wir aufgrund seiner Kenntnis der Prozessakte Michail Kolzows wesentliche Einblicke zu Maria Osten verdanken, zu einfach, wenn er dieses Werk als »schandbares, durch und durch verlogenes Buch«[43] abtut.

Abb. 5
Maria Osten und Julia Annenkowa,
die Chefredakteurin der DZZ,
auf einer Veranstaltung im Moskauer Presseclub
anläßlich des 50. Geburtstages von Ernst
Thälmann, 6. 4. 1936

Vordere Reihe von links: der italienische
Schriftsteller Giovanni Germanetto,
Prof. Julius Schmidt, Maria Osten,
Julia Annenkowa, Fritz Heckert
Hintere Reihe von links: Grigori Schneerson,
Ernst Busch, Hans Hauska, unbekannt

42
Ursula El-Akramy:
Transit Moskau. Margarete Steffin und
Maria Osten, Hamburg 1998.
Die fehlende Auswertung der russisch-
sprachigen Veröffentlichungen
und die unzureichende Kenntnis des
Forschungsstandes zur deutschen
Exilliteratur sind die Ursache für zahlreiche
Sachfehler.
43
Arkadi Waksberg: Die Verfolgten Stalins.
Aus den Verliesen des KGB,
Reinbek bei Hamburg 1993, S. 33.

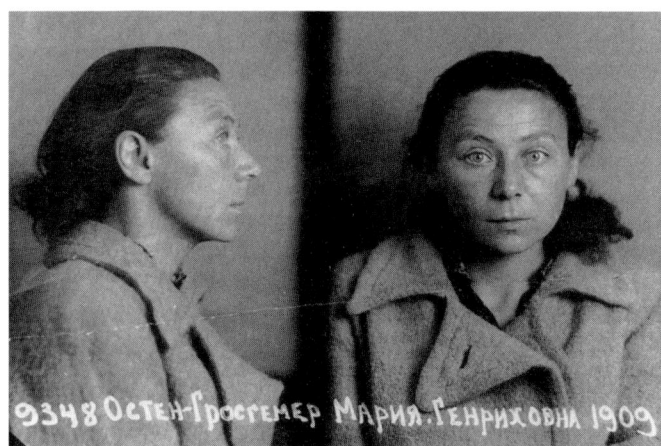

Abb. 6
Maria Osten als Sonderberichterstatterin
aus Spanien, dreißiger Jahre

Abb. 7
Haftfoto von Maria Osten, 1941

Maria Osten war nicht nur an der Seite Kolzows im antifaschistischen Kampf im Saarland, in Frankreich und in Spanien tätig. Sie agierte durchaus eigenständig als Reporterin in der Sowjetunion und als Kriegsberichterstatterin in Spanien. Ihre in der zeitgenössischen Presse des Exils und der UdSSR erschienenen Texte, leider bis heute nicht wieder publiziert, weisen eine genaue Beobachtungsgabe und einen sensiblen Stil auf. Es war wohl die kleine Form, für die sie begabt war und von der sie bereits vor 1933 im Malik-Verlag Proben abgelegt hatte. Sie verfügte über ein ausgeprägtes organisatorisches Talent, das sie in den Dienst der Internationalen Vereinigung revolutionärer Schriftsteller und der Zeitschrift »Das Wort« in Moskau und Paris stellte.

Es waren diese internationalen Beziehungen und ihr Leben mit Kolzow sowie die erzwungenen Beschuldigungen von Freunden, die ihr zum Verhängnis wurden. In einem beispiellos mutigen Akt reiste sie im Frühjahr 1939 nach Moskau, um für den verhafteten Kolzow einzutreten. Nachdem die KPD in Gestalt ihrer Kleinen Kommission im Juli 1939 beschlossen hatte, ihre Parteimitgliedschaft ruhen zu lassen[44] und die IKK sie im Oktober des Jahres ausgeschlossen hatte[45], grenzte es fast an ein Wunder, dass sie noch bis 1941 vom NKWD unbehelligt blieb. Verleugnet von den Schriftstellergenossen wie Johannes R. Becher, gemieden von früheren Freunden, von dem saarländischen Adoptivsohn Hubert um ihre Wohnung gebracht, fristete sie mit ihrem zweiten Adoptivsohn, dem spanischen Waisenkind José, in Moskau ein kümmerliches Dasein. Sie fand Arbeit im Lenfilm-Studio, von deren Bezahlung sie jedoch die Hotelkosten kaum aufbringen konnte. Ihre wichtige Rolle bei der Durchreise der Brecht-Familie im Mai/Juni 1941, ihre Fürsorge um die kranke Freundin Margarete Steffin[46] ist bekannt. Man kann sich vorstellen, dass sich die bedrückenden Gespräche zwischen Brecht und Maria Osten im Moskauer Metropol auch um Kolzow und andere verschwundene

Freunde wie Carola Neher, Asja Lacis oder Sergej Tretjakow gedreht haben. Und Brecht mag sich später – wie bereits im Falle Tretjakows – in Hinblick auf Maria Ostens Schicksal gefragt haben: »Gesetzt, sie ist unschuldig, Wie mag sie zum Tod gehn?«[47]

Die 1997 in russischer Sprache veröffentlichten 14 Dokumente zu Maria Osten (aus einem fast 300 Seiten umfassenden Dossier)[48] vermitteln Aufschlüsse über ihren weiteren Leidensweg. Verhaftet am 24. Juni 1941 aus dem Hotel Metropol heraus, wurde sie am 26. Juli d. J. nach Saratow »verbracht«. Die Verhöre dokumentieren akribisch ihre »Auslandsaufenthalte« und alle ihre »Verbindungen«. Eine Überwachung lässt sich bereits seit 1932, dem Beginn ihrer Beziehung zu Kolzow erkennen.[49] Und so stellten die Fragen nach Kolzows »antisowjetischer und konterrevolutionärer Tätigkeit« denn auch ein Hauptinteresse der Befrager dar. Da sie energisch und sehr entschieden eine solche Beschuldigung zurückwies, wurden nach dem Prinzip der »Kontaktschuld« ihre Beziehungen zu anderen bereits verhafteten »Volksfeinden« wie Julia Annenkowa, Carola Neher oder Hedi Gutmann festgestellt.

Im weiteren Verlauf wurden Maria Osten sie belastende Aussagen von der ihr befreundeten Bola Boleslawska-Wulfssohn, Mitarbeiterin der Auslands-Kommission des Schriftstellerverbandes (und wohl Geliebte von André Malraux), vorgehalten. Danach sollte sie gemeinsam mit Kolzow und Malraux für den deutschen und französischen Spionagedienst gearbeitet haben. Aufgrund dieser und anderer erfundener Aussagen wurde sie in der »Anklageschrift« vom 6. Dezember 1941 wegen Spionage zugunsten der deutschen und französischen Dienste zum Tode durch Erschießen (bei Einzug der gesamten persönlichen Habe) verurteilt.

Zwei wichtige Details in den Dokumenten sind festzuhalten: Erstens legte Maria Osten keinerlei Schuldgeständnis ab und wies alle Anklagen mit einem entschiedenen Nein zurück, zweitens ist den Akten zu entnehmen, dass »keine Beweisstücke zu Sache« vorlagen. Im Zusammenhang der von Boris Jefimow, Kolzows Bruder, nach 1956 betriebenen Rehabilitierung wurde erst die ganze Tragödie offenbar: Kolzow, der letztlich »gestanden« hatte, einer rechts-trotzkistischen Organisation zuzugehören, belastete zunächst unter der Folter u.a. auch Maria mit »antisowjetischer Tätigkeit«, nahm aber dann bei der Gerichtsverhandlung alle seine Aussagen als erfolterte zurück, was ihm allerdings nur den Hohn des berüchtigten Militärrichters Wassilij Ulrich einbrachte.[50] Bei ihren Bemühungen um Nachrichten von ihm hatte Maria – ohne es zu wissen – Kolzow, der bereits am 2. Februar 1940 erschossen worden war, um zwei Jahre überlebt. In der Liste der bei ihrer Verhaftung beschlagnahmten und als »zu vernichten« deklarierten Gegenstände sind außer Fotoapparaten und Filmen, ca. 2000 Fotos, zahlreichen Büchern und Heften auch »fünf Mappen mit handschriftlichen und maschinenschriftlichen Manuskripten in deutscher Sprache« aufgeführt, von denen man annehmen kann, dass sich darunter auch ihr immer wieder angekündigter Roman »Kartoffelschnaps« befand.

44
In den Fängen des NKWD (Anm. 11), S. 344–345.
45
Reinhard Müller: Die Akte Wehner. Moskau 1937 bis 1941, Berlin 1993, S. 166.
46
Vgl. hierzu Margarete Steffin: Konfutse versteht nichts von Frauen. Nachgelassene Texte. Hrsg. von Inge Gellert, mit einem Nachwort von Simone Barck und einem dokumentarischen Anhang, Berlin 1991; sowie Margarete Steffin: Briefe an berühmte Männer. Hrsg. und mit einem Vorwort und Anmerkungen versehen von Stefan Hauck, Hamburg 1999.

47
Bertolt Brecht: Ist das Volk unfehlbar? (datiert 2. Halbjahr 1939), in: Bertolt Brecht: Gedichte V, Berlin und Weimar 1964, S. 141–143.
48
Vladimir F. Koljazin (Hrsg.): »Vernite mne svobodu!« Memorial'nyj Sbornik dokumentov is archivov byvschego KGB, Moskau 1997, S. 284–302. Die Kriterien dieser Auswahl werden nicht mitgeteilt, der Band enthält zahlreiche Auslassungen, gekennzeichnet durch (...).
49
Vgl. hierzu auch Waksberg, Die Verfolgten Stalins (Anm. 43), S. 26–35.
50
Vgl. ebenda, S. 20.

»Menschen ohne Vergangenheit«

Ein beschämendes Kapitel stellt der Umgang mit den Schicksalen der Repressierten in der DDR dar. Die von der SED-Führung verordnete Schweigepflicht gab den Betroffenen keine Möglichkeit echter und kommunikativer Trauerarbeit und verdammte sie dazu, »Menschen ohne Vergangenheit«[51] zu sein. Die Geschichte des Umgangs der SED mit den Stalin-Opfern ist die einer üblen und weitgreifenden Verschleierung und skandalösen Tabuisierung der begangenen Verbrechen. Nachdem bis zum XX. Parteitag der KPdSU nur wenige hundert Emigranten aus der Sowjetunion repatriiert worden waren, kam es auf der 28. Tagung des ZK der SED im Juli 1956 zu der »vermutlich einzigen offiziellen Stellungnahme der SED-Führung, in der das Schicksal der deutschen Verhafteten im sowjetischen Exil in die Nähe eines freilich vernebelten Unrechts gerückt wurde«.[52] Auf der Basis von Regierungsabkommen zwischen der DDR und der UdSSR gelang es bis 1962 insgesamt 1200 Deutschen, in die DDR zu kommen.[53]

Die Politik der SED war auf eine »Integration von oben« gerichtet, deren oberstes Ziel in der »Versiegelung der lebensgeschichtlichen Erfahrung des GULag« bestand. Als disziplinierte Kommunisten hielten sich die Repressierten an das verordnete Schweigen[54] – wie sehr sie darunter litten, weisen ihre späten Zeugnisse umso mehr aus.

In der Öffentlichkeit der fünfziger Jahre dominierten apologetische Darstellungen der Sowjetunion wie Alfred Kurellas »Ich lebe in Moskau« (Berlin 1947), Inge von Wangenheims »Auf weitem Feld. Erinnerungen einer jungen Frau« (Berlin 1954) oder Hedda Zinners »Alltag eines nicht alltäglichen Landes« (Berlin 1950). Letztere legte allerdings mit ihrem späten Text »Selbstbefragung« (1983) auch einen Versuch vor, die schwarzen Seiten des sowjetischen Exils in ihr Erinnern zu integrieren, ein individueller und kleiner, unvollkommener Fortschritt, den damals an die Öffentlichkeit zu bringen nicht leicht war. Auch die wissenschaftlichen Darstellungen, z.B. der UdSSR-Band in der Reclam-Reihe »Kunst und Literatur im antifaschistischen Exil«, Leipzig 1979 und 1989, betonten vor allem die antifaschistischen Sonnenseiten des sowjetischen Exils und wurden zum Gegenstand erbitterten Debatten in der deutsch-deutschen Exilforschung.

Die ganze Wahrheit über das sowjetische Exil konnte in der DDR bis 1989 nicht veröffentlicht werden. Dieser Forschungsgegenstand blieb seit den frühen fünfziger Jahren ein umkämpftes ideologisches Gebiet im Kalten Krieg und auch danach. Die sogenannte Renegaten-Literatur, etwa die prominenten Bücher von Margarete Buber-Neumann oder Susanne Leonhard, wurden in der DDR als Quelle ausgegrenzt. Wie aussagekräftig sie auch unter dem Aspekt geschlechtsspezifischer Wahrnehmungsweisen und Perspektiven sein können, ist allerdings insgesamt erst spät erkannt worden.[55]

Die Geschichte des Manuskripts von Trude Richters Autobiographie – seit den sechziger Jahren intern kursierend, immer wieder nicht zum Druck freigegeben, 1990, nach dem Tod der Verfasserin, endlich erschienen[56] – beleuchtet schlaglichtartig den Grad der Tabuisierung der Geschichte der SU-Emigrantinnen. Ein anderes Schicksal, das von Doro Garai, war bereits 1983, allerdings nur in der Bundesrepublik, durch Karlheinz Jakobs »Das endlose Jahr. Begegnungen mit Mäd« (Düsseldorf und Berlin 1990) bekannt gemacht worden.[57] Der Lebensbericht von Nelly Held, aufgezeichnet von Marianne Krumrey bereits in den achtziger Jahren, war erst zum Ende der DDR 1990 publizierbar. Die provokant subjektive Sicht der kommunistisch-jüdischen Intellektuellen Nelly Held auf das sowjetische Exil gehört zum Lesenswertesten zu diesem Gegenstand, ihre deutlich weibliche Sicht auf die von Männern dominierte politische Welt zeigt sie als eine wirklich emanzipierte Frau, die im Sexuellen Alexandra Kollontais Vorbild der freien Liebe praktizierte. Ihr Blick auf die Parteifunktionäre – von Ulbricht wird sie als »die mit den roten Krallen«[58] diffamiert – zeigt diese in Prüderie und männlicher Arroganz sowie einer von Nelly Held abgelehnten asketischen Lebensweise gefangen.

Eine neue Etappe der Erinnerungsdiskurse begann 1990 mit mehreren Interview- und Protokollbüchern über repressierte SU-Emigrantinnen: Elfriede Brünings Tonbandgespräche mit Opfern der Stalinzeit: Lästige Zeugen? (1990), Meinhard Starks Frauenbiographien des Stalinismus »Wenn du willst deine Ruhe haben, schweige« (1991) oder der von Ulla Plener herausgegebene Sammelband von Frauenschicksalen unter Stalin »Leben mit Hoffung in Pein« (1997). Auch das Erinnerungs- und Dokumentenbuch von Gabriele Stammberger[59] eröffnet neue Einblicke in den sowjetischen Emigrationsalltag und beeindruckt durch seine Subjektivität wie Nüchternheit gleichermaßen.

Die im vorliegenden Band dokumentierten Biographien und analytischen Beiträge ermöglichen zusammen mit den aus den Archiven gehobenen Dokumenten und Materialien ein genaueres Panorama des Frauenexils in der Sowjetunion und stellen zugleich nur eine Zwischenbilanz dar.[60] Die noch vielen »weißen Flecken« zeigen, dass die Forschung weiter gehen muss. Nicht zuletzt wegen des Wunsches der inzwischen hochbetagten GULag-Opfer: »Es ist nötig, dass die Menschen endlich von uns erfahren.«[61]

51
So die treffende Kennzeichnung der Tanzpädagogin Anni Sauer, Jg. 1906, von 1937–1957 in GULag und Verbannung, in: Elfriede Brüning: Lästige Zeugen? Tonbandgespräche mit Opfern der Stalinzeit, Halle-Leipzig 1990, S. 112.

52
Meinhard Stark: »Ich muss sagen, wie es war«. Deutsche Frauen des GULag, Berlin 1999, S. 197.

53
Zu den verschiedenen Zahlenangaben vgl. ebenda, S. 204.

54
Vgl. hierzu Peter Erler: Die Rückführung deutscher Opfer des Stalinismus aus der UdSSR und ihre Eingliederung in das gesellschaftliche Leben der SBZ/DDR. Eine Bestandsaufnahme, in: Kommunisten verfolgen Kommunisten (Anm. 13), S. 424–435.

55
Vgl. hierzu die umfangreiche Studie von Sonja Hilzinger: Ich hatte nur zu schweigen. Strategien des Bewältigens und des Verdrängens der Erfahrung Exil in der Sowjetunion am Beispiel autobiographischer Texte, in: Exilforschung. Ein internationales Jahrbuch, Band 11: Frauen und Exil. Zwischen Anpassung und Selbstbehauptung, München 1993, S. 31–52.

56
Richter: Totgesagt (Anm. 1). Bereits 1972 war ein Teil dieses Manuskripts von Trude Richter unter dem Titel »Die Plakette. Vom großen und vom kleinen Werden« in Halle erschienen, in dem weder ihre Verhaftung noch die ihres Mannes Hans Günther vorkam. Vgl. hierzu auch Simone Barck/Martina Langermann/Siegfried Lokatis: Jedes Buch ein Abenteuer. Zensursystem und literarische Öffentlichkeiten in der DDR bis Ende der sechziger Jahre, Berlin 1998, S. 428–429.

57
1999 erschien von Karl-Heinz Jakobs der für das sowjetische Exil höchst authentische biographische Roman »Leben und Sterben der Rubina«, der auf »Gesprächen mit Dorothea Garai (1899–1982) sowie auf Texten und Briefen von ihr« basiert. (2. Umschlagseite, Berlin 1999).

58
Ohne Scham. Lebensbericht der Nelly Held (Anm. 5), S. 135.

59
Gabriele Stammberger: Gut angekommen – Moskau. Das Exil der Gabriele Stammberger 1932–1954. Erinnerungen und Dokumente. Aufgeschrieben von Gabriele Stammberger und Michael Peschke, Berlin 1999.

60
Bei den Texten handelt es sich um überarbeitete und erweiterte Beiträge, die auf der Tagung »Jahrhundertschicksale – Frauen im sowjetischen Exil« im Oktober 1998 in der Gedenkstätte Deutscher Widerstand in Berlin gehalten wurden. Judith Deinzer (»Der Wandel des Frauenbildes in der Sowjetunion 1936 am Beispiel der Deutschen Zentral Zeitung«) und Ursula Adam (»Ich war ja nur eine Stenotypistin…«. Anmerkungen zu einem Erinnerungsarchiv) stellten ihre Beiträge nicht zur Verfügung. Der Beitrag von Hans Schafranek wurde zusätzlich aufgenommen.
Die Herausgeberinnen danken an dieser Stelle Frau Julia Hornig, die das gesamte Manuskript sorgfältig und umsichtig Korrektur gelesen hat.

61
Anni Sauer, in: Brüning: Lästige Zeugen? (Anm. 51), S. 134.

Reinhard Müller

»Menschenopfer unerhört« –
Eingaben und Briefe deutscher Emigrantinnen an Stalin, Molotow und andere

Carola Neher oder »weshalb schweigen Sie«, Herr Brecht?

Am 14. September 1939, zwei Wochen nach dem Beginn des Zweiten Weltkrieges schrieb Karoline Henschke, besser bekannt als Carola Neher[1] und Polly in Brechts »Dreigroschenoper«, aus dem NKWD-Gefängnis in Wladimir, Zelle 23, Gebäude 8, an den Vorsitzenden des Rates der Volkskommissare, den »Genossen Molotow« folgende »Eingabe«:

> *»Seit meiner Verhaftung (25.7.1936) sind alle meine Bitten um einen direkten Briefverkehr mit meinen Angehörigen (Mutter und Bruder in Deutschland, auch mit dem Schriftsteller Bert Brecht in Dänemark) abgelehnt worden. Ich hatte also keine Möglichkeit, Ihnen die Begründung des Urteils, das 1937 durch das Militärkollegium des Obersten Gerichts gegen mich verhängt wurde, mitzuteilen. Das ist insbesondere deshalb bedrückend, weil es für sie kaum möglich ist, eine Auskunft einzuholen. Sich unmittelbar an das deutsche Konsulat zu wenden, kommt für sie nicht in Frage, weil mir die deutsche Staatsangehörigkeit wegen meiner öffentlichen Unterstützung der antifaschistischen Volksfront während der Saar-Abstimmung im Jahre 1934 aberkannt wurde.*
> *Da meine Mutter seitdem schwere Unannehmlichkeiten seitens der deutschen Behörden bekam, konnte sie sich kaum entschließen, [sich] dort nach ihrer Tochter und deren Kind (mein fünfjähriger Sohn befindet sich in einem Kinderheim in Moskau) zu erkundigen. Wie mir jetzt bekannt wurde, befindet sich Deutschland im Kriegszustand (im vierten Jahr meines Häftlingslebens hatte ich bisher keine Möglichkeit, eine Zeitung zu lesen). Ich weiß, dass auch meine Brüder zum Heeresdienst eingezogen werden können, und ich möchte meine siebzigjährige Mutter wenigstens durch eine Mitteilung über mich beruhigen. Ich bitte um die Erlaubnis, mich diesbezüglich an das Rote Kreuz zu wenden, oder meiner Mutter direkt zu schreiben.«*

Auch diese handschriftlich verfasste »Eingabe« von Carola Neher, die sich wie andere »Eingaben« in den zerfallenden »Aufsichtsakten« der Moskauer Militärstaatsanwaltschaft oder in den NKWD-Strafakten[2] findet, änderte weder ihre Haftsituation, noch erfuhr Carola Neher etwas über den Verbleib ihres Sohnes Georg. Nach der Verhaftung seiner Ziehmutter Elsa Taubenberger, die wie Zenzl Mühsam, Carola Neher und Olga Meese zu dem monströsen NKWD-Konstrukt einer von Erich Wollenberg und Max Hoelz gegründeten »konterrevolutionären, trotzkistischen Terrororganisation« gerechnet wurde, war Georg Becker entsprechend dem NKWD-Befehl Nr. 00486[3] in ein »Kinderheim«[4] überstellt worden.

Von Carola Neher, die am 25. Juni 1936 in Moskau verhaftet wurde, sind jedoch nicht nur einige dieser im Beschwerdeton verfassten und an Stalin, Wyschinski und Molotow gerichteten »Eingaben« erhalten. Auch ihre Widerständigkeit im Gefängnis der Hauptverwaltung der Staatssicherheit des NKWD in Jaroslawl ist als Strafregister, in der Amtssprache »Charakteristik« betitelt, eines NKWD-Leutnants Norinow überliefert: »Die Gefangene Henschke, Karolina Josifwna erhielt während der Zeit ihres Aufenthalts im Gefängnis Jaroslawl sieben Rügen: 1) Am 16. November 1937 sprach sie in der Latrine mit einer Gefangenen aus der Nebenzelle – Verbot des Hofgangs für drei Tage. 2) Am 9. Dezember 1937 wegen der Benutzung von Zeitungspapier für Briefe – einmonatiges Briefwechselverbot. 3) Am 7. April 1938 wegen lauter Gespräche in der Zelle – einmonatiges Buchleseverbot. 4) Am 30. April 1938 wegen lauter Gespräche in der Zelle – Hofgangverbot für fünf Tage. 5) Verständigte sich durch Klopfzeichen – dreimonatiges Buchleseverbot. 6) Am 8. Mai 1938 ordnete sie sich der Aufsicht während der Verrichtung ihrer Notdurft nicht unter – Hofgangverbot für 5 Tage. 7) Am 5. September 1938 schrie sie und machte sie in der Zelle Lärm – einmonatiges Leseverbot.«[5]

Carola Neher war keinesfalls, wie Brecht im Mai 1937 in einem Brief an Feuchtwanger schrieb, »durch irgendeine Frauenaffäre in was hineingeschlittert«. In einer merkwürdigen Distanz bat Brecht Lion Feuchtwanger, der nach seinem schönzeichnendem Reisebericht[6] und einer Stalin-Audienz in Moskau allerhöchstes Ansehen genoss: »Übrigens: Könnten sie etwas für die Neher tun, die in M.[oskau] sitzen soll, ich weiß allerdings nicht weswegen, aber ich halte sie nicht gerade für eine den Bestand der Union entscheidend gefährdende Person. Vielleicht ist sie durch irgendeine Frauenaffäre in was hineingeschlittert. Immerhin ist sie kein wertloser Mensch [!, R.M.], und ich weiß nicht, ob sie das drüben wissen, sie hatte keine rechte Gelegenheit sich zu zeigen. Wenn sie nach ihr fragten, würde das schon nützen. Ich selber habe von niemandem eine Antwort erhalten, was ich nicht schätze. Aber vielleicht haben Sie drüben von ihr erfahren, dann wäre ich Ihnen dankbar für einige Zeilen darüber. Ich werde immerfort ihretwegen um Auskunft angegangen.«[7] Ende Mai 1937 fragte Brecht bei Feuchtwanger nach: »Haben Sie eigentlich drüben was von der Carola Neher gehört? Sie soll in irgendeine dunkle Geschichte verwickelt sein. Ich wäre Ihnen sehr dankbar, wenn Sie mir darüber schrieben, dass heißt, wenn Sie was gehört haben.«[8]

Abb. 8
Carola Neher mit ihrem Sohn Georg, 1936

Da Feuchtwanger ihm eine Antwort schuldig blieb, entwarf Brecht erneut einen Brief an ihn, den er aber anscheinend nicht abschickte: »Sehen Sie irgendeine Möglichkeit, sich beim Sekretariat Stalins nach der Neher zu erkundigen? Bei den sehr berechtigten Aktionen, die man den Goebbelsschen Organisationen in der UdSSR entgegensetzt, kann natürlich auch mal ein Fehlgriff passieren. Wenn die N. sich tatsächlich an hochverräterischen Umtrieben beteiligt hat, kann man ihr nicht helfen, aber man kann vielleicht durch einen Hinweis auf ihre große künstlerische Begabung erreichen, dass das Verfahren beschleunigt und ihr Fall besonders geklärt wird.« Brecht »wäre es aber recht« gewesen, wenn diese nicht abgesandte Bitte vertraulich behandelt worden wäre, da er »weder ein Misstrauen gegen die Praxis der Union säen noch irgendwelchen Leuten Gelegenheit geben will, solches zu behaupten.«[9]

Im Januar 1939, nach der Verhaftung von Michail Kolzow und Sergej Tretjakow, notierte Brecht, der seine »Stellung« zur Sowjetunion immer noch »positiv kritisch« definierte, in seinem Arbeitsjournal: »niemand [weiß] etwas von der neher, die in prag im auftrag ihres mannes trotzkistische geschäfte abgewickelt haben soll.«[10] Trotz veröffentlichter Kritik[11] an seiner »Haltung« zu den Moskauer Verhaftungen kolportierte Brecht immer noch die in Moskau und auch im westlichen Exil ausgestreuten Legenden. Sein taktierender Briefentwurf an Dimitroff, in dem er als »unerschütterlicher Freund der Sowjetunion« vorschlägt, Auskunftsstellen für die Angehörigen einzurichten, zielte allenfalls darauf, »dem scheußlichen und von der bourgeoisen presse weidlich ausgenützten gerede vom spurlosen verschwinden von menschen in der sovietunion, von den ›geheimen kellern des lubjanka-gefängnisses‹, von den ›klagen greiser mütter, dass sie über das schicksal ihrer kinder nichts in erfahrung bringen können‹« etwas entgegenzusetzen.[12]

Brechts Vorschlag an Dimitroff, in Moskau mehr Auskunftsstellen über Verhaftungen einzurichten, blieb offensichtlich Entwurf[13] und ließ sich auch bisher im Dimitroff-Fond des Komintern-Archivs nicht auffinden. Die in dem »weidlich ausgenützten gerede« aufgeführten Vorgänge entsprachen jedoch der Moskauer Wirklichkeit. So berichten mehrere Autobiographien[14], aber auch zahlreiche Eingaben (z.B. von Henriette und Gustav Sobottka) über das zermürbende und aussichtslose Schlangestehen vor den verschiedensten »Instanzen«, die jahrelang jede Auskunft über den Verbleib der verhafteten Angehörigen verweigerten.

Die Leningrader Malerin Lubow W. Schaporina notierte am 13. April 1938 in ihrem Tagebuch: »Von keinem der Verhafteten auch nur ein Ton. Sie verschwinden wie in der Lethe. Und dieses Schweigen um die verschwundenen lebendigen Menschen ist entsetzlich.«[15] Nach der Verhaftung ihres Mannes, des Kader-Referenten der KPD in Moskau, schrieb Ella Brückmann Ende Juli 1939 in einem Brief an Stalin: »Wie schwer haben es die Frauen, zu erfahren, wo die Männer sind und wie weit die Sache gediehen ist. Verschiedene Frauen wissen nach 4–5 Monaten nicht, wo der Mann sich befindet. Wozu das? Anderen wird gesagt: ›Warten Sie, Ihr Mann wird schreiben, er ist verschickt.‹ Er schreibt aber nicht. Bei nochmaliger Nachfrage erfahren sie: ›Die Untersuchung läuft noch.‹ Wozu das? Das Verhalten der Beamten ist den Frauen gegenüber schroff und abweisend, als ob sie keine menschlichen Gefühle hätten. Wozu das?«[16]

Bertolt Brecht wurde zwar in NKWD-Akten als »Trotzkist«[17] bezeichnet, konnte aber angesichts seiner Prominenz und mit Rückendeckung des Sekretärs der Auslandskommission des sowjetischen Schriftstellerverbandes Michail Apletin, der ihm regelmäßig Stalin-Reden und die Deutsche Zentral-Zeitung geschickt und sich bei seinem Moskau-Aufenthalt um ihn gekümmert und Fahrkarten besorgt hatte,[18] durch die Sowjetunion über Moskau und Wladiwostok in die USA weiterreisen.

1
Vgl. zu ihrer Biographie: Tita Gaehme:
Dem Traum folgen. Das Leben der Schauspiele-
rin Carola Neher und ihre Liebe zu Klabund,
Köln 1996;
Matthias Wegner: Klabund und Carola Neher.
Eine Geschichte von Liebe und Tod,
Berlin 1996. Beide Darstellungen referieren
für die Zeit nach 1933 allenfalls Bekanntes oder
transportieren Falsches.
2
Da auch der jüngste Dokumentenband
»Vernite mne svobodu!« nur wenige aufschluss-
reiche Dokumente (Verhaftungsorder und
Rehabilitierungsdokumente) aus dem NKWD-
Archiv zu Carola Neher enthält, werden im
folgenden bisher unbekannte Texte ausführlich
zitiert. Vgl. Vladimir Koljazin (Hrsg.):
»Vernite mne svobodu!« Dejateli literatury i
iskusstva Rossii i Germanii zertvy staliniskogo
terrora, Moskau 1997, S. 24–30.
3
Text des am 15. August 1937 ergangenen
operativen NKWD-Befehls Nr. 00486 in:
Sbornik zakonodatel'nych i normativnych aktov
o repressijach i reabilitacii zertv politiceskick
repressij, Moskau 1993, S. 86–93.
Übersetzung im Anhang zu diesem Beitrag.
4
Vgl. dazu Corinna Kuhr: Kinder von Volksfeinden als Opfer des stalinistischen Terrors, in:
Stefan Plaggenborg (Hrsg.): Stalinismus.
Neue Forschungen und Konzepte, Berlin 1998,
S. 391–417.
5
Aufsichtsakte Carola Neher,
Archiv der Militärstaatsanwaltschaft, Moskau,
unpaginiert.
6
Brecht hielt Feuchtwangers »Moskau 1937« für
»das Beste, was von seiten der europäischen
Literatur bisher in dieser Sache erschienen ist.«
Bertolt Brecht: Werke. Briefe 2. Bearb. von
Günter Glaeser. Große kommentierte Berliner
und Frankfurter Ausgabe. Band 29,
Berlin-Weimar-Frankfurt am Main 1998, S. 42.
7
Ebenda, S. 30.
8
Ebenda, S. 31.
9
Abgedruckt in Bertolt Brecht:
Briefe. Hrsg. von Günter Glaeser,
Frankfurt am Main 1981, S. 326–327.
10
Bertolt Brecht: Arbeitsjournal. 1938–1942,
Frankfurt am Main 1973, Band 1, S. 36.

11
In der trotzkistischen Zeitung »Unser Wort«
schrieb 1938 Walter Held (d.i. Heinz Epe):
»Sie, Herr Brecht, haben Karola Neher gekannt.
Sie wissen, dass sie weder eine Terroristin,
noch eine Spionin, sondern ein tapferer
Mensch und eine große Künstlerin ist. Weshalb
schweigen sie? Weil Stalin ihre Publikation
›Das Wort‹ die verlogenste und verkommenste
Zeitschrift, die jemals von deutschen Intellek-
tuellen herausgegeben worden ist, bezahlt.«
Heinz Epe versuchte 1941 von Schweden
über die Sowjetunion in die USA zu emigrieren.
Er wurde bei der Einreise vom NKWD
verhaftet und am 28. Oktober 1942 erschossen.
12
Brecht: Werke. Briefe 2 (Anm. 2), S. 124–125.
13
Auf dem Briefentwurf Brechts findet sich
der handschriftliche Vermerk Margarete Steffins
»nicht abgeschickt«. Auch abgedruckt in:
Irina Antonowa/Jörn Markert: Berlin/Moskau,
München 1995, S. 437.
14
Margarete Buber-Neumann:
Als Gefangene bei Stalin und Hitler. Eine Welt
im Dunkel, Stuttgart 1985, S. 24;
Genia Quittner: Weiter Weg nach Krasnogorsk.
Schicksalsbericht einer Frau, Wien 1971, S. 61;
Georg Bosse: Jene Zeit in Charkow 1936–1941.
Eine Jugend unter Stalin, Berlin 1997,
S. 122–123.
15
Véronoque Garros/Natalija Korenewskaja/
Thomas Lahusen (Hrsg.): Das wahre Leben.
Tagebücher aus der Stalinzeit, Berlin 1998,
S. 359.
16
Fotokopie in Sammlung »Eingaben und Briefe«,
Hamburger Institut für Sozialforschung.
Eine Edition dieser Texte ist in Vorbereitung.
17
In einem »Memorandum« des NKWD zu
Maria Osten werden sowohl Brecht
wie Ernst Busch als »Trotzkisten« ausgemacht.
NKWD-Strafakte Maria Osten, Beilage.
Vgl. auch Vladimir Koljazin: Bertol't Brecht
v vizire tajnoj policii Stalina [Bertolt Brecht im
Visier der Geheimpolizei Stalins], in:
Nezavisimaja gazeta, 9. 7. 1997, S. 5.
18
Vgl. Russisches Staatsarchiv für Literatur
und Kunst (RGALI), f. 631, op. 14.

Carola Neher wurde vom NKWD 1936/37 in erfolterten »Verhörprotokollen« und durch »Geständnisse« beschuldigt, als »Botin« zwischen einem Prager »trotzkistischen Zentrum« und der »konterrevolutionären, trotzkistisch-terroristischen Wollenberg-Hoelz-Organisation«[19] fungiert zu haben. Da sie, wie Zenzl Mühsam, in Prag den vom NKWD als »Trotzkisten« perhorreszierten Erich Wollenberg[20] getroffen hatte, brachte Carola Neher – zumindest in der stereotyp nach »Verbindungen« und »Briefen« suchenden Verfolgungslogik des NKWD[21] – ihr von Leo Sedow und Wollenberg übergebene »Direktiven« Trotzkis nach Moskau. Dieses Zusammentreffen mit Carola Neher, das vor allem die Unterbringung ihres Sohnes Georg bei der Moskauer Familie Taubenberger betraf, beschrieb Erich Wollenberg als »einmaliges Kaffee- und Kuchen-Zusammensein«, bei dem »infolge der Anwesenheit mehrerer KP-Frauen politische Fragen auch nicht einmal am Rande erwähnt wurden, d.h. Fragen, die die Sowjetunion und das Stalin-Regime betrafen.«[22]

Am 16. Juli 1937 wurde Carola Neher im Zusammenhang mit der vom NKWD konstruierten »Hoelz-Wollenberg-Organisation« zu 10 Jahren Haft verurteilt. Im Dezember 1939 sollte sie zwar nach Deutschland ausgewiesen werden und war bereits am 21. Dezember 1939 auf der Ausweisungsliste Nr. 8 aufgeführt. Da aber in der Deutschen Botschaft über die »Identität der Person Zweifel« bestanden, wurde mit einer Verbalnote vom 27. Dezember 1939 an das Volkskommissariat des Äußeren ein Fragebogen übersandt, den Carola Neher in der Moskauer Butyrka ausfüllte und unterzeichnete.[23]

Während der Überprüfung ihres »Falles« hielt dann ein Aktenvermerk der Deutschen Botschaft fest, dass sie am 1. November 1934 wegen staatsfeindlicher Betätigung ausgebürgert worden war.[24] Auch wenn das Reichssicherheitshauptamt mit einem Schreiben am 23. Januar 1940 ankündigte, dass Ausgebürgerte nach Deutschland zurückkehren dürften, so sollten von dieser »Vergünstigung« sowohl Juden wie auch diejenigen ausgenommen sein, die »sich während ihres Aufenthalts in der SU staatsfeindlich gegen das Reich betätigt haben«. Der Referent in der Deutschen Botschaft erinnerte sich daran, dass Carola Neher 1934 während der Saarabstimmung einen »in der DZZ erschienenen deutschfeindlichen Aufruf zusammen mit anderen Intellektuellen unterzeichnet« habe. Auch sonst habe sie »mehrfach in der Öffentlichkeit das neue Deutschland und seine Einrichtungen« verunglimpft. Nach dieser internen Aktennotiz wurde in einer abschließenden Verbalnote der deutschen Botschaft das Moskauer Außenkommissariat gebeten, Carola Neher davon in Kenntnis zu setzen, dass ihre Rückkehr nach Deutschland nicht möglich sei, da sie ausgebürgert worden sei.

Ihre Auslieferung nach Deutschland scheint aber auch daran gescheitert zu sein, dass Carola Neher sich weigerte, als NKWD-Spionin in Deutschland zu arbeiten, wie ihre Zellengenossin in der Butyrka Margarete Buber-Neumann berichtete.[25] Sowohl die aktenmäßig belegbare Zurückweisung durch die Deutsche Botschaft wie auch die Schilderung in Buber-Neumanns Autobiographie können ihre durch zwei Bürokratien verweigerte Ausweisung erklären. Im Falle einer Abschiebung nach Deutschland wäre Carola Neher sicherlich, wie ihre Zellengenossin Buber-Neumann, ins KZ überstellt worden. Aus der Moskauer Haftzelle in der Butyrka, in der man die Häftlinge vor ihrer Ausweisung noch aufpäppelte, wurde Carola Neher ins Gefängnis von Orjol verlegt. Hier hoffte sie, ebenso wie ihre Zellengenossin Hilde Duty[26], endlich eine Nachricht über das Schicksal ihres Sohns zu erhalten.[27]

Am 10. März 1941 schrieb Carola Neher aus dem Orjoler Gefängnis an den Leiter des Kinderheimes:

»*Unterzeichnete ist die Mutter des deutschen Knaben Becker, Georg Anatolowitsch, geboren 1934 in Moskau, der sich in ihrem Kinderheim befindet. Da ich bereits eineinhalb Jahre nichts über meinen Sohn erfahren habe, bitte ich Sie, mir folgende Fragen zu beantworten: Wie entwickelt sich mein Sohn physisch und geistig? Wie steht es mit seiner Gesundheit? Wie ist sein Gewicht und seine Größe? Womit beschäftigt er sich? Lernt er schon schreiben und lesen? Sie verstehen, ich warte voller Ungeduld auf den Tag, an dem ich ihm direkt schreiben kann. Wann beginnt er mit dem Schulbesuch? Weiß er etwas von seiner Mutter? Ich bitte Sie sehr, mir das letzte Photo von ihm zu schicken. Ist er musikalisch? Zeichnet er auch? Wenn ja, schicken sie mir bitte ein Bild, das er gezeichnet hat! Ich warte voller Ungeduld auf ihre Antwort. Ich danke Ihnen aus vollem Herzen für alles Gute, was sie für mein geliebtes Kind tun können! Henschke, Karola A. 10.3.1941. Stadt Orel/Postfach 15 Verzeihen sie die Fehler in meinem Brief, ich beherrsche die russische Sprache nicht.*«[28]

Bei Ausbruch des Krieges wurden Carola Neher, Hilde Duty und ihre Mitgefangenen in Viehwaggons ins Gefängnis von Sol-Ilezk (bei Orjol/Orenburg) weitertransportiert. Carola Neher verstarb hier mit 42 Jahren – wie das NKWD 1968 bestätigte[29] – an Typhus.

19
Vgl. Reinhard Müller:
Menschenfalle Moskau. Exil und stalinistische
Verfolgung, Hamburg 2001.
20
Vgl. auch Erich Wollenberg: Betr. Carola Neher
und ihr Sohn Georg (Typoskript),
Nachlass Erich Wollenberg, Heimvolkshochschule Celle-Hustedt.
21
In nahezu allen Schauprozessen wurden seit
den zwanziger Jahren solche brieflichen
»Weisungen« aus dem Ausland als »Beweis«
für die »Verbindung« zwischen der inländischen
»Verschwörung« und der ausländischen
»Konterrevolution« angeführt. Als Dokumente
konnten sie jedoch nic präsentiert werden.
22
Wollenberg: Betr. Carola Neher und ihr
Sohn Georg (Anm. 20).
23
Politisches Archiv des Auswärtigen Amtes
(PA-AA), Deutsche Botschaft Moskau,
Namensakten, Fach 82, unpaginiert.
24
Ebenda.
25
Buber-Neumann: Als Gefangene bei Stalin und
Hitler (Anm. 14), S. 171.
26
Vgl. Peter Dietzel: Hilda Duty – Zellengefährtin
von Carola Neher, in:
Exil, 12 (1992) 1, S. 24–42.
27
Georg Becker wurde nach der Verhaftung seiner
Pflegefamilie Taubenberger in einem Kinderheim untergebracht und dann von einer russischen Familie adoptiert. Nachdem er hier die
Nahrungsaufnahme verweigerte, kam er erneut
in ein Kinderheim. Georg Becker erfuhr erst
1968 in der Sowjetunion die Namen seiner
Eltern und konnte mit Nachforschungen über
ihr Schicksal beginnen. Durch die Bemühungen
von Erich Wollenberg erhielt Georg Becker
schließlich eine Genehmigung zur Ausreise in
die Bundesrepublik. Für die Auskünfte
und die erteilten Vollmachten zur Akteneinsicht
schuldet ihm der Verfasser großen Dank.
28
Handschrift des russischen Textes von
Carola Neher. Fotokopie im Nachlass Erich
Wollenbergs. Stark abweichende Übersetzung
bei Wegner: Klabund und Carola Neher
(Anm. 1), S. 180.
29
Koljazin (Hrsg.): »Vernite mne svobodu!«
(Anm. 2), S. 28–29.

»Aber Menschenopfer unerhört«:
Martha Ruben-Wolf

Mit der eingangs zitierten »Eingabe« von Carola Neher an Molotow soll exemplarisch auf eine bisher wenig bekannte und kaum zugängliche Überlieferung oder Quellengruppe verwiesen werden, die sich in manchen Moskauer Kader-Akten, in den NKWD-Untersuchungsakten des Zentralarchivs des Föderalen Abwehrdienstes und in den Aufsichtsakten der Militärstaatsanwaltschaft finden lässt. Einige »Eingaben« von Frauen verhafteter Politemigranten an Dimitroff enthalten zudem die inzwischen wieder gesperrten Archivfonds des Sekretariats Dimitroffs im Moskauer »Komintern-Archiv«[30] und die Akten der »Deutschen Vertretung« beim Exekutivkomitee der Kommunistischen Internationale[31]. Remigranten, die in die SBZ/DDR zurückkehrten,[32] nahmen solche belastenden und zugleich decouvrierenden Dokumente[33] nur in Ausnahmefällen[34] mit.

Den Aktenvermerken »Aufbewahren für alle Zeiten« entspricht jedoch keineswegs der teilweise katastrophale Erhaltungszustand der »Eingaben« und Briefe, die von den NKWD-Häftlingen an Stalin, Jeshow, Berija, Molotow, Dimitroff, Wyschinski, Kalinin, aber auch Pieck, Ulbricht und Philipp Dengel gerichtet wurden. Neben Tagebüchern, die von deutschen Emigranten kaum überliefert sind (Ausnahmen sind Emma Tromm und Hugo Huppert), bilden m.E. die »Eingaben« eine wichtige Quellengruppe nicht nur für die biographische Exilforschung, sondern auch für die Beschreibung von traumatisch erlebter Haft und Folter und für die Terror- und Mentalitätsgeschichte des Stalinismus.

Anders als in den zumeist nachträglich von einer SED-Veteranenkommission präformierten, protokollierten und gereinigten »Erinnerungen«[35] der SBZ/DDR-Remigrantinnen wurden in den Eingaben der NKWD-Häftlinge und in den Briefen der dreißiger Jahre die Schrecken des »Großen Terrors« ausführlich thematisiert. Allenfalls in den Eingaben der dreißiger Jahre wurde ein später undenkbarer »Geheimnisverrat« begangen, wenn die erzwungene oder freiwillige Kooperation mit dem NKWD als geheimer Informant (»seksot«) entlastend hervorgehoben wurde.[36] So verwies z.B. Martha Ruben-Wolf in einem Brief an Dimitroff und Pieck darauf, dass ihr am 27. Februar 1937 verhafteter Mann Lothar Wolf »etwa 1935 zur Mitarbeit in der NKWD herangezogen« worden sei und später »mit einem gewissen Michol« zusammen gearbeitet habe. Diesem habe Lothar Wolf »wertvolle Beobachtungen über mutmaßliche Spitzelarbeit in der KPD anvertraut«.[37]

Die jüdische Ärztin Martha Ruben-Wolf, wie Lothar Wolf KPD-Mitglied, ging zusammen mit ihrem Mann 1934 in die Sowjetunion, über die sie in der Weimarer Republik gemeinsam mehrere emphatische Reiseberichte verfasst hatten. Martha Ruben-Wolf versuchte sich die Verhaftung ihres Mannes damit zu erklären, dass »Lothars Material unterschlagen wurde und heute vielleicht gegen ihn verwandt wird«. Wie ihr Mann sei auch sie »wegen Abbau« entlassen worden, obwohl sie doch »mehrere Versuche«, ihr »Schädlingsarbeit anzuhängen«, entlarvt habe. Sie schloss Ihren Brief an Dimitroff und Pieck:

> »Lothar hat seit 15 Jahren die Parteiärzte geleitet. Als Genosse Dengel im September 1937 die Ärztegruppe des Klubs ausländischer Arbeiter auflöste, hat Lothar in einem Brief an den Genossen Pieck und Dengel die Intellektuellenarbeit der KPD kritisiert.[38] Aus diesem Brief hat Genosse Dengel den Schluss gezogen, dass Lothar beleidigt, verbittert und reif für den Klassenfeind sei. Er entzog ihm die Parteiempfehlung. Lothar war aber immer heiter, ohne Ehrgeiz, hasste antisowjetische Stimmungen. Nur drückte uns die Arbeitslosigkeit. Ich bin jetzt 5 Monate arbeitslos. Der Genosse Dengel hat sich hierin geirrt. Ich befürchte, dass Lothars Parteicharakteristik bei der NKWD getrübt worden ist.

Abb. 9
Familie Wolf, Moskau 1935
Von links nach rechts:
Martha Ruben-Wolf, Walter Wolf, Sonja Wolf,
Lothar Wolf

Bitte Genosse Dimitroff, besprechen Sie dies mit Genossen Dengel und Genossen Pieck, damit die NKWD kein falsches Bild von ihm hat.
*Wenn mein Mann in **unserem** Land, von **unseren** Leuten verurteilt wird, nimmt man uns Vergangenheit und Zukunft, die Kinder und jede Hoffnung.*
Bitte Genosse Dimitroff, forschen Sie nach dem Verbleib und der Gesundheit meines Mannes und tun Sie für uns, was möglich ist. Die schwere politische Lage begreife ich:

> *Opfer fallen hier,*
> *Weder Lamm noch Stier,*
> *Aber **Menschenopfer** unerhört!«* [39]

Am 19. August 1939 beging Martha Ruben-Wolf, während ihre Kinder in einem Ferienlager auf der Krim waren, in Moskau Selbstmord. [40]

Von der Möglichkeit, dass »Eingaben« während der Haft geschrieben werden konnten, wusste die Forschung bereits aus mehreren frühen Autobiographien derjenigen NKWD-Häftlinge, die Gefängnis und Lagerhaft überlebt hatten. [41] In ihren minutiösen Erinnerungen an ihre elfjährige Haftzeit registrierte z.B. Elinor Lipper das den Untersuchungsgefangenen eingeräumte »Recht« zum Schreiben von Eingaben [42].

> »Zweimal im Monat hat der Angeklagte das Recht, eine Eingabe an eine der folgenden Stellen zu richten: Direktor des Gefängnisses/Untersuchungsrichter/Staatsanwalt/Volkskommissar (jetziger Minister) für Inneres/Zentralkomitee der Partei/Oberster Sowjet/Stalin. Fast alle Angeklagten schrieben eine oder mehrere Eingaben an eine dieser Stellen, worin sie Beweise für ihre Unschuld beibrachten, entlastende Zeugen namhaft machten, auf ihre makellose Lebens- oder Parteigeschichte hinwiesen und sich gegen die angewandten Untersuchungsmethoden wehrten. Es ist mir nicht ein einziger Fall bekannt, wo diese Stellen, falls diese Eingaben überhaupt an sie weitergeleitet wurden, zu Gunsten des Angeklagten in die Untersuchung eingegriffen oder auch nur darauf geantwortet hätten.« [43]

Zumeist erst nach dem Abklingen der exterministischen Verhaftungswellen des »Großen Terrors«[44] erhielten die Häftlinge in den verschiedenen Moskauer NKWD-Gefängnissen (Lubjanka, Butyrka, Taganka, Lefortowo), aber auch in NKWD-Provinzgefängnissen und im GULag einzelne Papierblätter zugeteilt und konnten so ihre Eingaben, Beschwerden und Hilferufe an unterschiedlichste Instanzen und Personen richten. Durch diese bisher kaum zugängliche Quellengattung der »Eingaben« und »Gesuche« aus NKWD-Gefängnissen[45] können, wenn auch in der vielfach verstellten und gebrochenen Form von »Ego-Dokumenten«[46], die Selbstwahrnehmung, Verhaltenscodes, Deutungsmuster und Repräsentationspraxis der Opfer des Stalinismus »von unten« rekonstruiert werden.[47]

Unter den archivalischen Hinterlassenschaften des Nominalsozialismus, den bereits Weissberg-Cybulski als »Reich der Fiktionen« erlebte und beschrieb, enthalten die angesichts von Folter[48] und Tod verfassten Häftlingseingaben zahlreiche Erlebnisse, Wahrnehmungen und Deutungsmuster, die für deutsche Exilanten in der Sowjetunion bisher allenfalls aus der reflektierten Distanz der Autobiographie überliefert waren. In den Eingaben der NKWD-Häftlinge wird u.a. über die Haftsituation, Unterernährung, Krankenhausaufenthalte nach Folterungen, über die Isolation und den häufigen Gefängniswechsel berichtet. Vor allem das jahrelange »Unwissen über das Schicksal der Angehörigen«, das, wie es in einer Eingabe heißt, »eine seelische Folter für den Verhafteten wie für den Angehörigen« bedeutete, wird immer wieder hervorgehoben. Von den NKWD-Häftlingen werden auch Zeugen für ihre Parteibiographie benannt, Gegenüberstellungen mit dem Recht auf Fragestellung, Übersetzer und Advokaten für den erwarteten Prozeß vor dem Militärtribunal verlangt.

Die Angehörigen schilderten in ihren Briefen und Eingaben an Stalin ihre unzähligen Versuche, an den verschiedenen Auskunftsstellen des NKWD und der Gefängnisse Nachrichten über den Verbleib der Verhafteten zu erhalten. So schrieb Henriette Sobottka[49], die im Dezember 1938 in eine Moskauer Nervenklinik eingeliefert wurde, am 27. Juni 1938 an Stalin:

> »Ich wende mich an Sie, als den Führer, nach dem die Arbeiter aller Länder schauen, in der Hoffnung, dass Sie meiner Bitte Gehör schenken. Mein Sohn Gustav Sobottka, der mit Wissen und Genehmigung der Sowjetbehörden, auf den Namen Hans Boden, seit 19. Dezember 1935 hier bei mir lebte, wurde in der Nacht vom 4.-5. Februar 1938 verhaftet. Bei der Verhaftung erklärte mir der Beamte, dass ich über seinen Verbleib bei der NKWD, Lubjanka 14, nach etwa 5 Tagen Auskunft erhalten würde. Nun habe ich mich seit dieser Zeit bei allen Stellen der NKWD bemüht, Auskunft über den Verbleib meines Sohnes zu erhalten. Vergeblich, niemand weiß wo mein Sohn geblieben ist. Es ist als ob er von einem Grab verschluckt worden wäre.«[50]

30
Russisches Staatsarchiv für Soziale und Politische Geschichte, Moskau (RGASPI), bis 1999: Russisches Zentrum für die Aufbewahrung und das Studium von Dokumenten der neueren Geschichte (RZChIDNI), 495/73 und 495/74.
31
RGASPI, 495/292 und 495/293.

32
Vgl. Peter Erler: »Moskau-Kader« der KPD in der SBZ, in: Manfred Wilke (Hrsg.): Die Anatomie einer Parteizentrale. Die KPD/SED auf dem Wege zur Macht, Berlin 1998, S. 228–291.
33
Da diese Texte weder der Exil- noch der Stalinismusforschung zugänglich waren und bisher kaum dokumentiert sind, wird im folgenden ausführlich zitiert. Vgl. zu dieser archäologischen Erinnerungsarbeit Walter Benjamin: Gesammelte Schriften, Frankfurt am Main 1972, Band IV/1, S. 400–401 [Ausgraben und Erinnern].

34
Eine Eingabe von Gustav Sobottka an den
Staatsanwalt Wyschinski, vollständig abgedruckt bei Carola Tischler: Deutsche Emigranten im sowjetischen Exil. 1933–1945, Münster
1996, S. 1–2. Diese und einige weitere Eingaben
sind im Berliner Nachlass Gustav Sobottkas,
Stiftung Archiv der Parteien und Massenorganisationen der DDR im Bundesarchiv (SAPMO-
BA), überliefert. Allenfalls der hochrangige
KPD-Funktionär Sobottka konnte 1945 solche
schriftliche Konterbande mit nach Deutschland
nehmen.
35
Vgl. zu diesem Problemkomplex Meinhard Stark
(Hrsg.): »Wenn Du willst Deine Ruhe haben,
schweige«. Deutsche Frauenbiographien
des Stalinismus, Essen 1991; Ders.: »Traten keine
Probleme auf«. Zur Rückkehr deutscher politischer Exilantinnen aus der UdSSR, in: Annette
Kaminsky (Hrsg.): Heimkehr 1948, München
1998, S. 282–298; Ders.: »Ich muss sagen, wie es
war«. Deutsche Frauen des GULag, Berlin 1999;
Sonja Hilzinger: »Ich hatte nur zu schweigen«.
Strategien des Bewältigens und des Verdrän-
gens der Erfahrung Exil in der Sowjetunion
am Beispiel autobiographischer Texte, in:
Exilforschung. Ein internationales Jahrbuch,
Band 11: Frauen und Exil. Zwischen Anpassung
und Selbstbehauptung, München 1993,
S. 31–52; John Kotre: Weiße Handschuhe. Wie
das Gedächtnis Lebensgeschichten schreibt,
München 1996.
36
Vgl. z.B. auch den Brief von Helmut Damerius
an Wilhelm Pieck, in: Reinhard Müller:
Schrecken ohne Ende. Eingaben deutscher
NKWD-Häftlinge und ihrer Verwandten an
Stalin, Jeshow u.a., in: Exil, 17 (1997) 2, S. 83–84.
37
RGASPI, 495/74/134, Bl. 23–24. Dem Brief
sind zwei Begleitschreiben beigelegt: ein Brief
von Pieck an Dimitroff und ein Brief Dimitroffs
an Frinowski – den stellvertretenden Volkskommissar des NKWD. Pieck schrieb an Dimitroff:
»Ihre Tätigkeit in der SU seit 1933 hat mancher-
lei Mängel, insbesondere in der Begünstigung
der Einreise von Ärzten, die sich hier als
schlechte Elemente herausstellten und zu einem
großen Teil verhaftet sind. Wahrscheinlich
ist das auch mit der Grund, der zur Verhaftung
von Wolf geführt hat.«
Alle folgenden Zitate stammen aus diesem
Brief, Hervorhebungen im Original.
38
Vgl. Zur Intellektuellenpropaganda der KPD,
8. Okt. 1937, in: SAPMO-BA, RY I 2/3 373,
Bl. 32–43.
39
Zitat aus Goethes Ballade »Die Braut von
Korinth«. 1937 erschien auch Arthur Koestler:
Menschenopfer unerhört. Ein Schwarzbuch
über Spanien, Paris 1937.
40
Zu ihrer Biographie und zum Schicksal ihrer
zwei Kinder vgl. Anja Schindler: »Mit der
Internationale durchs Brandenburger Tor«, in:
Ulla Plener (Hrsg.): Leben mit Hoffnung in Pein.
Frauenschicksale unter Stalin, Frankfurt/Oder
1997, S. 35–53.

41
Weitere Hinweise in Müller: Schrecken ohne
Ende (Anm. 36), S. 84–86.
42
Vgl. auch den NKWD-Befehl Nr. 0011 vom
13. Januar 1937 über die Weitergabe bei
der Behandlung der Eingaben an das 8. Referat
der Hauptverwaltung Staatssicherheit
des NKWD. Sammlung »Memorial«, Moskau.
43
Elinor Lipper: Elf Jahre in sowjetischen
Gefängnissen und Lagern, Zürich 1950, S. 31–32.
44
Vgl. Michael Parrish: The Lesser Terror.
Soviet State Security, 1939–1953, Westport,
Connecticut 1996.
45
Erst jüngst wurde dazu veröffentlicht:
W. Goncarov/W. Nechotin: Prosim osvobodit'
iz tjuremnogo zakljucenija. Pis'ma v zascitu
repressirovannych, Moskau 1998.
46
Zur Quellengattung der »Eingaben« und
»Bittschriften« vgl. Otto Ulbricht: Supplikationen
als Ego-Dokumente. Bittschriften von Leibeige-
nen aus der ersten Hälfte des 17. Jahrhunderts,
in: Winfried Schulze (Hrsg.): Ego-Dokumente.
Annäherung an den Menschen in der Ge-
schichte (Selbstzeugnisse der Neuzeit. Hrsg. von
Hartmut Lehmann, Alf Lüdtke, Hans Medick,
Jan Peters und Rolf Vierhaus, Band 2),
Berlin 1996, S. 149–174; Natalie Zemon Davies:
Fiction in the Archives. Pardon Tales and their
Tellers in Sixteenth-century France, Stanford,
CA 1987; Klaus Tenfelde/Helmuth Trischler
(Hrsg.): Bis vor die Stufen des Throns. Bittschrif-
ten und Beschwerden von Bergarbeitern im
Zeitalter der Industrialisierung, München 1986;
Margareta Mommsen: Hilf mir mein Recht
zu finden. Russische Bittschriften von Iwan dem
Schrecklichen bis Gorbatschow, Frankfurt am
Main 1987.
47
Vgl. für die Zeit der zwanziger Jahre die an
David Ryasanov gerichteten Eingaben in Jakov
Rokitjanskij/Reinhard Müller: Krasny dissident.
Akademik Ryasanov, opponent Lenina,
zertva Stalina, Moskau 1996, S. 169–310.
48
Über fünfzig verschiedene Folterarten im
Moskauer Suchanov-Gefängnis werden
beschrieben in Lidija Golovkova: Tichaja obitel'
(suchanovka), in: Vol'ja, (1994) 2–3, S. 101–103.
49
Die zahlreichen Eingaben von Henriette und
Gustav Sobottka wie auch die des inhaftierten
Sohnes Gustav Sobottka jr. (Deckname:
Hans Boden) sind auf mehrere Moskauer
Archive verteilt. Vgl. auch den Dokumentarfilm
»Vom Geheimnis eines Revolutionärs.
Nachdenken über Gustav Sobottka«,
Regie: Hans-Dieter Rutsch, WDR, 1995.
50
Fotokopie in Sammlung »Eingaben und
Briefe«, Hamburger Institut für Sozialforschung.

Wie aus einem »streng geheimen« Rundschreiben des Stellvertretenden Volkskommissars Frinowski vom 21. Januar 1938 hervorgeht, wurde den Gefängnisverwaltungen des NKWD jegliche Erteilung von Auskünften über den Verbleib der Verhafteten untersagt:

> »AN ALLE NKWD-Dienststellen UND VERWALTUNGEN DES NKWD: Verwandte der durch die VSS [Verwaltungen der Staatssicherheit] Verurteilten suchen häufig am Ort der Untersuchung oder am Ort der Inhaftierung während der Untersuchung um Auskunft nach, in welche Gefängnisse die Verurteilten geschickt wurden. Nach Erhalt einer Auskunft durch das 8. Referat oder durch die Gefängnisverwaltung, dass der Verurteilte in das Gefängnis der HVSS soundso (für die weitere Haft des Verurteilten) geschickt wurde, kommen die Verwandten zum Standort des Gefängnisses, um bei der Verwaltung eine Erlaubnis für einen Besuch, für Sachübergaben usw. zu bekommen oder sie senden sofort Briefe an die Gefangenen. Das alles verursacht zahlreiche Komplikationen und Störungen, denn
> 1) die Verwaltung der Gefängnisse der HVSS hat nicht nur kein Recht, Besuche und Sachübergaben zu erlauben, sondern darf auch keine Auskünfte über den Aufenthalt des Verurteilten in diesem Gefängnis erteilen, darf keinerlei Verhandlungen oder Briefwechsel, auch nicht mit den Verwandten der Verurteilten führen;
> 2) es ist den Gefangenen verboten, in Briefen an die Verwandten den Standort der Haftanstalt anzugeben und es ist ihnen nur erlaubt, die Nr. des Postfachs anzugeben. Sie sind zu warnen, dass es unzulässig ist, das Wort »Gefangener« in der Adresse anzugeben.
> 3) Briefe, die für die Gefangenen an die Adresse des Gefängnisses, nicht aber an das Postfach adressiert sind, werden nicht ausgehändigt.
> Entsprechend dem Vorstehenden verpflichtet das 8. Referat der HVSS die Gefängniskommandanten der HVSS und der [Textlücke], bei der Erteilung von Auskünften an die Verwandten der Gefangenen, die für die Strafverbüßung in Gefängnisse der HVSS geschickt wurden, vom Aufenthalt der Gefangenen nur die Angabe der Stadt und die Nr. des Postfachs mitzuteilen, entsprechend der beigelegten Liste der Gefängnisse der HVSS, und die Verwandten mit einer in der Anlage aufgeführten Adressenform vertraut zu machen.«[51]

Die zurückgebliebenen und traumatisch verstörten Verwandten wie auch die NKWD-Häftlinge schrieben immer wieder an die letzte und Rettung verheißende Instanz, den »werten Genossen Stalin«.[52] In ihren Eingaben schildern die Frauen der verhafteten KPD- und Komintern-Funktionäre die sozialen und psychischen Folgen, denen sie im Moskauer Alltag als Angehörige von verhafteten »Partei- und Volksfeinden« ausgesetzt waren: Verlust des Arbeitsplatzes und des Kindergartenplatzes, Ausweisung aus dem Zimmer im »Hotel Lux«, Beschlagnahme aller Wertgegenstände und von letzten Arbeitsmitteln (z.B. Schreibmaschine), Nichtverlängerung der Aufenthaltsgenehmigung für Moskau und soziale Ausschließung und Stigmatisierung als »Frauen eines Volksfeindes«.

51
Sammlung »Memorial«, Moskau.
52
Vgl. dazu auch Stark:
»Ich muss es sagen, wie es war«
(Anm. 35), S. 157–159.
53
In der Abschrift fälschlicherweise
»menschliche Gesellschaft«.

»Was ich als Mutter leide«:
Elise Krotter

Nach der Verhaftung ihres Mannes und ihres Sohnes wurde Elise Krotter aus Stalingrad ausgewiesen und fand im angrenzenden Gebiet weder eine Arbeit als Reinemachefrau noch eine Unterkunft. Am 17. Dezember 1940 schrieb sie an die deutsche Vertretung beim Exekutivkomitee der Kommunistischen Internationale (EKKI):

»Gern möchte ich meinem elenden Leben ein Ende machen. Aber der Gedanke an meinen Jungen hält mich, ich will ihm doch nicht sein ganzes Leben vergiften. Denn bittere Vorwürfe mache ich mir, meinen Jungen in die Emigration geschleppt zu haben und somit in sein Unglück. Wenn ich das gewusst hätte, wäre besser, ich wäre dort eingesperrt und vielleicht jeden Tag Prügel bekommen hätte. Dort wüsste ich, warum ich zu leiden habe. Aber was man uns hier antut, werden wir nicht überwinden. Ihr selbst wisst, wie es den Kindern von Kommunisten in Deutschland ging und auch unser Junge hatte dadurch viel zu leiden. Aber er war tapfer und stellte seinen Pionier. Mit einer Begeisterung kam er in die Sowjetunion, um zu lernen und was tüchtiges zu werden. Statt dessen sperrte man diesen 17-jährigen jungen, hoffnungsfrohen Menschen ein und er musste seine besten Jugendjahre, die schönsten seines Lebens, im Gefängnis verbringen im Bewusstsein seiner Unschuld. Hat er die ersten Jahre mutig ertragen, so flehte er mich jetzt an, ihm zu helfen, zu seiner Freiheit. Genossen, könnt Ihr jetzt verstehen, was ich als Mutter leide? In Deutschland schrieben unsere Zeitungen, in Versammlungen riefen unsere Redner, Ihr Frauen und Mütter, reiht euch ein in den proletarischen Kampf, es geht um die Zukunft Eurer Kinder. Ihr müsst kämpfen um Eure Kinder, für eine bessere Zukunft und das habe ich getan. Und jetzt? Ich habe von meinem Jungen schon seit langem keine Nachricht und weiß nicht, wo er ist. Von meinem Manne habe ich seit seiner Verhaftung kein Lebenszeichen, ich glaube, er ist bestimmt tot.«

In ihrer als maschinenschriftliche Abschrift überlieferten verzweifelten Eingabe verwies Elise Krotter auf den traumatischen Schock, den die Verhaftung im scheinbar rettenden »Vaterland der Werktätigen« bei den Emigranten auslöste. Zugleich berichtete sie aber auch von der solidarischen Hilfe, die ihr zwar nicht von den Instanzen der MOPR, aber von anderen Politemigranten zuteil geworden war:

»In Stalingrad wohnte ich kulturell, (was ich hier nicht sagen kann) aber das war zu gut für mich, man stieß mich weiter ins Elend. Ich habe immer noch keine Arbeit und wäre längstens zugrunde gegangen, wenn mich nicht die Genossen von Stalingrad unterstützen würden. Sie schicken mir sogar das Brot. Die vier Monate hier haben meine ganze Lebenskraft gebrochen (bin 52 Jahre alt) und in meiner Verzweiflung habe ich von den Behörden verlangt, mich nach Deutschland auszuweisen. Soll ich schon zugrunde gehen, so will ich das im kapitalistischen Staat. Da kann ich es verstehen, aber keineswegs hier in der Sowjetunion. Genossen denkt von mir, was ihr wollt. Ich weiß am besten, dass ich stets mein proletarisches Ehrgefühl hochgehalten habe und auch weiter hochhalte. Aber ich bin es wirklich überdrüssig, dauernd als ausgestoßene und [nicht]menschliche[53] Gesellschaft betrachtet zu werden, ja als Verbrecher angesehen zu werden. Nein, wir sind keine Verbrecher. Wir waren auch nicht ein einziges Mal schlechte Menschen und Ihr Genossen müsst das selbst wissen, wenn Ihr über uns richtig informiert seid. Ich

habe mich an alle Behörden gewandt, habe an Genossen Stalin, nicht nur einmal geschrieben, sie möchten doch die Anklage noch einmal untersuchen wegen meinem Mann und Sohn. Aber ich komme keinen Schritt vorwärts. Es ist gerade, als ob ich mit dem Kopf an eine Mauer renne. Das Resultat ist immer das gleiche, **10 Jahre**. Hat mein Sohn und mein Mann unterschrieben, so geschah das nicht in normalen Zustand und ich weiß, das ganz bestimmt, dass mein Mann und mein Sohn unschuldig sind. Sie sitzen nun schon im 4. Jahre im Bewusstsein ihrer Unschuld und dies ruiniert sie bestimmt an Leib und Seele. Wir haben ein gemeinsames Leben geführt. Eins wusste über das andere Tun und Handeln des anderen. Keines ging seinen eigenen Weg und ich kann mein Leben für die Unschuld meiner Lieben geben. Genossen, wo soll ich denn Gerechtigkeit suchen und finden? Mein Sohn schrieb mir einmal, wir waren immer ehrliche Menschen und wir werden ehrliche Menschen bleiben. Jawohl Genossen, wir waren, wir sind und werden ehrliche Menschen bleiben. Nun Genossen, möchte ich Euch ersuchen, mir doch zu helfen, dass ich Arbeit bekommen kann. Ich komme hier nicht durch.«[54]

Diese Eingabe wurde von Walter Ulbricht – zusammen mit kurzen Auskünften zur Parteibiographie von Elise[55] und Hans Krotter[56] – an Dimitroff weitergereicht. Die Kaderabteilung des EKKI überprüfte auf Weisung Dimitroffs den »Fall«, und das NKWD übermittelte die Mitteilung, dass Elise Krotter nicht wieder nach Stalingrad zurückwolle, da sie im Dorf Michailowka »materiell gut versorgt und mit den Wohnverhältnissen« zufrieden sei.[57]

54
RGASPI, 495/74/155, Bl. 38 – 42.
Hervorhebung im Original.
55
Elise Krotter, geb. 1888, 1928 KPD, kam mit ihrem Mann und ihrem Sohn 1935 in die Sowjetunion. Sie hatte 1934 dabei geholfen, den in Deutschland inhaftierten Sohn Hans Beimlers in die Sowjetunion zu entführen. Johann Beimler wurde 1937 in Moskau mit anderen Jugendlichen unter der »Beschuldigung« verhaftet, Mitglied einer Gruppe der »Hitler-Jugend« in Moskau gewesen zu sein, die »Anschläge« auf Stalin vorbereitet habe. Zum NKWD-Konstrukt einer »Hitler-Jugend« in Moskau vgl. zuletzt Hans Schafranek (unter Mitarbeit von Natalija Mussijenko): Kinderheim Nr. 6. Österreichische und deutsche Kinder im sowjetischen Exil, Wien 1998, S. 114 – 128.
56
Hans Krotter geb. 1891, Bäcker, USPD 1919, 1920 KPD, 1933 Emigration nach Prag, 1935 in die Sowjetunion. Hans Krotter und sein Sohn Siegfried Krotter kamen im Gefängnis und Lager ums Leben. Elise Krotter kehrte nach 1945 nach München zurück. Mündl. Mitteilung ihres Neffen. Zur Biographie von Hans Krotter vgl. RGASPI, 495/205/4533.
57
Vgl. auch den ausführlichen Brief Franz Schwarzmüllers an Stalin, Molotow, Berija, Wyschinski, Dimitroff, Manuilskij und Pieck vom 23. April 1939 – nach der Verhaftung seiner Frau – , in der Schwarzmüller auf die Verhaftung Hans Krotters und anderer verweist. Teilabdruck in Ernstheinrich Meyer-Stiens: Opfer wofür? Deutsche Emigranten in Moskau – ihr Leben und Schicksal, Worpswede 1996, S. 118 – 121.
58
RGASPI, 495/293/121, Bl. 11.
59
Ebenda.
60
RGASPI, 495/293/121, Bl. 12.

»Die Frau des Verhafteten geächtet«:
Martha Arendsee

Die Moskauer Politemigrantin Martha Arendsee gehörte seit 1906 zur sozialdemokratischen Frauenbewegung und nahm 1915 an der Internationalen Sozialistischen Frauenkonferenz in Bern teil. Während des Ersten Weltkriegs wurde sie wegen Antikriegstätigkeit verhaftet und 1917 USPD-Mitglied. Seit 1920 Mitglied der KPD, widmete sie sich vor allem der »Frauenarbeit« und der Sozialpolitik und wurde als Abgeordnete in den preußischen Landtag und in den Reichstag gewählt. 1933 wurde sie in Deutschland verhaftet und konnte nach ihrer Freilassung 1934 zusammen mit ihrem Mann Paul Schwenk in die Sowjetunion emigrieren.

Nach der Verhaftung ihres 59-jährigen Mannes, der in Moskau am Marx-Engels-Institut und in der Verlagsabteilung der Komintern beschäftigt war, brach Martha Arendsee völlig zusammen. Am 29. März 1938 schrieb sie an Philipp Dengel, den Leiter der deutschen Vertretung beim EKKI:

> »Das Unglaubliche ist geschehen. In der Nacht ist Paul verhaftet. Man suchte nach Waffen und nahm den Photoapparat mit, sonst nichts. Ich hoffe, es klärt sich alles auf und Paul kommt zurück. Wenn das aber nicht der Fall ist, dann steht mehr auf dem Spiel als das Schicksal Paul's, dann geht es um die Partei. Und deshalb bitte ich Dich eindringlichst, nichts unversucht zu lassen um Klarheit zu erlangen. Du kannst die volle Gewissheit haben, Paul ist völlig rein. Euer Vertrauen hat er voll und ganz verdient. Ich sage das im vollen Bewusstsein der Verantwortung vor der Partei. Paul hatte in den vier Jahren, wo wir in der Sowjetunion sind keine anderen Gedanken als der Sache des Sozialismus zu dienen, den Faschismus zu bekämpfen, der Partei zu helfen.«[58]

Um den Verdacht der »Verbindung« mit »Parteifeinden« zu entkräften, zählte Martha Arendsee ihre wenigen Wohnungsbesucher der letzten Jahre auf und beschrieb die »freiwillige« Selbstisolierung, jene »Atomisierung«, in die sich die Politemigranten begaben, um den Vorwurf der »Kontaktschuld« zu vermeiden:

> »Er ist in den ganzen vier Jahren nicht an einem einzigen Abend von zu Hause fortgegangen, außer in den letzten Monaten in den Klub. Sonst hatte er keine Verbindungen und keinen Briefwechsel. Paul kam stets regelmäßig von der Arbeit des Instituts nach Hause und hat fast jeden Abend zu Hause gearbeitet. Außerdem lernte er jeden Abend die russische Sprache. Er gönnte sich am freien Tag kaum einen Spaziergang, ich musste ihn stets drängen auch an seine Gesundheit zu denken. Sein ganzes Leben war so abgeschlossen, dass ich oft zu ihm gesagt habe, das ist nicht gut, er kommt wenig mit dem Sowjetleben in Berührung. Wenn nur etwas in seinem Leben nicht klar wäre, würde ich nicht mit dieser Bestimmtheit behaupten, es kann nichts gegen ihn vorliegen – er ist rein. Um der Partei willen muss der Sache auf den Grund gegangen werden.«[59]

Mit einem Begleitschreiben richtete Philipp Dengel den Brief an Dimitroff weiter, den er auch im Namen Piecks bat, »bei den Sowjetbehörden« nachzufragen.[60] Herbert Wehner, dem wie den übrigen Funktionären der KPD-Führung das Schicksal zahlreicher Verhafteter und ihrer Angehörigen bekannt wurde, schrieb über Martha Arendsee:

> »Die Verhaftungen hatten einen Umfang angenommen, der selbst diejenigen unsicher werden ließ, die bisher gemeint hatten, für jede Verhaftung die richtige Erklärung zu wissen. Martha Arendsee gehörte zu denen. Sie hatte alle Verhaftungen erklären können und war unermüdlich

in der Verteidigung dieser Maßnahmen. Als ihr Mann, Paul Schwenk, verhaftet worden war, glaubte sie zunächst, es handele sich um ein Versehen, dann – um einen Racheakt irgendeines verborgenen Feindes, schließlich verfiel sie einer an physische und psychische Auflösung grenzenden Depression, aus der sie erst wieder erwacht ist, als von der Möglichkeit die Rede war, Schwenk könnte freigelassen werden.«[61]

Die »Erklärung«, dass »Schädlinge im NKWD« und »falsche Anschuldigungen« durch »maskierte Parteifeinde« zur Verhaftung beigetragen hätten, exkulpierte nur Stalin und wurde auch in der öffentlichen Propaganda verbreitet. Wie diese umlaufende und offizielle »Erklärung« der selbstreferentiellen Denunziationspraxis und des Massenterrors auch von den Politemigranten internalisiert wurde, nicht zuletzt um die eigene politische Identität zu bewahren, zeigt der Brief, den Martha Arendsee am 15. April 1938 an Dimitroff richtete:

> *»Es kann nicht anders sein, als dass er das Opfer falscher Anschuldigungen bei der N.K.W.D. geworden ist, die von Elementen ausgehen, die unsere Kader vernichten und das Ansehen der Partei schädigen wollen.«*[62]

Am 1. August 1939, dem Antikriegstag, erinnerte Martha Arendsee in einer »Eingabe« an die »Genossen Molotow und Shdanow« an ihre antimilitaristische Tätigkeit:

> *»Bei Ausbruch des Weltkriegs organisierten wir sofort die Niederbarnimer Opposition und gaben das bekannte Niederbarnimer Oppositionsmaterial heraus, das vom November 1914 ab zum Mittelpunkt der ersten organisatorischen Zusammenfassung der Opposition gegen die verräterische Kriegspolitik des sozialdemokratischen Parteivorstandes im Reiche wurde. Ich nahm an der Berner Frauenkonferenz März 1915 teil. Im Anschluss daran organisierten wir Anfang April gemeinsam Druck und Verbreitung des Manifestes der Berner Frauenkonferenz ›an die Frauen und Mütter der ganzen Welt‹. Es war die erste illegale Massenflugblattverbreitung während des Weltkrieges. Von Paul Schwenk stammt auch der erste Aufruf deutscher Arbeiter an das internationale Proletariat zum Kampfe gegen den Krieg, ›Die Welt speit Blut‹.«*

Danach schilderte sie nicht nur die Tätigkeit von Paul Schwenk als »organisatorischer Leiter« der Linken in der USPD, als Landtagsabgeordneter und Sekretär der kommunistischen Fraktion im Preußischen Landtag, sondern auch seine unermüdliche marxistische Fortbildung und das »volle Vertrauen der Partei«, das er genossen habe. Deshalb sei es ihr und »allen deutschen Genossen unerklärlich, weshalb ein solcher Genosse in der Sowjetunion im Gefängnis sitzen muss«.

61
Herbert Wehner: Zeugnis, Köln 1982, S. 198–199.
62
Fotokopie, Sammlung Antikomintern-Block, Hamburger Institut für Sozialforschung.
63
Über die Fehler der Parteiorganisation beim Ausschluss von Kommunisten aus der Partei, über das formalistisch-bürokratische Verhalten zu den Berufungen von aus der KPdSU(B) Ausgeschlossenen, und über die Maßnahmen zur Beseitigung dieser Mängel, in: Kommunistische Internationale, 19 (1938) 3/4, S. 146.

64
A. Shdanow: Abänderungen am Statut der KPdSU(B), in: Kommunistische Internationale, 20 (1939) Sonderheft, S. 245–246.
65
Zum Vorgang des »codeswitching« vgl. Carol Myers-Scotton (Hrsg.): Codes and Consequences. Choosing Linguistic Varieties, New York-Oxford 1998.

Martha Arendsee, die wie die meisten parteitreuen Polit-Emigrantinnen nur nach einer Erklärung der Verhaftung ihres eigenen Mannes oder Sohnes suchte, fand bereits in einem Beschluss des ZK der KPdSU vom 18. Januar 1935, der als »vertraulicher Brief« an die Parteiorganisationen geschickt wurde, aber auch in deutscher Übersetzung erschien, eine scheinbar schlüssige »Erklärung« für die Verhaftung ihres parteitreuen Lebensgefährten:

>»Es sind ferner nicht wenige Tatsachen bekannt, wo die maskierten Volksfeinde, die Schädlinge und Doppelzüngler zu provokatorischen Zwecken die Einreichung von verleumderischen Erklärungen gegen Parteimitglieder organisieren und unter dem Scheine der »Entfaltung der Wachsamkeit« den Ausschluss von ehrlichen und ergebenen Kommunisten aus den Reihen der KPdSU (B) anstreben, dadurch von sich selbst den Schlag ablenken und sich selbst in den Reihen der Partei halten.«[63]

Im Protokoll des 18. Parteitages der KPdSU konnte Martha Arendsee eine weitere öffentliche »Erklärung« für die »unglaubliche« Verhaftung ihres Lebensgefährten finden. Angesichts der selbstreferentiellen Denunziationspraxis, die auch die personelle und bürokratische Kapazität des NKWD überstieg, führte das Mitglied des Politbüros Shdanow im März 1939 aus:

>»Die Verleumdung ehrlicher Mitarbeiter unter der Flagge der ›Wachsamkeit‹ ist gegenwärtig die verbreitetste Methode zur Tarnung und Maskierung der feindlichen Tätigkeit.«[64]

Martha Arendsee griff in ihrer auch an Shdanow gerichteten Eingabe diese parteiamtlichen Formeln auf[65] und schilderte dann ihre vergeblichen Bemühungen, durch »Eingaben« bei den verschiedensten Instanzen und Personen die Freilassung ihres Mannes zu erreichen:

>»Wir wissen heute, dass Volksfeinde unter dem Deckmantel politischer Wachsamkeit ehrliche Genossen verleumdeten, ihre Verhaftung veranlassten. Ich bin der Überzeugung, dass es sich bei der Sache Paul Schwenk um einen solchen Fall handelt. Diese Auffassung habe ich während der sechzehn Monate den in Frage kommenden Instanzen schriftlich und so weit es möglich war, auch mündlich mitgeteilt. Stets erhielt ich die Antwort, die Untersuchung ist im Gange, warten Sie ab. Im September 1938 gab mir der Moskauer Woenne-Prokuror [=Militärstaatsanwalt, R.M.], zu dem die Sache gehört, auf meine Frage, warum ein alter verdienter Genosse solange in Haft behalten wird, die Antwort: ›Schreiben Sie an Genossen Wyschinski‹. Meine zwei Eingaben an Genossen Wyschinski vom 15.6. und 9.9.1938 blieben jedoch ohne Antwort. Im Januar 1939 wurde ich zur NKWD, Moskauer Gebiet, gerufen, wo man mich damit zu beruhigen versuchte, dass man mir sagte, es gehe meinem Mann gut, er sei gesund, könne spazieren gehen und Billard spielen. Was gegen ihn vorliegt, wann seine Sache erledigt wird, erfuhr ich nicht. Am 15. April 1939 habe ich an Genossen Berija eine Eingabe gerichtet und eine Kopie davon an Genossen Stalin gesandt. Wieder blieb ich ohne Antwort. Am 28. Juli erfuhr ich nun, im Auskunftsbüro, dass die Sache Paul Schwenk nicht vor ein Gericht kommt, dass er im Gefängnis in Moskau bleibt. Seine Akten liegen nicht beim Woenne-Prokuror, sondern bei der militär-politischen Kommission des Moskauer Militärkreises, der die Sache entscheidet. Da ich keinen andern Weg mehr sehe, wende ich mich jetzt an Sie, Genossen Molotow und Shdanow mit der Frage, wie lange soll dieser Zustand noch dauern, dass Genosse Paul Schwenk im Gefängnis sitzen muss. Ist es möglich, nach 16 Monaten Haft die Sache eines Genossen zum Abschluß zu bringen, der sein ganzes

Leben in den Dienst der Arbeiterklasse gestellt hat, wo feststeht, dass kein Material für eine gerichtliche Entscheidung vorliegt? Ich werde körperlich und seelisch zermürbt, dass ich gezwungen bin, über den Grund der Verhaftung nachzugrübeln, weil mir keine Aufklärung gegeben wird. Von der Freilassung und Rehabilitierung meines Lebensgefährten hängt aber zugleich mein eigenes Leben ab.«

In einem Brief an Dimitroff hatte sich Wilhelm Pieck am 20.4.1938 für die Freilassung von sechzehn verhafteten KPD-Mitgliedern (u.a. Paul Schwenk) verwandt.[66] Paul Schwenk gehörte zu den acht KPD-Funktionären, bei denen das ZK davon überzeugt war, »dass sie sich keiner verbrecherischen Handlung gegen den Sowjetstaat schuldig gemacht und auch keine Verbindungen mit sowjetfeindlichen Elementen unterhalten haben«.[67] Piecks Brief an Dimitroff und die beiliegenden Charakteristiken Brückmanns gelangten über den Volkskommissar Berija auch in die NKWD-Akten der dreizehn Angeklagten, die im Zusammenhang mit einem geplanten vierten Schauprozess gegen Komintern-Funktionäre in jahrelanger Untersuchungshaft gefoltert wurden.[68] Paul Schwenk widerrief in der Haft in mehreren »Eingaben« alle von ihm erfolterten »Geständnisse« und wurde – nach der Unterzeichnung einer Verpflichtungserklärung für das NKWD – am 13. Januar 1941 aus der Haft entlassen.[69]

»Wie verhalten sich die Genossen?«: Ella Brückmann

In einem Brief an den »werten Genossen Stalin« hob Ella Brückmann hervor, dass ihr verhafteter Mann als Referent in der Kaderabteilung niemals von der Parteilinie abgewichen und »vollkommen unbefleckt aus allen Parteireinigungen und Kontrollen« hervorgegangen sei. Ihre bisherigen Bemühungen, den Haftort ihres Mannes zu erfahren, seien ergebnislos gewesen:

»Ich habe mich bemüht, herauszufinden, wo mein Mann ist. An einer Stelle sagte man mir: Taganka. Dort aber sagt man: hier ist er nicht. Ich verstehe nicht warum. Wie glücklich wäre ich, könnte ich für meinen Mann auch nur einen kleinen Geldbetrag einzahlen, damit er weiß, ich bin da und denke an ihn. Denn ich stelle mir vor, in welcher Verfassung er sich befinden muss. Unschuldig – bitte glauben Sie es, er ist unschuldig – im Gefängnis sitzen, werde ich nachweisen können, ich bin schuldlos? Was ist mit meinen Kindern und meiner Frau? Haben sie ihre Wohnung und wird meine Frau weiter arbeiten? Wie verhalten sich die Genossen zu ihnen? Ja, wie verhalten sich die Genossen? Kühle Höflichkeit bei den früher besten Freunden. Volles Entgegenkommen bei den ebenfalls irgendwie Betroffenen. Und dann gibt es Leute, die in Verlegenheit geraten, wenn die ›Frau eines Verhafteten‹ sie grüßt. Über so etwas müsste man eigentlich lachen können, aber es ist doch sehr schwer.«[70]

Ella Brückmann, die wie viele Angehörige und NKWD-Häftlinge noch an der glaubenserhaltenden Illusion festhielt, dass Stalin vom Terror nichts wisse und die Verhaftungen auf einen Irrtum oder auf die Tätigkeit von »Schädlingen« im NKWD zurückführte, wandte sich immer wieder an Stalin, nicht zuletzt, da Unterredungen mit Wilhelm Pieck nicht zustande kamen. Die hinhaltenden Erklärungen Walter Ulbrichts – so offen konnte Ella Brückmann nur an Stalin schreiben – nahm sie als das, »was sie in Wirklichkeit sind, als Beruhigungspillen«.[71] Nach vergeblichen Versuchen, führende KPD- oder Kominternfunktionäre für eine Intervention zugunsten ihres Angehörigen beim NKWD zu gewinnen, verblieb vielen nur mehr die letzte Hoffnung auf den immer noch gläubig verehrten Wundertäter Stalin.

In mehreren ausführlichen Briefen an Stalin, in denen sie immer die »unbefleckte« Parteibiographie von Georg Brückmann schilderte,[72] hoffte sie anfangs noch auf die Rückkehr ihres Mannes, der im »Hotel Lux« in der Nacht vom 30. Juni 1938 verhaftet worden war.[73] Um einen Advokaten für ihren Mann zu beschaffen und um Lebensmittel für ihre drei Kinder zu kaufen, bat Ella Brückmann um die Rückgabe der Obligationen und der beschlagnahmten Wertgegenstände.

Sie protestierte mutig bei Stalin, den auch andere Briefschreiber über die bürokratische Normalität informieren wollten, gegen die Behandlung durch die Miliz und gegen die drohende Ausweisung aus Moskau:

> »Ferner möchte ich auf eine andere Schwierigkeit, die ich – meiner Ansicht nach unverdienterweise – habe, aufmerksam machen. Es ist dies die Frage der Erlaubnis, in Moskau zu wohnen. Im Zusammenhang mit der Ausgabe der Pässe für Staatenlose ist unter vielen anderen auch an mich die Aufforderung ergangen, mir einen anderen Wohnplatz zu suchen. Mir wurde auf der Ausländerabteilung der Miliz erklärt, dass dies eine Maßnahme sei, die gegen alle Ausländer gerichtet ist und verstanden werden muss. Ich habe das auch verstehen können. Inzwischen sieht die Sache aber so aus, dass diese Maßnahme nicht die Ausländer trifft, sondern – in den **allermeisten** [Hervorhebung im Original] Fällen, mit ganz zufälligen, ganz einzelnen Ausnahmen – die Angehörigen von ›Volksfeinden‹. Ich habe, nachdem ich genau zwei Monate darum gekämpft habe, für zwei Monate Aufenthalt in Moskau bekommen. Ich war seinerzeit selbstverständlich bereit, eine Notwendigkeit einzusehen, wenn sie – mit ganz wenigen Ausnahmen – alle Ausländer betrifft. Ich erkläre aber, dass ich mich nicht so automatisch unter die ›Volksfeinde‹ zählen lasse. Ich war nie einer und werde auch nie einer sein. Selbstverständlich weiß ich, dass ich gezwungen werden kann, Moskau zu verlassen, aber ich erkläre, dass ich, da ich Arbeit und Wohnung in Moskau habe und niemanden zur Last falle, nicht einsehen kann, weshalb ich mit meinen drei kleinen Kindern ins Ungewisse ziehen und mir eine Arbeit

66
Vgl. In den Fängen des NKWD.
Deutsche Opfer des stalinistischen Terrors in der UdSSR, Berlin 1991, S. 333–341.
67
RZChIDNI, 495/73/60, Bl. 37.
68
Vgl. Reinhard Müller:
Der Fall des Antikomintern-Blocks – ein vierter Moskauer Schauprozess?, in: Jahrbuch für Historische Kommunismusforschung, 4 (1996), S. 187–214.
69
Vgl. NKWD-Strafakten, Nr. 9871, Archiv der Moskauer Gebietsverwaltung des NKWD.
70
Abgedruckt in Reinhard Müller:
Schrecken ohne Ende (Anm. 36), S. 84–86

71
Ella Brückmann an Stalin, 5. 1. 1940, Sammlung »Eingaben«, Hamburger Institut für Sozialforschung.
72
Siehe dazu Herbert Wehner, der die Selektionspraxis und Amtshilfe der deutschen Referenten der Kaderabteilung beschrieb: »Grete Wilde und ›Kader-Müller‹ (d. i. Georg Brückmann) waren, nachdem sie als Werkzeuge dazu beigetragen hatten, einige tausend deutsche Parteimitglieder entweder verhaften zu lassen oder nach ihrer Verhaftung durch ihre Angaben zu belasten, selbst verhaftet worden.« Wehner: Zeugnis (Anm. 61), S. 218.
73
Georg Brückmann wurde während seiner mehrjährigen Untersuchungshaft gefoltert und gezwungen, gefälschte Verhörprotokolle, die zur Vorbereitung eines vierten Schauprozesses dienen sollten, zu unterzeichnen. Dies schilderte Georg Brückmann in mehreren »Eingaben«, die er aus der Haft an Berija und an den Leiter des Lubjanka-Gefängnisses richtete.
Vgl. dazu Müller: Der Fall des Antikomintern-Blocks (Anm. 68), S. 187–214.

suchen soll, die in der ersten Zeit mir nicht die Möglichkeit gibt, meine Kinder zu ernähren, denn ich bin Maschinistin in deutscher Sprache und kann damit auf dem Lande kein Geld verdienen und als Lehrling verdiene ich logischerweise nicht so viel, um eine Familie zu unterhalten.

Nach vieler Mühe habe ich mit Hilfe meines Betriebes die Kinder im Kindergarten bzw. in der Kinderkrippe untergebracht. Es gibt aber keinen Betrieb – und kann auch keinen geben – der mir erst die Kinder abnimmt, mir eine Wohnung gibt und mich dann zum Arbeitsantritt erwartet. Außerdem habe ich, da ich in dem Wohnhause der Komintern wohnte und es nie brauchte, nicht ein Stück, keine Decken, Bettwäsche, Kissen und so weiter. Aber alle diese Schwierigkeiten machen keinen Eindruck auf der Milizabteilung für Ausländer. Auf all dies erhalte ich die stereotype Antwort: ›Das ist Ihre eigene Sache‹. Ich betone nochmals, dass ich selbstverständlich alle diese Schwierigkeiten nicht erwähnen würde, wenn sich die Maßnahme gegen mich als Ausländer richtet, aber die gegen mich als ›Volksfeind‹ gerichtete Maßnahme verstehe ich nicht. Ich bitte, wenn möglich, auch hier für meine kleinen Kinder etwas zu tun.

Ferner habe ich eine andere Bitte. Der Genosse Untersuchungsrichter versprach mir vor mehr als einem Jahr, sich folgender Sache anzunehmen: Bei der Verhaftung meines Mannes wurden außer seiner Kleidung auch einige Möbel, eine Weckeruhr, ein Radioapparat, zwei Fotoapparate und eine Schreibmaschine beschlagnahmt. Die Kleidung, das hätte ich begreifen können, aber die Beschlagnahme der anderen Sachen verstehe ich nicht. Eine Weckeruhr, die mir sehr nötig ist, ein Regal und ein buntes russisches Tischchen, Fotoapparate – wozu musste das beschlagnahmt werden? Die Schreibmaschine ist schon die zweite, die mir auf diese Weise verloren geht. Die erste Schreibmaschine hatte ich einem Genossen geliehen, der Übersetzungsarbeiten für die Komintern machte, unglücklicherweise wurde er verhaftet, als sich meine Maschine bei ihm befand. Wahrscheinlich ist sie auch beschlagnahmt und ich habe keine Aussicht, sie jemals wiederzusehen.

Ich weiß nicht, ob es möglich [ist], halte mich aber an das, was der Untersuchungsrichter mir damals sagte, dass ich das alles zurückbekommen werde. Ich bitte auf alle Fälle, auch in dieser Sache für mich etwas zu tun. Abgesehen von allen anderen Sachen – auch der Kleidung meines Mannes, die ganz unnötigerweise von den Motten gefressen wird und wenn mein Mann zurückkommt – und da er schuldlos ist, muss er doch einmal zurückkommen – hat er nichts anzuziehen – ist die Schreibmaschine für mich besonders wichtig, da es mir mit derselben möglich wäre, abends Schreibarbeiten zu machen und so mir Geld nebenbei zu verdienen.«[74]

Gerade in den rückhaltlosen Eingaben der Frauen an Stalin tritt die Last des Alltags, die quälende Sorge um ihre Kinder, der Überlebenskampf gegen Instanzen und Vorschriften – die vor allem Frauen von verhafteten »Volksfeinden« betrafen – und die Verzweiflung unter den Zurückgebliebenen mit großer Plastizität hervor. Ella Brückmann schrieb am 29. Oktober 1938 an Stalin:

»Es gibt fast keine deutsche Familie, die nicht irgendwie von Verhaftungen betroffen ist. Sei es der Mann, Vater, Bruder, Sohn, die Mutter, Frau, Schwester oder vielleicht ein sehr guter Freund oder Kollege. Vor ungefähr zweieinhalb Jahren begannen die Verhaftungen. Wenn nicht persönlich, so waren dem Namen nach die Banditen David, Emel und andere den deutschen Genossen bekannt.[75] Diese Verhaftungen haben niemand von den Genossen erschreckt, denn mehr oder weniger waren – wenn auch nicht ihre größten Verbrechen – so doch die Abweichungen und unkommunistischen Handlungen dieser Volksfeinde bekannt.[76] Dann setzten weitere Verhaftungen ein. Manches davon war überraschend, aber jeder war der Meinung, es hat bestimmt seine Richtigkeit, unschuldige Leute werden nicht verhaftet. Vor ungefähr einem Jahr begannen nun die Massenverhaftungen.[77] Täglich erfuhr man neue Namen. Man staunte: Der auch und der auch? Aber jeder war überzeugt, sie haben sicher etwas getan. Viele Genossen haben sich nicht gescheut, einzugestehen, dass sie nachts, wenn schwere Schritte zu hören waren, Herzklopfen bekamen. Als die Verhaftungen immer weitergingen, entstand – ungelogen – eine allgemeine Angst. Und jeden Tag: Hast du schon gehört, der auch! Jetzt ist die Stimmung unter den deutschen Genossen so: Sie stehen den vielen Verhaftungen völlig ratlos gegenüber. Sie sagen: Es kann unmöglich sein, dass die deutsche Partei in ihren Reihen so viele schlechte Elemente hatte, dass alle Verschickten wirkliche Spione, Konterrevolutionäre usw. sind. Jeder behauptet, zu verstehen, dass in dieser schwierigen Situation es vielleicht für die Sowjetunion ungünstig ist, so viele Ausländer in der Hauptstadt zu haben, die vielleicht doch nicht genau zu kontrollieren sind und unter denen sich unbedingt Spione, Konterrevolutionäre und Banditen befinden. Es ist wichtiger, den Sowjetstaat vor solchen Elementen zu schützen und dabei auch, weil eine genaue Kontrolle nicht möglich ist, wirklich ehrliche Menschen zu treffen. Aber muss das auf eine so entwürdigende Art und Weise geschehen? Ganz offen sagen die Genossen: Es gibt keinen Zweifel, wir kommen alle dran.«[78]

74
Ella Brückmann an Stalin (Anm. 71).
75
Ilja Krugljanski (Deckname: Fritz David) und Moissej Lurje (Deckname: Alexander Emel) wurden beide im Schauprozess im August 1936 angeklagt und zum Tode verurteilt.
76
Die erste Verhaftungswelle betraf 1935/36 unter den deutschen Emigranten zumeist ehemalige oder vermeintliche Häretiker, die als »Trotzkisten«, »Doppelzüngler« oder »schlechte Elemente« von der Kaderabteilung »ausgesondert« und dann vom NKWD verhaftet wurden.
77
Die zweite Welle der Massenverhaftungen wurde neben dem operativen NKWD-Befehl Nr. 00477 (31.7.1937) unter den deutschen Politemigranten vor allem durch den operativen NKWD-Befehl Nr. 00439 (25.7.1937) ausgelöst. Dieser NKWD-Befehl zur Verhaftung aller Deutschen in kriegswichtigen Betrieben wurde nach einem Beschluss des Politbüros vom 20.7.1937 als Vorschlag an Jeshow weitergegeben. Massenverhaftungen unter den Frauen von Verhafteten erfolgten auch nach dem operativen NKWD-Befehl Nr. 00486 »Über die Repressierung von Familienangehörigen«. Auch dieser NKWD-Befehl erging nach einem entsprechenden Politbürobeschluss (PS 51/144, 5.7.1937).

78
Vollständiger Text dieses Briefes vom 29. Oktober 1938 in Müller: Schrecken ohne Ende (Anm. 36), S. 84–86.

»Du lebst noch?«

Die Dimensionen der seit dem Herbst 1936 durchgeführten Massenverhaftungen wie auch die von Angst, traumatischem Schrecken und Verzweiflung geprägte Stimmung unter den verbliebenen Polit-Emigranten schildert ein ausführlicher Bericht, den Paul Jäkel als Mitarbeiter der Deutschen Vertretung beim EKKI am 29. April 1938 an das ZK der KPD richtete:

>*So wurden bis zum April 1938 bei der Deutschen Vertretung beim EKKI 842 verhaftete Deutsche gemeldet. Das sind aber nur solche Verhaftete, die bei der Deutschen Vertretung beim EKKI registriert sind. Die wirkliche Zahl der verhafteten Deutschen ist natürlich höher. Von Oktober 1937 bis Ende März 1938 betrug die Zahl der Verhafteten 470. Allein im Monat März 1938 wurden rund 100 verhaftet. Am 9. März wurden aus dem Politemigrantenheim in Moskau 13, am 11. März 17 und am 12. März 12 Politemigranten verhaftet. Am 23. März wurden die letzten vier männlichen Politemigranten aus dem PE-Heim verhaftet [...]. In der Provinz, z.B. in Engels ist kein einziger deutscher Genosse mehr in Freiheit. In Leningrad betrug die Gruppe deutscher Parteigenossen Anfang 1937 rund 103 Genossen, im Februar 1938 waren es nur noch 12 Genossen... Man kann sagen, dass über 70 % der Mitglieder der KPD verhaftet sind. Wenn Verhaftungen in dem Umfang wie im Monat März ihren Fortgang nehmen, so bleibt in drei Wochen kein einziges Parteimitglied mehr übrig. [...] Die Stimmung eines Teils der Genossen ist außerordentlich erregt. Sie sind durch die vielen Verhaftungen erschüttert und deprimiert. Wenn einer den anderen trifft, so fragt er ihn: ›Du lebst noch?‹«[79]*

79
RGASPI, 495/292/101, Bl. 13–18.
Abgedruckt in Reinhard Müller: Terror und Exil
in der Sowjetunion, in: Meyer-Stiens:
Opfer wofür? (Anm. 57), S. 21–25.
80
Veröffentlicht in: Sbornik zakonodatel'nych
i normativnych aktov o repressijach i reabilitacii
zertv politceskich repressij, Moskau 1993,
S. 86–93. Dieser operative NKWD-Befehl
geht auf einen Beschluss des Politbüros der
KPdSU (P 51/144) vom 5. Juli 1937 zurück,
der auszugsweise in der Zeitschrift
»Memorial«-Aspekt, Februar 1993 veröffentlicht
wurde.

Dokumenten-Anhang:

OPERATIVER BEFEHL DES VOLKSKOMMISSARS FÜR INNERE ANGELEGENHEITEN [80]

Nr. 00486

15. August 1937

Nach dem Erhalt des vorliegenden Befehls beginnen Sie mit der Repressierung der Frauen der durch das Militärkollegium und Militärtribunale entsprechend der ersten und zweiten Kategorie seit dem 1. August 1936 verurteilten Landesverräter, der Mitglieder der Spionage- und Terrororganisationen der Rechten und Trotzkisten.

Bei der Durchführung dieser Operation lassen Sie sich vom Folgenden leiten:

Vorbereitung der Operation.

1)   Jede zur Repressierung vorgesehene Familie wird sorgfältig überprüft, es werden zusätzliche Orientierungsdaten und kompromittierende Materialien gesammelt.

Auf Grund der gesammelten Materialien ist zusammenzustellen:

a)
eine allgemeine ausführliche Information über die Familie, in der aufgeführt werden: Name, Vor- und Vatersnamen des verurteilten Familienoberhaupts, wegen welcher Verbrechen, wann und von wem er bestraft wurde; Namensliste der Familien (einschließlich aller Personen, die vom Verurteilten Unterhalt empfangen und mit ihm zusammenwohnen), ausführliche Orientierungsdaten über jeden Familienangehörigen; kompromittierende Angaben über die Frau des Verurteilten; Charakteristiken zum Grad der sozialen Gefährlichkeit der Kinder im Alter von mehr als 15 Jahren; Daten über das Vorhandensein hochbetagter und pflegebedürftiger Eltern sowie über die vorhandenen Kinder, die wegen ihres physischen Zustandes pflegebedürftig sind;
b)
eine getrennte kurze Information über sozial gefährliche und zu antisowjetischen Handlungen fähige Kinder, die älter als 15 Jahre sind;
c)
Namensliste der Kinder unter 15 Jahre, und zwar in getrennten Listen: Kinder des Schul- und Vorschulalters.

2)   Die Informationen werden durch Volkskommissare für innere Angelegenheiten der Republiken bzw. durch Leiter der NKWD-Verwaltungen der Regionen und Gebiete geprüft.

Die letzteren:
a)
sanktionieren Verhaftung und Hausdurchsuchung bei den Frauen der Landesverräter;
b)
bestimmen die Maßnahmen hinsichtlich der Eltern und anderer Verwandten, die vom Verurteilten unterhalten werden und zusammen mit ihm wohnen.

Durchführung der Verhaftungen und Haussuchungen.

3)   Die zur Repressierung bestimmten Personen sind zu verhaften.
        Die Verhaftung erhält ihre Rechtsform durch einen Haftbefehl.

4)   Es sind diejenigen Frauen zu verhaften, die zum Zeitpunkt der
        Verhaftung des Verurteilten mit ihm verheiratet waren, entweder durch
        juristische oder Kameradschaftsehe.

Zu verhaften sind auch die Frauen, die zum Zeitpunkt der Verhaftung des
Verurteilten bereits von ihm geschieden sind, die aber:
        a)
        an der konterrevolutionären Tätigkeit des Verurteilten beteiligt waren;
        b)
        den Verurteilten begünstigten;
        c)
        von der konterrevolutionären Tätigkeit des Verurteilten wussten,
        entsprechende Machtorgane davon aber nicht in Kenntnis setzten.

Nicht zu verhaften sind:
        a)
        Schwangere; die Frauen der Verurteilten, die Säuglinge haben, unter
        schweren oder Infektionskrankheiten leiden; hochbetagte Frauen.
        Hinsichtlich derartiger Personen gilt es, sich vorläufig auf die
        Unterzeichnung eines Reverses, dass der Aufenthaltsort nicht verlassen
        wird, zu beschränken sowie auf sorgfältige Beobachtung der Familie.
        b)
        die Frauen der Verurteilten, die ihre Männer entlarvt und den
        Machtorganen über ihre Männer Informationen geliefert hatten, die als
        Grundlage zur Beobachtung und Verhaftung der Männer dienten.

6)   Gleichzeitig mit der Verhaftung wird eine sorgfältige Haussuchung
        durchgeführt. Dabei werden Waffen, Patronen, Spreng- und chemische
        Stoffe, Militärausrüstung, Vervielfältigungsapparate (Kopiergeräte,
        Abziehapparate, Schreibmaschinen usw.), konterrevolutionäre Literatur,
        Briefwechsel, Devisen, Edelmetalle in Barren, Münzen und Gegenständen,
        Ausweise und Wertpapiere beschlagnahmt.

7)   Die ganze persönliche Habe des Verhafteten (mit Ausnahme notwendiger
        Wäsche, Unter- und Oberbekleidung, Schuhe und des Bettzeugs,
        die die Verhafteten mitnehmen,) wird beschlagnahmt.

Die Wohnungen der Verhafteten werden versiegelt.

Sollten zusammen mit den Verhafteten ihre volljährigen Kinder, Eltern und
andere Verwandten wohnen, werden ihnen außer persönlicher Habe Wohnfläche,
Mobiliar und Haushaltsgegenstände der Verhafteten zur Nutzung gelassen.

8)   Nach der Haussuchung werden die verhafteten Frauen der Verurteilten
        unter Bewachung ins Gefängnis eskortiert. Die Kinder werden gleichzeitig
        verbracht, auf welche Art und Weise folgt unten.

Verfahrensweise für die juristische Ausarbeitung der Fälle.

9)   Über jede Verhaftete sowie über jedes sozial gefährliche Kind im Alter
        von mehr als 15 Jahre wird eine Untersuchungsakte angelegt, die außer den
        Orientierungsdokumenten Informationen (siehe PP. »a« und »b« Art. 1)
        sowie eine kurze Anklageschrift enthalten.

10)   Die Untersuchungsakten werden zur Behandlung an die Sonderberatung
        des NKWD der UdSSR weitergeleitet

Die Leiter der NKWD-Verwaltungen in den Regionen Ferner Osten und
Krasnojarsk sowie im Ostsibirischen Gebiet haben die Untersuchungsakten der Ver-
hafteten nicht an die Sonderberatung zu schicken. Stattdessen haben sie
allgemeine Informationen über die Familien der Verurteilten (P. »a« Art. 1) tele-
graphisch mitzuteilen, die von der Sonderberatung zu behandeln sind.
Die letztere teilt ihre Beschlüsse über jede Familie unter gleichzeitiger Angabe der
Haftanstalt (des Lagers) auch den Leitern der aufgezählten Verwaltungen des
NKWD telegraphisch mit.

Verhandlung der Fälle und Strafmaßnahmen.

11)   Die Sonderberatung verhandelt die Fälle der Frauen verurteilter
        Landesverräter und ihrer Kinder im Alter von über 15 Jahren, die sozial
        gefährlich und zu antisowjetischen Handlungen fähig sind.

12)   Die Frauen der verurteilten Landesverräter müssen je nach dem Grad
        ihrer sozialen Gefähr(lichkeit) für die Dauer von nicht unter 5-8 Jahren in
        Lagern inhaftiert werden.

13)   Die sozial gefährlichen Kinder der Verurteilten sind je nach ihrem Alter,
        dem Grad ihrer Gefährlichkeit und den Möglichkeiten der Besserung
        in die Lager oder Besserungsarbeitskolonien des NKWD einzusperren oder
        in Sonderkinderheimen der Volkskommissariate für Volksbildung
        unterzubringen.

14)   Die Urteile der Sonderberatung sind zu ihrer Vollstreckung den
        Volkskommissaren für innere Angelegenheiten der Republiken und Leitern
        der Verwaltungen des NKWD in den Regionen und Gebieten
        telegraphisch mitzuteilen.

15)   Die Untersuchungssachen sind dem Archiv des NKWD zu übergeben.

Vollstreckungsverfahren der Urteile.

16)   Die durch die Sonderberatung verurteilten Frauen der Landesverräter
        sind für die Abbüßung der Strafe entsprechend der Personenanforderungen
        des GULag des NKWD der UdSSR in die Sonderabteilung des
        Besserungsarbeitslagers »Temnikowo« zu überstellen.

Der Transport in die Lager ist nach den entsprechenden Vorschriften
in Ordnung durchzuführen.

17)   Verurteilte Frauen, die wegen Krankheit und wegen vorhandener
      kranker Kinder nicht verhaftet sind, müssen nach ihrer Gesundung verhaftet
      werden und sind ins Lager zu überstellen.

Die Frauen der Landesverräter, die Säuglinge haben, sind sofort nach
der Urteilsverkündung zu verhaften und ohne Zwischenaufenthalt im Gefängnis
unmittelbar ins Lager zu verbringen.

Auf die gleiche Weise sind die hochbetagten verurteilten Frauen
zu behandeln.

18)   Die verurteilten sozial gefährlichen Kinder sind entsprechend der
      Personenanforderungen des GULag des NKWD der UdSSR in die Lager,
      Besserungsarbeitskolonien des NKWD oder in die Sonderkinderheime
      der Volkskommissariate für Volksbildung der Unionsrepubliken
      (für die erste und die zweite Gruppe) sowie der Verwaltungs- und Wirt-
      schaftsabteilung des NKWD der UdSSR (für die dritte Gruppe) zu
      verbringen.

Die Unterbringung der Kinder der Verurteilten.

19)   Alle nach der Verurteilung zurückgebliebenen Waisen sind unterzubringen:
      a)
      Kinder im Alter von ein bis eineinhalb bis drei Jahren in Kinderheimen
      und Kinderkrippen der Volkskommissariate für Gesundheitswesen
      der Republiken am Wohnort der Verurteilten;
      b)
      die Kinder vom dritten Jahr bis fünfzehnten Jahr – in den Kinderheimen
      der Volkskommissariate für Volksbildung anderer Republiken,
      Regionen und Gebiete (nach der festgesetzten Aufteilung) und außerhalb
      Moskaus, Leningrads, Kiews, Tbilissi, von Minsk und der See- und
      Grenzstädte.

20)   Bei Kindern im Alter über fünfzehn Jahren ist die Frage individuell zu lösen.
      Je nach Alter, der Möglichkeit, die selbständige Existenz durch eigene
      Arbeit zu bestreiten oder der Möglichkeit, von den Verwandten den Unter-
      halt zu empfangen, können diese Kinder:
      a)
      in die Kinderheime der Volkskommissariate für Volksbildung der
      Republiken entsprechend dem P. »b« Art. 19;
      b)
      in die anderen Republiken, Regionen und Gebiete (mit Ausnahme der
      obengenannten Orte) zur Arbeitsvermittlung oder zum Lernen eingewiesen
      werden.

21)   Die Säuglinge werden zusammen mit ihren verurteilten Müttern
      in die Lager eingewiesen, von wo sie bei Erreichen des Alters von ein bis
      eineinhalb Jahren in die Kinderheime und Kinderkrippen der
      Volkskommissariate für Gesundheitswesen der Republiken übergeben
      werden.

22) Die Kinder im Alter von 3 bis 15 Jahren werden zur staatlichen Versorgung aufgenommen.

23) Wenn andere (nicht zu repressierende) Verwandte für den vollen Unterhalt der verbliebenen Kinder aufkommen wollen, so sollen sie daran nicht gehindert werden.

Maßnahmen zur Übergabe und Verteilung der Kinder.

24) In jeder Stadt, in der die Operation durchgeführt wird, werden speziell eingerichtet:
a)
Empfangs- und Verteilungspunkte, in die die Kinder sofort nach der Verhaftung ihrer Mütter gebracht werden und von wo sie danach in die Kinderheime verbracht werden;
b)
Räume, in denen die sozial gefährlichen Kinder bis zum Beschluss der Sonderberatung des NKWD festgesetzt sind.

Die obengenannten Kinder werden Kinderaufnahmestellen der Abteilungen der Arbeitskolonien des NKWD, soweit sie vorhanden sind, übergeben.

25) Die Leiter der NKWD-Organe der Stellen, in denen sich die für die Aufnahme der Kinder der Verurteilten vorgesehenen Kinderheime der Volkskommissariate für Volksbildung befinden, überprüfen zusammen mit Leitern oder Vertretern der Gebietsabteilungen für Volksbildung das Personal der Kinderheime und entlassen alle politisch unsicheren, antisowjetisch eingestellten und korrupten Personen. Statt der Entlassenen wird das Personal durch geprüfte, politisch sichere Kader ergänzt, die in der Lage sind, die ankommenden Kinder zu unterrichten und zu erziehen.

26) Die Leiter der NKWD-Organe bestimmen, in welchen Kinderheimen und Kinderkrippen der Volkskommissariate für Gesundheitswesen es möglich ist, Kinder im Alter bis zu 3 Jahren unterzubringen und sichern den unverzüglichen und einwandfreien Empfang der Kinder.

27) Die Volkskommissare für innere Angelegenheiten der Republiken und die Leiter der Verwaltungen des NKWD der Regionen und der Gebiete teilen persönlich dem stellvertretenden Leiter der Verwaltungs- und Wirtschaftsleitung des NKWD Gen. Schneersohn telegraphisch die Namenslisten der Kinder mit, deren Mütter verhaftet sind. Es sind in den Listen anzugeben: Name, Vor- und Vatersname, das Geburts- und Schuljahr des Kindes. Die Kinder werden den zu komplettierenden Gruppen so zugeteilt, dass durch Verwandtschaft oder Bekanntschaft miteinander verbundene Kinder nicht in ein und dasselbe Kinderheim geraten.

28) Die Verteilung der Kinder durch die Kinderheime erfolgt durch den stellvertretenden Leiter der Verwaltungs- und Wirtschaftsleitung des NKWD der UdSSR. Er teilt den Volkskommissaren für innere Angelegenheiten der Republiken und den Leitern der Verwaltungen des NKWD der

Regionen und Gebiete telegraphisch mit, welche Kinder in welche Kinderheime einzuweisen sind. Die Kopie des Telegramms ist an den Leiter des Kinderheims zu schicken. Den letzteren verpflichtet der Empfang des Telegramms zur Übernahme der Kinder.

29)   Bei der Durchführung der Verhaftung von Frauen der Verurteilten werden ihnen die Kinder entzogen und mit ihren persönlichen Dokumenten (Geburtsurkunden, Schülerdokumente) in Begleitung eines speziell dazu beauftragten Mitarbeiters oder einer Mitarbeiterin des NKWD der die Verhaftung durchführenden Gruppe wie folgt überstellt:
a)
Kinder im Alter bis zu drei Jahren – in die Sonderkinderheime und Kinderkrippen der Volkskommissariate für Gesundheitswesen;
b)
Kinder im Alter von drei bis 15 Jahren – in die Aufnahme- und Verteilungspunkte;
c)
die sozial gefährlichen Kinder im Alter von mehr als 15 Jahren werden in die speziell für sie bestimmten Räume verbracht.

Verfahren zum Abtransport der Kinder in die Kinderheime.

30)   Die Kinder in den Aufnahme- und Verteilungspunkten werden vom Leiter des Punktes oder vom Leiter der Kinderempfangsstelle des OTK NKWD und von speziell dazu vorgesehenen operativen Mitarbeitern oder Mitarbeiterinnen der Verwaltung für Staatssicherheit in Empfang genommen.

Jedes aufgenommene Kind wird in ein spezielles Buch eingetragen und seine Dokumente werden in einem gesonderten Briefumschlag versiegelt.

Danach werden die Kinder je nach Bestimmungsorten eingeteilt und in Begleitung von speziell ausgewählten Mitarbeitern/Mitarbeiterinnen gruppenweise in die Kinderheime der Volkskommissariate abtransportiert, wo sie zusammen mit ihren Dokumenten dem Leiter des Kinderheims gegen persönliche Quittung übergeben werden.

31)   Die Kinder im Alter bis zu drei Jahren werden den Leitern der Kinderheime oder Kinderkrippen der Volkskommissariate für Gesundheitswesen gegen persönliche Quittung übergeben. Zusammen mit dem Kind wird die Geburtsurkunde übergeben.

Registrierung der Kinder der Verurteilten.

32)   Die in den Kinderheimen und Kinderkrippen der Volkskommissariate für Gesundheitswesen sowie für Volksbildung untergebrachten Kinder werden von der Verwaltungs- und Wirtschaftsleitung des NKWD registriert.

Die Kinder über 15 Jahre sowie die verurteilten sozial gefährlichen Kinder werden von der 8. Abteilung der Hauptverwaltung für Staatssicherheit des NKWD der UdSSR registriert.

Beobachtung der Kinder der Verurteilten.

33) Mit der Beobachtung der politischen Stimmungen bei den Kindern von Verurteilten, ihres Lernens und ihrer Erziehung beauftrage ich die Volkskommissare für innere Angelegenheiten der Republiken, die Leiter der Verwaltungen des NKWD der Regionen und Gebiete.

Rechenschaftslegung.

34) Über den Verlauf der Operation bin ich alle drei Tage, über alle Exzesse und besondere Vorkommnisse unverzüglich telegraphisch zu benachrichtigen.

35) Die Operation zur Repressierung der Frauen der bereits verurteilten Landesverräter ist zum 25. Oktober dieses Jahres abzuschließen.

36) Künftig sind alle Frauen der entlarvten Landesverräter, der rechtstrotzkistischen Spione, zusammen mit den Männern zu verhaften, wobei entsprechend dem vorliegenden Befehl zu verfahren ist.

Dieser NKWD-Befehl wurde am 17. Oktober 1938 durch den Befehl Nr. 00689 [81], der von Jeshow und Berija gemeinsam unterzeichnet wurde, abgeändert. Nun sollten nicht mehr alle Ehefrauen von »Landesverrätern«, von Teilnehmern an »rechtstrotzkistischen Organisationen«, von »Spionen« und »Diversanten« automatisch und »verbindlich« verhaftet werden. Verfolgt und verhaftet sollten »nur mehr« jene Frauen von Verhafteten werden, die »nach den vorliegenden Materialien im Bilde über die konterrevolutionäre Arbeit ihrer Männer waren oder sie förderten« oder diejenigen, die »den Angaben der NKWD-Organe zufolge antisowjetisch eingestellt und die als politisch zweifelhafte und sozial gefährliche Elemente angesehen werden können«. Gleichzeitig sollten notwendige Maßnahmen zur verstärkten Gewinnung von Spitzeln eingeleitet werden, um die »Stimmungen, das Verhalten, die Verbindungen u.a. der Frauen und anderer Familienmitglieder der Volksfeinde« zu beobachten und auszuforschen. Dafür sollten unter den Frauen der Verhafteten »Anwerbungen« geplant durchgeführt werden und jene ausgesucht werden, die »mit den Frauen der anderen Verhafteten mehr oder minder große Bekanntschaft haben und für die Anwerbung geeignet seien.« Die Anwerbung von »geheimen Informanten« (seksoty) sollte »in der Umgebung, unter den Verwandten, Bekannten, Kollegen, u.a.« durchgeführt werden.

81
Abschrift Sammlung »Memorial«.
Eine Edition der NKWD-Befehle des »Großen Terrors« wird von »Memorial« und dem Hamburger Institut für Sozialforschung vorbereitet.

Meinhard Stark

Deutsche Exilantinnen innerhalb der Häftlingsgesellschaft des GULag[1]

Käte L. schilderte während eines Interviews einen Traum, den sie nach der Verhaftung ihres Mannes, wenige Wochen vor ihrer eigenen hatte: »Ich habe geträumt, da steht ein langer Tisch und alle haben wir diese russischen Schüsseln vor uns, [...] und einen Holzlöffel. Ein langer Tisch war das und wir saßen alle daran, ihr Mann und mein Mann und ich und sie. [...] Am nächsten Tag ging ich zu meiner Freundin und sagte: ›Li, ich habe diese Nacht geträumt, unsere Männer kommen wieder.‹ Fragte sie: ›Wieso?‹ ›Naja‹, sagte ich, ›wir haben alle zusammen an einem langen Tisch gesessen.‹ Ja, ich hatte aber den Traum falsch gedeutet. Wir sind alle an den langen Tisch gekommen und haben mit Holzlöffeln aus solch kleinen Schalen gegessen.«

Käte gehörte zu den deutschen Exilantinnen, die 1937/38 als sogenannte »sozial-gefährliche Elemente« nach der Verhaftung ihrer Ehemänner durch das NKWD in Sippenhaft genommen und jahrelang im GULag und in der Verbannung interniert wurden.[2] Achtzehn Jahre wurden es bei Käte. Andere Frauen hatten eigene »Vergehen« und wurden von »Sonderberatungen« und »Troikas« des Volkskommissariats für Innere Angelegenheiten (NKWD) wegen »Spionage«, »Konterrevolutionärer Tätigkeit« oder »Agitation« verurteilt. Eine zweite Verhaftungswelle begann nach dem Überfall der deutschen Wehrmacht auf die UdSSR. Wie viele deutsche Exilantinnen bzw. Frauen von deutschen Vertragsarbeitern die Verfolgung traf, ist noch offen. Über tausend mögen es gewesen sein.

Käte L. irrte sich bei der Interpretation ihres Traumes nicht nur einmal. Auch den geschilderten langen Tisch, an dem die Häftlinge harmonisch ihre Suppe löffelten, hatte sie im Lager vergeblich gesucht. Die Beschaffung einer Schüssel oder Konservendose für die Suppe sowie eines hölzernen Löffels stellte sich ebenso als Problem dar wie die Zerstrittenheit und Vereinsamung unter den Häftlingen.

Abb. 10
Käte L. vor ihrem selbsterbauten Blockhaus in einem sibirischen Dorf bei Nowosibirsk, Ende der vierziger Jahre. Dem Lager folgte für die meisten deutschen Exilantinnen Verbannung »auf ewig«.

Politische Häftlinge und Häftlingsgesellschaft

Alle nichtkriminellen Häftlinge werden gewöhnlich zu den politischen Häftlingen gerechnet. Verurteilt nach dem Artikel 58 des Strafgesetzbuches der RSFSR, in dem »konterrevolutionäre Verbrechen« geahndet wurden, nannte man die Verurteilten auch einfach »58er«. Allerdings hatte nur ein geringer Teil dieser Inhaftierten tatsächlich antistalinistische oder umstürzlerische Ambitionen, wie etwa konsequente Menschewistinnen, Trotzkistinnen oder religiöse Frauen. Der überwiegende Teil der Häftlinge fiel nicht der eigenen politischen Haltung, die oft staatsloyal war oder auch gar nicht existierte, zum Opfer, sondern einer aus ihrer Sicht schwer zu durchschauenden und wechselnden Repressionspolitik des Staates. Die Terrorpolitik der Stalinführung löste periodisch Verfolgungswellen innerhalb der UdSSR, aber auch in okkupierten Gebieten aus, die im Laufe der Jahre ganz unterschiedliche Bevölkerungsgruppen und Nationalitäten in den GULag schwemmte.

Zudem entwickelte sich die Häftlingsgesellschaft keineswegs allein aus sich heraus. Rahmen und Entwicklungslinien wurden von oben mittels Befehlen, Anordnungen und Vorschriften vorgegeben. Die Moskauer Lagerhauptverwaltung des NKWD organisierte nicht nur das Lagersystem, sondern dekretierte und kontrollierte das Haftregime, die Wirtschaftspläne und Produktionsziffern, Versorgungs- und Unterbringungsnormen oder Sonderbestimmungen für bestimmte Häftlingsgruppen. Insofern war Tun und Handeln der Häftlinge in erster Linie ein Reflex auf die meist völlig unerwarteten, ungewöhnlichen und unmenschlichen Bedingungen langjähriger Lagerhaft und weniger selbstbestimmtes und unabhängiges Agieren.

Die differenzierten sozialen, politischen und nationalen Häftlingszugänge hatten zwangsläufig einen prägenden Einfluss und sorgten in Verbindung mit den unmenschlichen Existenzbedingungen im Lager für die Herausbildung einer inhomogenen Gesellschaft unter den politischen Häftlingen. Die Jüdin Elinor Lipper macht in ihren Erinnerungen auf die unterschiedliche soziale und politische Herkunft aufmerksam und verweist auf die Kontinuität vorangegangener Konflikte, gegenseitiger Antipathien und Stigmatisierungen unter den inhaftierten Frauen.[3] »Was den professionellen und sozialen Status betraf, so waren wir verschieden«, schreibt Galina Lewinson über ihre Wahrnehmung für das Ende der dreißiger Jahre: »Es gab Frauen der höheren Militärpersonen [...] und die Frauen, deren Männer beim NKWD gearbeitet hatten. Diese Gruppen hielten sich gesondert. Dann kamen Vertreter der Kunst, Literatur, Geschichte. [...] Diese waren enger miteinander verbunden. Es gab aber auch ganz ungebildete Frauen, fast Analphabetinnen aus Kiew und anderen großen ukrainischen Städten.«[4] Die mit in die Haft genommenen gesellschaftlichen Erfahrungen schlugen sich nieder in den Lagerbeziehungen zwischen alten und jungen Partei- oder Komsomolmitgliedern, unorthodoxen und dogmatischen Kommunistinnen, ehemaligen Staats- und Wirtschaftsfunktionären, Künstlerinnen sowie der Masse der Lagerbevölkerung – den einfachen Arbeiterinnen und Bäuerinnen.

1
Der Beitrag stellt Ergebnisse des Forschungsprojekts der Ruprecht-Karls-Universität Heidelberg »Frauen im GULag. 1936–1956« vor.
2
Vgl. Meinhard Stark: Ich muss sagen wie es war. Deutsche Frauen des GULag, Berlin 1999.
3
Elinor Lipper: Elf Jahre in sowjetischen Gefängnissen und Lagern, Zürich 1950, S. 44.

4
Galina Iwanowna Lewinson: Ja Postoralas Sabyt, in: Dies.: Wsja Nascha Schisn, Moskau 1996, S. 41; Lipper: Elf Jahre (Anm. 3), S. 44.

Noch ein anderer Umstand ist für die Herausbildung der weiblichen Häftlingsgesellschaft prägend, und zwar die Internierung von Männern und Frauen – von zeitlichen Ausnahmen abgesehen – in gemeinsamen Lagern. Zeitweilig trennte sie, Häftlingsberichten zu Folge, nicht mal Stacheldraht, bis die Anzahl der Lagerkinder zu hoch wurde.[5] In der Regel war das Lager eingeteilt in eine Zone für Frauen, eine für Männer und eine für die Zwangsarbeit, jeweils getrennt durch Stacheldraht- oder Bretterzäune. Obgleich der Aufenthalt im jeweils anderen Lagerbereich offiziell verboten war und bestraft wurde, gab es vielfältige und verschiedenartige Beziehungen zwischen männlichen und weiblichen Häftlingen. Darüber hinaus gab es Begegnungen und gemeinsame Aufgaben von Männern und Frauen bei der zu leistenden Zwangsarbeit beim Feldbau und Waldeinschlag, in Werkstätten, Viehställen und Gärtnereien, beim Gleis- und Straßenbau, in Schächten oder Tagebauen.

Die wichtigsten Lagerfunktionen waren soweit irgend möglich – und eben nicht anders als außerhalb der »Zone« – durch männliche Häftlinge besetzt. Zu dieser privilegierten Oberschicht gehörten u.a. Produktionsleiter, Agronomen, Buchhalter, Arbeitsverteiler, Natschalniks von verschiedenen Lagern, Werkstätten, Transportmitteln und landwirtschaftlichen Stützpunkten, leitende Ärzte und Veterinärmediziner.[6] Diese hatten die materiellen und administrativen Möglichkeiten, sich eine »Lagerfrau« auszusuchen und zu unterhalten und konnten darüber hinaus über eine ausgedehnte Anzahl von Mitarbeitern ihrer Dienststelle Einfluss auf das Geschehen im Lager und das Schicksal einzelner Frauen nehmen. Insofern waren weibliche Häftlinge nicht nur der männerdominierten Lageradministration und Bewachung ausgeliefert, sondern meist ebenso einer männlichen Funktionselite. Frauen fanden sich meist nur in den darunter liegenden Ebenen der Lagerhierarchie: als Arbeiterinnen in Kontoren oder Schwestern der Krankenstationen. Dies prägte die Hierarchie im Lager ebenso wie die spezifischen Verhaltensformen der weiblichen Häftlinge. Lediglich dort wo die Frauen unter sich waren, in der Massenbaracke, konnte sich eine originär weibliche Häftlingsgesellschaft herausbilden, die aber kaum wirklich unabhängig von den konkreten Umständen der Lagergesellschaft war.

Differenzierungen unter den politischen Häftlingen

Unterschiedliche Urteilsbegründungen bedeuteten verschiedene Haftfristen und eine spezifische Behandlung durch die Lageradministration. Dadurch entstanden verschiedene Kategorien von Häftlingen: »Sozial-gefährliches Element«, etwa verhaftete Familienmitglieder verurteilter »Volksfeinde«, galt als »leichteste« Kategorie. »Antisowjetische Agitation« oder »Konterrevolutionäre Tätigkeit« waren die am weitesten verbreiteten offiziellen – nach Jewgenia Ginsburg ebenfalls »harmlosen« – Strafbegründungen, meist an Parteilosen exekutiert.[7] Diese politischen Häftlinge konnten sowohl zu den körperlich schweren, den allgemeinen, als auch zu leichteren Arbeiten herangezogen werden oder auch Verwaltungsaufgaben erledigen. Häftlinge, die wegen angeblicher »Spionage« oder »Konterrevolutionärer Trotzkistischer Tätigkeit« verurteilt waren, sollten nur zu schwerer körperlicher Arbeit eingesetzt werden.[8]

Die Häftlingsgesellschaft wurde aber nicht nur von oben aufgespalten, sondern auch von innen heraus. Immer wieder kam es zwischen politischen Häftlingen zu Auseinandersetzungen und Konflikten, die sich nicht zuletzt an gesellschaftspolitischen Fragen entzündeten und mit gegenseitigen Denunziationen enden konnten. Der geistig-politische Hintergrund dafür scheint auch im Lager die Frage nach der politischen Loyalität gegenüber dem Parteiregime unter Stalin gewesen zu sein, die insbesondere von »orthodoxen Kommunisten«, wie sie Jewgenia Ginsburg nannte, provoziert wurde.

Bis Ende der dreißiger Jahre kam es auch zu Begegnungen mit den wenigen noch am Leben gebliebenen Sozialrevolutionärinnen bzw. Trotzkistinnen. »Das Jahr 1937 war aus ihrer Sicht nur ein Detail«, erinnert sich Olga Adamowa-Sliosberg. »Teilweise waren sie sogar froh darüber, weil ihre dunkelsten Prognosen sich dadurch erfüllten. Moralisch war es für sie leichter. Alles war klar, alles war auf seinen Plätzen. [...] Sie verstanden es ihre Rechte zu verteidigen, kannten alle Gesetze und wurden von den Gefängnisdirektionen respektiert. Ihnen wurde, wenn es nötig war, Diätverpflegung verschrieben oder sie wurden ins Krankenhaus überwiesen. Über Politik sprachen sie wie über eine völlig klare Sache: die Revolution ist vor 10 Jahren gestorben. (Die Menschewistinnen und die Sozialrevolutionärin sagten, dass es 15 Jahre seien.) Das Land geht dem Zusammenbruch entgegen und je schneller er eintritt, desto besser. Sie lachten, wenn man ihnen die Dummheiten erzählte, die Wirtschaftsfunktionäre begingen. [...] Mit versteckter Freude wurde jede neue Gruppe von Verhafteten begrüßt, besonders die Kommunisten, die sie früher verfolgten«.[9] So schildert Olga Adamowa-Sliosberg eine kleine Gruppe der »politischen Abweichler«, mit denen auch sie, die parteilos war, »auf keinen Fall« etwas zu tun haben wollte. Auf der anderen Seite verstanden sich die Sozialrevolutionärinnen bzw. Trotzkistinnen als einzig »echte Politische« und »verachteten insgeheim ›das Fußvolk von 1937‹ wegen seiner Unfähigkeit, selbständig zu denken. Wegen der Vertraulichkeiten im Umgang mit den Wachen. Wegen der Bereitschaft, zu bitten, statt zu fordern.«[10]

Jewgenia Ginsburg unterscheidet zwischen »orthodoxen« und »unorthodoxen« Kommunisten im Lager. Erstere waren meist der Auffassung, nur sie seien unschuldig Verhaftete, und versuchten auch im Lager partei- und staatsloyal zu bleiben und sich gegenüber politisch Andersdenkenden oder Parteilosen abzugrenzen.[11] Nach den politischen Systemursachen und -zielen der Massenrepressionen konnten oder wollten die meisten Politischen nicht fragen. »Wir waren dumm und gehorsam wie Schäfchen«, konstatiert die russische Jüdin Galina Lewinson, »wir waren nicht fähig anders zu denken, als man uns vorschrieb.«[12]

Vor allem ehemalige Parteimitglieder versuchten sich, so gut es ging, in das Machtgefüge des Lagers einzupassen. Das konnte durch Anbiederung sowohl gegenüber wichtigen Funktionshäftlingen oder Kriminellen als auch gegenüber der Lageradministration geschehen. Für die Maßnahmen und Anweisungen der Lageradministration brachten sie nicht selten Verständnis auf und boten ihre Dienste auch dem »Bevollmächtigten des NKWD« im Lager an. Denunziationen zogen neue Untersuchungen und Strafen nach sich, von neuer Lagerhaft bis zur Höchststrafe Erschießen.[13] Hilda Vitzthum, einst selbst aktives Mitglied der Kommunistischen Partei Österreichs, beobachtete im Lager, dass es »gerade oft die re-

5
Den offiziellen Angaben Zemskovs zufolge befanden sich beispielsweise Anfang 1940 in 90 Kinderhäusern bzw. Lagerkindergärten 4595 Kleinkinder. Vgl. Stephan Merl: Das System der Zwangsarbeit und die Opferzahl im Stalinismus, in: Geschichtswissenschaft im Unterricht, 46 (1995) 5/6, S. 291.
6
Susanne Leonhard: Gestohlenes Leben. Schicksal einer politischen Emigrantin in der Sowjetunion, Frankfurt am Main 1956, S. 675.
7
Jewgenia Ginsburg: Marschroute eines Lebens, München-Zürich 1989, S. 302.
8
Ebenda.

9
Olga Adamowa-Sliosberg: Putj, in: Dodnes Tjagoteet, Moskau 1989, S. 26–27.
10
Ginsburg: Marschroute (Anm. 7), S. 252.
11
Gertrud P., in: Meinhard Stark (Hrsg.): »Wenn Du willst Deine Ruhe haben, schweige«. Deutsche Frauenbiographien des Stalinismus, Essen 1991, S. 211.
12
Lewinson: Wsja Nascha Schisn (Anm. 4), S. 15.
13
Lipper: Elf Jahre (Anm. 3), S. 156–157.

Abb. 11
Erna Kolbe, Moskau 1937,
sechs Monate
vor ihrer Verhaftung

nommiertesten Kommunisten waren, die glaubten, ihre kommunistische Gesin-
nung unter Beweis stellen zu müssen, in dem sie andere ›entlarvten‹.«[14] Allerdings
war es nach Hilda Vitzthum schwer zu sagen, ob diese Kommunisten »aus Überzeugung oder aus Angst um die eigene Haut« oder – müsste man hinzufügen –
auch aus eigensüchtigen Motiven so gehandelt haben.

Es gab aber auch Kommunistinnen, die unter den nicht aufzulösenden
Erklärungsnöten litten, verzweifelten und einsam zugrunde gingen. Anderen gelang die Erkenntnis, »dass es ein Makel war, eine Schande war, zu der Partei zu
gehören, die aus einem Mittel zur Befreiung des eigenen Volkes zu einem Marter-
instrument geworden war.«[15] Nina Hagen-Torn schildert in ihren Erinnerungen
eine kleine Gruppe sogenannter »wahrer Leninisten«, die in der »gegenwärtigen
Parteipolitik unter Stalin« die »Idee des Kommunismus« diskreditiert und einen
Ausweg nur im »Kampf mit der stalinschen Linie« sahen.[16]

Politische Reflexionen deutscher Exilantinnen über die Ursachen der Verfolgung ähnelten den Differenzierungen sowjetischer Gefangener. Die verschiedenen Erklärungsversuche korrespondierten also weniger mit nationaler Herkunft
als mit politischen Weltbildern. Das Unerklärliche der eigenen Inhaftierung und
massenhafter anderer Fälle konnte von den kommunistischen Häftlingen nur selten aufgelöst werden. Ausgangspunkte vieler Überlegungen und Erklärungsversuche waren ein nach wie vor stringentes Parteiverständnis und die Sicherheits-
interessen der glorifizierten Sowjetunion. Daran orientierten sich viele Politische
und stellten dieses »Über-Ich« auch unter den Bedingungen des Lagers über das
»Selbst«. Erna Kolbe erklärt im Interview: »Ich hatte mir eine Theorie zurecht
gemacht: Die Sowjetunion existiert als einziges sozialistisches Land und ist von
kapitalistischen Ländern eingekreist. Durch den Krieg und den Überfall des
faschistischen Deutschland hat sich das ja auch bestätigt. Die meisten Politischen
waren sowjettreue Leute, obwohl wir von den Sowjets eingesperrt wurden. Aber
wir haben nicht den Sowjets die Schuld gegeben, sondern in großem Maße dem
Krieg, und was damit zusammenhing.«[17]

Manche Inhaftierte begriffen sich als Bestandteil einer für sie zwar
schmerzlichen, in ihrem Bewusstsein aber verständlichen und nachvollziehbaren
Politik der Parteiführung. Dadurch wähnten sie sich weiterhin als Mitglieder der
»Bewegung« und Teilhaber des »Aufbauwerkes«. Diese mentale Sinnstiftung war
gerade in der Anfangszeit der Haft und besonders während des Krieges zu einer
bedeutenden Durchhalte- und Überlebensstrategie für Kommunistinnen geworden.

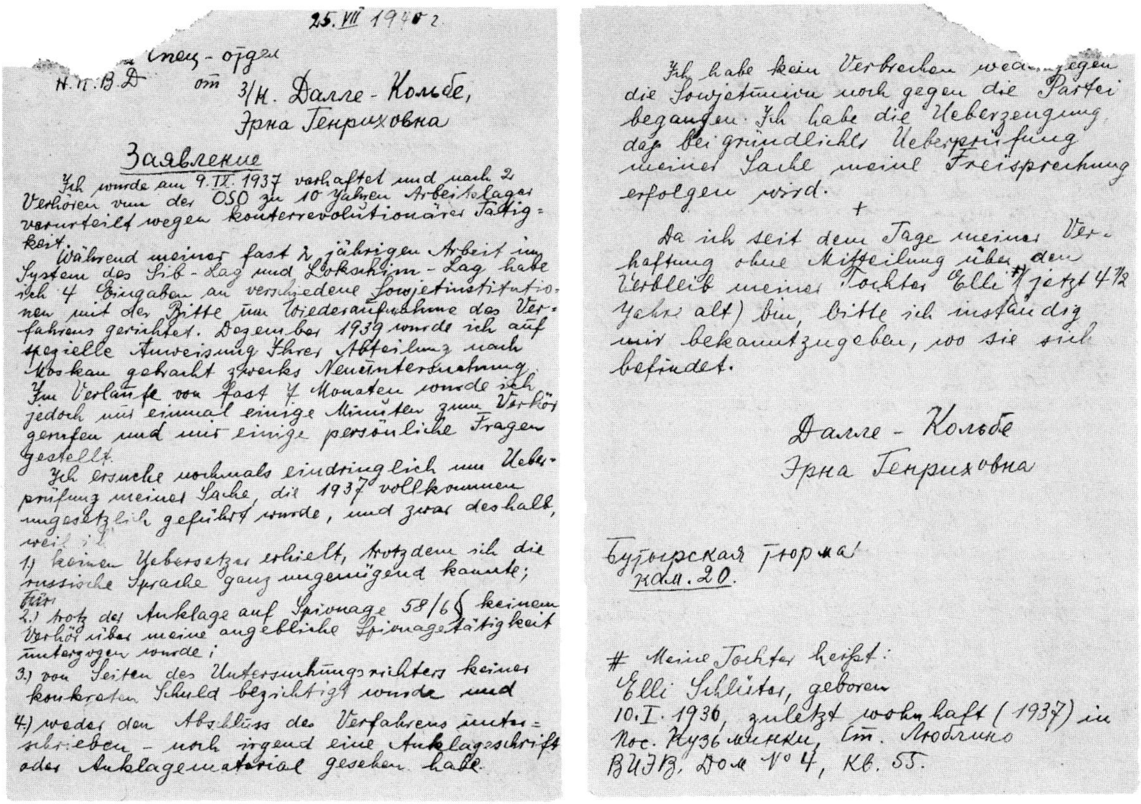

25. VII 1940 г

Н.В.Д.   oт 3/н. Далле-Колбе,
Эрна Генриховна

Заявление

Ich wurde am 9. IX. 1937 verhaftet und nach 2 Verhören von der OSO zu 10 Jahren Arbeitslager verurteilt wegen konterrevolutionärer Tätigkeit.

Während meiner fast 2 jährigen Arbeit im System des Sib-Lag und Lokschim-Lag habe ich 4 Eingaben an verschiedene Sowjetinstitutionen mit der Bitte um Wiederaufnahme des Verfahrens gerichtet. Dezember 1939 wurde ich auf spezielle Anweisung Ihrer Abteilung nach Moskau gebracht zwecks Neuuntersuchung. Im Verlaufe von fast 7 Monaten wurde ich jedoch nur einmal einige Minuten zum Verhör gerufen und mir einige persönliche Fragen gestellt.

Ich ersuche nochmals eindringlich um Überprüfung meiner Sache, die 1937 vollkommen ungesetzlich geführt wurde, und zwar deshalb, weil:
1) keinen Übersetzer erhielt, trotzdem ich die russische Sprache ganz ungenügend kannte;
2) trotz der Anklage auf Spionage 58/6 § keinem Verhör über meine angebliche Spionagetätigkeit unterzogen wurde;
3) von Seiten des Untersuchungsrichters keiner konkreten Schuld bezichtigt wurde und
4) weder den Abschluss des Verfahrens unterschrieben – noch irgend eine Anklageschrift oder Anklagematerial gesehen habe.

Ich habe kein Verbrechen weder gegen die Sowjetunion noch gegen die Partei begangen. Ich habe die Überzeugung dass bei gründlicher Überprüfung meiner Sache meine Freisprechung erfolgen wird.

✝

Da ich seit dem Tage meiner Verhaftung ohne Mitteilung über den Verbleib meiner Tochter Elli (jetzt 4½ Jahre alt) bin, bitte ich inständig mir bekanntzugeben, wo sie sich befindet.

Далле-Колбе
Эрна Генриховна

Бутырская тюрьма
кам. 20.

⧾ Meine Tochter heißt:
Elli Schlüter, geboren
10. I. 1936, zuletzt wohnhaft (1937) in
Пос. Кузьминки, ст. Люблино,
ВИЭВ. Дом № 4, кв. 55.

Abb. 12
Eingabe von Erna Kolbe an das
Volkskommissariat für Innere Angelegenheiten
(NKWD) zur Wiederaufnahme ihres
Verfahrens, 25. August 1940.
Das Gesuch blieb ohne Antwort.

14
Hilda Vitzthum: Mit der Wurzel ausrotten.
Erinnerungen einer ehemaligen Kommunistin,
München 1984, S. 152
15
Lipper: Elf Jahre (Anm. 3), S. 157.
16
Nina I. Hagen-Torn: Memoria, Moskau 1994,
S. 206.
17
Erna K., in: Stark: »Wenn Du willst
Deine Ruhe haben, schweige« (Anm. 11), S. 130.

Die eigene Verhaftung führte auch zu Desillusionierungen unterschied-lichen Ausmaßes unter deutschen Exilantinnen. Antonie Satzger, die die Verhaf-tung ihres Mannes und später ihre eigene auf Denunzianten zurückführte, verlor überhaupt den »Glauben an die Menschen«.[18] Schon nach der Verhaftung ihres Mannes 1938/39 hatte sie sich innerlich von der KPD-Organisation abgewandt. Klara D. war eine überdurchschnittlich beflissene Genossin, die ihr Privatleben stets hinter die Interessen und Erwartungen der Partei zurückstellte und nun von ihr ausgestoßen wurde. »Das Wort ›Genosse‹ wollte ich nie mehr hören«, sagt Klara D. im Interview, »das Wort ›Partei‹ wollte ich nie mehr hören, gar nichts. Ich war mit allem fertig, vollkommen.«[19] Als Gegenreaktion auf den Parteiausschluss und die Verfolgung verdrängte sie die Partei aus ihrem Bewusstsein. Politische Argumente für die Abkehr reproduzierte Klara D. in ihren Erinnerungen nicht. Und Mimi Brichmann schließlich hatte im Lager »geschworen, sich nie wieder einer politischen Organisation anzuschließen.«[20]

Abb. 13
Mimi Brichmann
während ihres Interviews mit
Meinhard Stark 1993

Abb. 14
Deutsche Exilantinnen als Verbannte
in Kasachstan, Anfang der fünfziger Jahre
In der Bildmitte Eva B.

Abb. 15
Eva B., 1937 bis 1954 Lager
und Verbannung,
während ihres Interviews mit
Meinhard Stark 1991

Die Bewältigung der existentiellen Zwänge des Lageralltags und die fort-
schreitende physische und psychische Erschöpfung erlaubten es schon nach
wenigen Monaten kaum mehr, die gesellschaftspolitischen Hintergründe der Haft-
ursache zu erörtern. Unter den gegebenen Umständen war es nur schwer möglich, angemessene Gründe für die Vorgänge zu ermitteln – konsequentes Nachfragen erschien als eher unbequem, gar bedrohlich. Vor allem angesichts der ausweglosen Haftsituation und der langen Haftstrafen schien deshalb vielen Häftlingen das weitere Grübeln müßig und unnütz. Die Parteilose Eva B. resümiert:
»Wir hatten im Winter nasse Füße. Dann mussten die Fußlappen aus unseren
Überschuhen getrocknet werden. Und das war eine Lebensfrage, ob man die Fußlappen (trocknen konnte) oder (am nächsten Tag) irgendwelche nassen Lumpen
nehmen musste. Darüber vergaß man den Kommunismus und alles. So war die
Lage, dass man wirklich nicht viel nachdachte oder direkt theoretische Gespräche
begann.«[21]

Nationalitäten

Statistische Angaben über die nationale Zugehörigkeit der Häftlinge liegen nur vereinzelt vor. Im NORIL-Lag beispielsweise waren am 1. Oktober 1949
von 49 822 Internierten: 33 365 Russen, 7904 Ukrainer und 1083 Belorussen. Die
Anzahl der Häftlinge kleinerer Nationalitäten betrug: 813 Tataren, 778 Deutsche,
530 Letten, 507 Litauer, 493 Polen und 378 Juden. Die verbliebenen ca. 4000 Häftlinge entstammten verschiedenen Nationalitäten.[22] Im allgemeinen scheint die
Verfolgungsrate dem Anteil der jeweiligen Nation an der Gesamtbevölkerung der
UdSSR entsprochen zu haben. Nationalitäten, die zielgerichteten kollektiven Repressionen unterworfen waren, so Letten, Esten, Litauer, Polen, Russlanddeutsche
u.a. scheinen allerdings einen höheren Verfolgungsgrad aufgewiesen zu haben,
als er ihrem Anteil an der Gesamtbevölkerung entsprach. Gemessen daran stellten die deutschen Exilantinnen eine ausgesprochene Minorität dar.

18
Interview des Verfassers mit
Antonie Satzger, 15./16. Juni sowie am
25. September 1992.
19
Interview des Verfassers mit
Klara D., 10. Juni, 26./27. August 1991.
20
Interview des Verfassers mit
Mimi Brichmann, 18. Dezember 1992
bis 15. Februar 1993.

21
Interview des Verfassers mit
Eva B., 7./8. Oktober 1991.
22
Norilski MEMORIAL,
Teil 3, Oktober 1996, S. 29–30.

Nach den vorliegenden Erinnerungsberichten zog die nationale Zugehörigkeit im Lager keine ausgesprochene Bedrohung oder eine bewusste und zielgerichtete Schlechterbehandlung durch die Lageradministration nach sich, etwa im Sinne einer planmäßigen Tötung. Vielmehr scheinen sich »nationale Verfolgungsaktionen« mehr oder weniger auf die Inhaftnahme beschränkt zu haben, der keine zusätzliche und zielgerichtete Repression im GULag folgte. So meint die Russlanddeutsche Hilda Schlegel, 1937 bis 1947 in Lagerhaft: »Von der Lagerverwaltung wurden alle Nationalitäten gleich behandelt, da war kein Unterschied.«[23] In den Lagerakten ist allerdings die nationale Zugehörigkeit, neben vielen anderen Angaben, akribisch registriert worden.

Auch unter den Häftlingen war die Nationalität mehr oder weniger bekannt. Sie hatte aber im Zusammenleben der Häftlinge nicht die Bedeutung wie soziale Herkunft, Stellung im Lager sowie Kommunikations- und Improvisationsfähigkeit. Diese Aspekte waren für die Herausbildung näherer Beziehungen und Freundschaften von größerem Gewicht. Möglicherweise hat die kulturelle Vielfalt unter den politischen Frauen zudem eine Toleranz im Lager gefördert, die ethnisch begründete Konflikte zur Ausnahme machte. »Nationale Missgunst oder Hass hat man dort nicht gespürt«, resümiert die Deutsche Lea Horn. Auch von einer »nationalen Rangfolge« unter den Häftlingen hat sie in ihren Lagerjahren nichts gespürt.[24]

Für die einzelne Inhaftierte war die nationale Herkunft dennoch von Belang und nahm mittelbar Einfluss auf ihr Lagerleben. Zunächst bestanden Sprachbarrieren, die sich zumindest in den ersten Jahren bei der Arbeitsvergabe durchaus negativ niederschlugen. Sprachprobleme konnten auch bei der Arbeit – angetrieben von Norm und Hunger – das Verhältnis unter den Häftlingen trüben. Die Exilantin Alice S. arbeitete mit einer Russin und einer Ukrainerin: »Ich konnte schlecht Russisch, Ukrainisch schon gar nicht. Die Ukrainerin konnte nicht Russisch und beide nicht Deutsch. Wir haben uns mit Händen und Füßen verständigt. Das war manchmal zum Lachen und manchmal zum Heulen.«[25] Vor allem für Minderheiten dürften sprachlich begründete Kommunikationsschwierigkeiten den Handlungsspielraum innerhalb der Häftlingsgesellschaft eingeschränkt haben. Auch wenn des öfteren darüber berichtet wird, wie gern Russinnen ihre Sprache mit ausländischem Akzenten hörten oder sich über zweideutige Versprecher amüsierten.

Ebenso wie Russinnen die gemeinsame Herkunft aus einem bestimmten Landesteil und eine verwandte Erinnerung verband, suchten ausländische Frauen in den Lagern auch immer wieder nach Landsleuten. Vor allem Frauen aus Polen und den baltischen Staaten wird eine ausgeprägte Zusammengehörigkeit nachgesagt. Gemeinsame religiöse und kulturelle Wurzeln sowie die Erfahrung kollektiver Deportation förderten nicht nur die Herausbildung eines prägnanten Feindbildes der sowjetischen Verfolger, sondern auch eine nationale Notgemeinschaft im Lager.[26] Die Polin Marta Rudzka, 1940 in die Sowjetunion deportiert, erinnert sich: »Wie rasch verschmilzt die winzige Gruppe aus der Schicksalsgemeinschaft heraus zu einer Einheit, die nicht mehr ›Ich‹ sondern ›Wir‹ denkt. Wir sind ganz wahllos ausgesucht worden und sind denkbar verschieden; aber wir sind zusammen aus der Heimat deportiert worden, wir haben uns aneinander gewöhnt, einander kennen gelernt – und wir fürchten nichts so sehr, als voneinander getrennt zu werden.«[27]

Immer wieder finden sich in Berichten indes auch Schilderungen gegenseitigen Mitgefühls von Häftlingen unterschiedlicher nationaler Herkunft. Marta Rudzka beschreibt eine religiöse Russin, deren »einziger Gedanke ist, wie uns helfen, was uns geben, wen mit ihrer Reisedecke zudecken, wem ihre Bettdecke unterlegen. [...] Ich habe den Eindruck«, fährt Marta Rudzka fort, »sie möchte, und sei es nur zu einem winzigen Bruchteil, etwas von dem Unrecht gut machen, das

Russland an uns begeht.«[28] Gänzlich frei von nationalen Ressentiments waren die politischen Häftlinge allerdings nicht. In den Augen anderer Häftlinge konnte beispielsweise eine nationale Solidargemeinschaft durchaus als nach außen geschlossene Kaste wahrgenommen und zugleich beneidet werden, wie sich Mimi Brichmann erinnert: »Die Polinnen wollten von uns nichts wissen. Sie haben sich nicht mit uns gemein gemacht. Sie sonderten sich ab. Sie waren unserem Empfinden nach hochmütig, aufmüpfig, aber auch nicht solche dämlichen Schafe wie wir.«[29] Marta Rudzka bezeichnet dagegen deutsche Frauen aus Rumänien als ihre »schlimmsten Feinde«.[30]

Deutsche Häftlinge

»Als am 22. Juni die Nachricht vom Überfall Hitlerdeutschlands auf die Sowjetunion kam«, schreibt die deutsche Kommunistin Anna Christina Kerff-Kjossewa in ihren Lagererinnerungen, »waren wir ziemlich fassungslos. Wir fühlten, dass für uns Deutsche im Lager jetzt eine schwere Zeit beginnt, und dass die Freiheit in weite Ferne gerückt war.«[31] Bis Kriegsausbruch, so der einhellige Tenor der Erinnerungen, unterschied sich der Status der deutschen Häftlingsfrauen nicht wesentlich von dem anderer nationaler Gruppen. Es gab keine zusätzlichen Behinderungen und keine besondere Zuwendung durch die Lageradministration. »Man hat uns im Lager nicht unterschieden«, fasst Hilda Schreiner ihre Lagererfahrungen zusammen.[32] Allerdings ist zu beobachten, dass Lageradministration bzw. Funktionshäftlinge gern deutsche Frauen auf verantwortlichen Positionen sahen. Ihre meist gediegene Ausbildung, praktische Fertigkeiten, Verantwortungsbewusstsein, Gewissenhaftigkeit und Sprachkenntnisse, nicht zuletzt ihr kulturelles Flair erhöhten ihre Chancen bei der Arbeitsverteilung.

Natürlich suchten auch Deutsche während der wochenlangen Transporte bzw. nach der Ankunft in den Lagern zunächst nach Landsleuten aus Russland oder Deutschland, mit denen über Erinnerungen und Bekannte gesprochen und Zusammenhalt gesucht werden konnte. Wie die Exilantin Erna Petermann etwa, die Ende der dreißiger Jahre jeden ankommenden Transport nach Häftlingen aus Deutschland überprüfte, bis sie schließlich eine andere deutsche Frau traf. »Wie dann rauskam, dass wir beide Berliner sind«, erinnert sich Ruth Z., »da haben wir uns dann umarmt. Dadurch hatte ich es sehr günstig. Erna besuchte mich und sagte mir, wie ich mich in diesem Lager zu benehmen habe, was gut und was nicht angeraten ist.«[33]

23
Interview des Verfassers mit
Hilda Schlegel, 26. Mai 1997.
24
Interview des Verfassers mit
Lea Horn, 15./16. Juni 1998.
25
Interview des Verfassers mit
Alice S., 13./14. u. 17. Januar 1997.
26
Barbara Oledzka, unveröffentlichter Bericht
von MEMORIAL Krasnojarsk, 1997.
27
Marta Rudzka: Workuta.
Weg zur Knechtschaft, Zürich 1948, S. 60.
28
Ebenda.
29
Interview des Verfassers mit
Mimi Brichmann, 18. Dezember 1992
bis 15. Februar 1993.

30
Rudzka: Workuta (Anm. 27), S. 100.
31
Erinnerungen von Christina Kjossewa;
SAPMO-RA, FA 1940, Bl. 187.
32
Interview des Verfassers mit
Hilda Schreiner, 16./17. Juni 1997.
33
Interview des Verfassers mit
Ruth Z., 24. Juni bis 16. Juli 1991.

In Lagerberichten russischer Frauen werden gelegentlich deutsche Exilantinnen erwähnt, selten aber ausführlich geschildert. Jewgenia Ginsburg, einst Parteifunktionärin und Hochschullehrerin in Kasan, äußert sich beispielsweise an verschiedenen Stellen über die deutsche Exilantin Trude Richter. In ihr sieht sie eine »orthodoxe Kommunistin« und »Meisterin im Erfinden von Syllogismen, die jede Maßnahme des ›Genies‹ Stalin erklären und theoretisch untermauern sollten.«[34] Ihrer Ressentiments kann sich Jewgenia Ginsburg nicht enthalten und beschreibt Trude Richter als »Frau Doktor« und »echte Germanin«.[35] Alja Tartak, ehemals Mitarbeiterin in der ›Literaturnaja Gaseta‹, traf im Lager auf Kreszentia Mühsam. Unter den russischen Häftlingsfrauen war der Name des deutschen Anarchisten weitgehend unbekannt, nur eine ältere Kommunistin kannte Erich Mühsam und nahm im Lager Kontakt zu dessen Frau auf. Ihr Resümee: » [...] lieber werden sie keinem darüber berichten. Mühsam kennt man bei uns nicht und es ist nicht nötig darüber zu sprechen. Es ist eine Schande.«[36] Und so schwieg auch Alja Tartak gegenüber russischen Mithäftlingen über die deutsche Exilantin.

Zusammenleben mit anderen Häftlingen

Das Lagerregime und die Existenzbedingungen wirkten der Herausbildung einer Häftlings- oder Barackengemeinschaft bewusst entgegen. Durch das Lagerregime, das immer wieder unerwartete Transporte von Häftlingen vorsah, wurde die Herausbildung von Freundschaften und Solidargemeinschaften zielgerichtet erschwert. Dieser Umstand wirkte auf die Häftlinge deprimierend und beeinträchtigte ihre Bemühungen um Kontaktaufnahme. Der Lageradministration gelang es so über eine lange Zeit hinweg, erfolgreich Kollektivität und Gemeinschaftssinn zu blockieren und an dessen Stelle Vereinzelung und Konkurrenz unter den Häftlingen zu etablieren. Je stärker der repressive Druck von seiten der Lagerführung und kriminellen Häftlinge, je intensiver der Normdruck und der Hunger, desto einsamer und vereinzelter lebten die Häftlingsfrauen nebeneinander her.

Zusätzliche Barrieren bestanden für die ausländischen Frauen, für die Kontakte zu Landsleuten schwer waren und die der russischen Sprache erst nach und nach im Lager mächtig wurden. Dieser Umstand hatte zumindest auch in den ersten Jahren der Haft negative Auswirkungen auf Beziehungen mit russischsprachigen Gefangenen. »Große Freundschaften gab es nicht«, erinnert sich Alice S. an ihre ersten Jahre im Speziallager für »Familienangehörige von Volksfeinden«. Die ungewohnte Arbeit, die zu erfüllende Norm während des zehn- bis zwölfstündigen Arbeitstages, nahmen der jungen Frau alle Kraft. »Ich war so müde«, erinnert sie sich, »dass ich froh war, wenn ich mich ins Bett legen konnte.« Auch in der Baracke und an späteren Arbeitsorten ergab sich keine solche Bekanntschaft, aus der eine Freundschaft erwachsen wäre.[37]

Auch Antonie Satzger verbrachte ihre Haftstrafe 1944 bis 1952 im TSCHID-Lag ohne jegliche engere Häftlingsbeziehung. Sie war in den verschiedenen Lag-Punkten die einzige aus Deutschland stammende Kommunistin und eine der wenigen dort inhaftierten politischen Häftlingsfrauen. Unter ihnen bestand kein besonderer Zusammenhalt. »Jeder war auf sich allein gestellt, absolut, die ganzen Jahre«, konstatiert Antonie Satzger. Nicht nur von der Sehnsucht nach ihren drei zurückgelassenen Kindern hat sie sich vor allem durch Arbeit abzulenken versucht, sondern auch von ihrer Einsamkeit. »Ich hatte keine Zeit, mich einsam zu fühlen. Ich bin morgens aufgestanden und abends war ich todmüde.« Auch das Misstrauen nagte: »Du weißt ja nicht 100%ig, mit wem du dich einlässt.« An anderer Stelle heißt es bei Antonie Satzger: »Ich war immer für mich. Vielleicht wollte ich's auch. [...] Wenn man eine Freundschaft gehabt hat, habe ich vielleicht Angst gehabt, dass du abhängig wirst, dass man in eine Abhängigkeit gerät.«[38]

Eine gute Lagerfreundschaft beinhaltete gegenseitige Hilfe, Vertrauen und Verantwortung. Antonie Satzger schreckte unter den sie umgebenden Lagerbedingungen davor zurück, diesen hohen Ansprüchen gegenüber einer Leidensgefährtin jederzeit nachzukommen. Sie entschied sich statt dessen für ein Leben auf sich allein gestellt, nur sich selbst verpflichtet und sich auf sich selbst verlassend.

Freundschaften

Unter weiblichen Häftlingen waren multi- und binationale Zusammengehörigkeit und Freundschaften keineswegs unbekannt. Verinnerlichte Organisationsbarrieren, insbesondere die Angst vor Denunzianten und Fristerhöhung ließen allerdings größere, organisierte Solidargemeinschaften nicht entstehen. Vor allem in Zweierfreundschaften kamen sich Frauen näher, erzählten über die eigene Lebensgeschichte und politische oder religiöse Ansichten. Auch die Zweierfreundschaften dienten in erster Linie der Bewältigung des Lageralltags und der Verbesserung der Existenzbedingungen, und erst danach dem Ausgleich emotionaler Defizite. Wichtiger als die nationale Herkunft waren für die Freundschaft gegenseitige Sympathie und Verständigungsmöglichkeit.

Oft wurde die Nachbarin auf der Pritsche oder die Arbeitskollegin zur vertrauten Freundin, der die eigene Vergangenheit oder Kümmernisse und Hoffnungen des Lageralltags anvertraut wurden. Sie halfen über schmerzliche Erinnerungen hinweg und konnten kleine Freuden stiften. »Mit Nina war ich die ganzen Jahre im Lager zusammen«, konstatiert Frieda Siebenaicher. Die Freundschaft mit ihrer Pritschennachbarin und Arbeitskollegin hielt aber auch nach dem Lager an, selbst als die Deutsche längst in Berlin wohnte. Lagerbekanntschaften und -freundschaften werden häufig in Erinnerungen geschildert, und ihnen wird außerordentliche Bedeutung für das eigene Überleben beigemessen. Dies kommt nicht nur in teils langen lebensgeschichtlichen Erzählungen über Lagergefährtinnen und Freundinnen zum Ausdruck, sondern auch in der Wertschätzung der Freundschaften.

»Deutschländer« und Russlanddeutsche

Unter russlanddeutschen Frauen und politischen Exilantinnen aus Deutschland, – letztere wurden »Deutschländer« oder »Deutschländerinnen« genannt – war allerdings die gegenseitige Wahrnehmung und Akzeptanz nicht immer ungetrübt. Den aus Deutschland stammenden Frauen fiel es meist schwer, Verständnis für die kulturellen und gesellschaftlichen Erfahrungen der Russlanddeutschen aufzubringen. Politisch verband die deutsche Kommunistin Trude Richter zwar »wenig mit jenen deutschen Frauen.« Im alltäglichen Zusammenleben innerhalb der Baracke schätzte sie wie viele andere jedoch die Mentalität der

34
Jewgenia Ginsburg: Gratwanderung, München-Zürich 1991, S. 336.
35
Ebenda, S. 342.
36
Goworit Alja Iljinitschna Tartak, in: Lewinson: Wsja Nascha Schisn (Anm. 4), S. 150–151.
37
Interview des Verfassers mit Alice S., 13./17. Januar 1997.

38
Interview des Verfassers mit Antonie Satzger, 15./16. Juni sowie am 25. September 1992.

russlanddeutschen Frauen: »Wir lebten in Eintracht miteinander. Es wurde nichts gestohlen […], und es gab keinen Krach. Alle hielten auf Sauberkeit, niemand betrieb Prostitution.«[39] Ihr oft anzutreffendes sprachliches Kauderwelsch zwischen Deutsch und Russisch verstanden allerdings die deutschen Exilantinnen nur mit Mühe. Misstöne gab es auch, wenn politisiert wurde. Kontroverse Diskussionen gab es beispielsweise über die weit verbreitete Auffassung unter Wolgadeutschen, nach der die Exilantinnen aus Nazideutschland die eigentlichen »Feinde« seien, »um derentwillen nun auch sie selbst leiden mussten.«

Mehr oder weniger direkt wurden deutsche Exilantinnen für den Überfall Hitlers auf die UdSSR und letztlich für die Verfolgung der Russlanddeutschen verantwortlich gemacht. »Sie kommen aus Deutschland«, erinnert sich Susanne Leonhard an die Argumente einer wolgadeutschen Intellektuellen, »und es geschieht ihnen ganz recht, wenn sie eingesperrt werden. Aber, warum behandelt man uns als Feinde?«[40] Im Gegenzug unterstellt Susanne Leonhard, Wolgadeutsche seien »reaktionär und national-überheblich«. Die Kommunistin Marta Globig geht in ihren Erinnerungen noch weiter. Sie spricht über Wolgadeutsche global als »ausgesprochen feindliche Elemente« und »Parteigänger Hitlers«, mit denen die Auseinandersetzung auch unter Zuhilfenahme »physischer Mittel« geführt oder aber per Denunziation beim Lager-NKWD beendet wurde.[41]

Nach Kriegsausbruch 1941 kam es nicht nur zu einer erneuten Verhaftungswelle unter Deutschen, die diese nationale Gruppe in der UdSSR zu einer überdurchschnittlich stark verfolgten Minderheit machte. Ebenso verschärfte die Moskauer Hauptverwaltung der Lager das Regime für alle deutschen Häftlinge. Diese waren aus den regulären ITL in besondere Straflager oder abgetrennte Strafbaracken zu überführen. Je nachdem, wie konsequent die Lageradministration die vorgegebenen Regimeanweisungen erfüllte, verschlechterte sich die allgemeine Situation der deutschen Frauen. Schimpfworte wie »Faschistka« oder »Hitler-Hure« gebrauchten nunmehr neben den »Kriminellen« auch Wachsoldaten und andere politische Häftlinge. Marta Globig erinnert den Sommer 1942 als den »entsetzlichsten«. »Repressalien schärfster Art« fanden Anwendung. Ein Begleitsoldat erschoss eine Frau – sie hatte aufgrund ihrer Schwerhörigkeit seinen Anruf nicht gehört.[42]

Im Laufe der Kriegsjahre lockerte sich das besondere Haftregime gegenüber den deutschen Häftlingen wieder. Die Erfolge der Roten Armee dürften dabei eine Ursache gewesen sein. Allerdings machte die von oben geforderte Planerfüllung die Rückkehr deutscher Häftlingsfrauen zu wichtigen Arbeiten mehr oder weniger unumgänglich. Deutsche Exilantinnen steigerten während der Kriegsjahre ihre Normerfüllung, zum Teil, so Anna Christina Kerff-Kjossewa, »auf 150 und sogar 200 %, wo es physisch möglich war«.[43] Dennoch blieben deutsche Lagerfrauen insbesondere in Konfliktsituation oder bei Postenrangeleien bevorzugtes Objekt verbaler Attacken, teils politischer Denunziationen, selten – aber eben auch – körperlicher Übergriffe. Und dies nicht nur aus den Reihen der anderen Häftlinge. »In Mylga hing über dem Eingang zur Lagerverwaltung ein großes Transparent«, berichtet Anna Christina Kerff-Kjossewa, »mit dem Spruch: Nemzam mensche – pobjeda blische! Weniger Deutsche – dem Siege näher!«[44] Auch nach Kriegsende und der Entlassung in die »ewige« Verbannung[45] gehörten berufliche Behinderungen und Beschimpfungen zum Alltag deutscher Exilantinnen und machten ihre Herkunft, so Trude Richter, zu einer »bitteren Last«.[46]

39
Trude Richter: Totgesagt. Erinnerungen,
Halle-Leipzig 1990, S. 340.
40
Leonhard: Gestohlenes Leben (Anm. 6),
S. 319–320.
41
Erinnerungen von Marta Globig;
SAPMO-BA, Sg Y 30/0278, Bl. 78, 79.
42
Ebenda, Bl. 81.
43
Erinnerungen von Christina Kjossewa;
SAPMO-BA, EA 1940, Bl. 188.
44
Ebenda.
45
Vgl. die Haft- und Verbannungserfahrungen
von drei Frauen in Stark:
»Wenn Du willst Deine Ruhe haben, schweige«
(Anm. 11).
46
Richter: Totgesagt (Anm. 39), S. 348.

Hans Schafranek

Sippenhaftung –
Schicksale von Familienangehörigen österreichischer
und deutscher Opfer des
»Großen Terrors« in der UdSSR 1937/38

»Massenoperationen« des NKWD 1937/38

Aus neueren Untersuchungen über die Verfolgung deutschsprachiger Emigranten während des »Großen Terrors« (1937/38) in der UdSSR lässt sich deutlich ablesen, dass im Mechanismus der stalinistischen Repressionsmaschinerie der Komintern-Apparat und verschiedene Gremien der Exilparteileitungen nicht bloß als Akklamationsinstanz fungierten, sondern auf vielfache Weise aktiv verstrickt waren.[1] Der Verhaftung durch das NKWD ging in vielen Fällen ein monatelanges innerparteiliches Inquisitionsverfahren voraus, bei dem fingierte oder tatsächliche, bis in die zwanziger Jahre zurückreichende »Abweichungen« von der Parteilinie gebrandmarkt und die Opfer moralisch »hingerichtet« wurden.[2] Allerdings sollte dieser, vor allem bei der Verfolgung (ehemaliger) mittlerer und höherer Parteifunktionäre relevante Aspekt nicht verabsolutiert werden, so drastisch er auch die Vernetzung parteiinterner Stigmatisierungs- und Verfolgungspraxis mit dem geheimpolizeilichen Terror des NKWD zu dokumentieren vermag. Bespitzelung, Denunziation, das quälende Ritual von Kritik und Selbstkritik[3] gehörten zur Normalität einer ständig beschworenen und inquisitorisch eingeforderten »bolschewistischen« oder »Klassenwachsamkeit«; die Verhaftung war häufig, aber keineswegs zwangsläufig das »logische« Resultat solcher Inszenierungen.

Während die »Säuberungen« innerhalb der Exil-KPD 1935/36 mitunter auch mit der Intention verknüpft waren, alte innerparteiliche Rechnungen zu begleichen, spielten bei der Verfolgung des Gros der Emigranten »dunkle Punkte« in der Parteibiographie, die zu einem kriminalisierbaren Delikt transformiert und funktionalisiert wurden, ab 1937 eine zunehmend geringer werdende Rolle.[4]

Mit dem Februar/Märzplenum 1937[5] der WKP(B)[6] und der Durchführung von »Massenoperationen«[7] ab Sommer 1937 erreichte der »Große Terror« neue Dimensionen, die vor allem in der vom Politbüro sanktionierten Festlegung riesiger definierter Opfergruppen bestanden. Als Modellfall ist hier in erster Linie die durch den operativen NKWD-Befehl Nr. 00447 (30. Juli 1937) exakt geregelte Massenrepression gegen »ehemalige Kulaken, Verbrecher und andere antisowjetische Elemente« anzuführen;[8] dieser Befehl sah vor, binnen vier Monaten (beginnend ab 5. August) 268 950 »ehemalige Kulaken«[9], »sozial gefährliche Elemente«, ehemalige Mitglieder von »antisowjetischen« Parteien (Sozialrevolutionäre, kaukasische Nationalisten) usw. zu verhaften und entweder zu erschießen (Kategorie 1) oder zu acht- bis zehnjähriger Lagerhaft (Kategorie 2) zu verurteilen. Für die Unionsrepubliken, Autonomen Republiken, Regionen und Gebiete wurden genaue, nach Kategorien differenzierte Kontingente[10] vorgegeben. Die Verurteilung erfolgte durch sogenannte Troiki.[11]

1

Die vielschichtigen Mechanismen der dem NKWD-Zugriff vorgeschalteten Ausgrenzung, Stigmatisierung und Verfolgung durch Komintern- wie Parteiinstanzen sowie Aspekte der gegenseitigen »Amtshilfe« zwischen der Kaderabteilung des EKKI wurden für die deutsche UdSSR-Emigration vor allem von Reinhard Müller (Hamburg) eingehend erforscht. Vgl. Reinhard Müller (Hrsg.): Die Säuberung. Moskau 1936: Stenogramm einer geschlossenen Parteiversammlung, Reinbek bei Hamburg 1991, S. 7–41; Ders.: Die Akte Wehner. Moskau 1937–1941, Berlin 1993; Ders.: Unentwegte Disziplin und permanenter Verdacht. Zur Genesis der »Säuberungen« in der KPD, in: Wolfgang Neugebauer (Hrsg.): Von der Utopie zum Terror. Stalinismus-Analysen, Wien 1994, S. 71–95; Ders.: Terror und Exil in der Sowjetunion. Anmerkungen und Forschungsperspektiven, in: Ernst Heinrich Meyer-Stiens (Hrsg.): Opfer wofür? Deutsche Emigranten in Moskau, Worpswede 1996, S. 13–27; Ders. (unter Mitwirkung von Natalija Mussijenko): »Wir kommen alle dran«. »Säuberungen« unter den deutschen Politemigranten in der Sowjetunion (1934–1938), in: Hermann Weber/Ulrich Mählert (Hrsg.): Terror. Stalinistische Parteisäuberungen 1936–1953, Paderborn 1998, S. 121–166. Analoge Untersuchungen für die österreichische Emigration in der UdSSR: Barry McLoughlin/Hans Schafranek: Die Kaderpolitik der KPÖ-Führung in Moskau 1934–1940, in: Hermann Weber/Dietrich Staritz (Hrsg.): Kommunisten verfolgen Kommunisten. Stalinistischer Terror und »Säuberungen« in den kommunistischen Parteien Europas seit den dreißiger Jahren, Berlin 1993, S. 125–147; Barry McLoughlin/Hans Schafranek/Walter Szevera: Aufbruch. Hoffnung. Endstation. Österreicherinnen und Österreicher in der Sowjetunion 1925–1945, Wien 1997.

2

Ausführlich dokumentierte Beispiele für dieses Verfolgungsraster gegenüber österreichischen »Altkommunisten« bei Hans Schafranek: Die Internationale Lenin-Schule und der »Fall Reisberg« (1937), in: Dokumentationsarchiv des österreichischen Widerstandes (Hrsg.): Jahrbuch 1994, S. 75–96; Ders.: Franz Koritschoner (1892–1941), in: Jahrbuch für Historische Kommunismusforschung, 3 (1995), S. 239–261.

3

Zu den erzieherischen und repressiven Dimensionen dieses Rituals vgl. Berthold Unfried: Die Konstituierung des stalinistischen Kaders in »Kritik und Selbstkritik«, in: Traverse. Zeitschrift für Geschichte/Revue d'Histoire, 2 (1995) 3, S. 71–88; Klaus-Georg Riegel: Kaderbiographien in marxistisch-leninistischen Virtuosengemeinschaften, in: Leviathan. Zeitschrift für Sozialwissenschaft, 21 (1994) 1, S. 17–46.

4

Müllers Befund, dass ungeachtet der neuen Qualität stalinistischer Verfolgungsmechanismen (Verhaftungs- und Erschießungskontingente ab Sommer 1937) »dennoch in Sammelwie in Einzelverfahren vom NKWD weiterhin zahlreiche Politemigranten mit den kriminalisierten Vorwürfen aus ihrer früheren Parteibiographie in der KPD konfrontiert und frühere ›Abweichler‹ mit dem Artikel 58 des Strafgesetzes als ›Gestapo-Agenten‹, ›Spione‹, ›Diversanten‹, ›Terroristen‹ zum Tod oder zu GULag-Haft verurteilt (wurden).« – Müller: »Wir kommen alle dran« (Anm. 1), S. 123–124 – gilt ebenso für die österreichische Emigration in der UdSSR.

5

Zu den Weichenstellungen dieses Plenums für den Massenterror vgl. Oleg W. Chlewnjuk: Das Politbüro. Mechanismen der Macht in der Sowjetunion der dreißiger Jahre, Hamburg 1998, S. 242, 252 ff. Das Stenogramm dieses Plenums wurde in der Zeitschrift Woprossy istorii, (1992) 2/3 und (1995) 11/12 veröffentlicht

6

WKP(B) = Allunionspartei (Bolschewiki). Ab 1941: KPdSU.

7

Wichtige Erkenntnisse über die Hintergründe und den Ablauf einiger dieser »Massenoperationen« liefern die schriftlichen Beiträge mehrerer deutscher und russischer Historiker zu einem im Februar 1998 stattgefundenen Symposium des Hamburger Instituts für Sozialforschung. Vgl. etwa die unveröffentlichten Texte mit Markus Wehner: Der Große Terror 1937–1938. Bisherige Interpretationen und neue Erkenntnisse; Nikita Petrov: Tod nach Plansoll. Der operative NKWD-Befehl Nr. 00447; Alexander Watlin: Stalinscher Terror im Rayonsmaßstab. Das Beispiel Kunzewo; Nikita Petrov/Arseny Roginsky: The »Polish Operation« of the NKVD, 1937–1938; W.N. Chaustow: Repressalien gegen Deutsche in den dreißiger Jahren.

8

Zur Vorgeschichte dieser Direktive vgl. Chlewnjuk: Das Politbüro (Anm. 5), S. 272 ff., zur Durchführung Petrov: Tod nach Plansoll (Anm. 7), S. 7 ff.

9

Als politischer Hintergrund ist hier der bisher weitgehend vernachlässigte Umstand anzuführen, dass ein Teil der 1930–1933 – d.h. während der Zwangskollektivierung und »Entkulakisierung« – in entlegene, unwirtliche Regionen deportierten Bauern nach Ablauf der Verbannungsfrist danach trachtete, in die Heimatgebiete zurückzukehren.

10

Eine deutsche Fassung des operativen NKWD-Befehls Nr. 00447 erschien – ebenso wie andere zentrale Dokumente über den Massenterror – in der DÖW-Dokumentenedition »Österreicher im Exil. UdSSR 1934–1945«, Wien 1999.

Eine eigenmächtige Erhöhung der Kontingente durch einzelne Gebiets-, Regions- und Republiksverwaltungen des NKWD war nicht gestattet, doch konnten entsprechende Ansuchen an die Zentrale gerichtet werden. So hieß es z.B. in einer Anweisung von Michail Frinowskij (ab Oktober 1937 stellvertretender Leiter der NKWD-Verwaltung für das Gebiet Moskau) lakonisch: »Laut Verfügung Nr. 00447 wird zusätzlich eine Limitzahl von 4000 Personen (1. Kategorie) genehmigt. Die Troika ist bis zum 15. März d.J. tätig. Die gesamte Aktion ist spätestens an diesem Tag abzuschließen. Die Ergebnisse sind sofort nach dem Abschluss zu melden«.[12] Zu den 4000 zusätzlich bewilligten Todeskandidaten[13] zählten jedoch nicht bloß Angehörige der im Befehl genannten Gruppen, sondern auch Polen, Letten und Deutsche.[14]

Infolge ständig neuer Anforderungen weitete sich die schließlich bis November 1938 durchgeführte »Kulaken«-Operation auf fast das Dreifache der ursprünglichen Limitzahl aus. 767 397 Personen wurden alleine aufgrund des Befehls Nr. 00447 verurteilt (davon 386 798 zur Todesstrafe), wobei die Anzahl der im Zentrum bestätigten »Limite« 753 315 (davon 356 105 Todesurteile) betrug. Nikita Petrow zieht aus dem Umstand, dass bei dieser »Massenoperation« die von der Parteispitze genehmigten Vernichtungskontingente nur geringfügig überschritten wurden, die weitreichende Schlussfolgerung: »Die bis heute gängige These von der fehlenden Kontrolle der Organe des NKWD durch die Partei trifft also offensichtlich nicht zu.«[15]

Anhand zentraler Befehle lässt sich mittlerweile auch die operative Vorgangsweise bei der Verfolgung anderer Opfergruppen tendenziell rekonstruieren, etwa im Falle der »nationalen Operationen«, als deren größte die polnische genannt sei. Am 9. August 1937 sanktioniert, bildete der NKWD-Befehl Nr. 00485 die Basis für eine massenhafte Verfolgung in der UdSSR lebender Polen. Im Gegensatz zur »Kulaken«-Operation legten die spezifischen Richtlinien in der genannten Order keine quantitative Aufteilung in Haft- und Todesurteile fest, was regionalen oder lokalen Initiativen einen größeren Spielraum ermöglichte. Den exterministischen Charakter der Repression relativierte dieser Umstand nicht, im Gegenteil: Von 139 835 verurteilten Polen (August 1937 – November 1938) wurden 111 835 erschossen, d.h. fast 80 Prozent. Noch höher lag die Todesrate bei Finnen, Griechen und Esten.[16]

Auch wenn die Massenrepression gegen »ehemalige Kulaken« und jene gegen nationale Minderheiten bzw. Emigranten »nur« Teilbereiche des »Großen Terrors« umfasst, lässt sich aus jener Gegenüberstellung idealtypisch die Kombination unterschiedlicher Feindbilder ablesen, die einander ergänzten. Im erstgenannten Kontext, dem Vernichtungsfeldzug gegen Teile des »inneren Feindes«, sind, bei aller terroristischen Willkür, auch Elemente einer herrschaftstechnischen Zweckrationalität zu konstatieren, werden Spuren eines larvierten und pervertierten Klassenkampfs sichtbar. Die Konstruktion des »äußeren Feindes« nährte sich hingegen aus der paranoiden Ideologisierung einer ständig beschworenen Fünften Kolonne, unter deren Deckmantel der Massenterror gegen Emigranten und ganze nationale Gruppen entfacht wurde.

Die bereits 1935 einsetzende Verfolgung deutscher und österreichischer Politemigranten erfolgte ab Sommer 1937 zum Teil gleichfalls auf der Grundlage einer Anweisung (Operativer Befehl des Volkskommissars für Innere Angelegenheiten Nr. 00439, 25. Juli 1937),[17] die ein ganzes Kollektiv für vogelfrei erklärte: »Vom 29. Juli d.J. ist mit der Verhaftung aller von Ihnen ermittelten deutschen Staatsangehörigen zu beginnen, die in Rüstungsbetrieben, in Betrieben mit Rüstungsabteilungen und im Eisenbahnwesen arbeiten, aber auch jener, die aus diesen Betrieben entlassen wurden, sofern sie sich auf dem Territorium Ihrer Republik, Ihres Kreises oder Gebiets aufhalten.« Der Befehl bezog sich auch auf Politemigranten, welche noch die deutsche Staatsbürgerschaft besaßen. »Zwecks Klärung der Frage der Verhaftung« von deutschen Politemigranten (denen auch schon vor dem im März 1938 erfolgten »Anschluss« die Österreicher gleichgestellt wurden) sollte ein ausführliches Memorandum unter Auswertung des »Belastungsmaterials« überstellt werden. Allerdings war der Befehl in seinen weiteren Ausführungen so dehnbar formuliert, dass sowohl die Beschränkung auf bestimmte berufliche Tätigkeiten als auch die Staatsbürgerschaft als Kriterium der Verhaftung obsolet wurden. So hieß es unter Punkt 5: »Im Zuge des Untersuchungsverfahrens neu enttarnte deutsche Agenten – Spione, Diversanten und Terroristen sowohl sowjetischer als auch ausländischer Staatsangehörigkeit – sind, ungeachtet ihres Arbeitsplatzes, unverzüglich zu verhaften.« Ursprünglich nur für eine fünftägige Verhaftungsaktion konzipiert, blieb dieser Befehl wahrscheinlich bis Ende 1938 in Kraft.[18]

Am 31. Januar 1938 wurde das NKWD vom Politbüro der WKP(B) ermächtigt, »bis 15. April 1938 die Operation zur Zerschlagung der Spione- und Diversantenkontingente aus den Reihen der Polen, Letten, Deutschen, Esten, Finnen, Griechen, Iraner, Harbiner, Chinesen und Rumänen, sowohl Angehöriger anderer Staaten als auch sowjetischer Bürger [...] fortzusetzen.«[19] Aufgrund dieser jüngst publizierten Erlasse und Richtlinien verwandelten sich alle in der UdSSR lebenden Politemigranten aus den genannten Ländern in potentielles Freiwild für die stalinistische Geheimpolizei, sofern sie nicht durch exponierte Positionen in der Nomenklatura oder andere individuelle Voraussetzungen einen relativen Schutz genossen.

11
Die Troiki (Dreimannsenate) wurden mittels einer geheimen Direktive von Jeshow ins Leben gerufen und bestanden aus dem 1. Gebietssekretär der Partei, dem regionalen bzw. lokalen NKWD-Leiter und einem zivilen oder Militärstaatsanwalt; in der Praxis setzte der NKWD-Chef seine Initialen auf die vorgefertigten Todeslisten, nach der Vollstreckung kamen die Schriftzüge der anderen Troika-Mitglieder hinzu. Vgl. McLoughlin/Schafranek/Szevera: Aufbruch. Hoffnung. Endstation (Anm. 1), S. 351. Eine weitere, gleichfalls außerhalb der Gerichtsbarkeit stehende Verfolgungsinstanz war die sog. Dwojka (seit September 1937), die aus dem Volkskommissar für Innere Angelegenheiten und dem Generalstaatsanwalt der UdSSR bestand. Entsprechende Dwojki wurden in den Republiken, Regionen und Gebieten eingerichtet (Zusammensetzung: Leiter der jeweiligen Dienststelle des NKWD und Staatsanwalt). Die Dwojki hatten ebenfalls die – exzessiv praktizierte – Möglichkeit, Todesurteile zu fällen. Vgl. Chlewnjuk: Das Politbüro (Anm. 5), S. 276.
12
Zitiert nach Holger Dehl/Natalija Mussijenko: Hitlerjugend in der UdSSR? Zur Geschichte einer Fälschung, in: Neues Leben (Moskau), Nr. 29 vom 27.7.1994.
13
Die im operativen Befehl Nr. 00447 ursprünglich festgelegte Planung sah für das Gebiet Moskau ein Kontingent von 5000 Personen der ersten (Erschießungen) und 30000 Personen der zweiten Kategorie (acht bis zehn Jahre GULag) vor.
14
Vgl. Mussijenko: Hitlerjugend in der UdSSR? (Anm. 12).
15
Petrov: Tod nach Plansoll (Anm. 7), S. 18.

16
Petrov/Roginsky: »Polish Operation« (Anm. 7), S. 10.
17
Der operative Befehl Nr. 00439 ist abgedruckt bei Müller: »Wir kommen alle dran« (Anm. 1), S. 165–166. Im russischen Original: Leningradskij Martirolog 1937–1938, Band 2, St. Petersburg 1996, S. 452–453. Zu einzelnen Aspekten siehe auch Chaustow, Repressalien (Anm. 7), S. 4.
18
Laut Müller: »Wir kommen alle dran« (Anm. 1), S. 123, verhaftete das NKWD 1937/1938 auf der Grundlage dieses Befehls etwa 70 000 Deutsche, »wie die periodischen, nach Nationalität aufgeschlüsselten Berichte an die Moskauer NKWD-Zentrale ausweisen«. Zum Großteil waren in der Wolgarepublik lebende Russlanddeutsche betroffen.
19
Zitiert nach Alfred Eisfeld/Victor Herdt (Hrsg.): Deportation. Sondersiedlung. Arbeitsarmee. Deutsche in der Sowjetunion 1941 bis 1956, Köln 1996, S. 32.

Sippenhaft:
Operative Befehle und Verordnungen 1937/1938

Die massenhafte Verfolgung der Familienangehörigen vermeintlicher oder realer Gegner des politischen Systems in der UdSSR bildete kein Spezifikum der Jeshowstschina, sondern reichte bis in die Anfänge der bolschewistischen Herrschaft und des 1918 beginnenden Bürgerkriegs zurück. Die millionenfache Deportation von »Kulaken« samt ihren Familien (1930–1933), quantitativ mit den Dimensionen des »Großen Terrors« vergleichbar, stand unter dem Vorzeichen der Ausschaltung einer »sozial fremden« oder »sozial gefährlichen« Gruppe, eine Kollektiv-Stigmatisierung, die als Terminus auch in den Verfolgungsmaßnahmen gegen die Verwandten von »Volksfeinden« der Periode 1936–1938 häufig Eingang fand.

Durch ein Gesetz über die Bestrafung der Familienangehörigen von »Vaterlandsverrätern« und »Volksfeinden« (30. März 1935) erhielt die Deportierung, Verbannung und Internierung aller nahen Verwandten der verurteilten Personen eine »legale« Grundlage.[20] Die während des »Großen Terrors« für die Durchführung von Sippenhaft maßgeblichen NKWD-Geheimbefehle und deren praktische Auswirkungen wurden vor allem in einer – leider kaum bekannten – unveröffentlichten Studie von Corinna Kuhr[21] ausführlich behandelt, so dass hier eine ganz knappe Zusammenfassung der wichtigsten Aspekte genügen mag.

Am 15. Juni 1937 unterzeichnete der NKWD-Volkskommissar Jeshow eine Instruktion, die vorsah, die Familien von repressierten Trotzkisten, Sinowjewisten, Rechten, Dezisten und »Mitgliedern anderer antisowjetischer terroristischer Gruppen und Spionageorganisationen, von Erschossenen und zu 5 Jahren Freiheitsentzug und mehr Verurteilten« aus Moskau, Leningrad, Kiew usw. in »nicht-industrielle Rayons« umzusiedeln, ferner die seit dem 1. Dezember 1934 infolge der genannten Zuordnungen aus der WKP(B) ausgeschlossenen Personen sowie deren Familien.[22] Diese Maßnahme stand vor allem im Zusammenhang mit den »Säuberungen« in der Führungsspitze der Roten Armee.[23]

In einem Memorandum vom 3. Juli forderte Jeshow die Leiter aller örtlichen NKWD-Stellen auf, binnen einer Woche Listen aller Familien von Personen vorzulegen, die nach dem 1. Dezember 1934 vom Militärkollegium des Obersten Gerichts (im folgenden: MKOG) verurteilt wurden.[24] Am selben Tag teilte Berman den NKWD-Dienststellen in Nowosibirsk und Alma-Ata in einem chiffrierten Telegramm folgendes mit: »In allernächster Zeit werden die Familien erschossener Trotzkisten und Rechter, etwa 6000 – 7000 Menschen, hauptsächlich Frauen und eine kleine Zahl Alte, verhaftet und sollen unter besonders verschärften Bedingungen isoliert werden. Zusammen mit ihnen werden auch Kinder eingewiesen, die noch nicht das Schulalter erreicht haben. Für die Unterbringung dieses Kontingents ist die Organisation zweier Konzentrationslager unumgänglich, jeweils für etwa 3000 Menschen, mit starkem Regime, verschärfter Bewachung (nur aus Freiwilligen), mit der Unmöglichkeit von Flucht, unbedingt umgeben mit Stacheldraht oder einem Zaun, Wachttürmen und ähnlichem [...].«[25]

Das Politbüro des ZK der WKP(B) erhob zwei Tage später einen Vorschlag Jeshows zum Beschluss, wonach die »Frauen verurteilter Vaterlandsverräter, Mitglieder rechts-trotzkistischer, diverser Spionageorganisationen« zu einer fünf- bis achtjährigen Lagerhaft verurteilt werden sollten. Das NKWD sei zu beauftragen, für diesen Zweck spezielle Lager im Narymskij Kraj und im Turgajskij Rajon Kasachstans zu organisieren. Kinder bis 15 Jahre sollten in Kinderheimen außerhalb der Zentren und grenznahen Gebiete untergebracht werden.[26]

Eine operative Anordnung Jeshows, der Befehl Nr. 00486 (15. August 1937) präzisierte die Durchführung dieser Operation, welche sich gegen Frauen und Kinder von »Vaterlandsverrätern« und »Mitgliedern rechts-trotzkistischer [...]

Spionageorganisationen« richtete, die vom Militärkollegium und dem Militärtribunal nach dem 1. August 1936 nach der ersten und zweiten Kategorie verurteilt worden waren. Der Befehl enthielt in 36 Punkten detaillierte Durchführungsbestimmungen, die folgende Aspekte betrafen: Vorbereitung der Operation, Durchführung der Verhaftungen und der Haussuchungen, Prüfung der Angelegenheiten und Strafmaßnahmen, Durchführung der Urteilsvollstreckung, Unterbringung der Kinder von Verurteilten, Vorbereitung zur Aufnahme und Verteilung der Kinder, Durchführung der Verteilung der Kinder in Kinderheimen, Registrierung der Kinder von Verurteilten, Beobachtung der Kinder von Verurteilten, Beobachtung der Rechnungsführung. Der letzte Punkt lautete: »Künftig werden alle Frauen entlarvter Vaterlandsverräter, rechts-trotzkistischer Spione, gleichzeitig mit ihren Männern verhaftet, gemäß der Ordnung dieser vorliegenden Anordnung.«[27] Zumindest bei einem der weiter unten dargestellten Fallbeispiele (Heybey-Spitz) kann anhand der näheren Begleitumstände mit an Sicherheit grenzender Wahrscheinlichkeit angenommen werden, dass die Verhaftung und Deportation der Ehefrau im Rahmen der durch den Befehl Nr. 00486 geregelten NKWD-Operation erfolgte.[28]

Am 2. Oktober 1937 dehnte Jeshow die Bandbreite der im Befehl Nr. 00486 erfassten Opfer auf die Familien von Polen aus, die bereits im Rahmen der entsprechenden »Massenoperation« (Befehl Nr. 00485) verfolgt wurden.[29] Corinna Kuhr vermutet, dass infolge der enormen Überbelegung der Gefängnisse der Befehl Nr. 00486 am 17. Oktober 1938 etwas abgemildert wurde. In der neuen Order (Nr. 00689) hieß es, dass nicht mehr **alle** Frauen von »Volksfeinden« zu verhaften seien, sondern nur solche, die an den »konterrevolutionären« Tätigkeiten ihres Mannes beteiligt, über sie informiert oder die selber politisch zweifelhaft seien.[30]

20
Meinhard Stark: »Ich muss sagen, wie es war«. Deutsche Frauen des GULag, Berlin 1999, S. 72.
21
Corinna Kuhr: Kinder von »Volksfeinden« als Opfer der stalinistischen Säuberungen von 1937/38. Hausarbeit zur Magisterprüfung im Fach Osteuropäische Geschichte an der Philosophischen Fakultät der Universität zu Köln, Köln 1994.
22
Instruktion des Volkskommissars für innere Angelegenheiten der UdSSR, Jeshow, 15. 6. 1937, in: ebenda, Dokumentenanhang, S. II.
23
Ebenda, S. 46.
24
Memorandum Nr. 267, Jeshow an alle Leiter der UNKWD, 3. 7. 1937, in: ebenda, Dokumentenanhang, S. III.
25
Berman, chiffriertes Telegramm, Nr. 263. An UNKWD Nowosibirsk (Mironow) und an NKWD Alma-Ata (Zalin), 3. 7. 1937, in: ebenda, Dokumentenanhang, S. III–IV.
26
Auszug aus dem Sitzungsprotokoll des Politbüros des ZK, Nr. 51, Beschluss vom 5. 7. 1937, in: ebenda, Dokumentenanhang, S. IV.
27
Operative Anordnung des Volkskommissars für Innere Angelegenheiten, Nr. 00486, 15. 8. 1937, in: ebenda, Dokumentenanhang, S. V–X. Auch abgedruckt im Anhang zu Reinhard Müllers Beitrag im vorliegenden Band, S. 26 – 53.

28
Anhand der NKWD-Strafakten österreichischer Polit- und Wirtschaftsemigranten ist dies nicht ohne weiteres zu erkennen, da diese Akten – mit ganz seltenen Ausnahmen – keine expliziten Hinweise auf den jeweiligen operativen Befehl enthalten, dessen Durchführung die betreffende Person zum Opfer fiel.
29
Jeshow, chiffriertes Telegramm Nr. 928. An alle Volkskommissare für Inneres der Republiken und autonomen Republiken, die Leiter der UNKWD der Krajs, Oblasts und die Leiter der DTO des NKWD, 2. 10. 1937.
30
Kuhr: Kinder von »Volksfeinden« (Anm. 21), S. 53. Erlass des Volkskommissars für Innere Angelegenheiten der UdSSR, Nr. 00689, 17. 10. 1938, in: ebenda, Dokumentenanhang, S. XV–XVI.

Fallbeispiele

Die Auswahl der im folgenden dargestellten Fälle ist von der Absicht motiviert, ein breites Spektrum von sozialer Ausgrenzung und oftmals auch politischer Verfolgung von Familienangehörigen verhafteter österreichischer und (zu einem kleineren Teil) deutscher Polit- und Wirtschaftsemigranten exemplarisch zu dokumentieren. Der Verfasser vertritt die Auffassung, dass die Verwendung des Terminus »Sippenhaftung« nicht an das Kriterium einer Inhaftierung der Angehörigen von Stalin-Opfern gebunden sein sollte; von Sippenhaftung zu sprechen, erscheint vielmehr auch in all jenen Fällen gerechtfertigt, in denen die Betroffenen »nur« eine gravierende Verschlechterung ihrer sozialen bzw. ökonomischen Lage und/oder unterschiedliche Varianten einer politischen Stigmatisierung erleben mussten.

Vergleicht man die aus der Verhaftung des Ehemannes, Vaters o.ä. erwachsenen direkten Folgen für die Familienangehörigen, so stößt man auf Parallelen, aber auch auf sehr unterschiedliche Entwicklungen.[31] Und diese zum Teil erheblichen Unterschiede sind es, die den Eindruck vollständiger Willkür erwecken, welche das NKWD und andere »Instanzen« walten ließen. Nur in wenigen Fällen – und auch hier nur bis zu einem gewissen Grad – scheint es möglich, aus der Person des Opfers bestimmte Schlussfolgerungen über die Hintergründe spezifischer Unterschiede bei der Behandlung von Familienangehörigen abzuleiten.

1974 bezog sich der österreichische Historiker Karl R. Stadler auf die kurz zuvor erschienenen Erinnerungen Genia Quittners, um daran »die furchtbare Not, die beispiellosen Erniedrigungen« zu veranschaulichen, denen die Ehefrau eines österreichischen Opfers der Jeshowstschina ausgesetzt gewesen sei (»Mit ihren Kindern teilt sie das Schicksal der Ärmsten des Landes...«).[32] Aus dem heutigen Kenntnisstand scheint dieses Beispiel schlecht gewählt. Genauer gesagt: Am »Fall Quittner« lässt sich eine relativ kurzfristige und zudem – im Vergleich mit anderen Schicksalen – recht glimpflich verlaufene Form von Sippenhaftung darstellen. Da die verschiedenen Dimensionen von Benachteiligungen, Schikanen und direkter politischer Repression hier jeweils exemplarisch vorgestellt werden sollen, verdient besagter Fall gleichwohl eine genauere Darstellung.[33]

Als Frau eines hochqualifizierten Physikers, der ein großes Laboratorium des All-Unions-Elektrischen Instituts leitete und aufgrund seiner Erfindungen den Stalinpreis erhalten sollte, lebte Genia Quittner in materiellen Verhältnissen, die zwar nicht als luxuriös bezeichnet werden konnten, aber weit über dem Niveau »einfacher« Politemigranten oder gar der einheimischen Arbeiterschaft lagen. Ihre erste Konfrontation erlebte die über Nacht zur Frau eines »Volksfeindes« abgestempelte österreichische Kommunistin mit der Hausverwaltung am 1. Koptelski Pereulok Nr. 9, einem Wohnblock für ausländische Spezialisten und russische Manager des Volkskommissariats für Schwerindustrie. Die Hausverwalterin drohte täglich mit der Delogierung und erging sich in wilden Gehässigkeiten. Den durch die Verhaftung ihres Mannes »freigewordenen« Teil der Wohnung musste Genia Quittner an einen lungenkranken NKWD-Untersuchungsrichter abtreten, ihr selbst verblieb zunächst ein Zimmer, das sie mit den zwei Kindern teilte. Den drohenden Hinauswurf konnte sie um vier Wochen hinauszögern, als Resultat eines Tauziehens zwischen dem NKWD und dem Volkskommissariat für Schwerindustrie. Freilich unterlag keinem Zweifel, wer in dieser Auseinandersetzung auf längere Sicht den Sieg davontragen würde.

Um nach Ablauf der kurzen Frist nicht obdachlos zu werden, gab es nur einen einzigen Ausweg: die Möglichkeit, in einem Betrieb beschäftigt zu werden, der dem selben Volkskommissariat unterstand wie das Elektrotechnische Institut. Unter solchen Voraussetzungen konnte der Betreffende eine Ersatzwohnung beanspruchen, wenn die frühere Dienstwohnung angefordert wurde. Durch eine

Abb. 16
Schutzbündlerfrauen bei Näharbeiten,
dreißiger Jahre

31
Die traumatisierenden psychischen Folgen
für die Angehörigen, verschärft durch
die häufige Ungewissheit (vgl. auch Anm. 34)
um das Schicksal des Ehemannes, Vaters oder
Bruders, müssen hier ebenso ausgeblendet
werden wie die tiefgreifenden Entfremdungs-
prozesse, die das Verhältnis zwischen überlebenden Opfern und deren Kindern nach der
Haft und Verbannung prägten. Aus vielen
lebensgeschichtlichen Interviews mit ehemaligen kommunistischen GULag-Häftlingen aus
Österreich lässt sich deutlich ablesen, dass –
in ideologischer wie in emotionaler Hinsicht –
erst zur nächsten Generation, den Enkelkindern,
ein unbefangenes und vertrauensvolles Verhältnis hergestellt werden konnte. Besonders
gestört war die Beziehung zwischen den zurück-
kehrenden Eltern(teilen) und deren Kindern,
wenn die Kinder in der UdSSR eine politische
Sozialisation durchlaufen hatten, die zu einer
starken Identifikation mit dem politischen
System führte.
32
Karl R. Stadler: Opfer verlorener Zeiten.
Die Geschichte der Schutzbund-Emigration
1934, Wien 1974, S. 303.
33
Die folgende Darstellung basiert auf Interviews
mit Genia Quittner und einer Zusammenfassung der entsprechenden Kapitel in ihrer
Autobiographie – Genia Quittner: Weiter Weg
nach Krasnogorsk. Schicksalsbericht einer
Frau, Wien – München – Zürich 1971, S. 54–118.

Intervention des Parteirayonssekretärs Ucholin erhielt Genia Quittner eine Stelle als technische Übersetzerin in der Maschinenfabrik »Krassnaja Pressnja«. Der auf diese Weise möglich gewordene Wohnungswechsel erfolgte in Form eines Tauschs mit der Behausung eines jungen russischen Ingenieurehepaars, dem – wie unzähligen anderen Mitarbeitern der zahlreichen Dienststellen des Volkskommissariats bzw. der ihm unterstellten Betriebe und Institute – seit langen Jahren ein anderes Zimmer in Aussicht gestellt worden war.

Ehedem weitgehend abgeschirmt von dem Alltagsleben der Moskauer Bevölkerung, gewann Genia Quittner nun einen tiefen Einblick in die trostlosen (Wohn-)Verhältnisse, unter denen auch große Teile der technischen Intelligenz leben mussten. Ihr neues Quartier, eine feuchte, in desolatem Zustand befindliche, von Ratten heimgesuchte Behausung lag noch etwas über dem Standard, mit dem einige ihrer Nachbarn vorlieb nehmen mussten, so dass diese ihr erneut einen Wohnungstausch vorschlugen, was sie jedoch abzuwenden vermochte.

Bei Genia Quittners zahllosen vergeblichen Bemühungen, Auskünfte über ihren Mann zu erhalten – man verschwieg, dass er bereits am 31. Mai 1938 erschossen worden war[34] –, standen ihr Maria Stammer (»Jenny Sperber«)[35] und die Frau eines gleichfalls verhafteten ungarischen Spezialisten hilfreich zur Seite. Obwohl es sich um vertrauenswürdige Personen handelte, schwangen bei derlei Kontakten oft auch Ängste mit, genährt durch die Vermutung, observiert und wegen »konspirativen« Umgangs vom NKWD verhaftet zu werden. Diese allgegenwärtige Angst vieler Angehöriger trug häufig dazu bei, die leidvoll erfahrene Ausgrenzung noch durch eine »freiwillige« soziale Isolation zu verschärfen, was wiederum das Gefühl existentieller Hilflosigkeit massiv verstärkte.

Im Juli 1938 erhielt Genia Quittner durch die Parteiorganisation des Betriebs »Krassnaja Pressnja« wegen »Nachlassens der politischen Wachsamkeit« einen strengen Verweis mit Verwarnung, wie aus dem Stammblatt der Kaderevidenz hervorgeht.[36] Das Parteigerichtsverfahren endete für die Beschuldigte glimpflich, obwohl sie sich – ihrer eigenen Darstellung zufolge – nicht dazu hergab, den eigenen Ehemann zu verteufeln.[37] Die ins Mitgliedsbuch eingetragene Parteistrafe, oft genug ein Glied in der Kette politischer Verfolgung und sozialer Diskriminierung, blieb in diesem Fall folgenlos. Im Herbst 1939 konnte Genia Quittner – wiederum aufgrund der Bemühungen Ucholins – einen Posten als Englisch-Lektorin an der Lomonossow-Universität antreten. Und auch in der KPÖ galt sie als »persona grata«.[38]

Auch in der Biographie Erna Jellineks markierte die Verhaftung des Ehemannes (Oktober 1938) eine gravierende Zäsur, ohne dass sie selbst, vom Verlust der Wohnung und des Arbeitsplatzes abgesehen, in den Strudel der Terrormaschinerie geriet. Die seit Dezember 1934 in der UdSSR lebende Frau des Physikers und Radioingenieurs Hans Jellinek war ab Mitte 1935 in der Komintern beschäftigt, zuerst als Sekretärin in der österreichischen Sektion, anschließend im Sekretariat Ercoli (=Togliatti), wo sie bis September 1936 verblieb. In der Folge arbeitete sie im ökonomischen Institut der sogenannten Roten Professur. Nach der Auflösung dieses Instituts (Herbst 1937) hatte Erna Jellinek als Sprecherin für die deutschen Sendungen im Radiokomitee gleichfalls eine politische Vertrauensstelle inne, die im Oktober 1938 jäh endete. Über die weitere Entwicklung berichtete sie in einem 1940 verfassten Parteilebenslauf: »Nach meiner Entlassung vom Radiokomitee war ich fast 7 Monate ohne Arbeit, verlor das innegehabte Zimmer und konnte erst im Juni 1939 durch Vermittlung meiner Gewerkschaft wieder Arbeit finden. Ich arbeite seit dieser Zeit als Kassierer in einer Musikschule und wohne bei österreichischen Genossen.«[39]

Von der gewaltigen Verhaftungswelle, die im Februar 1938 über den Mitarbeiterstab der Deutschen Zentral-Zeitung (DZZ) hinwegfegte,[40] blieb auch der aus Ungarn stammende österreichische Redakteur Geza Reitman (in der UdSSR:

Franz Kunert) nicht verschont. Für seine Frau brachen schwere Zeiten heran. Rosa Reitman (KPÖ-Mitglied seit 1926) hatte Anfang 1937 bei einem Unfall in Moskau einen Wirbelsäulenbruch erlitten und musste sich außerdem einer schweren Nierenoperation unterziehen. Nun war sie gezwungen, sich unter äußerst ungünstigen Bedingungen nach einer Beschäftigung umzusehen.

Nach zahlreichen erfolglosen Versuchen kam sie schließlich in der Moskauer Gummifabrik »Der Rote Riese« unter und arbeitete in drei Schichten am Fließband, bis zum physischen Zusammenbruch. In eine andere Abteilung desselben Betriebes versetzt, geriet sie vom Regen in die Traufe. Hier war die Arbeit zwar körperlich weniger anstrengend, aber gesundheitsschädlich. Der dauernde Umgang mit Benzol bewirkte schwere Anfälle und ließ sowohl Magengeschwüre als auch eine chronische Gallenblasenentzündung akut werden – Krankheiten, die sich Rosa Reitman während der Wiener Haftzeit (Mai bis September 1929) zugezogen hatte. Um in der Folge ihren Lebensunterhalt zu sichern, verrichtete sie für bessergestellte Emigrantinnen (z.B. Rosa Wittfogel) Gelegenheitsarbeiten wie Fensterputzen, Nähen und Stricken. Auch die Sekretärin Eugen Vargas unterstützte sie materiell.

Die Reaktionen der österreichischen Genossen waren sehr unterschiedlich. Einzelne Parteimitglieder verhielten sich solidarisch, etwa die bei der DZZ als Übersetzerin beschäftigte Lilli Jergitsch. Andere KPÖ-Mitglieder versuchten sie zu bespitzeln oder mieden den Kontakt, teils demonstrativ, teils in erkennbarer Verlegenheit. Auch am Höhepunkt des stalinistischen Terrors, auch in der generellen Unterwerfung unter dessen politische Grundlagen fand keine restlose Einebnung unterschiedlicher individueller Charakterzüge statt.

Wie kaum anders zu erwarten, musste Rosa Reitman die Wohnung räumen. Man »konzedierte« ihr gerade noch, mit der kleinen Veranda vorlieb zu nehmen, bis sie von der oben erwähnten Lilli Jergitsch aufgenommen wurde, die in dem hauptsächlich von Politemigranten bewohnten Gemeinschaftshaus der Genossenschaft ausländischer Arbeiter »Weltoktober« logierte. Die zwei kleinen Kinder behielt Rosa Reitman zunächst bei sich, später brachte sie den Sohn in einem Kinderheim unter, die Tochter bei ihrer in Buzuluk lebenden Schwester Elisabeth Löwinger, deren Mann gleichfalls in ein Lager deportiert worden war.[41]

34
AMBRF (= Archiv des Ministeriums für Sicherheit der Russischen Föderation), NKWD-Strafakte Franz Quittner, Bestätigung über die Erschießung Franz Quittners, 31.5.1938. Nach einer NKWD-internen Sprachregelung erhielten die Angehörigen von erschossenen Personen auf Anfrage zumeist die »Auskunft«, der Betreffende sei zu 10 Jahren Lagerhaft ohne Recht auf Korrespondenz verurteilt worden.
35
Maria Stammer und Genia Quittner kannten einander aus der gemeinsamen Tätigkeit im Kommunistischen Jugendverband Österreichs. In Moskau gab Maria Stammer an einer höheren Schule Deutschunterricht.
36
Russisches Staatsarchiv für Soziale und Politische Geschichte, Moskau (RGASPI), bis 1999: Russisches Zentrum für die Aufbewahrung und das Studium von Dokumenten der neueren Geschichte (RZChIDNI), 495/187/2.903, Kaderakte Genia Lande-Quittner, Stammblatt der Kaderevidenz, 8.5.1941.

37
Quittner: Weiter Weg nach Krasnogorsk (Anm. 33), S. 87.
38
RGASPI, 495/80/556, Kadercharakteristik der KPÖ betreffend Genia Lande, 3.12.1940.
39
RGASPI, 495/187/2.947, Kaderakte Erna Jellinek, Lebenslauf Erna Jellinek, 15.9.1940.
40
Vgl. David Pike: Deutsche Schriftsteller im sowjetischen Exil 1933–1945, Frankfurt am Main 1981.
41
Interview mit Rosa Reitman, Teil 4; Manuskript Lilli Beer-Jergitsch: 18 Jahre in der UdSSR, Wien 1978, DÖW (nicht durchgängig paginiert).

Was diese drei ausführlich dargestellten Fälle miteinander verbindet, ist zunächst einmal die Tätsache, dass sowohl Franz Quittner, Franz Kunert und Hans Jellinek als auch ihre Ehefrauen absolut linientreue Parteimitglieder waren, deren politische Biographien nicht den Makel realer oder konstruierter »Abweichungen« aufwiesen. Für sich genommen, ist eine solche Feststellung freilich kein aussagekräftiges Indiz. »Schlechte« Kadercharakteristiken waren in zahlreichen Fällen eine Vorstufe für die Verhaftung, aber sie zogen diese durchaus nicht zwangsläufig nach sich. Umgekehrt bot eine noch so demonstrativ zur Schau getragene Parteitreue, eine noch so lupenreine Kadercharakteristik keinen Schutz gegen den Zugriff des NKWD, wie eben schon das Schicksal der drei genannten KPÖ-Funktionäre zeigt.

Anders geartet waren die Voraussetzungen im Fall Reisberg. Der Verhaftung des österreichischen »Altkommunisten« [42] (April 1937) ging nicht nur die Absetzung als Sektorleiter an der Internationalen Lenin-Schule (ILS) voraus, sondern auch – in einer Reihe von Parteiversammlungen und denunziatorischen »Eingaben« – ein wochenlanges Kesseltreiben, an dem Johann Koplenig (KPÖ-Vorsitzender), Friedl Fürnberg (Polbüro-Mitglied der KPÖ), Alfred Klahr (Leiter des österreichischen Sektors an der ILS) beteiligt waren, in besonderem Ausmaß jedoch Genia Quittner, Lektorin für politische Ökonomie, [43] die ein Jahr später selbst zur Frau eines »Volksfeindes« wurde.

Eleonore Reisberg, die erst viele Jahre später vom tragischen Schicksal ihres Mannes erfuhr, durchlebte schwere Zeiten, über die sie eher zurückhaltend berichtet: »Als Arnold verhaftet wurde, war ich hochschwanger [...]. Ich hatte gerade mein zweites Kind geboren, da musste ich – es war noch 1937 – Moskau verlassen. Das Zimmer wurde geräumt. Die Bücher wurden auf ein Lastauto geschafft, und da war alles weg. Wir haben es nie wieder gesehen. Ich musste mit meinen zwei Kindern in die Provinz und kam nach Jegorjewsk im Gebiet Kaluga. Man hat mich als Näherin in eine Fabrik vermittelt und mit den Kindern in ein Wohnheim gesteckt, da hatten wir zu dritt ein Bett [...]. Meinen älteren Jungen habe ich [...] in den Kriegswirrnissen verloren. [44] Später lebten wir in Alexandrow im Gebiet Wladimir, 101 Kilometer von Moskau entfernt.« [45]

42
Als »Altkommunisten« wurden Parteimitglieder bezeichnet, die der KPÖ bereits vor deren Verbot (Mai 1933) angehörten.
43
Vgl. Schafranek, Die Internationale Lenin-Schule (Anm. 2), S. 75–96, besonders S. 84 ff.
44
Genia Quittner verlegt in ihren Erinnerungen diese tragische Geschichte ins Jahr 1939. Eleonore Reisberg sei einmal »illegal« nach Moskau zurückgekehrt, habe sie aufgesucht und von ihrer bedrängten Lage erzählt (diese wird auch ausführlich in Genia Quittners Autobiographie dargestellt). Auf die Frage nach dem ältesten Sohn soll Eleonore Reisberg geantwortet haben: »Er musste auf seinem Weg zur Schule an einem Heim für jugendliche Kriminelle vorbei. Sie haben ihn mit Messern und Holzknüppeln bedroht. [...] Zuerst zitterte er vor Angst, wenn er sich auf den Weg zur Schule machte. Dann freundete er sich mit den Messerhelden an. Jetzt ist er spurlos verschwunden«. Quittner, Weiter Weg nach Krasnogorsk (Anm. 33), S. 105. Ob diese Darstellung zutrifft, konnte nicht verifiziert werden.

45
Ulla Plener: Arnold Reisberg – ein kommunistisches Schicksal, in: Beiträge zur Geschichte der Arbeiterbewegung, (1991) 2, S. 262–263.
46
Beer-Jergitsch: 18 Jahre in der UdSSR (Anm. 41), S. 58. Zu Grete Birkenfeld siehe auch den Beitrag von Natalija Mussijenko in diesem Band, S. 114–127.
47
Beer-Jergitsch: 18 Jahre in der UdSSR (Anm. 41), Abschnitt: Das Exil geht zu Ende, S. 8.
48
Hermann Weber: »Weiße Flecken« in der Geschichte. Die KPD-Opfer der Stalinschen Säuberungen und ihre Rehabilitierung, Berlin 1990, S. 76.

Abb. 17
Passfoto von Eleonore Reisberg

Abb. 18
Grete Birkenfeld als Lehrerin an der
Karl-Liebknecht-Schule, dreißiger Jahre

Mit dieser exakten Entfernungsangabe hatte es eine besondere Bewandt-
nis. Eine größere Anzahl von Angehörigen wurde aus Moskau ausgewiesen und
durfte sich in einem Umkreis von 100 Kilometern nicht niederlassen. Manchmal
musste nach einer entsprechenden Verfügung des NKWD der Wohnsitz auch mindestens 200 Kilometer von der Hauptstadt entfernt sein.

Gleich vielen anderen kam aufgrund dieser Bestimmung Grete Birkenfeld – ehedem Lehrerin an der deutschen Karl Liebknecht-Schule, Witwe des
Anfang 1938 verhafteten und später im Lager umgekommenen marxistischen
Theoretikers Ludwig Birkenfeld – nach Alexandrowsk.[46] Diese Form der Verbannung griff eine »Tradition« aus zaristischen Zeiten wieder auf und wurde gegenüber Angehörigen von Opfern des stalinistischen Terrors auch in der Variante von
»Minus«-Verfügungen praktiziert. Ein Aufenthaltsort »minus 10« bedeutete, dass
es der betreffenden Person strikt untersagt war, sich in einer der zehn größten
Städte der UdSSR aufzuhalten.

Wer »illegal« nach Moskau oder in eine andere gesperrte Stadt zurückkehrte, nahm ein schweres Risiko auf sich. Lilli Jergitsch schilderte ein erschüt-
terndes Beispiel für die Folgen einer solchen Handlungsweise: »Nora Auerbach,
die Frau meines verhafteten ehemaligen Übersetzerkollegen, kehrte eines Tages
›unerlaubt‹ mit ihren beiden Kindern Stefan und Irene nach Moskau zurück und
ließ sich in der Küche der Wohnung nieder, in der sie früher ein Zimmer innege-
habt hatten. Nach mehrmaliger Verwarnung wurde sie verhaftet und kam in ein
Arbeitslager, während ihre beiden Kinder in Heimen untergebracht wurden. Nora
hielt es vor Sehnsucht nach ihren Kindern nicht aus, schlich sich eines kalten
Wintertags davon, zu ihren Kindern, wie sie meinte, und ist unterwegs auf freiem
Feld erfroren.«[47] Günther Auerbach, der 1937 verhaftete Ehemann der deutschen
Politemigrantin, kam im Lager um.[48]

Als Ingenieur Josef Brüll, einer der prominentesten Vertreter der Schutz-bund-Emigration, im März 1938 verhaftet wurde, konnte seine Frau zunächst in Moskau bleiben und auch ihre Arbeit behalten. Mathilde Brüll hatte 1937 eine Stelle im Kinderheim Nr. 6 erhalten, wo sie als Nachtschwester die Schutzbund-Kinder betreute.[49] Ende 1939 teilte man ihr mit, dass sie Moskau verlassen müsse. Als »Begründung« diente der Hinweis auf die Verhaftung ihres Mannes, über dessen Schicksal sie im unklaren gelassen wurde.[50] Mit Hilfe der MOPR kam Mathilde Brüll im Februar 1940 nach Jegorjewsk und musste sich in einer Textilfabrik durch-bringen. Ihre dortigen Lebensbedingungen skizzierte sie in einem für die öster-reichische Komintern-Sektion verfassten Lebenslauf: »Ich verdiene 175 Rubel im Monat. Für mein Bett bezahle ich 60 Rubel im Monat. Ich bin in der Stachanow-brigade des Betriebes. Um gesellschaftliche Arbeit habe ich angesucht. Mein Gesundheitszustand ist natürlich nicht der beste – ich habe Leber- und Nieren-schmerzen und das Herz ist nicht in Ordnung. Der Arzt führt alle diese Erschei-nungen auf die rasche Abmagerung (ich habe 16 kg ziemlich rasch verloren) zu-rück.«[51]

Eine häufig praktizierte Methode, sich der »lästigen« Ausländer zu ent-ledigen, bestand in der Ausweisung aus der UdSSR – sei es durch eine formelle Ausweisungsverfügung oder, was häufig der Fall war, durch eine Nichtverlänge-rung der Aufenthaltsbewilligung. Solche Maßnahmen sind jedoch nicht als spe-zifisches Element des Umgangs mit Familienangehörigen von »Volksfeinden« anzusehen. Vielmehr sind sie dem größeren Kontext einer starken, teils freiwil-ligen, teils erzwungenen Rückwandererbewegung zugeordnet, die bis Mitte 1938 etwa 80 Prozent der ungefähr 5000 deutschen Facharbeiter in der UdSSR um-fasste.[52]

Als besonders rigorose Form der Sippenhaftung schließlich praktizierte das NKWD auch die Methode, die wahnwitzigen Beschuldigungen gegen bereits Verhaftete auf die Ehefrauen oder sonstige nahe Angehörige auszudehnen und ein »Amalgam« zu konstruieren, für dessen repressive Funktionalität die zur Last gelegte Nicht-Denunziation eines fiktiven Verbrechens vollauf genügte. Unter den österreichischen Stalin-Opfern sind einige Fälle dieser Art dokumentierbar. Auch die extremste Variante, bei der nahe Angehörige per definitionem aufgrund ihres Verwandtschaftsverhältnisses verurteilt wurden, ist mehrfach überliefert.

Als gut dokumentierbares Beispiel sei hier die Geschichte von Maria Heybey (geb. 1903) skizziert, einer Wiener Kindergärtnerin (KPÖ-Mitglied seit 1923), die 1928 ihren Mann Markus Spitz in die UdSSR begleitete, als dieser, ein junger Mitarbeiter der sowjetischen Handelsvertretung in Wien, nach Moskau »kommandiert« (so der damals gängige Terminus) wurde. Obwohl er mit dem Vater, einem reichen Textilfabrikanten aus Lodz, bereits 1919 gebrochen hatte, wurde Markus Spitz die »Überführung« von der KPÖ in die WKP(B) verwehrt, weil an ihm der Makel seiner »bourgeoisen Herkunft« haftete. Zunächst im Volkskom-missariat für Schwerindustrie als Chefingenieur tätig, befasste sich Markus Spitz mit der maschinellen Ausrüstung von Kunstseidenfabriken. Später rüstete er Hüt-tenwerke in Makajewka, Magnitogorsk und Dnjepropetrowsk aus.

Maria Heybey wurde in die WKP(B) aufgenommen (November 1928) und war eine Zeit lang mit der politischen Betreuung ausländischer Arbeiter bei Meshrabpom-Film, später in der II. Moskauer Uhrenfabrik beschäftigt. Durch das Ausländerbüro des ZK der WKP(B) wurde ihr in der Folge eine Arbeit zugewiesen, über die sie strengstes Stillschweigen hüten musste: Sie sollte dem vierjährigen Kind eines »verantwortlichen Arbeiters« Deutschunterricht erteilen. Es handelte sich, was sie nicht wusste, um den Sohn des gefürchteten GPU-Chefs Jagoda. Diese Tätigkeit übte die Wiener Kindergärtnerin von Januar bis Oktober 1933 aus. Von dem parvenuhaften Luxus in Jagodas Villa angewidert, suchte sie um eine Versetzung an. Den GPU-Chef selbst sah sie an ihrer Arbeitsstätte ein- oder zweimal, ohne jemals ein Wort mit ihm zu wechseln. Das Angebot, die Kinder von Anastas Mikojan bzw. von Poskrebyschew (Stalins Sekretär) zu unterrichten, lehnte die österreichische Kommunistin ab. Stattdessen wirkte sie in den folgenden Jahren als Erzieherin in den Kindergärten der Komintern sowie der Volkskommissariate für Schwerindustrie bzw. für Außenhandel. Am 7. September 1937 wurde Maria Spitz wegen »Nichtentlarvung des Volksfeindes Jagoda«[53] aus der Partei ausgeschlossen. Ihren Arbeitsplatz durfte sie fortan nicht mehr betreten.[54]

Am 3. Mai 1938 wurde Maria Spitz gemeinsam mit ihrem Mann verhaftet und in das Lubjanka-Gefängnis gebracht. Die abstruse Beschuldigung gegen den polnischen Kommunisten lautete, er sei seit 1919 (!) ein »Agent der deutschen Aufklärung« und habe in der UdSSR Spionage betrieben. Das MKOG verurteilte ihn zum Tod durch Erschießen. Die Anklageschrift gegen Maria Heybey vermerkte lapidar: »Sie wird angeklagt, dass sie die Frau des Volksfeindes SPITZ Mark, Sohn des Samuel ist, der [...] wegen Spionage nach der ersten Kategorie verurteilt wurde.« Die Exklusivität der Sippenhaftung wurde in diesem Fall noch durch den Hinweis unterstrichen, die »Untersuchung« habe bei der Beschuldigten keine »Spionageaktivitäten« festgestellt.[55] Einige Wochen später, am 23. Juli 1938, wurde Maria Heybey »als Mitglied der Familie eines Vaterlandsverräters« zu achtjähriger Lagerhaft verurteilt.[56] Auf ihre Weigerung, das Urteil zu unterzeichnen, erwiderte ein NKWD-Angehöriger: »Ob Sie unterschreiben oder nicht, das ist ganz gleichgültig. Ihr Urteil stand schon fest, als Sie noch in Freiheit waren.«[57] Eine solche Bemerkung, die zum Zeitpunkt des mit Maria Spitz – sie nahm nach der Haft den Namen ihres Mannes an – durchgeführten Interviews (1983) lediglich als Ausdruck eines brutalen Zynismus gewertet werden konnte, gewinnt angesichts der eingangs skizzierten NKWD-»Massenoperationen«, im nunmehrigen Wissen um die listenmäßige »Kontingentierung« Hunderttausender Opfer des stalinistischen Terrors, naturgemäß eine andere, sehr präzise Bedeutung.

49
Nähere Angaben bei Hans Schafranek: Kinderheim Nr. 6. Österreichische und deutsche Kinder im sowjetischen Exil, Wien 1998, S. 64.
50
Josef Brüll wurde am 17. 5. 1938 zum Tode verurteilt und 11 Tage später erschossen. AMBRF, NKWD-Strafakte Josef Brüll, Auszug aus dem Protokoll Nr. 353.
51
RGASPI, 495/187/796, Kaderakte Mathilde Brüll, Lebenslauf Mathilde Brüll, 30.9.1940.
52
PA AA (= Politisches Archiv des Auswärtigen Amtes), Pol. V, Politik Russland 41, Akten betr. Auswanderungswesen, Band 1, Bericht Tippelskirch an AA, Moskau, 8. 8. 1938. – Zum Gesamtkomplex vgl. Hans Schafranek: Zwischen NKWD und Gestapo. Die Auslieferung deutscher und österreichischer Antifaschisten aus der Sowjetunion an Nazideutschland 1937–1941, Frankfurt 1990; Carola Tischler: Flucht in die Verfolgung. Deutsche Emigranten im sowjetischen Exil 1933 bis 1945, Münster 1996, S. 119–138.
53
Zur Verhaftung (April 1937) des früheren NKWD-Volkskommissars Genrich Jagoda vgl. Robert Conquest: Der große Terror. Sowjetunion 1934–1938, München 1992, S. 209.

54
AMBRF, NKWD-Strafakte Maria Heybey, Lebenslauf Maria Heybey, o.D.; Interview mit Maria Spitz, Teil 3–6.
55
AMBRF, NKWD-Strafakte Maria Heybey, Anklageschrift, 22. 6. 1938.
56
Ebenda, Auszug aus dem Protokoll der Sonderkonferenz beim Volkskommissar für Innere Angelegenheiten der UdSSR, 23. 7. 1938.
57
Interview mit Maria Spitz, Teil 7.

Nach 16 Jahren Lagerhaft und Verbannung (Akmolinsk, Spassk, Dolinki, Karatschar, Wolkowski, Karaganda) konnte Maria Spitz, die sich ein schweres Herzleiden zugezogen hatte, 1954 in ihre Heimat zurückkehren. Der Rehabilitierungsbeschluss des MKOG (7. Mai 1955) stempelte ihren ermordeten Mann weiterhin zum Verbrecher ab und verfälschte auch den Charakter der Anklage gegen die Österreicherin: »In den Materialien zum Fall gibt es keine Angaben, die darauf hinweisen, dass Heybey an den kriminellen Aktivitäten des Mannes teilgehabt hätte«.[58] Eine solche Fiktion hatte, wie erwähnt, 1938 auch das NKWD nicht konstruiert. Offensichtlich konnte oder wollte man sich 1955 nicht zu der Erkenntnis durchringen, dass die Grundlage der Verurteilung per se einen verbrecherischen Akt darstellte, der eine »Prüfung« der individuellen Unschuld überflüssig machte.[59] Markus Spitz wurde nach dem XX. Parteitag der KPdSU, am 25. August 1956, postum rehabilitiert. Der Totenschein enthielt ein gefälschtes Datum (12. 11. 1942).[60]

Auch unter deutschen Kommunistinnen, deren Schicksale vor allem von Meinhard Stark untersucht wurden, finden sich etliche Fälle, in denen die Sippenhaftung in ähnlicher Weise praktiziert wurde. Zwei Beispiele mögen dies veranschaulichen.

Nach mehrmonatiger illegaler Tätigkeit in Nazideutschland emigrierte Fritz Wirgien im Herbst 1933 in die UdSSR. Anfang 1934 folgte Mimi Brichmann, seine Frau, nach. Gemeinsam arbeiteten und lebten sie in Engels, Brichmann als Korrektorin in einem deutschsprachigen Verlag, ihr Mann als Schweißer. Am 23. Februar 1936 verhaftet, wurde Fritz Wirgien »als Teilnehmer einer antisowjetischen konterrevolutionären rechtstrotzkistischen Organisation« nach der »1. Kategorie« (d.h. zum Tode) verurteilt und erschossen. Die Frau verlor ihren Arbeitsplatz, am 8. September 1937 begann ihr Leidensweg als Gefangene. Als »Familienangehörige eines Feindes des Volkes« zu fünf Jahren Lager verurteilt, verbrachte Mimi Brichmann fast neun Jahre im GULag (Gebiet Amolinsk).[61]

Eva B. lebte mit ihrem Mann seit 1931 in Moskau, nachdem Karl B. einer Einladung der sowjetischen Handelsvertretung, als Spezialist in einem Großbetrieb zu arbeiten, gefolgt war. 1935 stellte man die beiden vor die Alternative, die sowjetische Staatsbürgerschaft anzunehmen oder das Land zu verlassen. Der Entschluss zum weiteren Aufenthalt im »Vaterland der Werktätigen« wurde beiden zum Verhängnis. Karl B. gehörte zu den frühen Opfern des stalinistischen Terrors (26. Januar 1936 Verhaftung, 2. Oktober 1936 Todesurteil), Eva B. musste mit ihren beiden Kindern Moskau verlassen und sich als Verbannte in Kasachstan ansiedeln. Dort wurde sie im Herbst 1937 vom NKWD als »Familienangehörige eines Feindes des Volkes« verhaftet und zu achtjähriger GULag-Haft verurteilt. Die Kinder wurden in einem Kinderheim untergebracht. Anfang der fünfziger Jahre sahen sie ihre Mutter im Verbannungsort wieder, im Frühjahr 1957 konnte Eva B. in die DDR ausreisen.[62]

58
AMBRF, NKWD-Strafakte Maria Heybey,
Das Militärkollegium des Obersten Gerichts der
UdSSR. Beschluss Nr. 4 n-04150, 7. 5. 1955.
59
Zu ähnlichen Fallbeispielen und den
Fälschungsmethoden bei der Rehabilitierungs-
praxis vgl. Hans Schafranek: Kontingentierte
»Volksfeinde« und »Agenturarbeit«.
Verfolgungsmechanismen der stalinistischen
Geheimpolizei NKWD am Beispiel der
fiktiven »Hitler-Jugend« in Moskau (1938) und
der »antisowjetischen Gruppe von Kindern
repressierter Eltern« (1940), in: IWK, 37 (2001) 1,
S. 1–76.

60
Div. Unterlagen aus dem Besitz von Maria Spitz.
61
Stark: »Ich muss sagen, wie es war«
(Anm. 20), S. 130, 267.
Siehe auch Meinhard Starks Beitrag in diesem
Band, S. 54–67.
62
Stark: »Ich muss sagen, wie es war«
(Anm. 20), S. 264–265.

Abb. 19
Mimi Brichmann mit ihrem Lebensgefährten
Fritz Wirgien, 1934 in Engels.
Fritz Wirgien wird Anfang 1936 vom NKWD
verhaftet und 1937 erschossen.

Ulla Plener

Das Erleben der Frauenemanzipation im sowjetischen Exil: Erwartung – Erlebnis – Bruch

Dieser Beitrag erhebt keinen theoretischen Anspruch. Es sollen einige unbekannte Frauen vorgestellt werden, die als Kommunistinnen zu Beginn der dreißiger Jahre in die Sowjetunion emigriert waren, wobei sich die Ausführungen auf einen – wenn es um Frauen geht, grundlegenden – Wirklichkeitsausschnitt konzentrieren: das Erleben der Frauenemanzipation im sowjetischen Exil.

Damit verbindet sich in Korrespondenz zu Simone Barck ein methodisches Anliegen. Es geht um die Frage: Wie nähere ich mich als Historikerin einer von mir nicht erlebten Wirklichkeit, die mir, der Heutigen, in vielem, wenn nicht sogar in allem, fremd und unverständlich ist? Und wie beurteile ich das Verhalten derjenigen, die damals lebten? Kann mein heutiges Wissen um das, was damals geschah (vor allem: um die Konsequenzen, um die historischen Ergebnisse), darf meine eigene Lebenserfahrung der alleinige Maßstab sein? Muss ich nicht, sollte ich nicht, um die Damaligen verstehen und ihnen gerecht werden zu können, mich in jene Wirklichkeit hineindenken, eventuell auch hineinfühlen und vor allem: ihre Widersprüchlichkeit erfassen? Was berechtigt uns, den Menschen jener Zeit gegenüber den moralischen Zeigefinger zu erheben und zu fragen: Wie konntet ihr nur? Wer von uns Heutigen kann für sich persönlich sagen, wie er selbst sich damals verhalten hätte und dass er mutiger gewesen wäre?

Bezogen auf das Exil in der Sowjetunion stellt sich immer wieder auch die Frage: Wie war es möglich, dass viele (die meisten?) von denen, die das Terrorregime dort früher oder später am eigenen Leib erlebt hatten, sowohl in den dreißiger Jahren als auch viele Jahrzehnte danach der kommunistischen Idee und der Sowjetunion treu blieben?

Mein Zugang ist in diesem Fall die Biographie: das Leben einer Einzelnen, ihre von den konkreten Lebensumständen geprägten Erwartungen, ihre durch eigenes Erleben gewonnenen Erfahrungen und Überzeugungen. Das hat den Vorteil, die Vielfalt der Leben und Lebensumstände, des Denkens und des Fühlens eher zu erfassen und dem vom Zeitgeist und den Medien suggerierten Schema zu entgehen. Der Beitrag stützt sich auf das von mir 1997 herausgegebene Buch »Leben mit Hoffnung in Pein. Frauenschicksale unter Stalin«[1], in dem acht Autorinnen und Autoren Lebensspuren von acht Frauen nachgegangen sind. Die begrenzte Zahl der Lebenswege verbietet umfassende Verallgemeinerungen, erlaubt aber eine gewisse Annäherung an die oben gestellten Fragen.

1
Ulla Plener (Hrsg.):
Leben mit Hoffnung in Pein.
Frauenschicksale unter Stalin,
Frankfurt/Oder 1997.

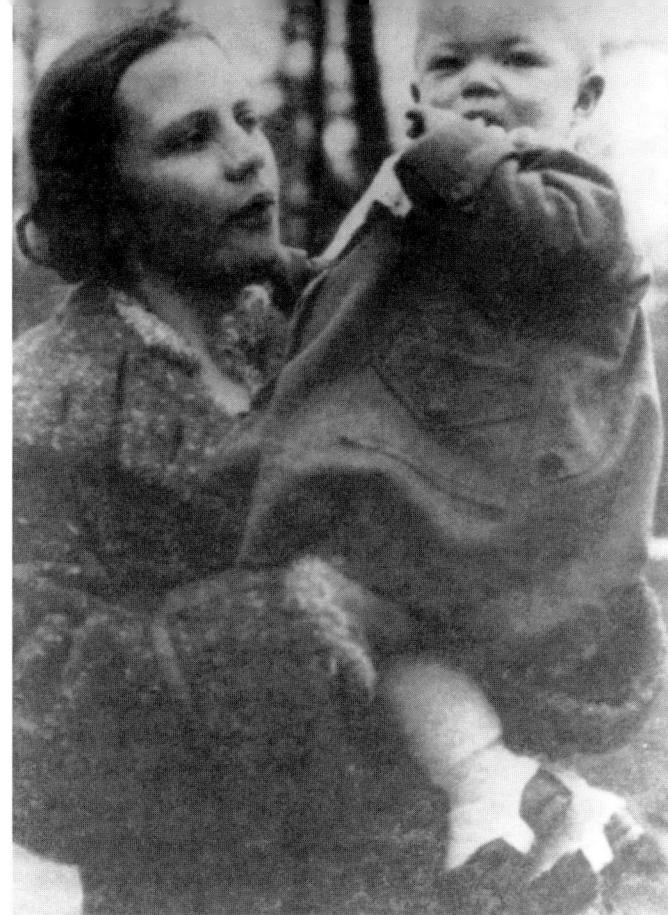

Abb. 20
Marta Globig mit ihrem Sohn Georg,
1923

Bei den acht Frauen geht es, wie schon erwähnt, um weitgehend unbekannte Kommunistinnen, Vertreterinnen der ersten kommunistischen Generation
des 20. Jahrhunderts, geboren kurz vor oder kurz nach der Jahrhundertwende.
Fünf von ihnen waren Arbeiterinnen, entstammten Arbeiterfamilien und waren
schon als Jugendliche in der sozialistischen Arbeiterbewegung organisiert (Anna
Tieke, Karla Flach, Emma Tromm, Marta Globig, Käte Dünow); die drei anderen
(die Ärztin Martha Ruben-Wolf, die Journalistin Wanda Bronska, die angehende
Ingenieurin Gerda Hauser) kamen aus »bürgerlichen« Elternhäusern und hatten
ein Hochschulstudium entweder begonnen oder bereits hinter sich. Sie waren
aber von früher Jugend an eng mit der Arbeiterbewegung verbunden, entweder
aufgrund des Elternhauses (Wanda Bronska) oder infolge eigenen Entschlusses
(Martha Ruben-Wolf, Gerda Hauser).

Unter Emanzipation wurde in der sozialistisch orientierten Arbeiterbewegung die Befreiung von entwürdigender rechtlicher und gesellschaftlicher Abhängigkeit, also auch und vor allem von der Ausbeutung bzw. der Lohnabhängigkeit
sowie von der Herrschaft überlebter Anschauungen verstanden – als Voraussetzung für die allseitige Persönlichkeitsentfaltung. Auf Frauen bezogen ging es auch
um deren gleichberechtigten Zugang zum gesellschaftlichen und politischen
Leben, zur Erwerbsarbeit, zur Bildung jeder Art, um die Befreiung von der Bürde
der Hausarbeit, die Unterstützung bei der Pflege und Erziehung der Kinder, die
freie Entscheidung über die Mutterschaft. Besonders die Frauenemanzipation
wurde als eine Aufgabe des zukünftigen sozialistischen Staates verstanden: Staatliche Regelungen sollten sie in den verschiedenen Lebensbereichen realisieren.
Diese Ideen vertraten Sozialdemokraten und Kommunisten, dafür kämpften sie –
mit mehr oder weniger Konsequenz – bereits im bürgerlichen Staat.

Abb. 21
Käte Dünow
mit ihrem Sohn Alexej (1941–1945),
um 1943/44

Abb. 22
Anna und Rudolf Tieke
mit Tochter Ursula, um 1934/35

Es muss dabei berücksichtigt werden, dass die Merkmale der Frauen-emanzipation nicht nur eine ideelle Überlieferung aus der Tradition der sozia-listischen Arbeiterbewegung waren. Sie wurden vor allem aus der konkreten Kri-sensituation der kapitalistischen Wirklichkeit in den westeuropäischen Ländern der zwanziger und beginnenden dreißiger Jahre abgeleitet. Diese war von den Auswirkungen der Weltwirtschaftskrise gekennzeichnet: der überaus hohen Arbeitslosigkeit, dem ansteigenden Proletarierelend und der damit verbundenen beruflichen und geistig-kulturellen Perspektivlosigkeit lohnarbeitender Männer und Frauen sowie – das war für sie sehr wichtig – ihrer Kinder. Hinzu kamen die scharfe Konfrontation politischer Kräfte, begleitet von wachsendem Einfluss faschistischer und nationalistischer Bewegungen, sowie repressive staatliche Maßnahmen nicht zuletzt gegen Frauen (so in Deutschland im Zusammenhang mit dem Paragraphen 218 des Strafgesetzbuches).

Die von und in der Arbeiterbewegung geprägten Vorstellungen über Frauenemanzipation lagen den Einstellungen der kommunistischen Frauen zu-grunde, die in die Sowjetunion – die »sozialistische Heimat der Werktätigen« – ge-rade auch deshalb kamen, weil sie hier die Verwirklichung der frauenemanzipa-torischen sozialistischen Ideen erwarteten. Die Messlatte dieser jungen Kommu-nistinnen für das Erlebnis Frauenemanzipation kann – mit den genannten kapita-listischen Erfahrungen im Hintergrund – anhand von folgenden Erwartungen beschrieben werden:

_____ politische und rechtliche Gleichstellung als Staatsbürgerin auf allen Ebenen und in allen Bereichen;

_____ qualifizierte, kreative Berufstätigkeit und ökonomische und soziale Gleichstellung bei der Arbeit (u.a. gleicher Lohn für gleiche Arbeit);

_____ Zugang zur Bildung im breitesten Sinne: zur Allgemeinbildung (Kunstgenuss und aktive künstlerische Tätigkeit eingeschlossen), zur Berufs(aus)bildung und freien Berufswahl, auch »nichtweibliche« Wunschberufe betreffend – als Grundlage der geistigen Emanzipation, der geistigen Gleichstellung;

_____ Unterstützung der Mutterschaft durch Kindertagesstätten, Gesundheitsschutz für Mutter und Kind, Befreiung von der Bürde der Hausarbeit durch kostenlose oder kostenarme gesellschaftliche bzw. staatliche Einrichtungen wie Gemeinschaftsküchen, Speisesäle, Wäschereien u.a. – als Bedingungen für die sozial-ökonomische und geistige Gleichstellung;

_____ freie Entscheidung über die Mutterschaft (Möglichkeit des straffreien und kostenlosen Schwangerschaftsabbruchs) und nicht zuletzt die Praxis der freien Liebe, der Freikörperkultur – als Elemente der »körperlichen Emanzipation« der Frau.

Was erlebten nun die überwiegend noch jungen Frauen, die aus Deutsch-land, Österreich und anderen Ländern in die Sowjetunion kamen, auf der Suche nach Arbeit, Bildung, Familienglück und Selbstverwirklichung?

Hier das Beispiel der Anna Tieke: Geboren 1898 in Rixdorf (Berlin), erlern-ter Beruf: Koloristin, verheiratet, zwei Söhne und eine Tochter, 1929–1931 arbeits-los, zusammen mit ihrem Mann mit gelegentlichen Hausreinigungsarbeiten den Familienunterhalt verdienend, die Kinder ohne Aussicht auf berufliche Ausbil-dung.

Mit viel Elan und großer Hoffnung auf die Zukunft kommt die Familie 1931 in die Sowjetunion. Die Wirklichkeit des Alltags hier wirkt ernüchternd: materielle Not, Patriarchat in Familien, chaotische Zustände in der Landwirtschaft. Aber das ist für Anna Tieke nicht das Entscheidende, denn, so meint sie, das sei das Erbe des Zarismus und werde im Zuge des sozialistischen Aufbaus überwunden. Wichtiger ist für sie der Riesenaufbruch, den sie miterlebt: Sie müsse »sich immer wieder wundern, was mit Hilfe dieser Menschenmassen buchstäblich aus der Erde gestampft wird. Es geht vorwärts mit Riesenschritten, alle Hindernisse überwindend. Bei vielem wird das Tempo nur durch die Masse eingehalten. So beim Bau der Untergrundbahn [...] Das Moskauer Straßenbild hat sich in den zwei Jahren unseres Hierseins kolossal verändert: Ganze alte Holzhäuserviertel sind verschwunden, und an ihrer Stelle stehen größere Steinhäuser, Wolkenkratzer, neun bis zwölf Stockwerke hoch [...]«, schreibt sie am 14. April 1934 nach Berlin.[2]

1935 zieht die Familie nach Leningrad. Die Söhne haben inzwischen eine Facharbeiterausbildung abgeschlossen, der Ehemann den Dreherberuf erlernt, die Tochter besucht eine renommierte deutschsprachige Schule, die Kinder treiben Sport, auch (kostenlosen) Leistungssport, die ganze Familie bildet sich weiter – gemeinsam und mit Freunden werden (wiederum kostenlos) populärwissenschaftliche Vorträge, vielfältige Kulturveranstaltungen besucht, und in ihrem Wohnhaus »wütet ein unstillbarer Lerneifer«. Anna Tieke findet eine Arbeit als Näherin für einen Kindergarten, die ihr gestalterisches Talent, ihre Kreativität herausfordert, ihr Selbstwertgefühl stärkt: »Es macht mir schon Spaß, denn ich kann meiner Phantasie freien Lauf lassen... Es soll nämlich mal was Außergewöhnliches sein...«.[3] Das Jahr 1937: Das Leben ist, so nimmt es Anna wahr, leichter, ist schöner geworden, der Familie geht es, wie vielen anderen auch, gut. Noch nie lebte sie in einer vergleichbaren materiellen und sozialen Sicherheit und geistig so anspruchsvoll wie jetzt: »Natürlich muss noch vieles Besser werden im Land, aber wer oder was kann den Siegeszug des Sozialismus aufhalten?!«[4]

Ähnliches erleben, zeitlich verschoben und jede auf ihre Art, die anderen Frauen: Gerda Hauser, geboren 1909, die 1935 mit zwei Kindern aus Österreich nach Moskau kommt, studiert Flugzeugbau. Ihr Mann sitzt nach dem Wiener Schutzbund-Aufstand vom Februar 1934 im Gefängnis, wird zum Tode verurteilt und dann im Gefolge einer internationalen Protestbewegung begnadigt. Käte Dünow, geboren 1907, seit 1933 in Leningrad, hat sich nach dem Besuch der Volksschule vergeblich um eine Berufsausbildung bemüht und kommt nun endlich ihrem Traumberuf nahe: sie wollte schon immer Lehrerin werden. Emma Tromm, geboren 1896, seit 1932 in Moskau, schreibt gerne Gedichte und Prosa. In Moskau übt sie sich als Schriftstellerin, ein Buch von ihr ist bereits erschienen. Wanda Bronska, geboren 1911, in Moskau seit 1931, ist ihrem Wunsch entsprechend Reporterin bei der Deutschen Zentral-Zeitung (DZZ) und übersetzt außerdem Kinderbücher aus dem Deutschen und dem Polnischen.

2
Anja Schindler:
Unbegründet verhaftet und erschossen:
Anna Tieke (1898–1938), in:
Leben mit Hoffnung in Pein (Anm. 1), S. 18.
3
Brief vom 17. April 1937, ebenda, S. 20.
4
Ebenda, S. 21.

Abb. 23
Gerda Hauser, Moskau um 1936/37

Abb. 24
Kurt und Käte Lesch (Käte Dünow)
in Leningrad, 1933/34
Kurt Lesch sitzend, erste Reihe, 4. von links
Käte Lesch stehend hinter ihm, 4. von links

Abb. 25
Emma Tromm, Moskau 1934

Genannt werden soll auch Wandas Mutter, die polnische Revolutionärin Helena Brodowska. Geboren 1888, hat sie während des Ersten Weltkrieges in der Schweizer Emigration Chemie studiert. Sie lehnt es ab, ihren als Botschafter der UdSSR nach Lettland entsandten Mann zu begleiten und geht stattdessen in den Ural, wo sie führend am Bau eines großen chemischen Werkes mitwirkt. Von dort aus schreibt sie an ihren Mann: Sie habe ihr Lebensziel erreicht – das Werk arbeite, die Planerfüllung sei von 30 auf 80 Prozent gestiegen, es gebe einen Stamm von 120 Arbeitern, alles ehemalige Bauern, Tataren und Russen, die weder lesen noch schreiben konnten und nun komplizierte Maschinen bedienten. Und besonders stolz ist sie auf »ihre« Frauen: Sie hätten in Schmutz gelebt, den Arzt wie den Teufel gefürchtet, die Kinder seien ihnen fortgestorben wie Fliegen; nun seien sie in Wohnungen gezogen, brächten die Kinder zur Krippe, gingen zum Arzt, beeinflussten die Männer, im Werk zu bleiben – und jede Woche länger beim Werk bedeute mehr Qualifikation, mehr Lohn…

So erfüllte sich in der Tat und weitgehend, was die Frauen hinsichtlich der eigenen politischen und sozialen Gleichberechtigung, der Bildung, der kreativen Tätigkeit und sinnerfüllten Arbeit erwartet hatten. Aber sie registrierten auch Widersprüche. Anna Tieke z.B. berichtet am 16. April 1932 in einem Brief nach Berlin: »Herta ist die Frau eines Georgiers und hat fünf Kinder, das sechste ist unterwegs. Sie hat viel durchlebt, die Hungersnot durchgemacht, und immer ein Kind aufs andere… Und wie lebt sie heute? Nach unserer Auffassung sehr, sehr schlecht. Das liegt an der verfluchten Bedürfnislosigkeit, an der das russische Volk noch viel mehr leidet als die deutsche Arbeiterschaft.« Aber sie ist optimistisch: »Das wird jetzt anders, muss anders werden.«[5]

Ein zentrales Thema der Reportagen, die Wanda Bronska für die DZZ schreibt, ist die Frauenemanzipation, besonders in ihrer geistigen Dimension. Als Anhängerin der freien Liebe und der Freikörperkultur versucht sie gegen die auch in der Großstadt Moskau verbreitete Prüderie zu opponieren. Sie beschreibt, wie viel Rückständigkeit es noch in den deutschen Dörfern des Wolga-Gebietes und der südlichen Ukraine gibt, und berichtet über die kulturellen Veränderungen dort: die Einrichtung von Kindertagesstätten, Polikliniken, Entbindungsstationen, Kulturhäusern, die Alphabetisierung gerade unter den Frauen. Es sind die Jahre der großen Hungersnot in diesen Gebieten, und Wanda Bronska ist deren Augenzeugin. Sie schreibt darüber nicht (es ist verboten, in der Presse darüber zu berichten), aber ihr kommen die ersten Zweifel, ob der hier – zumindest in der Landwirtschaft – beschrittene Weg der richtige ist.

Martha Ruben-Wolf, geboren 1887, couragierte Frauenrechtlerin und aktive Kämpferin gegen den Paragraphen 218, hat in einem Berliner Arbeiterbezirk eine gynäkologische Praxis geführt. Mit ihrem Ehemann, der ebenfalls Arzt ist, und zwei Kindern kommt sie 1934 nach Moskau – mit großen Erwartungen, nicht zuletzt das sowjetische Gesundheitswesen betreffend. 1925 und 1926 hat sie es während zweier ausgedehnter Reisen durch Russland, Mittelasien und den Kaukasus beobachten können. In Deutschland hat sie darüber begeistert berichtet, sowohl in drei Broschüren[6] als auch mündlich: »[...] In den zwischen diesen beiden Reisen liegenden neun Monaten haben sich im Aufbau der Sowjetunion sprunghafte Fortschritte vollzogen, ganz besonders in der Entwicklung der Fürsorge für Mutter und Kind [...] Es ist dort drüben keine leere Redensart, wenn man immer wieder hört und liest, ›die Mutterschaft soll kein Unglück sein, sondern das höchste Glück der Frau‹. Zu diesem Glück wird in der Sowjetunion [...] keine Frau durch gesetzliche Drohungen gezwungen[7] [...] Ja, es ist zweifellos [...], hier entsteht zum ersten Mal aus menschenwürdigen Lebensverhältnissen eine lebensfreudige Menschheit. Und das, wovon die bürgerlichen Frauenrechtlerinnen immer so geschwärmt haben, das Jahrhundert des Kindes, das ist hier ausgebrochen [...].« So Martha Ruben-Wolf in einer Rede vor Mädchen und Frauen in Berlin im November 1925.[8] 1934 spürt sie bereits bei der Einreise, dass und wie sich vieles in der sowjetischen Gesellschaft verändert hat, und sie ahnt – da ist sie eine Ausnahme – schon jetzt Schlimmes.

Diese und andere Widersprüche wurden ebenso wie die Alltagsschwierigkeiten (Versorgung, Wohnungsnot) als normal und im Zuge des sozialistischen Aufbaus überwindbar betrachtet bzw. so oder anders entschuldigt und verdrängt. Die vielfach real erfüllten Erwartungen und das Erleben einer Wirklichkeit, die zwar nicht widerspruchsfrei, aber doch von einem gerade hinsichtlich der Frauenemanzipation nach vorn gerichteten Aufbruch bestimmt zu sein schien, gaben wohl dafür den Ausschlag. Die Wirklichkeit wurde eben nicht – darauf hat Simone Barck sehr richtig hingewiesen – als »nur schwarz« oder als »nur weiß« erlebt, sie wies viele Zwischentöne auf und bestärkte vielfach die kommunistischen Überzeugungen.

6
Vgl. Martha Ruben-Wolf und Lothar Wolf: Im freien Asien – Reiseskizzen zweier Ärzte, Berlin o.J.; Dies.: Russische Skizzen zweier Ärzte. Zweite Russlandreise, Frühjahr 1926, Berlin 1927; Dies.: Durch Kaukasien. Reiseskizzen deutscher Ärzte, Berlin o.J.
7
Aufgrund eines Beschlusses der Volkskommissariate für Gesundheitswesen und für Justiz vom 18. November 1920 und des Art. 146 des Strafgesetzbuches der RSFSR aus dem Jahre 1922 wurde in der Sowjetunion das »Prinzip der Nichtstrafbarkeit von Aborten« eingeführt und die Freiheit des Schwangerschaftsabbruchs sowie seine kostenlose Ausführung in staatlichen Krankenhäusern praktiziert. Verboten waren illegale, nicht von Ärzten ausgeführte oder von diesen mit kommerziellen Absichten vorgenommene Aborte, wobei die Ausführenden strafrechtlich belangt wurden, wenn betroffene Frauen gesundheitliche Schäden erlitten haben sollten.

8
Anja Schindler: »Mit der ›Internationale‹ durch das Brandenburger Tor«. Martha Ruben-Wolf (1887–1939), in: Leben mit Hoffnung mit Pein (Anm. 1), S. 39.

Im Juni 1936, noch vor dem ersten großen Schauprozess vom August 1936, der den Massenterror einleitete, trat dann für viele der Bruch ein: Am 27. Juni wurde das Gesetz über das Verbot jeglichen Schwangerschaftsabbruchs verabschiedet.[9] Vermutlich waren davon alle hier genannten Frauen schockiert – überliefert sind die Reaktionen von Martha Ruben-Wolf und Wanda Bronska sowie von Wandas Mutter Helena Brodowska.

Martha Ruben-Wolf ist aufgebracht: Die Augen müsse man sich aus dem Kopf schämen! Die Ärzte stünden nunmehr hilflos den »armen Kreaturen« gegenüber, nicht mal ein Rat könne ihnen gegeben werden, denn da stehe es »schwarz auf weiß: Zehn Jahre Arbeitslager kann eine unerlaubte ärztliche Einmischung kosten«.[10] Wanda Bronska wird später, in Verhören beim NKWD, dieses Gesetz als einen Auslöser ihrer kritischen Haltung zu verschiedenen Maßnahmen der Sowjetregierung nennen.[11] Wandas Mutter reagiert auf das Gesetz radikal: »Eine Barbarei, ein Verrat an unserem Programm.« Für sie ist das Maß jetzt voll, sie legt keinen Wert mehr darauf, in der Partei zu bleiben – und zerreißt ihr Mitgliedsbuch. Auf die Frage der Tochter, ob es nicht wichtigere Probleme für die Parteipolitik gebe, antwortet sie: »Nein, eine solche Panne spricht für sich selbst. Etwas muss sehr faul in der Partei sein, wenn das passieren kann.«[12]

Für die Frauen war das Gesetz ein absoluter Rückschritt, ein Schlag gegen die Frauenemanzipation. Und es stand zugleich – so wissen wir heute – mit für den forcierten Übergang zu einem Terrorregime, das jeglicher Emanzipation Hohn sprach. Alle hier genannten Frauen wurden Opfer dieses Terrors: Anna Tieke und Helena Brodowska wurden 1938 erschossen. Martha Ruben-Wolf nahm sich, nachdem ihr Mann verhaftet wurde, 1939 das Leben. Wanda Bronska, Gerda Hauser, Karla Flach, Marta Globig und Käte Dünow überlebten, nachdem sie alle die Hölle der Gefängnisse und Lager durchlitten hatten, in denen sie als Menschen und als Frauen zutiefst erniedrigt wurden. Und: Sie verloren ihre Kinder. Entweder die Kinder starben, wie die von Käte Dünow und Marta Globig, oder die Frauen fanden später seelisch nicht mehr zu ihren Kindern zurück.

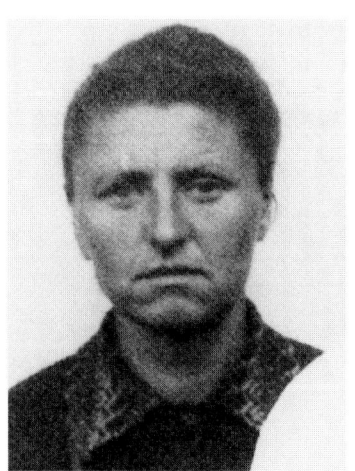

Abb. 27
Karla Flach, vierziger/fünfziger Jahre

Abb. 28
Karla Flach nach dem Ende ihrer Verbannung,
Suchumi, UdSSR 1955

9
Das Verbot der Schwangerschaftsabbrüche
wurde erst im November 1955 aufgehoben.
10
Schindler: »Mit der Internationale…«
(Anm. 8), S. 47.
11
Ulla Plener:
Eine brach mit der zähen Hoffnung:
Wanda Bronska (1911–1972), in:
Leben mit Hoffnung in Pein (Anm. 1), S. 82.
12
Ebenda.

Christa Uhlig

»Es gäbe hierzu viel zu berichten ... « – Pädagoginnen im sowjetischen Exil

Im Spätfrühling des Jahres 1935 spielt sich auf einem Berliner Bahnhof eine alltäglich scheinende Szene ab. Ein Mann verabschiedet seine Familie. Dass die Frau für sich und die beiden Kinder Fahrkarten nach Kowno (Litauen) in der Tasche hat, weiß niemand, auch die Angst des Mannes bleibt verborgen. Er wird von der Gestapo gesucht. Noch hofft er, nachkommen zu können. Mehrere Jahre haben beide illegal gegen Hitler gearbeitet, nun müssen sie flüchten. »Was ist, wenn uns die Sowjetunion auch nicht befriedigt?« hat er Tage zuvor besorgt gefragt. Und sie: »Dann haben wir eben Pech gehabt«. Noch weiß sie nicht, dass sie ihn zum letzten Mal sieht. Bald darauf wird er verhaftet, zum Tode verurteilt und 1938 hingerichtet. Auch der sowjetische Offizier, der ihn freikaufen soll, wird verhaftet – in der Sowjetunion. »So gerne hätte ich gewusst, wie es weitergeht« schreibt ihr Mann kurz vor seinem Tod. »Hoffen wir, dass Du oder auf jeden Fall die Kinder die schöne Zukunft erleben.« Als sie die Grenzstation erreicht, ist sie voller Hoffnung. Der Rotarmist »mit seinem bis auf die Erde reichenden Mantel, seinem Gewehr und dem energischen Gesicht flößte Vertrauen ein«.[1] Was würde die Zukunft bringen? 20 Jahre später wird Gertrud Bobek, promovierte Geographin, die sich eigentlich nur um ihre Familie kümmern wollte, stellvertretende Ministerin für Volksbildung in einem Teil des Landes sein, aus dem sie gerade vertrieben wurde. Dazwischen – wie im Brennglas gebündelt – Erfahrungen dieses Jahrhunderts.

Das sowjetische Exil ist in der historischen Erziehungswissenschaft bislang nur wenig bearbeitet. Das Thema wirft deshalb zunächst Fragen auf. Als schwierig erweist sich bereits die Bestimmung seines Geltungsbereiches. Würde nur auf jene Pädagoginnen (und Pädagogen) geschaut, die vor ihrer Vertreibung ins Exil in Deutschland dauerhaft in ihrem Beruf tätig oder gar am öffentlichen pädagogischen Diskurs beteiligt waren, käme kaum mehr als eine Handvoll zusammen, und der Schluss läge nahe, dass das sowjetische Exil für die Entwicklung der pädagogischen Praxis und Theorie in Deutschland, speziell in der DDR, keine Bedeutung gehabt hätte. Dem ist aber nicht so. Auf der bildungspolitischen Funktionsebene der DDR waren zumindest bis in die fünfziger Jahre nicht wenige Remigranten zu finden – allerdings häufig aus nichtpädagogischen Berufen. Diese Diskrepanz bedarf der Erklärung.

1
Dr. Gertrud Bobek: Erinnerungen an mein Leben. Aufgeschrieben in Taucha in den Jahren 1965 bis 1985. Hrsg. von ihren Töchtern Dr. Anna Kerstan und Prof. Dr. Eva Müller, Taucha 1998, S. 113.
2
Zitiert nach Christa Uhlig: Rückkehr aus der Sowjetunion: Politische Erfahrungen und pädagogische Wirkungen. Emigranten und ehemalige Kriegsgefangene in der SBZ und frühen DDR, Weinheim 1998, S. 156.
3
Ebenda, S. 42.
4
Aussagen ehemaliger Kollegen. Brief vom 23.11.1995 (Privatarchiv).
5
Als Quellen dienten Erinnerungsberichte aus dem »Erinnerungsarchiv« im ehemaligen SED-Parteiarchiv (heute in der Stiftung der Parteien und Massenorganisationen der DDR im Bundesarchiv, SAPMO-BA), selbst verfasste Lebensläufe, Kaderakten, Zeitzeugenberichte sowie publizierte Materialien.

Abb. 29
Gertrud Bobek vor 1933
mit ihrem Mann Dr. Felix Bobek
Felix Bobek wurde im Januar 1938 wegen
»Vorbereitung eines hochverräterischen
Unternehmens und wegen Landesverrat« in
Plötzensee hingerichtet.

Probleme ergeben sich auch aus dem spezifisch politischen Charakter des sowjetischen Exils. Mehr als in anderen Exilländern war das Leben der Emigranten hier geplant und politisch durchorganisiert und somit der Rahmen für professionelle Lebens- und Gestaltungsräume entsprechend eng bemessen. Die meisten Pädagoginnen kamen zudem nicht aus beruflichen, sondern aus politischen Gründen in die Sowjetunion. Lassen sich angesichts dieser Umstände die Spezifik einer Berufsgruppe und darüber hinaus Geschlechterdifferenzen im Beruf angemessen beschreiben? Wie viel Pädagogik ist überhaupt im sowjetischen Exil auffindbar? Und umgekehrt: Hat die Erfahrung des Exils nicht generell auch pädagogische Bedeutung?

Schließlich hinterlassen auch neuere Interpretationstendenzen Fragen. Wird man den Pädagoginnen und ihrer Situation gerecht, wenn das sowjetische Exil vordergründig als Leidens- und Deformationsprozess gesehen oder auf stalinistische Sozialisation reduziert wird? Was war denen, die überlebten, wichtig zu erinnern? Nehmen wir es ernst genug? Wie gehen wir um mit der »Gleichzeitigkeit des Ungleichzeitigen« im Erleben und Erinnern – z.B. Elisabeth Zaissers Bilanz, dass sie der Sowjetunion »das Beste ihres Lebens verdankt«[2], und der Erinnerung Elli Winters, der Tochter Wilhelm Piecks, an »eine grauenvolle Zeit«[3], den Unterschieden zwischen Gertrud Braun, deren Exilerfahrung sich in dauerhafter Skepsis gegenüber »dogmatischen Diskutierern«[4] niederschlug, und Hanna Wolf, die 1990 mit dem Stalinismus-Vorwurf aus der PDS ausgeschlossen wurde, oder zwischen Trude Richter, die nach 18 Lagerjahren nicht frei von dogmatischen Einengungen in der Literaturdiskussion der DDR agiert, und Franziska Rubens, die offizielle Parteipolitik vertritt, aber inoffiziell voller Zweifel ist? Schon hier zeigt sich, wie wenig brauchbar pauschale Zuschreibungen sind.

An biographischen Exempeln und lebensgeschichtlichen Erinnerungen betroffener Pädagoginnen soll einigen dieser Fragen nachgegangen werden.[5] Die Kompliziertheit des Gegenstandes wird nur fragmentarische und vorläufige Antworten erlauben. Zu den hier besonders in den Blick genommenen Pädagoginnen gehören: Gertrud Bobek (1898–2000), Geographin, Dr. phil., 1935–1945 Sowjetunion; Gertrud Braun (1907–1977), Philologin, 1932–1956 Sowjetunion; Frieda Düwell (1884–1962), Lehrerin für höhere und mittlere Schulen, 1928–1949 Sowjetunion; Elisabeth Glesel (1904–1990), Lehrerin, 1932–1955 Sowjetunion; Katharina Harig (1901–1977), Lehrerin für Mathematik, Physik und Geographie, 1934–1948 Sowjetunion; Brunhilde Hebel (1908), Studium der Pädagogik in Odessa, 1933–1940 Sowjetunion; Lotte Pulewka (1893–1966), Gewerbeschullehrerin, 1922–1946 Sowjetunion; Trude Richter (1899–1989), Lehrerin für Geschichte, Germanistik und Kunstgeschichte, Dr. phil., 1934–1957 Sowjetunion; Franziska Rubens (1894–1971), Handelslehrerin, Jugendfürsorgerin, 1933–1948 Sowjetunion; Frida Rubiner (1879–1952), Philologin, Dr. phil., 1930–1946 Sowjetunion; Anni Sauer (1906–1989), Tanzpädagogin, 1935–1957 Sowjetunion; Hanna Wolf (1908), Lehrerin, 1932–1948 Sowjetunion; Elisabeth Zaisser (1898–1987), Volksschullehrerin, 1932–1947 Sowjetunion.[6]

Die hier vorgestellten Ergebnisse entstanden im Rahmen eines von der DFG geförderten Forschungsprojektes im Bereich der historischen Erziehungswissenschaft der Humboldt-Universität zu Berlin. Untersucht wurden politische Erfahrungen von ehemaligen Emigranten und Kriegsgefangenen in der Sowjetunion und ihre möglichen pädagogischen Wirkungen in der SBZ und frühen DDR.[7] Dieser weite Forschungshorizont bietet die Chance, auch die Situation der Pädagoginnen im sowjetischen Exil in komplexere Zusammenhänge zu stellen und vor allem die Bedeutung dieses Personenkreises in der Personalstrategie der KPD zu erkennen. Der Untersuchung liegt eine Gruppe von 70 Emigrantinnen und 130 Emigranten mit allerdings sehr unterschiedlich dichten biographischen Daten zugrunde.[8] Von knapp einem Fünftel ist nach bisherigen Recherchen kaum mehr als der Name bekannt. Von etwa der Hälfte der erfassten Emigrantinnen und Emigranten konnten die Lebenswege über die Zeit des Exils hinaus bis in die DDR verfolgt werden.[9]

6
Biographische Angaben in Uhlig: Rückkehr aus der Sowjetunion (Anm. 2), S. 314–346; zu Trude Richter außerdem Sonja Hilzinger: »Ich hatte nur zu schweigen.« Strategien des Bewältigens und Verdrängens der Erfahrung Exil in der Sowjetunion am Beispiel autobiographischer Texte, in: Exilforschung. Ein internationales Jahrbuch, Band 11: Frauen und Exil. Zwischen Anpassung und Selbstbehauptung, München 1993, S. 31–52; auch Inge Hansen-Schaberg/Christine Lost: Zwischen Weimarer Republik und geteiltem Deutschland, in: Neue Sammlung. Sonderdruck 1994 (darin auch Elisabeth Zaisser); zu Anni Sauer und Elisabeth Glesel vgl. Elfriede Brüning: Lästige Zeugen? Tonbandgespräche mit Opfern der Stalinzeit, Halle-Leipzig 1990. Von Gertrud Bobek, Franziska Rubens, Lotte Pulewka und Trude Richter liegen Erinnerungsberichte vor (SAPMO-BA, SgY 30, Erinnerungsarchiv). Nur die von Trude Richter und Gertrud Bobek wurden veröffentlicht, vgl. Trude Richter: Totgesagt, Halle-Leipzig 1990; Bobek: Erinnerungen (Anm. 1); zu Lotte Pulewka vgl. vor allem Gabriele Pochert: Das Leben und Wirken der Kommunistin und Pädagogin Lotte Pulewka. Diplomarbeit, Humboldt-Universität zu Berlin, Sektion Germanistik, Berlin 1977; Franz Albrecht: Lotte Pulewka, in: Pädagogik, (1968) 4. Beiheft.; vgl. auch Frida Rubiner: Einst unglaubliche Berichte, Berlin 1987.

7
Erste Ergebnisse hierzu in Uhlig: Rückkehr aus der Sowjetunion (Anm. 2).
8
Erfasst wurden Personen, die dem pädagogischen Kontext zugeordnet werden können:
1) Emigrantinnen und Emigranten, die vor dem Exil eine pädagogische Ausbildung absolviert hatten bzw. pädagogisch tätig waren oder
2) erst in der Sowjetunion pädagogische Qualifikationen erworben haben bzw. in pädagogischen Berufen (auch als Antifa-Lehrer) arbeiteten und
3) Emigrantinnen und Emigranten aus nichtpädagogischen Berufen, die in der SBZ bzw. DDR bildungspolitische Funktionen innehatten (exemplarisch).
9
Die in diesem Beitrag angeführten quantitativen Angaben beziehen sich auf vorhandene Daten zum gesamten Personenkorpus. Sie stellen keine eindeutig signifikanten Werte dar und werden nur verwendet, um Tendenzen und Relationen anzudeuten.

Die hier vorzustellenden Pädagoginnen zählen zur letztgenannten Gruppe. Für sie alle wurde das sowjetische Exil zu einem tief in das persönliche Leben eingreifenden, aber auch das professionelle und politische Selbstverständnis beeinflussenden Ereignis. Ihre Biographien repräsentieren idealtypisch Gemeinsamkeiten und Differenzen lebensgeschichtlicher Erfahrungen im Kontext des Exils und lassen somit auch Rückschlüsse auf die bildungsgeschichtliche Relevanz dieser Problematik zu. Dabei darf nicht übersehen werden, dass die Schicksale nicht weniger einst in die Sowjetunion emigrierter Pädagoginnen noch immer unzureichend aufgeklärt sind.

Weil das Exil ohne die Zeit davor und danach nur unvollständig und einseitig zu beschreiben wäre, sollen zunächst Aspekte der beruflichen und politischen Sozialisation vor dem Exil betrachtet, dann Schlüsselerfahrungen während des sowjetischen Exils diskutiert und schließlich die Rückkehrbedingungen der Pädagoginnen in die DDR geprüft werden.[10]

1. Leben zwischen beruflicher Emanzipation und politischem Engagement – die Zeit vor dem Exil

1.1 Berufliche Emanzipation und soziale Motivation

Zunächst ähnelten die Berufsbiographien der späteren Emigrantinnen denen vieler anderer Lehrerinnen am Anfang des Jahrhunderts. Meist aus klein- bzw. bildungsbürgerlichen familiären Milieus kommend, nutzten bzw. erstritten sie als junge Frauen die Möglichkeit, einen Beruf zu erwerben, der ihnen Selbständigkeit und Bildung zugleich eröffnen konnte. Unter dem Eindruck der im ersten Drittel des 20. Jahrhunderts populären Reformpädagogik, die nicht nur Alternativen zur autoritären und militarisierten Pädagogik Deutschlands wies, sondern den pädagogischen Blick auch auf soziale Probleme lenkte, entstand häufig eine ausgeprägte soziale Sensibilität.

Als Lehrerin einer einklassigen Dorfschule in Bracht in der Eifel erlebte Katharina Harig die Chancenlosigkeit der Kinder.[11] Anni Sauer beschäftigte sich mit »Arbeiterkindern, die sich die meiste Zeit selbst überlassen waren«, weil die Mütter arbeiten gehen mussten.[12] Die soziale und politische Situation und nicht zuletzt die Erfahrungen des Ersten Weltkrieges brachten nicht wenige Pädagoginnen früher oder später in die Nähe der kommunistischen Bewegung, die – ihrer Meinung nach – die soziale Frage am konsequentesten stellte und, wie Hanna Wolf es ausdrückte, auf »eine andere, bessere Welt aufmerksam«[13] machte. Etwa zwei Drittel der später emigrierten Pädagoginnen und nahezu alle Pädagogen waren – nach vorhandenen Angaben – Mitglied der KPD, knapp 20 Prozent waren vordem im Kommunistischen Jugendverband (KJVD) und 17 Prozent der Frauen sowie 25 Prozent der Männer in der SPD organisiert.

10
Zum sowjetischen Exil allgemein vgl. vor allem Carola Tischler: Flucht in die Verfolgung. Deutsche Emigranten im sowjetischen Exil. 1933 bis 1945, Münster 1996.
11
Kaderakte Harig; Sächsisches Staatsarchiv Leipzig (SSAL), IV, 5.01/V/253, ohne Bl.-Nr.
12
Brüning: Lästige Zeugen? (Anm. 6), S. 112.
13
Hanna Wolf: Lebenslauf 1950, SAPMO-BA, DY 30/IV 2/11/v. 5533, Bl. 153.

Abb. 30
Gertrud Bobek mit ihren Töchtern Eva (links)
und Anneli (rechts), Moskau 1937

Die politische Sozialisation der zwanziger Jahre prägte auch die Sowjet-
union-Bilder. Franziska Rubens schrieb über ihren ersten Besuch in Moskau 1924:
»Man muss verstehen, was es für uns [...] in jenen Jahren bedeutete, in Moskau
zu sein. In Moskau sein, das hieß: All das leibhaft zu sehen, wovon man in den
ganzen Jahren nur hatte träumen können [...]. Als ehemalige Lehrerin war ich
begeistert von den sozialistischen Methoden der Erziehung [...]. Dasselbe erlebte
ich auf dem Gebiet der Kultur.«[14] Die hier zum Ausdruck kommende Geisteshal-
tung galt für die meisten der emigrierten Pädagoginnen. Nach dem enttäuschten
Hoffnungsschimmer der Novemberrevolution hatten sie ihre Träume von einer
besseren Welt auf die Sowjetunion projiziert. Wie Lotte Pulewka verließ auch
manch andere Pädagogin Deutschland schon in den zwanziger Jahren, um in der
Sowjetunion einen beruflichen Neubeginn zu wagen.[15]
      Die primär sozial motivierten Entscheidungen für die KPD und/oder eine
ihrer Organisationen waren häufig zugleich von konfliktreichen politischen Such-
prozessen begleitet.[16] Wegen »Tratsch«, »Sauferei« und »Schlimmerem« bei »einer Reihe von Genossen« wandte sich Katharina Harig 1927 von der KPD ab.[17] 1932
– angesichts des wachsenden Einflusses der NSDAP in Deutschland – schloss sie
sich der Partei wieder an. Ähnlich empfand Gertrud Bobek: Zunächst Mitglied der
SPD, »empörte« sie sich zwar »über die Zurückhaltung und den mangelnden
Kampfwillen der SPD«, störte sich aber ebenso an der »Polemik, die in der ›Roten
Fahne‹ gegen die Sozialdemokratie geführt wurde«. Erst angesichts des Vordrän-
gens des Faschismus »überwand« sie »diese Hürde und hielt« sich »an diejenigen, die den Faschismus mit allen Kräften bekämpften, und das waren die Kommunisten«.[18] Trotz dieser Entscheidung blieb sie eine »Saure-Apfel-Kommuni-
stin«, wie sie sich scherzhaft selbst nannte, »ein Mensch, für den der Kommunismus noch ein saurer Apfel ist, in den man aber beißen muss, wenn man sich vom
Faschismus befreien will«.[19]
      Die meisten der hier genannten Pädagoginnen schlossen sich frühzeitig
dem antifaschistischen Widerstand an. Für sie, aber ebenso für jene, die 1933 bereits in der Sowjetunion waren, wurde nach der Machtübernahme der Faschisten
in Deutschland das Exil zur Überlebensfrage – für Gertrud Braun, Frieda Düwell,
Hanna Wolf, Frida Rubiner und Anni Sauer auch wegen ihrer jüdischen Herkunft.
»Am 30. Januar 1933 musste ich Hals über Kopf aus der Wohnung«, erinnerte sich
Franziska Rubens: »Ich schlief jede Nacht woanders – [...]. Wie lange kann man
sich auf diese Weise illegal halten! Schon allein wirtschaftlich. Man muss ja
schließlich leben, und das Sparkonto ist bald verbraucht. [...] Nazis erschienen

und haben begonnen, sich für die Kinder zu interessieren. [...] Und so emigrierten wir.«[20] Auch für Gertrud Bobek war die Sorge um die Kinder ein wichtiges Motiv, Deutschland zu verlassen. Sie hatte davon gehört, dass es in der Sowjetunion, »zumindest in unserem Sinne, beste Schulen gibt«.[21] Trude Richter sah ihre Entscheidung für das Exil gekommen, als sie wegen ihrer Weigerung, dem Nationalsozialistischen Lehrerbund (NSLB) beizutreten, »aufs Korn genommen« wurde. »Anpassung« war auch für sie keine Perspektive.[22]

1.2 Das Erleben von politischer und beruflicher Ausgrenzung

Aus den sozial motivierten politischen Entscheidungen erwuchs eine zweite gemeinsame Erfahrung: »Sich dem Kampf für den Sozialismus verschreiben, das hieß, sich außerhalb der bürgerlichen Gesellschaft stellen, also in unserem Falle, auch mich brotlos machen«, resümierte Trude Richter ihr Lehrerinnendasein in der Weimarer Republik.[23] Nur die wenigsten der auf der Flucht vor dem Naziregime in die Sowjetunion gelangten Pädagoginnen waren in Deutschland in ihrem Beruf etabliert. Die Sozialdemokratin Frieda Düwell hatte allein zwischen 1904 und 1912 eine Odyssee durch acht verschiedenen Städte machen müssen, um ihren Lebensunterhalt als Privatlehrerin zu verdienen.[24]

Trotz gediegener pädagogischer Ausbildung gab es für Kommunisten oder Sympathisierende auch in der Weimarer Zeit nur geringe Chancen auf einen beruflichen Aufstieg. Der Lehrerberuf war auf Staatsloyalität gegründet. Die Mehrheit der Lehrerschaft und noch stärker die universitäre Erziehungswissenschaft neigten zu einem eher affirmativen Berufsverständnis. Diese Situation fand ihren Ausdruck nicht zuletzt in der Tatsache, dass große Teile der Lehrerschaft 1933 scheinbar problemlos in die NS-Zeit hinüberglitten.[25] Ausnahmen bildeten reformpädagogisch-demokratisch und/oder sozialistisch orientierte Kreise. Deren Vertreibung aus Deutschland wurde vor allem von Hildegard Feidel-Mertz, die sich um die in der Erziehungswissenschaft lange Zeit vernachlässigte Exilproblematik verdient gemacht hat, eingehend erforscht und beschrieben.[26]

14
Franziska Rubens: Erinnerungen, SAPMO-BA, SgY 30/0787, Bl. 42–43.
15
Lotte Pulewka, bekannt durch ihre Tat zur Befreiung Wilhelm Piecks aus dem Gefängnis im Jahr 1919, arbeitete für die Internationale Arbeiterhilfe in der Sowjetunion als Leiterin des Kinderheimes »Karl Liebknecht und Rosa Luxemburg« in Smolino bei Tscheljabinsk sowie als Deutschlehrerin an verschiedenen Einrichtungen. Sie selbst äußerte sich nur knapp zu dieser Zeit: »[Ich] arbeitete dort zu meinem kleinen Teil mit am sozialistischen Aufbau bis 1946 (Sibirien, Kasachstan, Moskau, Kasachstan)«. SAPMO-BA, SgY 30/0738, Bl. 5.
16
Vgl. hierzu Klaus-Michael Mallmann: Kommunisten in der Weimarer Republik. Sozialgeschichte einer revolutionären Bewegung, Darmstadt 1996.
17
Kaderakte Harig (Anm. 11).
18
Bobek: Erinnerungen (Anm. 1), S. 112.
19
Ebenda.
20
Rubens: Erinnerungen (Anm. 14), Bl. 56–57.
21
Bobek: Erinnerungen (Anm. 1), S. 64.

22
Trude Richter: Erinnerungen. SAPMO-BA, SgY 30/1380(2), Bl. 119 (Die Zitate sind dem archivierten Erinnerungsbericht entnommen.)
23
Ebenda, Bl. 55.
24
Nachlass Frieda Düwell; SAPMO-BA, NY 4151/1. Frieda Düwell arbeitete nach 1918 im Parteiapparat und erst in der Sowjetunion wieder als Pädagogin.
25
Vgl. hierzu Wolfgang Keim: Erziehung unter der Nazi-Diktatur. Antidemokratische Potentiale, Machtantritt und Machtdurchsetzung, Darmstadt 1995.
26
Besonders Hildegard Feidel-Mertz: Schulen im Exil. Die verdrängte Pädagogik nach 1933, Reinbek 1983; Dies.: Reformpädagogik auf dem Prüfstand, in: Manfred Briegel/Wolfgang Frühwald (Hrsg.): Die Erfahrung der Fremde. Kolloquium des Schwerpunktprogramms »Exilforschung« der Deutschen Forschungsgemeinschaft, Weinheim – Basel – Cambridge – New York 1988, S. 205–215; Dies: Pädagogik im Exil nach 1933. Erziehung zum Überleben. Bilder und Texte einer Ausstellung, Frankfurt am Main 1990.

1.3 Privates, Politisches und Professionelles als Symbiose

Schließlich sei auf eine dritte, bislang eher unterbelichtete, aber lebensgeschichtlich bedeutsame Gemeinsamkeit in den Biographien vieler Emigrantinnen verwiesen. Nicht selten war die Suche nach Identität durch persönliche Bekanntschaften und vor allem durch gleichgesinnte Lebenspartner beeinflusst. Privates, Berufliches und Politisches vereinten sich gerade bei Frauen oft zu einer identitätsstiftenden und Emanzipation fördernden Symbiose. Dennoch hatten Frauen in ihren Partnerbeziehungen meist die größeren Anpassungsleistungen zu erbringen, nicht zuletzt deshalb, weil Männer in der Parteihierarchie die höheren Positionen besetzten. Die Flucht in das Exil ging daher häufiger von den Männern, seltener von partnerschaftlichen Entscheidungen aus. Gertrud Braun, Katharina Harig, Hanna Wolf und Trude Richter folgten ihren Partnern in die Sowjetunion, Franziska Rubens floh gemeinsam mit ihrem Mann. Wilhelm Zaisser, ab 1927 militärpolitischer Mitarbeiter der Komintern, erhielt 1932 eine Funktion in Moskau und nahm die Familie mit. An eine Rückkehr war nach 1933 ebenso wenig zu denken wie bei Elisabeth Glesel, die 1932 wegen Arbeitslosigkeit in Deutschland gemeinsam mit ihrem Mann Samuel ein Angebot des Pädagogischen Instituts in Engels angenommen hatte.

Abb. 31
Brunhilde Hebel
in Engels,
Mitte der dreißiger Jahre

Abb. 32
Fingerabrdrücke von
Brunhilde Hebel,
aufgenommen in NKWD-Haft,
Engels 1939

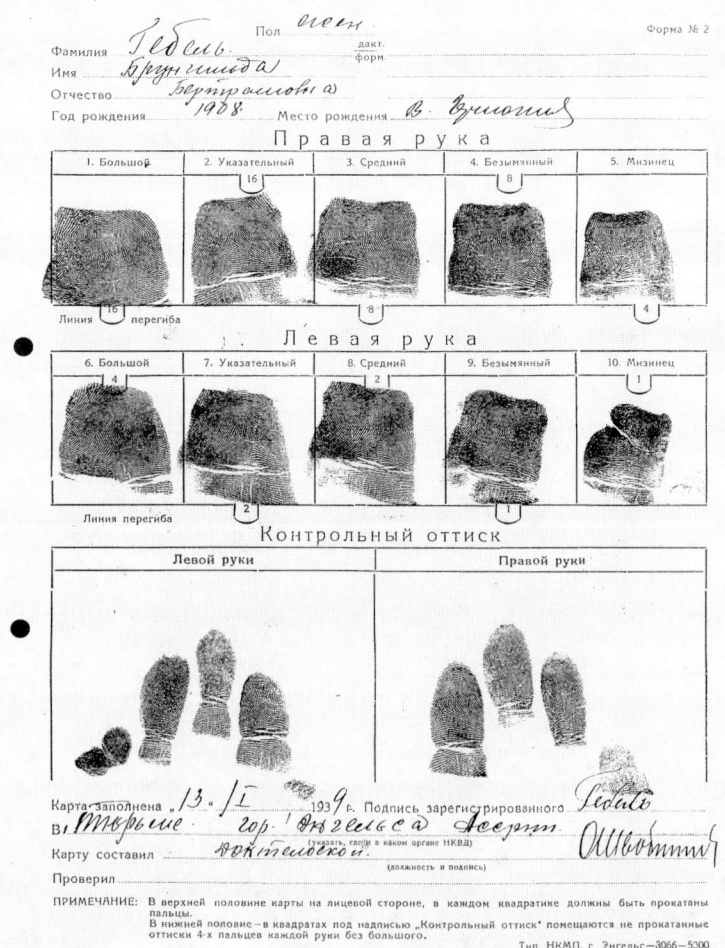

100

2. Zwischen pädagogischer Entfaltung, Erfahrung von Erziehung und stalinistischem Trauma – das Exil

Die ersten Jahre des Exils wurden von den meisten Pädagoginnen als Leben in der »zweiten« Heimat und unter Gleichgesinnten wahrgenommen. Nach Jahren politischer Verfolgung schienen Ruhe und Verlässlichkeit wichtige Erfahrungen. Anfänglich Fremdes wurde vertraut. Die neue Realität erschien in einem besonderen Licht, vielleicht am deutlichsten in euphorischen Beschreibungen der 1. Mai-Feiern, die eine geradezu symbolische Bedeutung für die neue Lebensqualität erhielten – ein »ganz starker Eindruck«[27], »überwältigt von diesem Ausdruck der Stärke«[28]. Auch dem privaten Glück schienen Zeit und Umstände günstig. Trude Richter empfand »Zenitbewusstsein«, »im Lieben, im Lernen wie im Schaffen unbegrenzte Bewegungsfreiheit«.[29] Gertrud Braun lebte ein »glückliches, tätiges Leben«.[30] Franziska Rubens hatte sich »bis auf diese Wohnungsmisere [...] gut eingelebt. Die Kinder besuchten die deutsche Schule, in den Ferien waren sie in Jugendlagern. Sie waren glücklich, fühlten sich in der Sowjetunion zu Hause. Illegalität und Emigration waren bald vergessen«.[31]

2.1 Leben im Beruf

Die meisten der Pädagoginnen erlebten in der Sowjetunion zum ersten Mal – zumindest für eine gewisse Zeit – eine konsistente berufliche Existenz. Wo immer sie auch arbeiteten, ob als Kindergärtnerin, Lehrerin, in pädagogischen Verlagen oder in der Lehrerbildung, sie brachten pädagogisches Engagement auf und bewältigten trotz oft belastender materieller Lebensverhältnisse ein »fast unerklärliches« Arbeitspensum.[32] Die Möglichkeit, in ihrem Beruf arbeiten zu können, erschien vielen als Privileg, das ihnen in Deutschland oft genug verwehrt worden war. Dankbarkeit, aber auch schlechtes Gewissen gegenüber den in Deutschland Zurückgelassenen bestimmten die Gefühle.[33] Als Pädagoginnen fanden sie Akzeptanz, sie waren begeistert vom Stellenwert der Bildung in der Sowjetunion, konnten sich selbst qualifizieren. Obgleich die sowjetische Pädagogik in den dreißiger Jahren durch reglementierende Eingriffe von oben ihres reformpädagogischen Aufbruch- und Experimentiergeistes beraubt war, wurde sie als modern, sozial gerecht und kinderfreundlich wahrgenommen.[34]

Die Begegnung mit sowjetischen Kolleginnen und Kollegen tat ein übriges. »Aufs freudigste überrascht« war Franziska Rubens, »auf welches Interesse, ja auf welche Kenntnisse [sie] bei den Schülern traf«.[35] Für Trude Richter war die Lehrtätigkeit in sowjetischen Hochschulen die »Summe« ihrer »geistigen und pädagogischen Existenz« und stellte alles »Frühere in den Schatten«.[36] Hanna Wolf erinnerte eine »tiefe optimistische Lebensgesinnung, die Liebe und Achtung zum Menschen, den Glauben an ihn, die Überzeugung, dass es sich lohnt, um jeden Menschen zu kämpfen«. Sie »tauchte in das sowjetische Leben« ein.[37]

Da die Pädagoginnen häufiger als ihre männlichen Kollegen in ihrem Beruf tätig waren – nach Hochrechnungen etwa 70 Prozent, aber nur etwa 55 Prozent der Männer –, setzte sich ihr Vorsprung an pädagogischer Erfahrung in der Sowjetunion nicht nur fort, sondern vertiefte sich.[38] Trude Richter konnte 1936 habilitieren, Elisabeth Zaisser promovieren, Franziska Rubens studierte Pädagogik. Dass sie die Prüfung nicht zu Ende bringen konnte, lag nicht an ihr. In die Prüfungszeit im Sommer 1941 traf der Krieg. Gertrud Braun holte 1934 ihren pädagogischen Abschluß nach, den sie nicht besaß, weil sie während ihres Studiums in Wien 1931 wegen angeblicher kommunistischer Propaganda verhaftet worden war. Von 1953 bis 1956 studierte sie im fernen Alma-Ata Anglistik. Brunhilde Hebel konnte in Odessa Pädagogik studieren. Nur Gertrud Bobek hatte weniger Glück. Sie arbeitete als Sekretärin im Internationalen Agrarinstitut. Ihre Promotion wurde dort nicht anerkannt. Heinrich Rau, der ihr helfen wollte, kam wegen des Spanienkrieges nicht mehr dazu.

Ungeachtet ihrer Kompetenz waren Pädagoginnen seltener als ihre männlichen Kollegen auf der politischen Führungsebene zu finden. Umgekehrt hatten männliche Führungskader vergleichsweise häufig pädagogische Ausbildungsgänge absolviert. Edwin Hoernle, Wilhelm Zaisser, Philipp Dengel, Paul Dietrich, Willy Kerff, Ernst Noffke, Georg Schneider u.a. waren von Haus aus Lehrer. Aber nur in Ausnahmen hatten sie praktisch in ihrem Beruf gearbeitet. Die geschlechtsspezifische Hierarchisierung innerhalb der kommunistischen Bewegung (und der Pädagogik) setzte sich auch im Exil fort: Den Männern die Funktionen und den Frauen die Praxis.

2.2 Die Erfahrung von Erziehung und die Ideologisierung der Lebenswelten

Trotz der Erfahrung beruflicher Entfaltung findet man in autobiographischen Texten über die sowjetische Exilzeit selten Reflexionen über Pädagogik. »Ich träumte davon«, erklärte Gertrud Bobek stattdessen, »mich selbst politisch zu qualifizieren und illegal nach Deutschland zurückzukehren.«[39] Der verständliche Wunsch, am Kampf gegen den Faschismus teilzunehmen, drängte den Beruf zurück und beeinflusste auch das pädagogische Selbstverständnis,[40] erst recht, nachdem die deutsche Wehrmacht den Krieg gegen die »zweite« Heimat, die Sowjetunion, begonnen hatte. Hanna Wolf meldete sich an die Front. Als ihr Gesuch abgelehnt und sie darüber hinaus im Oktober 1941 aus Moskau evakuiert wurde, war das für sie der »schwerste und schrecklichste Tag« ihres Lebens, ein »Treuebruch«. »Tropfen für Tropfen« hätte sie ihr Blut für die Partei hergegeben.[41] Eine solche Haltung war nicht zuletzt durch die sich zunehmend als autoritäre Kader- und Erziehungspartei etablierende KPD herausgefordert worden.[42]

27
Bobek: Erinnerungen (Anm. 1), S. 116.
28
Richter: Erinnerungen (Anm. 22), Bl. 123.
29
Ebenda, Bl. 141.
30
Gertrud Braun: Lebenslauf 1966;
SSAL, Bezirksparteiarchiv Leipzig, SED-Stadt-leitung, IV 5.01/V/415, Bl. 2.
31
Rubens: Erinnerungen (Anm. 14), Bl. 86.
32
Ebenda, Bl. 96.
33
Hanna Wolf beispielsweise hatte »an diesem Problem hart und lange zu knabbern«. Während die Genossen in Deutschland im Kampf und in den KZs in den Tod gingen, habe sie in der Sowjetunion unter »prächtigen Bedingungen« lernen und leben können. Wolf: Lebenslauf 1950 (Anm. 13), Bl. 161.
34
Vgl. u.a. Marianne Krüger-Potratz: Absterben der Schule oder Verschulung der Gesellschaft? Die sowjetische Pädagogik in der zweiten Kulturrevolution 1928–1931, München 1987; Oskar Anweiler/Klaus Meyer (Hrsg.): Die sowjetische Bildungspolitik seit 1917, Heidelberg 1991; Regina Wendrovskaja: Schule der zwanziger Jahre. Suche und Resultate, Moskau 1993; Gundula Helmert: Schule unter Stalin 1928 bis 1940. Über den Zusammenhang von Massenbildung und Herrschaftsinteressen, Berlin 1994.

35
Rubens: Erinnerungen (Anm. 14), Bl. 94.
36
Richter: Erinnerungen (Anm. 22), Bl. 130.
37
Wolf: Lebenslauf 1950 (Anm. 13), Bl. 162.
38
In den dreißiger Jahren arbeiteten häufig auch politische Emigranten auf pädagogischem Gebiet, die aus ihren Funktionen entlassen worden waren und sich als Deutschlehrer über Wasser zu halten versuchten. Das galt beispielsweise für Lothar Bolz, Gabriel Lewin, Richard Keller, Erich Wendt, Nathan Steinberger u.v.a.
39
Bobek: Erinnerungen (Anm. 1), S. 116.
40
Der Erhalt beruflicher Kontinuität ist häufiger als Motiv für die Emigration in westliche Länder anzutreffen. Vgl. Exilforschung. Ein internationales Jahrbuch, Band 8: Politische Aspekte des Exils, München 1990.
41
Wolf: Lebenslauf 1950 (Anm. 13), Bl. 167 ff.
42
Vgl. Beatrix Herlemann: Die Kaderpolitik der KPD in Exil und Widerstand, in: Briegel/Frühwald: Die Erfahrung der Fremde (Anm. 26), S. 79–86; Mario Kessler: Heroische Illusion und Stalin-Terror. Die Komintern in historischer Perspektive, in: Utopie kreativ, (1997) 76, S. 39–57.

Spätestens seit Beginn der dreißiger Jahre hatte die KPD in Übereinstimmung mit der Komintern das Ziel verfolgt, »Parteikader« zu erziehen, die »bereit sind, mit größter ideologischer Festigkeit« und »innerer Diszipliniertheit« jedes »Opfer für die Partei zu bringen«[43] – gleichsam als »Schräubchen eines großen Staatsmechanismus«[44] zu funktionieren. »Die Kernfrage« sei »jetzt [...] nicht die Liquidierung der technischen Rückständigkeit unserer Kader« hatte Stalin 1937 instruiert, »sondern die Liquidierung der politischen Sorglosigkeit und politischen Vertrauensseligkeit gegenüber Schädlingen, die sich zufällig ein Parteibuch verschafft haben. [...] Man muss die alte Losung der Meisterung der Technik [...] durch die neue Losung der politischen Erziehung der Kader [...] ergänzen. [...] Ich glaube, dass wir, wenn wir unsere Parteikader von unten bis oben ideologisch schulen [...], dass wir damit neun Zehntel aller unserer Aufgaben gelöst hätten.«[45]

Politisch-ideologische Exerzitien, Parteiüberprüfungen sowie ein umfangreiches Schulungssystem während des Exils nahmen auch das pädagogische Denken in Besitz. Die meisten der Pädagoginnen erlebten das Ausmaß an Erziehung als etwas Fremdes, Dunkles, Irrationales, als »eine sehr ernste Schulung«, die alles bisher für richtig und gut Befundene in Frage stellte, die dazu zwang, »Begriffe«, von denen geglaubt wurde, dass sie »klar seien«, zu überprüfen und zu lernen, »was Wachsamkeit, Kritik und Selbstkritik, was neues Verhältnis zur Arbeit, was das ›Kollektiv‹ im tiefsten Sinn bedeutet. [...] Wir mussten umlernen«, konstatierte Franziska Rubens gleich nach der Ankunft in Moskau.[46] Gertrud Braun verstand den Kult um Stalin und die »großen Unterschiede im Lebensniveau« nicht und wurde deshalb zum Lernen in die Produktion geschickt.[47] Trude Richter wurde belehrt, dass nicht gewünscht sei, im Sprachunterricht ein religiöses Zitat zu verwenden.[48] Ein »gutwilliges Erziehungsobjekt«[49] mit einem permanent schlechten Gewissen, weil vermeintlich nicht auf der Höhe des politischen Kampfes, sei sie gewesen, stellte Gertrud Bobek im Nachhinein lakonisch fest. Für Hanna Wolf schien es hingegen eher erleichternd, den »intellektuellen Mist (d.h. Unglauben, Pessimismus, Neigung zu Launen und Stimmungen)« abzulegen, was ihr »endgültig erst in der Sowjetunion gelungen« sei.[50]

43
Zitiert nach Uhlig:
Rückkehr aus der Sowjetunion (Anm. 2), S. 99.
44
Stalin verwendete den Begriff des »Schräubchens« in einem Toast anlässlich einer Feier für die Teilnehmer der Siegesparade am 25.5.1945 und meinte damit »die einfachen, gewöhnlichen, bescheidenen Leute, [...] die unseren großen Staatsmechanismus [...] in Bewegung halten«. Zitiert nach Franziska Rubens: Vorlesungen an der Parteihochschule der SED 1948; SAPMO-BA, NY 4150/1, Bl. 110.
45
J. W. Stalin: Über die Mängel der Parteiarbeit und die Maßnahmen zur Liquidierung trotzkistischer und sonstiger Doppelzüngler. Referat, gehalten am 3. März 1937 auf dem Plenum des ZK der KPdSU. Dieses Referat kursierte 1948 für den »internen Schulgebrauch« an der Parteihochschule der SED; SAPMO-BA, DY 30/IV 2/905/76, Bl. 167.
46
Rubens: Erinnerungen (Anm. 14), Bl. 74.
47
Kaderakte Braun; SAPMO-BA, DY 30/IV 2/11/v. 4818, Bl. 53.

48
Sie hatte aus dem »Silbernen Kodex« des Wulfila zitiert. Richter: Erinnerungen (Anm. 22), Bl. 132.
49
Bobek: Erinnerungen (Anm. 1), S. 115.
50
Wolf: Lebenslauf 1950 (Anm. 13), Bl. 160.

Obwohl der Vorrang des Politischen gegenüber dem Privaten und Professionellen prinzipiell akzeptiert wurde, hatten manche der hier erwähnten Pädagoginnen erhebliche Mühe, diese Entwicklung zu verstehen, zumal sie gleichermaßen erleben mussten, dass die KPD-Führung an der beruflichen Qualifizierung der Emigranten wenig Interesse zeigte. Vorbehalte gegenüber intellektuellen Berufen, wie Lothar Wolf als Sprecher der deutschen Ärztegruppe in Moskau in einer 1937 verfassten Resolution kritisierte, galten auch den Pädagoginnen. Es sei ihm unklar, so Wolf, »wie die Partei nach einem revolutionären Umsturz in Deutschland oder auch nur nach einer innerdeutschen ›Neuorientierung‹ [...] ihre ungeheuren technischen, wirtschaftlichen und ideologischen Aufgaben ohne entsprechende Kader durchführen will. [...] Es muss offen ausgesprochen werden, dass sehr viele mittlere und untere KPD-Funktionäre vor dem Zustrom hochqualifizierter Kräfte eine tödliche Konkurrenzangst haben.«[51]

Ähnliche Bedenken klangen auch in pädagogischen Kreisen und hier vor allem bei Frauen an. Gertrud Bobek z. B. bemerkte nicht ohne Bitterkeit, dass eigentlich nur die Kominternfunktionäre die Chance gehabt hätten, ihr gewohntes, von den anderen Emigranten abgeschottetes Leben weiterzuführen, und dass ihre Isolation zu bedenklichen Wahrnehmungsverlusten der realen gesellschaftlichen Verhältnisse geführt habe.[52]

Wie wenig die pädagogische Kompetenz der Emigrantinnen in der politischen Führungsspitze galt, zeigte sich auch bei der antifaschistischen Umerziehung deutscher Kriegsgefangener in der Sowjetunion ab 1942 – ein nicht nur brisantes politisches Experiment, sondern zugleich eine spezifisch pädagogische Herausforderung. Der durch den Terror der dreißiger Jahre verursachte Mangel an dafür geeignetem Personal, der sich hier und noch deutlicher bei der Kaderplanung für Nachkriegsdeutschland bemerkbar machte, zwang bei der Suche nach antifaschistischen Lehrkräften zwar auch zur Besinnung auf Pädagoginnen unter den Emigranten – Frida Rubiner, Hanna Wolf, Franziska Rubens, Frieda Düwell –, die meisten jedoch blieben vergessen. Verlässlicher erschien der Rückgriff auf die Kriegsgefangenen selbst. Kriegsgefangene Pädagogen gewannen nicht nur bei der Realisierung des gigantischen Projektes der Umerziehung von Kriegsgefangenen größeren Einfluss als pädagogisch kompetente Emigrantinnen aus sozialistischer Tradition, sondern schließlich auch bei der bildungspolitischen Nachkriegsplanung der KPD.[53]

51
Zitiert nach Uhlig: Rückkehr aus der Sowjetunion (Anm. 2), S. 110 ff.
52
Bobek: Erinnerungen (Anm. 1), S. 121.
53
Vgl. hierzu Christa Uhlig: Zur Erarbeitung der bildungspolitischen Programmatik für Nachkriegsdeutschland in der UdSSR – Konzepte und Personen, in: Zeitschrift für Pädagogik, 37. Beiheft, Weinheim – Basel 1997, S. 411–432; Gerhard Keiderling (Hrsg.): »Gruppe Ulbricht« in Berlin. April bis Juni 1945. Von den Vorbereitungen im Sommer 1944 bis zur Wiederbegründung der KPD im Juni 1945. Eine Dokumentation, Berlin 1993; Peter Erler/Horst Laude/Manfred Wilke: »Nach Hitler kommen wir«. Dokumente zur Programmatik der Moskauer KPD-Führung 1944/45 für Nachkriegsdeutschland, Berlin 1994.

54
Rubens: Erinnerungen (Anm. 14), Bl. 86.
55
Zu den ermordeten Pädagogen gehörten insbesondere jene aus sozialistischen reformpädagogischen Richtungen, die schon in den zwanziger Jahren mit der Sowjetunion und dem dort entstandenen Erziehungs- und Bildungssystem sympathisiert hatten und deswegen in die Sowjetunion gekommen waren. Vgl. z. B. Natalija Mussijenko: Schule unserer Träume. Die Geschichte der Karl-Liebknecht-Schule in Moskau 1924–1938. Hrsg. vom Goethe-Institut, Moskau 1996; Ulla Plener: Helmut Schinkel: Ein Lehrerleben zwischen Vogelers Barkenhoff und Stalins Lager. Biographie eines Reformpädagogen (1902–1946), Berlin 1996.

2.3 Die Vereinbarkeit des Unvereinbaren –
das Erleben des Terrors

»Wir hatten uns allmählich aus ›Reisenden‹ in Sowjetbürger verwandelt«, schrieb Franziska Rubens rückblickend auf die dreißiger Jahre, »dabei hingen die Schatten der vor uns liegenden Ereignisse schon drohend über uns.«[54] Hatten die Pädagoginnen bis Mitte der dreißiger Jahre viele ähnliche Erfahrungen gemacht, gingen Lebenswege nun mit gravierenden lebensgeschichtlichen Folgen auseinander. Mehr als die Hälfte aller im sowjetischen Exil lebenden Pädagoginnen und fast zwei Drittel ihrer männlichen Kollegen waren vom Terror Stalins betroffen. Jeder Fünfte überlebte nicht.[55] Gertrud Braun, Trude Richter und Elisabeth Glesel wurden in Zwangsarbeitslager verschickt. Alle drei verloren ihren Lebensgefährten. Anni Sauer wurde mitten aus einem Auftrag als Tanzpädagogin für das Pionierlager Artek gerissen. Katharina Harigs Mann wurde von der KPD nach Deutschland zurückgeschickt und dort verhaftet. Sie selbst verlor ihre Arbeit und musste Leningrad verlassen. Franziska Rubens' Mann geriet in Haft und kam – ein »seltener Glücksfall« – wieder frei. 1941, als der große Terror vorbei schien, wurde ihr zwanzigjähriger Sohn auf offener Straße verhaftet, weil er deutsch sprach. Noch ehe sie etwas tun konnte, kam er im Lager um. Brunhilde Hebel wurde 1940 ausgewiesen. Ihr Mann starb 1945 in Mauthausen. Gertrud Bobek erhielt 1937 – ihr Mann saß zu dieser Zeit in der Todeszelle in Plötzensee – eine Strafe wegen mangelnder Wachsamkeit. Sie hatte einen kritischen Brief eines Freundes nicht gemeldet. Frieda Düwell war 1937 einige Wochen in Haft.[56]

Wie gingen die Frauen mit diesem Lebensbruch um? Was wurde aus ihren pädagogischen Idealen angesichts einer derart unpädagogischen Realität? Später aufgeschriebene Erinnerungen vermitteln nicht selten den Eindruck, als würden zwei Filme synchron ablaufen. Franziska Rubens zum Beispiel schilderte dicht nebeneinander die Verhaftung ihres Mannes und vieler ihrer Freunde und »schöne Stunden« als Lehrerin.[57] Es gelang eine »Vereinbarkeit des Unvereinbaren« – ein Phänomen, dessen Paradoxie in der Beschreibung erfüllender pädagogischer Arbeit in der Unfreiheit der Verbannungsorte ebenso zum Ausdruck kommt wie in der parallelen Erzählung von Erfolg und Leid[58] oder in der ästhetisierenden Umdeutung der Leidensgeschichte in ein »Bildungserlebnis«, wie es bei Trude Richter anklingt.[59]

56
Die Lage der Frauen war in der KPD bekannt. 1938 gab Paul Dietrich einen erschütternden Bericht aus Leningrad, 1939 informierte Paul Wandel über die Situation in Beloomut. Auszüge der Berichte in Uhllg: Rückkehr aus der Sowjetunion (Anm. 2), S. 114–119; vgl. auch Tischler: Flucht in die Verfolgung (Anm. 10), S. 114 ff.; Reinhard Müller: »Wir kommen alle dran«. »Säuberungen« unter den deutschen Politemigranten in der Sowjetunion (1934–1938), in: Mittelweg 36, 6 (1997/1998), S. 20–44.

57
Rubens: Erinnerungen (Anm. 14), Bl. 89–94.

58
Gertrud Braun schreibt: »Meine besondere Liebe gehörte seit langem der musischen Arbeit. So begann ich eine vielseitige Laienkunsttätigkeit aufzubauen. Ich leitete außer der Unterrichtsarbeit einen Chor, inszenierte Theaterstücke in russischer und englischer Sprache. Auf Bezirksolympiaden errangen wir stets die ersten Preise. Für meine Arbeit wurde ich mit elf Ehrenurkunden ausgezeichnet. Im Jahre 1953, ein paar Monate nach Stalins Tod, teilte mir die Prokuratur der UdSSR mit, dass mein Mann rehabilitiert ist. Leider war er schon nicht mehr am Leben.« Braun: Lebenslauf 1966 (Anm. 30), Bl. 2. Ähnliches berichtet Anni Sauer in Brüning: Lästige Zeugen? (Anm. 6), S. 108 ff.

59
Vgl. Hilzinger: »Ich hatte nur zu schweigen.« (Anm. 6), S. 41 ff.

Wie ist diese zwiefache Wahrnehmung, diese Doppelseitigkeit im Erleben und Erinnern angemessen zu interpretieren? Nur auf Verdrängungsprozesse, stalinistische Sozialisation oder gar »kollektive Schizophrenie«[60] zu rekurrieren oder die Betroffenen allein in einer Opferperspektive zu sehen, reicht meines Erachtens nicht aus. Die extremen existentiellen Belastungssituationen während des Exils stellten politische wie pädagogische Grundüberzeugungen nachhaltig auf die Probe. Beispiele dafür, wie Pädagoginnen auch in den schwierigsten Lebenssituationen, selbst in Lagern und in der Verbannung, primär pädagogisch handelten, sich um die dort mit ihnen lebenden Kinder, um ihre Bildung und um Erleichterungen ihres Lebens kümmerten, gibt es zur Genüge. Derartige pädagogische Arbeit war offensichtlich nicht nur Kraftquell zum Überleben, sondern stabilisierte pädagogische Identität dauerhaft.

Die oft splitterhaft knappen Äußerungen zum stalinistischen Terror, häufiger bei Frauen als bei Männern zu finden, lassen ein scharfes Bewusstsein für die Tragödie des sowjetischen Exils und ihre Folgen bis weit hinein in die Nachkriegsverhältnisse erkennen, wie die wenigen Sätze in den »Erinnerungen« von Franziska Rubens zeigen: »Es ist nicht leicht, über die Erinnerungen an jene Zeit zu schreiben, ehrlich darüber zu schreiben. Es ist nicht leicht – angesichts all der furchtbaren schweren Erlebnisse, die wir in jenen Jahren durchgemacht haben. [...] Es gäbe hierzu viel zu berichten; von Genossen, die man verlor, von der Atmosphäre von Angst und Misstrauen, die den Freund vom Freunde schied, ›Hinterbliebene‹ isolierte – von Genossen, die man einmal selbst mit erzogen hatte und die, wenn sie einen erblickten, auf die andere Straßenseite gingen, um einem nicht zu begegnen. Der seelische Druck war ungeheuerlich – nur der Glaube an die Partei, die sichere Hoffnung, dass die Wahrheit siegen würde, hielt uns aufrecht.«[61] Hier spricht eine wissende, nicht eine verdrängende Frau. »Es gäbe hierzu viel berichten« – wenn man dürfte oder könnte – oder wollte? Dieser Konjunktiv meint nicht zuerst Vergangenheit, sondern eine durch die Vergangenheit belastete Gegenwart.

60
Freya Klier: Lüg Vaterland.
Erziehung in der DDR, München 1990, S. 41–42.
61
Rubens: Erinnerungen (Anm. 14), Bl. 88–89.
Hervorhebung im Original.
62
Nachlass Pieck;
SAPMO-BA, NY 4036/500, Bl. 90.
63
Paul Wandel: Erinnerungen;
SAPMO-BA, SgY 30/1339, Bl. 7.
64
Kaderakte Rubens;
SAPMO-BA, DY 30/IV 2/11/v. 1081, Bl. 72 ff.

3. Die Rückkehr – Schweigen zwischen Aufbruch, Hoffnung und Begrenzung

3.1 Hoffnung auf ein anderes Deutschland – und auf Rückkehr

Die meisten der Pädagoginnen, selbst jene in Lagern und Verbannung, lebten mit dem »Gesicht nach Deutschland«. Der Sieg über den Faschismus und damit verknüpfte Hoffnungen auf ein anderes Deutschland erlangten vermutlich bei allen Betroffenen größte lebensgeschichtliche Bedeutung, vergrößerten nicht nur die Zuneigung zur Sowjetunion, sondern verkleinerten auch das ausgestandene Leid. »Alle Kommunisten kommen heran [...] – nicht ungeduldig werden«, beschwichtigte Wilhelm Pieck im Frühjahr 1945 das Drängen nach Deutschland.[62]

Kamen wirklich alle heran? Von den Pädagoginnen im Exil konnte 1945 nur Gertrud Bobek zurückkehren. Seit September 1944 hatte sie die KPD-Schule Nr. 12 besucht, an der Emigranten und Kriegsgefangene für einen Einsatz in Deutschland vorbereitet wurden. Aber erst 1946 erhielt sie Aufgaben in der Volksbildung. 1946 kehrte Frida Rubiner, einzige an der Ausarbeitung der bildungspolitischen Programme für Nachkriegsdeutschland beteiligte Frau, nach Deutschland zurück und wurde, 66-jährig, Dekanin der SED-Hochschule. Auch Lotte Pulewka traf 1946 in Deutschland ein. Sie arbeitete bis 1966 als Übersetzerin, Sachbearbeiterin und Bibliothekarin bei der SED-Landesleitung Brandenburg bzw. später der SED-Bezirksleitung Potsdam.

Für die Anfänge der Bildungsreform wurden zwar auch Remigranten, nicht aber in erster Linie Pädagogen und schon gar nicht Pädagoginnen herangezogen. Von den fünf Kultusministern der Länder kamen zwei aus der Sowjetunion, Fritz Rücker (Brandenburg) aus der Kriegsgefangenschaft und Gottfried Grünberg (Mecklenburg) aus dem Exil. Mit dem Emigranten Paul Wandel als Präsident und dem ehemaligen Kriegsgefangenen Ernst Hadermann als Leiter der Schulabteilung wurden wichtige Funktionen der Deutschen Zentralverwaltung für Volksbildung (DVV) besetzt. Nur die beiden aus der Kriegsgefangenschaft Zurückgekehrten waren von Haus aus Pädagogen. Stimmt es also, wenn Paul Wandel in seinen Erinnerungen konstatiert, dass es »in unseren Reihen sehr wenig wirkliche Fachleute« gab und »demgegenüber [...] unter den sozialdemokratischen Genossen nicht nur eine bedeutend größere Zahl, sondern auch sehr erfahrene Pädagogen«?[63] Gab es wirklich keine erfahrenen kommunistischen Pädagoginnen und Pädagogen?

Gertrud Braun, Elisabeth Glesel, Trude Richter und Katharina Harig befanden sich zu dieser Zeit noch in sibirischen Arbeitslagern. Franziska Rubens und Hanna Wolf waren im Kriegsgefangenenlager Krasnogorsk als Antifa-Lehrerinnen eingesetzt. Elisabeth Zaisser verfasste deutschsprachige Lehrbücher für sowjetische Hochschulen. Während die drei Erstgenannten noch längst nicht auf Rückkehr hoffen durften und Elisabeth Zaisser lieber in der Sowjetunion geblieben wäre, konnte Franziska Rubens nur schwer verstehen, weshalb sie »vergessen« wurde. »Wir in K. sitzen hier wie auf einer Insel«, schreibt sie am 24. 2. 1946 an Wilhelm Pieck und Walter Ulbricht, »fern von jedem politischen Leben, von deutscher Arbeit. Die Zeit hat sich geändert, das Leben geht weiter, aber wir sitzen weiterhin wie im Kloster, ohne Verbindung mit diesem wirklichen Leben. [...] Dieselbe Arbeit in Deutschland, wieviel könnte man schaffen, so aber ist es einfach nicht effektiv [...]. Ich schreibe das in der Hoffnung, dass Ihr uns und unsere Arbeit nicht vergesst – wir haben die ganze Zeit noch nie eine Nachricht von Euch gehabt [...]. Für uns als alte Parteigenossen ist es unfasslich, dass wir nicht dabei sind beim Aufbau der Partei und des Landes [...]. Wir warten auf den Tag, an dem Ihr uns holt.«[64] Irgendwann 1947 gab sie auf zu schreiben, alle Briefe nach Deutschland blieben unbeantwortet.

Auch Hanna Wolf, 1947 zur Leiterin der Zentralen Antifa-Schule Krasnogorsk aufgerückt, »brannte« seit 1945 darauf, in Deutschland gebraucht zu werden. 1948 endlich durften beide zurückkehren, aber da waren wesentliche Weichen für das Bildungswesen schon gestellt. Franziska Rubens wurde zunächst als Verantwortliche für politische Schulung bei der Deutschen Volkspolizei eingesetzt und später als wissenschaftliche Mitarbeiterin im Institut für Marxismus-Leninismus in Berlin. Hanna Wolf avancierte nach einem kurzen Intermezzo in der DVV zur Direktorin der SED-Parteihochschule – eine Funktion, die sie »im wahrsten Sinne des Wortes beglückt« habe, weil sie das in der Sowjetunion Gelernte, »die pädagogischen Maßnahmen im Umgang mit Menschen und die Methoden der Leitung«, hier anwenden konnte: »sich in die Menschen hineinzudenken, sie durchleuchten und lenken, erziehen und lehren« und »wachsam den Feinden gegenüber« zu sein.[65] Bis 1983 blieb sie in diesem Amt.

1948 kam auch Katharina Harig zurück. Ihr Ehemann Gerhard Harig, nach seiner Auslieferung an Deutschland bis 1945 im KZ Buchenwald inhaftiert, unterdessen Professor für Geschichte der Naturwissenschaften und Technik an der neugegründeten gesellschaftswissenschaftlichen Fakultät der Universität Leipzig, hatte sich für ihre Heimkehr eingesetzt. Nach zehn Jahren sahen sie sich wieder. Katharina Harig wurde zunächst Dozentin für Sowjetpädagogik an der Universität Leipzig, leitete dann den Bereich Schulen im ZK der SED und fand schließlich von 1958 bis 1963 eine sie erfüllende Arbeit als Direktorin des Instituts für Ausländerstudium der Leipziger Universität. Bereits 1947 war Elisabeth Zaisser zurückgekehrt. Sie hatte die wohl spektakulärste Karriere. Zunächst ebenfalls Dozentin für Sowjetpädagogik in Halle und Dresden, stieg sie bald zur Direktorin des Deutschen Pädagogischen Zentralinstituts in Berlin auf, wurde dann Staatssekretärin und löste im August 1952 Paul Wandel als Minister für Volksbildung ab. Aber schon im Oktober 1953 musste sie im Zusammenhang mit dem »Fall Wilhelm Zaisser und Rudolf Herrnstadt«, denen im Umfeld des 17. Juni 1953 fraktionelle Tätigkeit vorgeworfen wurde,[66] das Amt wieder abgeben. Sie lebte fortan zurückgezogen als Übersetzerin.

Jene Pädagoginnen, die sich noch Mitte der fünfziger Jahre in der Maschinerie der stalinistischen Repressionen befanden, blieben jedoch nach wie vor völlig außerhalb des politischen und pädagogischen Interesses. 1955 stellte Gertrud Braun ein Gesuch an die Regierung der DDR mit der Bitte, »in meine Heimat, die DDR, zurückkehren zu dürfen [...]. Meine große Sehnsucht nach der Heimat, nach der freien Heimat, die ein neues Leben baut, kann ich nicht in Worten ausdrücken. Ich bitte sie, mir die Möglichkeit zu geben, in meinem Beruf oder in jeder für die Heimat notwendigen Arbeit in der DDR arbeiten zu dürfen.«[67] 1956 konnte sie dank der Fürsprache Wilhelm Piecks ausreisen und bekam eine Dozentur für Slawistik an der Pädagogischen Hochschule Leipzig. 1957 kehrte Trude Richter mit Unterstützung von Anna Seghers zurück. Johannes R. Becher empfahl sie an das Literaturinstitut Leipzig. Anni Sauer gelang 1957 durch Vermittlung von Kurt Liebknecht die Heimkehr. In eigener Initiative organisierte sie an Berliner Schulen Tanzkurse und arbeitete bis ins hohe Alter im »Haus der jungen Talente« als Tanz- und Musikpädagogin. Elisabeth Glesel, 1955 zurückgekehrt, wurde Russischlehrerin.

Betrachtet man die Karrieren der Frauen und Männer, deren Weg bis in die DDR hinein verfolgt werden konnte, zeigen sich deutliche Unterschiede. Weniger als die Hälfte der Pädagoginnen fanden einen beruflichen Einstieg im Bildungswesen. Demgegenüber erlebten fast alle zurückgekehrten Männer eine dauerhafte höhere Karriere, allerdings meist in nichtpädagogischen Bereichen und unabhängig von primären beruflichen Qualifikationen. Trotz formaler Rehabilitierung, großzügiger materieller Unterstützung und beruflicher Integration blieb für die meisten der spät zurückgekehrten Pädagoginnen die berufliche und vor allem die politische Partizipation auf eine ambivalente Weise begrenzt. Manche schulreformerische Traditionen der Weimarer Zeit, in der die Zurückgekommenen ihre berufliche Sozialisation erfahren hatten, waren abgeschnitten. Schlüsselpositionen waren längst vergeben, auch an Emigranten, die nicht in den Repressionsapparat Stalins geraten waren oder durch glückliche Umstände früher entkommen konnten, an antifaschistisch umerzogene ehemalige Kriegsgefangene, denen gerade im Bildungsbereich alle Tore geöffnet wurden,[68] aber auch schon an die jüngere, in der SBZ bzw. DDR ausgebildete Pädagogengeneration.

3.2 Einflüsse auf die Pädagogik

Welchen Einfluss auf die Gestaltung von Schule und Pädagogik in der DDR hatten die Pädagoginnen aus dem sowjetischen Exil? Gehörten sie tatsächlich zur »Elite Stalinscher Prägung«?[69] Die Ambivalenz und die Untauglichkeit pauschalisierender Zuschreibungen zeigt sich besonders an Elisabeth Zaisser, deren Ruf als Stalinistin noch immer tradiert wird. Als sie 1952 in das Ministeramt eintrat – der Kalte Krieg lief gerade auf Hochtouren –, wusste die in West-Berlin erscheinende Neue Zeitung vom 29.8.1952 auch schon um ihren Auftrag: »die Sowjetisierung der deutschen Erziehungsinstitutionen«, das »gesamte Kunst- und Kulturleben nach sowjetischem Muster auszurichten« und die deutsche Geschichte zu fälschen.[70] Am 13.10.1953 berichtete die gleiche Zeitung: »Frau des abgesetzten SSD-Chefs wegen ›schwerer Fehler‹ amtsenthoben«. Sie habe »sowjetische Erfahrungen schematisch auf das Schulwesen der DDR übertragen, ohne die dortigen ›besonderen Verhältnisse‹ zu berücksichtigen«, ergänzte der »Kurier« vom 16.10.1953.[71]

Ohne ein Wort der Rechtfertigung, eher in Demut, schied Elisabeth Zaisser aus Amt und Würden.[72] Das Ausmaß ihrer Verletzung schien niemand zu ahnen. Völlig zurückgezogen, übertrug sie die Werke von N.K. Krupskaja und A.S. Makarenko in die deutsche Sprache. Aber der Schein ihrer Sprachlosigkeit trügt. »Ich werde nicht aus dem Leben gehen, ohne die Wahrheit [...] erkämpft zu haben.«[73] Das schrieb sie in einem bislang unbeachteten »Memorial« an den V. Parteitag der SED 1958, dann wieder, weil sie keine Reaktion erfuhr, an den VI. Parteitag 1963, schließlich wandte sie sich mit dem Antrag auf eine Untersuchung an Hilde Benjamin, Justizministerin der DDR, auch hier erfolglos. Elisabeth Zaisser kämpfte um die Rehabilitierung ihres Mannes und um die eigene Würde – still, ohne Aufsehen, ohne Öffentlichkeit, aber hartnäckig.

65
Wolf: Lebenslauf 1950 (Anm. 13), Bl. 168 u. 162.
66
Vgl. Helmut Müller-Enbergs:
Der Fall Rudolf Herrnstadt.
Tauwetterpolitik vor dem 17. Juni, Berlin 1991.
67
Kaderakte Braun (Anm. 47), Bl. 55.
68
Vgl. Uhlig: Rückkehr aus der Sowjetunion
(Anm. 2), S. 209 ff.
69
Erika Hoerning: Vertikale Mobilität in der
DDR: Der Typus des Aufsteigers, in:
BIOS, 7 (1994) 1, S. 255–269; vgl. auch Klaus
Schroeder: Geschichte und Transformation des
SED-Staates. Beiträge und Analysen,
Berlin 1994; Andreas Malycha: Partei von
Stalins Gnaden. Die Entwicklung der SED zur
Partei neuen Typs in den Jahren 1946–1950,
Berlin 1996.

70
Zitiert nach: Kaderakte Zaisser;
SAPMO-BA, DY 30/IV 2/11/v/4471, unpaginiert.
71
Ebenda.
72
Vgl. Uhlig: Rückkehr aus der Sowjetunion
(Anm. 2), S. 229.
73
Elisabeth Zaisser: Memorial;
SAPMO-BA, DY 30/IV 2/4/392, Bl. 266.

Abb. 33
Elisabeth Zaisser, 1952

Das »Memorial« ist ein Zeitdokument ohnegleichen. Nachdem sie ihre verinnerlichte Haltung »Du musst für die Partei auch Unrecht in Kauf nehmen« aufzugeben vermocht hatte, setzte sie sich mit bis in das Exil zurückreichenden Machtintrigen auseinander, wandte sich gegen jene, »die falsch Zeugnis ablegen trotz besseren Wissens«, kritisierte erzwungene Anpassung, Korruption, Unehrlichkeit, Heuchelei, das Spiel mit der Angst. »Zustände wie in einer Militärdiktatur«, so habe Otto Grotewohl die Situation beschrieben.[74]

Dieses »Memorial« korrigiert auch die bislang gängige pädagogische Auffassung, Elisabeth Zaisser habe die sowjetische Schule in der DDR in Gestalt einer 11-Klassenschule einführen wollen und die Ideologisierung der Schule forciert. Sie selbst sah das anders: »1953 wurde das Kommandieren immer unerträglicher. Gen. Ulbricht verlangte z.B. die Abschaffung der 12-klassigen Oberschule; alle Einwürfe, dieses widerspreche allen Traditionen der deutschen Schule [...], waren erfolglos. Erst mit Hilfe der Genossen aus Karlshorst gelang es mir, im Politbüro die 11-Klassenschule durchzusetzen.«[75] Der Beschluss über die 11-Klassenschule, als Gipfel der Sowjetisierung interpretiert und, ohne je realisiert gewesen zu sein, nach dem 17. Juni 1953 stillschweigend wieder aufgehoben, war demnach ein Kompromiss, um Schlimmeres zu verhindern. »Zu den schlimmsten Folgen«, schrieb sie weiter, »führte die von Ulbricht [...] geforderte ›innere Erneuerung‹ der Oberschule. Alle Bezirksleitungen der Partei erhielten die Anweisung zur Überprüfung der Oberschüler und Oberschullehrer, fassten Beschlüsse, nach denen [...] Hunderte von Lehrern und Schülern entlassen wurden, bis ich auf eigene Initiative ein Verbot erließ, Lehrer oder Oberschüler ohne die Unterschrift des Ministers zu entlassen [...]. Ich lehnte es ab, aufgrund fadenscheiniger ›politischer‹ Begründungen (Hans Meyer, 15 Jahre: politisch unreif!) junge Menschen unglücklich zu machen.«[76] In gleicher Vehemenz kritisierte sie die Schließung christlicher Kinderheime.

Was ist damals wirklich geschehen? Akribische historische Arbeit wird nötig sein, sollen Unwahrheiten und Mythen über Geschichte und Menschen nicht weiter tradiert werden. Das »Memorial« gestattet aufschlussreiche Einblicke in die Verhältnisse der fünfziger Jahre. Es offenbart, wie schon bei Franziska Rubens angedeutet, wie dicht »Opfer« und »Täter« beisammen waren – auch, wie sehr manche beides in einem waren. Hoffnungen, dass Konflikte aus der Exilzeit mit dem gesellschaftlichen Neubeginn nach 1945 überwunden werden könnten, erfüllten sich offensichtlich nicht. Möglicherweise ist es diese Erfahrung, die Gertrud Bobek Mitte der fünfziger Jahre sagen ließ: »Ich weiß gar nicht, ob wir nur von der Arbeit so müde werden, oder weil wir zu wenig schlafen. Erfahrung aus der Sowjetunion. Wir waren uns näher…«[77]

So differenziert wie die einzelnen Lebensgeschichten waren auch die pädagogischen Einflüsse und Wirkungen, nicht zuletzt deshalb, weil auch die sowjetische Pädagogik, in der die Pädagoginnen ihre zweite berufliche Sozialisation erlebt hatten, kein einheitliches monolithisches Gebilde darstellte. Ob und wie sie rezipiert wurde, hing maßgeblich von der Persönlichkeit des Rezipienten ab. Aber auch die Unterschiedlichkeit der individuellen Sozialisation vor und während des Exils blieb nicht ohne Einfluss. Während politische Funktionäre und auch manche Antifa-Lehrer eher an die pädagogische Formbarkeit und Erziehbarkeit eines »neuen Menschen« glaubten,[78] neigten die meisten der hier erwähnten Pädagoginnen eher zu einer kind- und subjektorientierten Pädagogik[79] und verkörperten oft das Gegenteil dessen, was landläufig als stalinisierte Pädagogik gedeutet wird.

Gertrud Bobek wird von Zeitzeugen als warmherzig, verständnisvoll und völlig undogmatisch beschrieben. Von Gertrud Braun wird erzählt, wie empfindlich sie gegenüber »sogenannten 100%igen«, besonders gegenüber »Genossen, die ihre Karriere in der faschistischen Wehrmacht« gemacht hatten, reagierte.[80] Lehrerbildung war für sie zuallererst Menschenbildung. »Warmherzige Pädagogen« wünschte sich auch Katharina Harig – von den ausländischen Studenten liebevoll »Mutter Käthe« genannt. Nicht nur einmal wurde sie wegen zu großer Milde im Umgang mit den Studierenden kritisiert, auch weil sie wie »eine Dame alten Stils« auftrete.[81]

Aber auch anderes ist überliefert. Glaubt man den Akten, dann war z.B. Trude Richters Unterricht am Literaturinstitut in Leipzig nicht frei von dogmatischen Verengungen, und zwar so, dass Studenten einige ihrer Lehrveranstaltungen bestreikten.[82] Franziska Rubens hielt an der Parteihochschule der SED Vorlesungen, denen ihre Zweifel nicht anzumerken waren. Hanna Wolfs Position blieb wesentlich von ihren Erfahrungen an der Lenin-Schule in Moskau und den vermeintlichen und teilweise auch fragwürdigen Umerziehungserfolgen in Kriegsgefangenenlagern bestimmt.

74
Ebenda, Bl. 267.
75
Ebenda, Bl. 279–280.
76
Ebenda, Bl. 280.
77
Bobek: Erinnerungen (Anm. 1), S. 236.
78
Vgl. Erinnerungen ehemaliger Antifalehrer, in Uhlig: Rückkehr aus der Sowjetunion (Anm. 2), S. 183 ff.
79
Vgl. Interview mit Tamara G. ebenda, S. 274 ff.
80
Aussagen ehemaliger Kollegen (Anm. 4).
81
SSAL, Bestand SED, KMU, Herder-Institut, 1953–1962, IV/7.123/5.
82
SSAL, Institut für Literatur, Nr. 41.

Dies alles jedoch für das Typische zu halten, wäre vermessen. Trotz ihres politischen Selbstverständnisses und ihrer politischen Einbindung blieben die meisten der Zurückgekehrten zuallererst professionelle Pädagoginnen. Welche Konzepte dabei im einzelnen auch immer favorisiert wurden – gemeinsam war ihnen die Erfahrung und die Überzeugung, dass Erziehung und Bildung, Schule und Pädagogik nicht außerhalb des politischen und gesellschaftlichen Raumes existieren, dass sie die Gewalt und die Kriege des Jahrhunderts mitzuverantworten haben und deshalb einer grundlegenden Revision bedürfen. Mit dieser Auffassung allerdings standen die aus dem sowjetischen Exil zurückgekehrten Pädagoginnen ebenso wenig allein wie mit ihren Schlussfolgerungen für die politische Erziehung in der DDR und manchen daraus erwachsenen dogmatischen Überhöhungen.[83] Regelwerke biographischer Verläufe[84] lassen sich demzufolge ebenso wenig festschreiben wie regelgeleitete Umgangsweisen mit der Erfahrung Sowjetunion.

4. Die Erfahrungen des Exils als pädagogisches Problem

Aus erziehungshistorischer Perspektive stellt sich nicht nur das sowjetische Exil von Pädagoginnen (und Pädagogen) als Forschungsaufgabe dar, sondern nicht minder die Frage, inwieweit das Exil in der Sowjetunion, in dem Land also, mit dem sich die DDR am meisten verbunden glaubte und das ihre Identität wesentlich prägte, für die Entwicklung pädagogischer Verhältnisse in der DDR generell Relevanz besaß. Besonders zwei Aspekte erscheinen in diesem Zusammenhang bedenkenswert:

1. Ein großer Teil des Wissens über das sowjetische Exil wurde erst in den letzten Jahren erarbeitet. Geschichte, über die man Bescheid zu wissen glaubte, differenzierte sich, bislang unbekannte Menschen traten hervor, tragische Schicksale, unermessliches Leid, aber auch starke Persönlichkeiten, realer Idealismus und tiefer Humanismus. Die Gegenwart wurde konfrontiert mit dem allmählichen Bewusstwerden der Dimension des Verlustes an demokratischen und emanzipatorischen Ideen und Visionen. Engagierte Persönlichkeiten standen der Pädagogik und Schule nach 1945 nicht zur Verfügung, weil sie in Gefängnissen und Lagern gestorben waren, in Verbannung festgehalten oder aus fortwirkendem machtpolitischen Kalkül ausgegrenzt, diszipliniert und mundtot gemacht wurden. Dies zu erinnern, gebietet nicht nur der Respekt vor den Opfern, sondern ist auch deshalb notwendig, um ihre pädagogischen, politischen und menschlichen Erfahrungen nicht in der Geschichte versinken zu lassen, zumindest ideell wiederzufinden und in das pädagogische Bewusstsein aufzunehmen.

2. Die »dunklen« Seiten des sowjetischen Exils waren lange Zeit mit Schweigen umgeben. Der Konsens dieses kollektiven Schweigens beruhte offenbar auf sehr verschiedenartigen biographischen Erfahrungen und Motiven – Schweigen um einer Vision willen, Schweigen, um vermeintlichen oder wirklichen Gegnern nicht zu nützen, Schweigen als Resignation, Schweigen als Identitätsbewahrung, Schweigen aus Scham oder auch aus Angst, Schweigen aus Mitwisserschaft oder Täterschaft, und nicht zuletzt Schweigen, weil niemand fragte. Versuche – häufiger von Frauen als von Männern –, trotz des Verdikts der Tabuisierung Erfahrungen weiterzugeben, sprechen dafür, dass das »Schweigen müssen« nicht nur als persönliches, sondern auch als gesellschaftliches Dilemma empfunden wurde. Es mag in Zeiten des kalten Krieges viele berechtigte und einleuchtende Gründe für das Verdrängen und Verschweigen unangenehmer historischer Wahrheiten gegeben haben, genützt hat es letztendlich nicht. Kommunikation und Lernprozesse zwischen den Generationen wurden an einem entscheidenden Punkt unterbrochen.

Für die Pädagogik, die an den Schnittstellen der Generationen agiert, erwächst daraus ein besonderes Problem. Stagniert der Erfahrungstransfer, das zeigt die Geschichte ebenso wie die Gegenwart, bleiben individuelle und gesellschaftliche Konflikte und Identitätskrisen nicht aus. Gerade die von Pädagoginnen in diesem Kontext ausgesendeten Signale wurden allzu oft überhört. Welche pädagogischen Chancen damit vertan wurden, mag die folgende Episode zeigen: Als ich dem Enkel einer Emigrantin die »Erinnerungen« seiner Großmutter zeigte, irritierte ihn besonders eine Passage, mit der sie die Situation in den dreißiger Jahren zu erklären suchte: »›Besser zehn zuviel als einer zuwenig‹, so dachten wir bei den unerklärlichen Verhaftungen von Menschen, auf die wir bis dahin geglaubt hatten, schwören zu können.« Nein, nie und nimmer könne er glauben, dass das seine Großmutter geschrieben habe, so sei sie nicht gewesen, und so dürfe man doch nicht denken. Trotz ihres offiziellen Schweigens vermochte die Großmutter – die Pädagogin – offensichtlich eine humanistische Botschaft weiterzugeben. Wäre Geschichte anders verlaufen, wenn der Mut zur Kommunikation zwischen den Generationen größer gewesen wäre? Und wie schwer wiegt das Versäumnis der nachfolgenden, später geborenen Generationen, nicht gefragt zu haben?

83
Vgl. zum Problem der Politisierung von Pädagogik in der DDR vor allem Heinz-Elmar Tenorth/Sonja Kudella/Andreas Paetz: Politisierung im Schulalltag der DDR, Weinheim 1996.
84
Rudolf Woderich/Heinz Bude: Dynamische Gelegenheitssucher und defensive Einfädler. Biographieforschung im neuen Osten und im alten Westen, in: Initial. Zeitschrift für sozialwissenschaftlichen Diskurs, 7 (1996) 2, S. 4 ff.

Natalija Mussijenko

»Die Schule unserer Träume« –
Frauen und Mädchen
in der Moskauer Karl-Liebknecht-Schule

Spurensuche

Die Karl-Liebknecht-Schule, 1924 ursprünglich als Schule für die in Moskau lebenden Russlanddeutschen gegründet, war bis zu ihrer Schließung im Jahre 1938 zu einem Stück Heimat sowohl für die Kinder deutscher und deutschsprachiger Emigranten als auch für die emigrierten Lehrer und Lehrerinnen geworden.[1] Es ist an der Zeit, endlich die Namen der dort tätigen, größtenteils unbekannten Lehrerinnen bekannt zu machen. Denn sie gehören zu jenen, nach denen Bertolt Brecht in seinem bekannten Exil-Gedicht »Fragen eines lesenden Arbeiters« fragte: »Wer baute das siebentorige Theben? In den Büchern stehen die Namen von Königen«.[2]

Es war ein Zufall, der mich auf die Spuren dieser Schule brachte. Als Russischlehrerin und Leiterin des Klubs der internationalen Freundschaft in der Schule der Botschaft der DDR in Moskau schlug ich 1985 den Kindern vor, zusammen mit dem Museum der deutschen Antifaschisten in Krasnogorsk die Geschichte der Karl-Liebknecht-Schule, über die es nur vage Gerüchte gab, zu erkunden. Zwei Jahre lang kamen wir zu keinem richtigen Resultat: Bei meinen Versuchen, mit ehemaligen Schülern ins Gespräch zu kommen, stieß ich auf eine Wand von Ablehnung und sogar Angst. »Wozu brauchen Sie denn das? Lieber die Geschichte nicht aufrühren« – das waren die typischen Antworten auf meine Fragen. Ich war schon nahe daran, meine Wahrheitssuche aufzugeben, als mir die in der UdSSR einsetzende Perestroika zu Hilfe kam. Die Presse brachte die ersten Materialien über ehemalige »Volksfeinde«, unsere Geschichte wurde nach und nach revidiert, und die Menschen tauten buchstäblich auf.

Meine Recherchen wuchsen lawinenartig an und waren nicht nur wissenschaftlich motiviert. Mir schien es wichtig, die Schicksale zu verfolgen und ältere Menschen davon zu überzeugen, dass sie sich nicht vor ihrer eigenen Vergangenheit zu fürchten brauchten. Es kamen immer neue Einzelheiten ans Licht, die offenbarten, dass sich in der Geschichte dieser Schule die hellen und die dunklen Seiten der Entwicklung unseres Landes in der ersten Hälfte dieses Jahrhunderts wie in einem Brennglas spiegelten. Nachdem ich mich in der ersten Zeit auf die Sammlung und Aufzeichnung von Erinnerungen ehemaliger Schüler konzentriert hatte, überwog seit Anfang der neunziger Jahre die Arbeit in den Archiven, die Aufstellung von Listen der Lernenden und Lehrer, die Teilnahme an der Rehabilitierung von jenen, die den Stalinschen Säuberungen zum Opfer gefallen waren. Ich möchte meine fernen Berufskolleginnen und -kollegen, die in dramatischen Zeiten unseres Jahrhunderts lebten, als zum Teil naive Romantikerinnen und Romantiker ehren. Das Schicksal vieler dieser Frauen entwickelte sich tragisch. Ihr geistiges Potential hätte sich unter anderen historischen Bedingungen ganz anders entfalten können, und ihnen wäre wohl ein normales Glück von Beruf, Ehe und Mutterschaft beschieden gewesen. Stattdessen erlebten sie Alpträume von gewaltsamer Trennung, familiärer Ungewissheit, Leiden und Vernichtung.[3]

Die damalige Zeit war durch die Gleichzeitigkeit von Glauben, Hoffnung und Träumen einerseits und Hilflosigkeit und Angst andererseits erfüllt. Diese Zeit gab und gibt uns noch viele peinigende Rätsel auf, sie birgt dunkle Geheimnisse und manche Legenden, viele Unklarheiten und einige Vermutungen in sich.

Die am Leben gebliebenen Zeitzeugen schwiegen. Sie schonten sich, ihre Nächsten und das stalinistische Regime. Man »vergaß« die sowjetische Karl-Liebknecht-Schule für fast fünfzig Jahre. Ihre Geschichte und die ihrer Akteure wurde nicht erforscht, in der historischen und pädagogischen Literatur der UdSSR, der DDR, Ungarns und Österreichs fand sie kaum Erwähnung. Viele Karl-Liebknecht-Schüler verheimlichten in ihren späteren Biographien ihre Zeit an dieser Schule. Nur drei Zeitzeugen bekannten sich bereits in den vierziger und fünfziger Jahren zu dieser Schule: Margarete Buber-Neumann in »Als Gefangene bei Stalin und Hitler«, Susanne Leonhard in »Gestohlenes Leben« und Wolfgang Leonhard in »Die Revolution entlässt ihre Kinder«.

Rekonstruktion

Nach meinen Berechnungen, die sich auf mündliche und schriftliche Quellen stützen, waren im Lehrerkollegium der Karl-Liebknecht-Schule insgesamt 64 Emigrantinnen und Emigranten tätig, darunter 24 Frauen.[4] Sie stammten aus sechs Ländern: Deutschland, Ungarn, Österreich, der Schweiz, Bulgarien und Rumänien. Elf Lehrerinnen, Zirkelleiterinnen und eine technische Sekretärin der Schule waren deutscher Abstammung, drei kamen aus Österreich und fünf aus Ungarn, je eine aus der Schweiz, Bulgarien und Rumänien. Drei Lehrerinnen arbeiteten in der Schule zusammen mit ihren Männern: das waren die Ehepaare Stümpfel, Krömke und Rotzeig. Die Kinder oder Neffen von sieben Lehrerinnen besuchten die Schule. Die Tätigkeitsdauer an der deutschen Schule war unterschiedlich. Während die Ungarin Jolanta Kelen-Fried dort nur einige Monate, d.h. vom November 1931 bis zum August 1932 als Direktorin arbeitete, unterrichtete ihre Landsmännin, Irene Bauer, an der Schule Mathematik bis zur Schließung im Jahre 1938.

Das Bildungsniveau und der Ausbildungsgang der Lehrerinnen waren unterschiedlich – manche hatten pädagogische Hochschulen oder Universitäten absolviert, einige trugen sogar akademische Titel. An der Spitze der Schule standen in ihrer vierzehnjährigen Geschichte vier Schulleiter und drei Schulleiterinnen. Bis auf eine Ausnahme, die Deutsche Elsa Weber, verließ keiner der Direktoren freiwillig seinen Posten.

1
Vgl. zur Liebknecht-Schule vor allem Hildegard Feidel-Mertz: Pädagogen im Exil, Frankfurt am Main 1990; Christa Uhlig: Eine ungewöhnliche Schule mit einem tragischen Schicksal. Die Karl-Liebknecht-Schule in Moskau, in: Pädagogik und Schulalltag, 1–2 (1996) 51, S. 263–274; Oleg Nuss: In den Herzen der Kinder ist die Wahrheit lebendig geblieben, in: Neues Leben (Moskau), Nr. 17–21, April–Mai 1990; Ulla Plener: Helmut Schinkel. Zwischen Vogelers Barkenhoff und Stalins Lager. Biographie eines Reformpädagogen (1902–1946), Berlin 1996; Henry-Ralph Lewenstein: Die Karl-Liebknecht-Schule in Moskau. 1932–1937, Erinnerungen eines Schülers (Lüneburger ostdeutsche Dokumentationen, Band 14), Lüneburg 1991; Schule unserer Träume. Die Geschichte der Karl-Liebknecht-Schule in Moskau 1924–1938. Herausgegeben vom Goethe-Institut in Moskau, Moskau 1996 (Ausstellungskatalog).
2
Bertolt Brecht: Fragen eines lesenden Arbeiters, in: Bertolt Brecht: Werke. GBFA, Band XII, Berlin und Frankfurt am Main 1988, S. 29.

3
Die Schicksale der 24 emigrierten Lehrerinnen und Mitarbeiterinnen der Karl-Liebknecht-Schule gestalteten sich im einzelnen wie folgt: Vom NKWD verhaftet: Erika Rotzeig, Elfriede Klaege, Jolanta Kelen-Fried, Elisabeth Kelen-Bartos, Elsa Rutgers-Fausch, Irina Götz-Dienes (im GULag umgekommen), Erna Windhorst (d. i. Thea Kippenberger, im GULag umgekommen). Die Ehemänner wurden ebenfalls repressiert.
Aus der Sowjetunion ausgewiesen: Isolde Krömke, Charlotte Zerath.
Aus Moskau 1941–1944 ausgewiesen: Grete Birkenfeld-Spelitz, Elsa Weber.
Helene Diamant wurde in Auschwitz ermordet. Liselotte Stümpfel-Schiff beging Selbstmord.
4
Die Lehrerinnenliste (siehe Anhang) wurde nach den Erinnerungen der Schüler zusammengestellt, präzisiert und ergänzt aufgrund der Angaben aus den Personalakten verschiedener Moskauer Archive.

Abb. 34
Elsa Weber (Mitte) 1925 als Studentin
der Kommunistischen Universität
nationaler Minderheiten des Westens
(KUNMW)

Primi inter pares

Elsa Weber

Das Leben von Elsa Weber, das vor 93 Jahren in Deutschland begann, vor allem in der Sowjetunion stattfand und sich gegenwärtig seinem Ende zuneigt, illustriert in besonderer Weise das Thema Jahrhundertschicksale.[5] Elsa Weber war die erste Frau ausländischer Abstammung in der deutschen Schule. Sie leitete die Schule vier Jahre lang, von 1927 bis 1931. Bis 1930 war sie die einzige Politemigrantin unter den Pädagogen, die sich damals hauptsächlich aus Russlanddeutschen und wenigen Politemigranten zusammensetzten. Die zweiundzwanzigjährige Elsa, seit 1924 Mitglied der KPR(B) und sowjetische Staatsbürgerin seit 1927, wurde nach dem Abschluß der Kommunistischen Universität nationaler Minderheiten des Westens (KUNMW) in die deutsche Schule geschickt. Sie sollte diese Schule, deren voriger Leiter der erfahrene russlanddeutsche Pädagoge Emmanuil Schnur – ebenfalls KUNMW-Absolvent, aber parteilos – war, »ideologisch« stärken.

Die Mitgliedschaft in der kommunistischen Partei war damals ein wesentlicher Vorteil beim sozialen Aufstieg. Die bolschewistische Macht schenkte ihren »Glaubensbrüdern« mehr Vertrauen als richtigen Fachkräften: Parteizugehörigkeit verbunden mit Hochschulbildung bot eine gute Chance, den sozialen Status zu verbessern. Das war auch bei dem deutschen Mädchen Elsa Weber der Fall. Alles, was die neue Macht in der Biographie als positiv ansah – proletarische Herkunft, Mitgliedschaft in der kommunistischen Partei, Parteischulung und gute Zeugnisse von allen früheren Arbeitsstätten – war bei ihr gegeben. Das Leben hatte die 1905 in einer Duisburger Arbeiterfamilie geborene Elsa nicht verwöhnt. Sie wusste schon von der Kindheit an, was Not ist. Nachdem sie mit zwölf Jahren die fünfjährige Volksschule abgeschlossen hatte, musste sie als Hilfsarbeiterin in verschiedenen Betrieben ihren Lebensunterhalt verdienen.

Im April 1921 kam Elsa Weber als Politemigrantin in die Sowjetunion. Zusammen mit ihrer Mutter und dem Bruder Karl wurde sie sofort ins Autonome Gebiet der Wolgadeutschen geschickt, wo Elsa zunächst als »Typistin« im Gebietskomitee der KPR(B) arbeitete, dann neun Monate eine Parteischule besuchte. Im November 1922 kam die Familie nach Moskau, wo Elsa eineinhalb Jahre in der Schuhfabrik »Phönix« arbeitete. Da sie eine aktive Komsomolzin war, delegierte sie die Agitpropabteilung des ZK der KPR(B) an die KUNMW. Nach drei Jahren Studium an dieser Parteihochschule sollte sie Schulleiterin an der Deutschen Schule werden. Ihre Voraussetzungen waren indes denkbar schlecht, besaß sie doch keinerlei pädagogische Erfahrung und beherrschte die russische Sprache nur mangelhaft. Sie stellte sich jedoch engagiert der ihr übertragenen Aufgabe. Sie erkämpfte neue Schulräume in einer verstaatlichten ehemaligen Villa und war bestrebt, ein Vorbild für andere deutsche Schulen in der Sowjetunion zu schaffen. Sie galt als eine prinzipienfeste und strenge Direktorin und war nicht beliebt bei den Schülern. Während ihrer Amtszeit war es verboten, in der Schule russisch zu sprechen oder die Kirche zu besuchen. Auch ihr Fach, Gesellschaftskunde, war nicht sehr anerkannt. Dieses Fach, in dem hauptsächlich politische Zeitungen gelesen wurden, verdrängte damals in allen sowjetischen Schulen den Geschichtsunterricht.

Elsa geriet in Arbeitskonflikte mit anderen Lehrern, es fehlten Lehrbücher, die Lehrpläne änderten sich. Sie selbst beherrschte nur die sogenannte Brigademethode, die bereits durch den Beschluss des ZK der KPdSU(B) über die Schule vom 5. September 1931 für »schädlich« erklärt worden war. Elsa Weber, die ehrlich und selbstkritisch eingestellt war, beschloss daher, die Schule freiwillig zu verlassen. Sie fühlte sich überfordert von der Aufgabe, den Schülern wissenschaftliche Grundkenntnisse zu vermitteln. Nach dem Verlassen der Karl-Liebknecht-Schule war sie in der Deutschen Zentral-Zeitung tätig und leitete im Verlag für fremdsprachige und nationale Wörterbücher eine Korrektorengruppe. Ihr Name war auf den Titelblättern vieler Wörterbücher zu finden, neben denen anderer Lehrer der deutschen Schule wie Georg Pollack oder Elise Riesel. Ihr Leben war das Leben ihrer neuen Heimat, wo sie arbeitete und mit ihrem lettischen Ehemann zwei Töchter aufzog, deren Muttersprache Russisch wurde.

1938 erlebte sie die Verhaftung von Mann und Bruder und wurde wegen »mangelnder politischer Wachsamkeit« aus der Partei ausgeschlossen. Im Februar 1944 wurde ihr vom Visa- und Registrierungsreferat der Moskauer Miliz mitgeteilt, sie habe ins Gebiet Kustanaj überzusiedeln. Ihr wurde der Sowjetpass abgenommen und nur eine Aufenthaltserlaubnis ausgestellt. Die sowjetische Staatsbürgerschaft erhielt sie erst wieder nach Stalins Tod im Dezember 1953. Nach der postumen Rehabilitierung von Mann und Bruder wurde sie 1958 wieder in die Partei aufgenommen. Kinderlieb blieb sie ihr Leben lang; noch im Rentnerinnenalter half sie in der Stadt Slatoust im Ural unentgeltlich mit, schwer erziehbare Kinder und Jugendliche wieder in die Gesellschaft einzugliedern. Ihren Töchtern wird bis heute verweigert, aus der Verbannung nach Moskau zurückzukehren.

5
Quellen zur Biographie von Elsa Weber:
Russisches Staatsarchiv für Soziale
und Politische Geschichte, Moskau (RGASPI),
bis 1999: Russisches Zentrum für die Aufbewahrung und das Studium von Dokumenten
der neueren Geschichte (RZChIDNI),
495/205/5066, Bl. 1–4;
handschriftliche Erinnerungen Elsa Webers
vom 12.1.1991 und 22.4.1996,
Privatsammlung Natalja Mussijenko.

Jolanta Kelen-Fried

Elsa Webers Nachfolgerin an der Schule wurde 1931 Jolanta Kelen-Fried.[6] Hinter ihr lagen damals bereits langjähriger revolutionärer Kampf, Gefängnis in Ungarn und Exil in Österreich. Jolanta war 1891 in der Familie eines sozialdemokratisch eingestellten Handelsangestellten geboren worden. 1916 hatte sie an der Budapester Universität gleichzeitig zwei Fakultäten absolviert: die philologisch-literarische und die sozialökonomische. Während der Ungarischen Räterepublik leitete sie das Referat für Sozialversorgung der Kinder im Volkskommissariat für Volksbildung, 1923 kam sie zusammen mit ihrem Mann nach Moskau. Bis 1926 dozierte sie an der KUNMW. Kelen-Fried verfasste einige Schulbücher für die Mittel- und Hochschule. Als ihr Mann nach Deutschland delegiert wurde, arbeitete sie 1926–1931 in der Berliner Handelsvertretung der UdSSR. 1931 kehrte sie nach Moskau zurück und übernahm Ende November die Schule. Am 17. Februar wurde ihr zweites Kind, der Sohn Otto, geboren.

Es war die Zeit einer strengen Reglementierung in der sowjetischen Pädagogik. Zum Januar 1932 waren neue Lehrpläne für die Hauptfächer ausgearbeitet und in Kraft gesetzt worden. Für die deutsche Schule war es aber zunächst unmöglich, diese Lehrpläne einzuführen, weil sie erst ins Deutsche übersetzt werden mussten. Das bedeutete eine zusätzliche Belastung der Lehrer. 1931–32 war die Fluktuation der Lehrer in der deutschen Schule sehr hoch, es mangelte an Lehrkräften, zumal sich zur gleichen Zeit der Zustrom der Kinder ausländischer Facharbeiter und Spezialisten verstärkte.

Das Schuljahr 1932/33 begann bereits ohne Jolanta Kelen-Fried, denn sie wurde zur Leiterin der fremdsprachigen Redaktion des Verlags für Lehr- und pädagogische Literatur (Utschpedgis) berufen. Damals wurde Utschpedgis wegen seiner unbefriedigenden verlegerischen Arbeit heftig kritisiert. Laut Beschluss des Volkskommissariats für Volksbildung sollten mehr Lektoren und Korrektoren für die verschiedenen Fremdsprachen im Verlag eingestellt werden. So kamen zehn neue Mitarbeiter in den Verlag. Es muss offen bleiben, ob die Aufnahme der Verlagsarbeit für Kelen-Fried eine Beförderung war. Denn damals fanden die Dienstversetzungen der Mitglieder der KPdSU(B) sehr häufig ohne Zustimmung der Betroffenen selbst statt. Alle hatten sich der Parteidisziplin unterzuordnen.

Nach vierjähriger Verlagsarbeit wechselte sie 1936 zur Lehrtätigkeit ins Institut für Fremdsprachen über. Dort unterrichtete sie »westliche« Literatur und war Leiterin des Literaturkabinetts. Wegen der im Januar 1938 erfolgten Verhaftung ihres Mannes musste sie das Institut verlassen und eine Arbeit als Statistikerin im Armaturbetrieb »Malenkow« aufnehmen. Im März desselben Jahres wurde sie als Familienangehörige eines »Volksfeindes« verhaftet und durch die »Sonderberatung« zu fünf Jahren ins »Besserungsarbeitslager« verbracht. Die Strafe von acht Jahren büßte sie im Karagandalager in Kasachstan ab. Zwei minderjährige Kinder Jolanta Kelen-Frieds (ihre Tochter Vera war Schülerin der deutschen Schule) wurden ins Kinderheim ins Rjasaner Gebiet gebracht. 1943 starben ihre 76-jährige Mutter und der invalide Bruder in Sibirien an Hunger. Bereits 1938 war ihr Mann, Joseph Kelen, in einem Straflager ums Leben gekommen.

Jolanta Kelen-Fried konnte erst 1954 nach Ungarn zurückkehren. Hier blieb sie bis zum hohen Alter aktiv, verfasste ihre Memoiren und arbeitete als wissenschaftliche Mitarbeiterin am Institut für Geschichte der Arbeiterbewegung der Ungarischen Sozialistischen Arbeiterpartei. Sie starb am 29. Dezember 1979 im Alter von 88 Jahren in Budapest.

6
Quellen zur Biographie von
Jolanta Kelen-Fried:
RGASPI, 495/199/2165, Bl. 75–81.

Sofia Krammer

Die ungarische Kommunistin Sofia Krammer[7] war die dritte Ausländerin, die als Leiterin der deutschen Schule eingesetzt wurde. Sie löste im September 1934 den deutschen Lehrer Helmut Schinkel ab. Aus einigen indirekten Angaben kann gefolgert werden, dass sie in die Schule geschickt wurde, um die von Schinkel zugelassenen »Mängel« zu korrigieren.[8] Sie blieb dreieinhalb Jahre lang und galt offiziell als pädagogische und geschäftsführende Direktorin der Schule.[9] An die Direktorin Krammer erinnern sich fast alle ehemaligen Schülerinnen und Schüler, nicht zuletzt wegen ihrer Korpulenz und ihres unter dem Kleid eingenähten Parteibuches. Damals hatten die Parteimitglieder große Angst vor dem Verlust ihrer Parteidokumente. Hinter dem Rücken nannte man sie nach einem bekannten Kinderbuch von Auguste Lazar »Sally Bleistift«.

Sofia Krammer war 1886 in dem ungarischen Dorf Der geboren. Sie absolvierte die geisteswissenschaftliche Fakultät des Budapester Pädagogischen Instituts und wurde Lehrerin für Geschichte, Geographie und Literatur in der Mittelschule. Als aktives Mitglied der Ungarischen KP musste sie nach der Niederlage der Räterepublik in die Illegalität gehen. Genauso wie die Familie Kolon wurde sie durch den von der Sowjetregierung durchgeführten Geiselaustausch (gegen ungarische Offiziere) gerettet. Als Sofia Krammer im März 1922 in Moskau als Politemigrantin ankam, schlug man ihr eine Tätigkeit an der gerade erst eröffneten KUNMW vor. Nach zwei Jahren wechselte sie in den Verlag »Neues Dorf«, danach arbeitete sie in Moskauer Schulen und kam im September 1934 in die deutsche Schule. Sofia Krammer bemühte sich verantwortungsbewusst um eine gute Arbeit. Als man im Oktober 1936 dort eine vermeintliche »trotzkistische Gruppe« (bestehend aus den Emigranten Bruno Krömke, Heinz Lüschen, Georg Gerschinski und Otto Brand) »entdeckte«, blieb sie unbehelligt. Erstaunlicherweise konnte sie nach der Schließung der Schule sogar in einer anderen Schule weiter arbeiten. In der Kriegszeit war sie als leitende Referentin des Abhörreferats der TASS tätig. Nach dem Krieg kehrte sie zusammen mit ihrem Mann nach Ungarn zurück.

Irene Bauer

Neben den Direktorinnen blieben viele andere der an der Karl-Liebknecht-Schule tätigen Lehrerinnen in den Erinnerungen ihrer Schüler lebendig. So z.B. die legendäre Mathematiklehrerin Irene Bauer, die 1930 in der Schule angefangen hatte.[10] Viele erinnern sich an ihre ungewöhnliche Strenge und hohen Ansprüche. Ihre Schüler verfügten infolgedessen über gute mathematische Kenntnisse und hatten gute Voraussetzungen für einen Hochschulbesuch. Irene Bauer besaß die Fähigkeit, dieses schwierige Fach für alle verständlich zu machen. Darin war sie wirklich eine Meisterin. Als älteste unter den Lehrerinnen (geb. 1884) war sie parteilos, was für damalige Verhältnisse erstaunlich war.

Sie hatte die physikalisch-mathematische Fakultät der Budapester Universität absolviert und bis zur Niederlage der Ungarischen Räterepublik an Budapester Gymnasien gearbeitet. 1919 war sie wegen ihrer antiimperialistischen Tätigkeit entlassen worden. 1930 kam sie in die Sowjetunion, wo bereits zwei ihrer Brüder mit ihren Familien lebten. Irene Bauer verfügte über so ausgezeichnete Fachkenntnisse und pädagogische Fähigkeiten, dass sie sich die Anerkennung als beste Lehrerin nicht nur der deutschen Schule, sondern der Stadt Moskau erwarb. Ihr Bild war auf der Ehrentafel in Moskaus Stadtzentrum zu sehen, ihre Leistungen wurden durch Geldprämien und Erholungsaufenthalte gewürdigt. Ihre Klassen waren Sieger verschiedener sozialistischer Wettbewerbe. Da sie keine eigene Familie hatte, verbrachte sie mit den Schülern auch ihre Freizeit. Auf damaligen Photos sehen wir sie mit ihren Zöglingen bei Wolga-Fahrten oder Spaziergängen in der Umgebung von Moskau, im Erholungsheim in der Stadt Gorki oder im Moskauer Deutschen Klub.

Irene Götz-Dinesz

Ein hohes Niveau der Berufskenntnisse und -fähigkeiten zeichnete eine weitere Lehrerin aus Ungarn aus: Dr. Irene Götz-Dinesz, die in der Oberstufe Chemie unterrichtete.[11] Sie war in Ungarn nicht Lehrerin, sondern Universitätsdozentin gewesen, hatte 1911 mit summa cum laude promoviert und danach ein Jahr im Pariser Labor von Marie Curie gearbeitet. Die Regierung der Ungarischen Sowjetrepublik hatte sie zur Professorin für theoretische Chemie an der Budapester Universität gemacht. Bevor Irene Götz-Dinesz 1931 in die Sowjetunion kam, war sie bereits in der Emigration in Österreich und Rumänien gewesen, hatte in einem Chemiebetrieb in Deutschland und in der Berliner Handelsvertretung der UdSSR gearbeitet. In Deutschland hielt sie in der von der KPD organisierten MASCH Vorlesungen über Physik und Chemie. In der UdSSR arbeitete sie zunächst im Stickstoffinstitut und von 1936 bis November 1937 in der deutschen Schule.

7
Quellen zur Biographie von Sofia Krammer:
RGASPI, 495/199/956, Bl. 6–10.
8
Vgl. hierzu Plener: Helmut Schinkel (Anm. 1),
S. 158–159.
9
Gleichzeitig gab es zwei männliche
Direktoren – den Deutschen Karl Zielasko und
den Russen Antip Wassiljewitsch Brykow.
Beide waren jedoch nur wenige Monate in
der Schule.
10
Quellen zur Biographie von Irene Bauer:
RGASPI, 495/199/1106, Bl. 8–13.

11
Quellen zur Biographie von Irene Götz-Dinesz:
RGASPI, 495/199/611, Bl. 5–7;
KGB-Archiv, Strafakte von Irene Götz-Dinesz.
12
Quellen zur Biographie von Liselotte Stümpfel-
Schiff: RGASPI, 495/205/6302, Bl. 7–8;
KGB-Archiv, Moskau, Strafakte von Hans Schiff.
Hans Schiff wurde am 30.11.1937 erschossen.
13
Quellen zur Biographie von Isolde Krömke:
RGASPI, 495/205/815, Bl, 1, 2, 9;
Vereintes Archiv der Bildungseinrichtungen der
Stadt Moskau, Bestand 322 (Karl-Liebknecht-
Schule), Kaderakte von I. Krömke;
Auskunft von Andreas Kelen (Schweden) an
die Verfasserin vom 12.1.1999.

Im Mai 1937 wurde Irene Götz-Dinesz Professorin für Technologie der Verbindungen des gebundenen Stickstoffs, war jedoch bereits nicht mehr ihrer hohen Qualifikation entsprechend eingesetzt. Aus den Archivmaterialien der Untersuchungsakten ergibt sich, dass sie das Institut wegen Anschuldigungen von Verbindungen mit »Volksfeinden« verlassen musste. Warum sie zuvor die deutsche Schule verlassen hatte, ist unbekannt. Den Akten ist zu entnehmen, dass sie bis zu ihrer am 12. September 1941 erfolgten Verhaftung in den Moskauer Schulen Nr. 59 und 61 arbeitete.

Bald nach der Verhaftung, während des Transports von Moskau nach Frunse, erkrankte sie an der Ruhr und starb am 24. Dezember 1941 im Gefängniskrankenhaus in Frunse. Ihre drei Töchter, die auch die Karl-Liebknecht-Schule besucht hatten, und ihr Mann kehrten 1945 nach Budapest zurück.

Weitere Schicksale

Auch andere Lehrerinnen verdienen es, gewürdigt zu werden, wobei der gegenwärtige Informationsstand über die Schicksale der einzelnen sehr unterschiedlich und bedauerlich fragmentarisch ist.

Dr. phil. Liselotte Stümpfel-Schiff hat in der deutschen Schule zusammen mit ihrem Mann zwei Schuljahre (1931/32 und 1932/33) gearbeitet. Danach lebten beide im Krim-Gebiet, wo sie später Selbstmord beging.[12]

Isolde Krömke studierte an der Berliner Universität Fremdsprachen und war wie ihr Mann Bruno aktiv in der kommunistischen Studentenfraktion. Nach ihrer Ankunft in Moskau im Dezember 1934 begannen sie im Januar 1935 die Arbeit an der Karl-Liebknecht-Schule. Nach der Verhaftung des Ehemanns musste Isolde aufgrund der vom NKWD verhängten Sippenhaft die Schule und bald darauf auch die Sowjetunion verlassen.[13]

Abb. 36
Isolde Krömke (2. Reihe, 8. von links)
mit der 7. Klasse der
Karl-Liebknecht-Schule, 1936

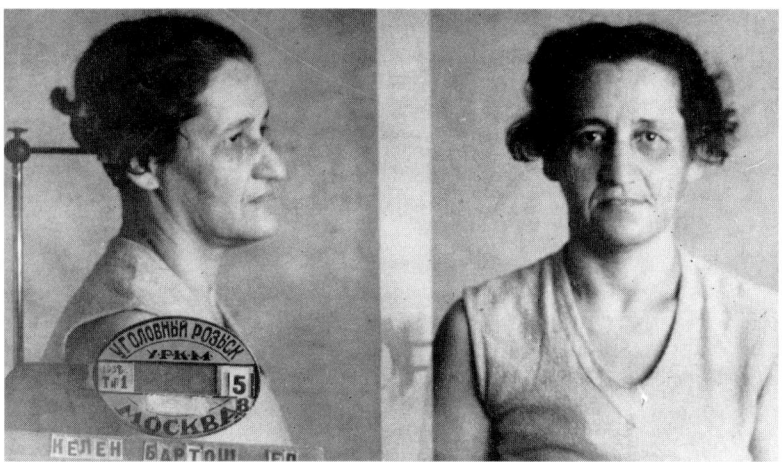

Abb. 37
Haftfotos von Elisabeth Kelen-Bartos,
Physiklehrerin an der Karl-Liebknecht-Schule,
Februar 1938

Die Spuren der Deutschlehrerin Dr. phil. Charlotte Zerath, von September 1934 bis April 1937 an der Schule tätig, verlieren sich nach ihrer Ausweisung aus der Sowjetunion in Deutschland.[14]

Die Leipziger Unterstufenlehrerin Erika Rotzeig, die 1934 an die Schule kam, und ihr Mann Bronek hatten als Juden Deutschland verlassen müssen. In der Sowjetunion wurden beide verhaftet. Bronek wurde erschossen, Erika kam ins Lager und der achtjährige Sohn Alexander erhielt im Kinderheim einen anderen Namen.[15]

Für einige der an der Liebknecht-Schule Unterrichtenden ist die Tätigkeit nur für eine kurze Zeit zu belegen – z.B. für Elisabeth Zaisser, die in den Jahren 1932/33 Deutsch und Geographie unterrichtete,[16] für Helene Diamant, eine jüdische Musiklehrerin aus Rumänien,[17] die Unterstufenlehrerin Pauline Hochkeppler aus Deutschland,[18] die Österreicherin Elise Riesel[19] und die Bulgarin Perfanowa, deren Tätigkeit nur durch mündliche Berichte von Schülern überliefert ist. Zwei Jahre unterrichtete in der Unterstufe die Schweizer Politemigrantin Else Rutgers-Fausch[20], die keine ausgebildete Lehrerin war.

Es ist nicht genau festzustellen, wie lange Erna Windhorst und Emma Hottmann in der Schule angestellt waren.[21] Nach den Eintragungen in einem Schultagebuch unterrichtete Erna Windhorst die 5. Klasse in Deutsch und Geographie und leitete die Schulbibliothek im Herbst 1936. Zur gleichen Zeit wohnte sie mit einer anderen Lehrerin, der Österreicherin Irma Schrötter[22], im Lehrerhaus der Schule. Eine weitere Absolventin der physikalisch-mathematischen Fakultät der Budapester Universität, Elisabeth Kelen-Bartos, unterrichtete Physik in den Jahren 1935–1938.[23] Sie war Mitglied der ungarischen und der deutschen kommunistischen Partei.

Grete Birkenfeld-Spelitz (geb. 1905) kam aus Österreich und arbeitete von 1934–1938 als Unterstufenlehrerin in der Karl-Liebknecht-Schule.[24] Im März 1934 war sie in Österreich nach ihrer Verhaftung im Zusammenhang mit den Februarkämpfen als Horterzieherin entlassen worden. Sie hatte als Erzieherin und Hortleiterin bei den Kinderfreunden gearbeitet und war in der Sozialdemokratischen Arbeiterpartei Österreichs aktiv tätig gewesen. Gleichzeitig hatte sie die Vorträge der von Ludwig Birkenfeld und Leo Stern gegründeten Marxistischen Bildungsgemeinschaft besucht.

Die Schüler

Es ist heute kaum noch möglich genau festzustellen, wie viele Emigrantenkinder die Schule insgesamt besuchten. Ihre Anzahl schwankte von Jahr zu Jahr. Zunächst waren es nur wenige Kinder, deren Eltern als Facharbeiter oder Spezialisten in der Sowjetunion arbeiteten. Sie stammten hauptsächlich aus Deutschland oder Ungarn, aber auch zwei japanische Brüder, zwei italienische Schwestern und eine Finnin waren unter ihnen. Später, Anfang der dreißiger Jahre, kamen dann die Kinder der Politemigranten aus verschiedenen europäischen Ländern hinzu. Ein genaues statistisches Bild lässt sich nicht ermitteln, da offizielle Schülerlisten nur aus dem Gründungsjahr der Schule erhalten geblieben sind. Meine nach den Erinnerungen ehemaliger Schüler zusammengestellten bzw. rekonstruierten Listen beanspruchen keine Vollständigkeit.[25] Häufig ließen sich weder die Nationalität noch die Staatsangehörigkeit von Schülern bestimmen.

Die deutsche Karl-Liebknecht-Schule war, wie alle sowjetischen Schulen, eine Koedukationsschule. Die Mädchen waren absolut gleichberechtigt, sei es im Lernen, sei es im öffentlichen Leben der Schule. Die Beziehungen zwischen den Kindern in der deutschen Schule waren durch Freundschaft und gegenseitige Sympathie bestimmt. Gewiss gab es auch sogenannte Kinderstreiche und manchmal »rowdyhaftes« Benehmen – all das bestimmte aber nicht das Leben der Schule.

14
Quellen zur Biographie von Charlotte Zerath:
RGASPI, 495/205/3160, Bl. 2; Vereintes Archiv der
Bildungseinrichtungen der Stadt Moskau,
Bestand 322 (Karl-Liebknecht-Schule),
Kaderakte von Zerath.
15
Quellen zur Biographie von Erika Rotzeig:
Vereintes Archiv der Bildungseinrichtungen der
Stadt Moskau, Bestand 322 (Karl-Liebknecht-
Schule), Kaderakte Rotzeig;
Auskunft I. Bauer, Moskau 1989;
KGB-Archiv, Strafakte M (?)- 35490.
16
Quellen zur Biographie von Elisabeth Zaisser:
RGASPI, 4495/6680, Bl. 52 – 57;
Mitteilung von der Tochter E. Zaissers an die
Verfasserin vom 3.4.1988.
17
Quellen zur Biographie von H. Diamant:
Mitteilung des Sohnes an die Verfasserin vom
20.10.1989.
18
Quellen zur Biographie von P. Hochkeppler:
RGASPI, 495/205/6674, Bl. 1– 4;
Vereintes Archiv der Bildungseinrichtungen der
Stadt Moskau, Bestand 322
(Karl-Liebknecht-Schule), Hospitationsbericht
über P. Hochkeppler.
19
Quellen zur Biographie von E. Riesel:
RGASPI, 495/187/743, Bl. 3 – 4;
Archiv des Instituts für Fremdsprachen,
Kaderakte von E. Riesel.
20
Quellen zur Biographie von E. Rutgers-Fausch:
RGASPI, 495/274/177, Bl. 2 – 5;
Peter Huber: Stalins Schatten in der Schweiz.
Schweizer Kommunisten in Moskau:
Verteidiger und Gefangene der Komintern,
2. Auflage Zürich 1995, S. 211 – 230.

21
Quellen zur Biographie von Erna Windhorst:
RGASPI, 495/205/948, Bl. 18.
Keine Angaben finden sich zu E. Hottmann.
22
Quellen zur Biographie von Irma Schrötter:
RGASPI, 495/205/398, Bl. 3 – 8.
23
Quellen zur Biographie von E. Kelen-Bartos:
RGASPI, 495/199/610, Bl. 72 – 75;
KGB-Archiv Moskau, Strafakte M 51426;
Fragment der Erinnerungen von D. Horstmann,
Verhaftungen unter Stalin 1938 – 1953,
Anfang der achtziger Jahre, Privatarchiv.
24
Quellen zur Biographie von
G. Birkenfeld-Spelitz: RGASPI, 495/187/757,
Bl. 7 – 8; Auskunft Barry McLoughlin,
Wien 1992.
25
Die bisher unveröffentlichten Namenslisten der
Schüler, nach Klassenstufen und Jahrgängen
zusammengestellt, werden demnächst in einem
Buch der Verfasserin über die Karl-Liebknecht-
Schule erscheinen.

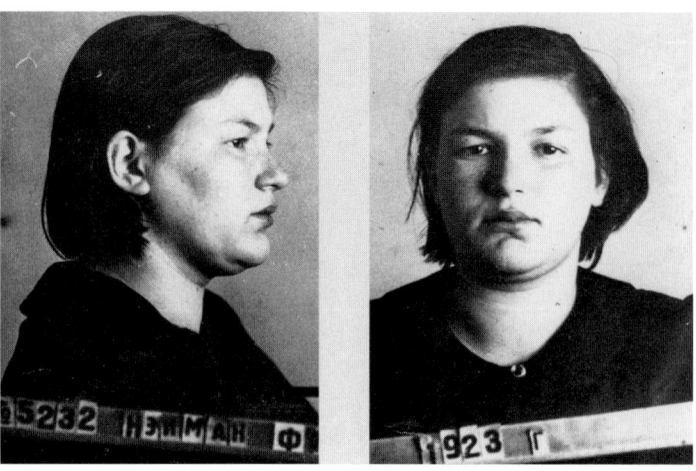

Abb. 38
Haftfotos von Fanny Neumann,
Absolventin der
Karl-Liebknecht-Schule, 1940

Zwangsläufig zeigten sich in der Lebensweise und den Verhaltensnormen Unterschiede zwischen den ausländischen Kindern und ihren sowjetischen Mitschülern. Markus Wolf erinnert sich in seinem Buch »Die Troika«: »Auch Koni und ich hatten anfänglich Probleme mit der neuen Umwelt und dem Umgang mit Jungen auf der Straße. Unsere kurzen Hosen provozierten den Spott, denn selbst die kleinsten Steppkes trugen lang. ›Nemez, perez, kolbassa, kislaja kapusta‹: Deutscher, Pfeffer, Wurst und Sauerkraut – hallte es in unseren Ohren. [...] In der deutschen Schule lernte ein ›wilder Haufen‹ im mehrfachen Sinne des Wortes. Nicht in allen Stunden wurde der ohrenbetäubende Pausenlärm von aufmerksamer Ruhe abgelöst. Nur die Lehrer mit bestem Durchsetzungsvermögen verschafften sich Gehör.«[26] Auch die Brotschachteln der ausländischen Kinder waren für die sowjetischen Kinder ungewöhnlich. Und im gemeinsamen Turnunterricht riefen die Turntrikots der ausländischen Mitschülerinnen den Neid sowjetischer Mädchen hervor.

Sport war dank des deutschen Lehrers Kurt Bertram sehr beliebt bei den Kindern. Das galt vor allem für Gymnastik, Volleyball und Schwimmen. Außerhalb der Schule lief man Ski und Schlittschuh. Es gab Schießübungen und Wettbewerbe für das Abzeichen »Bereit zur Arbeit und Verteidigung der UdSSR«. Damals gehörten zu den populären Sportauftritten anlässlich von Schulfeiern und im Pionierlager die Darstellung von Pyramiden: unten standen die Knaben, die Mädchen zierten die Spitze der Pyramide. Aus Tagebuchaufzeichnungen über das Leben im Pionierlager bei Kaluga vom Sommer 1934 ist zu ersehen, dass die Neigungen der Mädchen und Knaben sehr ähnlich waren: Schießen, Schwimmen und Schachspielen bestimmten ihre Freizeitgestaltung. Diese Feststellung galt auch für das Schulorchester, in dem die Mädchen, z.B. Lora Daniel, sowohl Flöte als auch Trommel spielten. Mädchen wie Knaben erfüllten gleichermaßen öffentliche Aufträge der Pionier- und Komsomolorganisation der Schule. Alle Zeichnungen in dem erhalten gebliebenen Tagebuch des Pionierlagers wurden von der Redakteurin der Schulwandzeitung Marika Szekely angefertigt.

Die ausländischen Mädchen, das stellten rückblickend viele ehemalige Schüler fest, unterschieden sich von ihren sowjetischen Altersgenossinnen durch eine gewisse Art der sexuellen Freiheit. Daniil Kopelanski schreibt z.B., »dass eine jüngere ungarische Mitschülerin ihn lehrte, sich ›europäisch‹ zu küssen«.[27] Viele Schüler und Schülerinnen der Karl-Liebknecht-Schule erlebten ihre erste Jugendliebe in diesen Schuljahren. Der Versuch Kurt Bertrams, im Pionierlager FKK einzuführen, rief einen Sturm der Empörung der sowjetischen Mädchen wie auch ihrer Eltern hervor. Die Eltern bestanden energisch darauf, das Nacktbaden zu verbieten.[28]

Fälle von Verhaftungen ausländischer Schülerinnen der deutschen Schule in den Jahren 1937-1938 sind mir nicht bekannt geworden. Im Oktober 1940 wurden drei ehemalige Schülerinnen verhaftet, von denen eine, Fanny Neumann, aus einer Politemigrantenfamilie stammte.[29] Zum Zeitpunkt der Verhaftung war Fanny siebzehn Jahre alt; sie wurde als »Teilnehmerin einer antisowjetischen Gruppe von Kindern repressierter Eltern« zu fünf Jahren Besserungsarbeitslager verurteilt. Nachdem sie 1946 aus einem Lager in Sibirien entlassen worden war, musste sie weitere elf Jahre in einer Sondersiedlung verbleiben. Eine andere ehemalige Schülerin, Margrit Knippschild, wurde am 12. September 1941 verhaftet. Die 19-jährige Studentin am Institut für Fremdsprachen wurde zu acht Jahren Lager verurteilt und konnte erst 1956 in die DDR ausreisen.[30]

Die meisten Schülerinnen der deutschen Schule, die aus Emigrantenfamilien stammten, blieben von den Verhaftungen verschont. Seit September 1941 teilten sie jedoch das Schicksal der vielen Deutschen in der UdSSR, die nach Sibirien oder Kasachstan deportiert wurden. Viele Biographien von Mädchen bekamen einen Bruch, weil sie es nicht schafften, eine Hochschulbildung zu erwerben und danach in einem Beruf zu arbeiten. Vielfach verbrachten sie ihre Jugend ohne familiären Halt, denn die Eltern der meisten von ihnen gerieten in den GULag oder wurden deportiert.[31] Viele mussten eine lange Zeit darum kämpfen, in die DDR ausreisen zu dürfen. Manche entschlossen sich in späteren Jahren nicht mehr dazu, da sie sich inzwischen familiär in der Sowjetunion gebunden hatten.[32] Heute leben sie in Russland oder in den GUS-Ländern, ihre Kinder sprechen kein Deutsch.

26
Markus Wolf: Die Troika. Geschichte eines nichtgedrehten Films. Nach einer Idee von Konrad Wolf, Berlin 1989, S. 24 und 30.
27
Manuskript von Daniil Koneljanski, Dezember 1988. Privatsammlung N. Mussijenko.
28
Lewenstein: Die Karl-Liebknecht-Schule (Anm. 1), S. 22. Vgl. zur Atmosphäre an der Schule die Augenzeugenberichte von Annemarie Radünz von 1991 und von Assja Steiner von 1993, in Plener: Helmut Schinkel (Anm. 1), S. 187–193.
29
KGB-Archiv Moskau, Strafakte von F. Neumann. Vgl. auch: In den Fängen des NKWD. Deutsche Opfer des stalinistischen Terrors, Berlin 1991, S. 160.
30
KGB-Archiv Moskau, Strafakte M. Knippschild: In den Fängen des NKWD (Anm. 29), S. 118; Wolfgang Leonhard: Spurensuche. Vierzig Jahre nach »Die Revolution entlässt ihre Kinder«, Köln 1992, S. 334–336; Hans Schafranek unter Mitarbeit von Natalja Mussijenko: Österreichische und deutsche Kinder im sowjetischen Exil. Kinderheim Nr. 6, Wien 1998, S. 143–152.

31
Bisher konnten folgende Eltern ermittelt werden, die Opfer des stalinistischen Terrors (Verhaftung, Lager, Tod) wurden: Verhaftet wurden Bernhard Koenen (Heinrich Stafford), Susanne Leonhard, Anna Stegmeier; im GULag waren und sind dort umgekommen Giulio Aquila (d.i. Gyula Sas), Fritz Bandelmann, Fritz Beyes (Lehrer der Karl-Liebknecht-Schule), Gottfried Band, Berta Daniel, Richard Daniel, Hugo Eberlein, Josef Eisenberger, Alfred Fröbel, Artur Geißler, Karl Hager, Albert Hotopp (Hermann Lieben), Eduard Keipert, Hans Kippenberger, Thea Kippenberger (d.i. Erna Windhorst), Ernst Leibecher, Adele Mahlow, Bruno Mahlow, Margarete Mengel, Nathan Neumann, Erna Röhrig, Hermann Röhrig, Paul Schapiro, Hans Schiff, Josef Schneider, Karl Schröder, Bela Szekely (Albert Winter), Rosa Tomarkin, Samuel Tomarkin, Herwarth Walden (Georg Lewin), Gustav Walter, Bernhard Zint.

Es war in der DDR sehr schwer, die früheren Politemigranten zu überzeugen, die Wahrheit von damals zu erzählen. Das von der SED geforderte Verschweigen herrschte vor, und erst nach 1990 begannen sie allmählich zu sprechen. So schreibt z.B. Dagmar Horstmann in ihren Erinnerungen noch Anfang der achtziger Jahre: »Auch jetzt spreche ich nie über Verhaftungen in der Stalinzeit im Interesse unserer Sache, im Interesse der Sowjetunion, da der Klassenfeind dies immer wieder benutzt […]. So muss ich manches hinunterschlucken, wenn Genossen, Bürger unserer DDR, von ihren Erlebnissen sprechen und darüber, was sie durchgemacht hätten. Ich glaube, wenn ich meine hier angeführten Erlebnisse erzählte, oder sie hätten das durchgemacht, wären sie nicht mehr in der Partei und nicht mehr für die Sowjetunion. Die Faschisten haben mal den Ausspruch gebraucht: Unser Arm ist lang, der reicht auch bis in die Sowjetunion. Vielleicht stellt es sich nach Jahren heraus, dass die Faschisten Schuld an diesen Verhaftungen der besten Menschen tragen.«[33]

Mit solchen Erklärungsmustern stand sie nicht allein, viele versuchten vergeblich, sich das »Unbegreifliche« zu erklären. Es bedurfte letztlich der unwiderlegbaren Aktenberge aus Partei- und NKWD-Archiven über die Verbrechen der Stalinzeit, um die historische Wahrheit ans Licht zu bringen.

32
Zu ihnen gehören z.B. Irma Schröder,
Helga Neuschäfer, Else Walter, Gretel Bauer,
Wera Sas, Frieda Labner.
33
Fragment der Erinnerungen von D. Horstmann:
Verhaftungen unter Stalin 1938–1953,
Anfang der achtziger Jahre, Privatarchiv.

Anhang

**Emigrierte Lehrerinnen und
Mitarbeiterinnen der Karl-Liebknecht-Schule
mit Lebensdaten, Zeit der Lehrtätigkeit
und Unterrichtsfächern**

Lebensdaten	Zeit der Lehrtätigkeit	Unterrichtsfächer/Funktionen
Irene Bauer (1889 – 1970)	1930 – Februar 1938	Mathematik
Emma Bauer-Weis (? – ?)	1935 – 1938	Mathematik
Ilse Berend-Groa (1885 – 1972)	1933 – 1934	Musik
Grete Birkenfeld-Spelitz (1905 – 1973)	Sept. 1934 – Februar 1938	Unterstufe
Helene Diamant (1896 – 1944)	Sept. 1934 – Nov. 1935	Musik
Irene Götz-Dinesz (1889 – 1941)	Juni 1936 – Nov. 1937	Chemie
Pauline Hochkeppler (1891 – 1959)	Sept. 1935 – März 1936	Unterstufe
Emma Hottmann (? – ?)	1935 – ?	Deutsch
Elisabeth Kelen-Bartos (1888 – 1972)	Jan. 1935 – Feb. 1938	Physik
Jolanta Kelen-Fried (1891 – 1979)	Nov. 1931 – Aug. 1932	Direktorin
Elfriede Klaege (1904 – ?)	Sept. 1937 – Feb. 1938	Sekretärin
Sofia Krammer (1886 – ?)	Sept. 1934 – Feb. 1938	Direktorin
Isolde Krömke (1912 – 1963)	Jan. 1935 – Feb. 1937	Deutsch
Mischket Liebermann (1905)	März 1937 – Feb. 1938	Theaterzirkel
Frau Perfanowa (? – ?)	1931/1932 – ?	Vorschulklasse
Elise Riesel (1906 – 1989)	Sept. 1934 – Juni 1935	Deutsch
Erika Rotzeig (1895 – ?)	Aug. 1934 – Aug. 1937	Unterstufe
Elsa Rutgers-Fausch (1912 – ?)	Sept. 1934 – Aug. 1936	Unterstufe
Irma Schrötter (1891 – ?)	Juli 1933 – Aug. 1937	Deutsch
Liselotte Stümpfel-Schiff (1909 – ?)	1931 – 1933	Deutsch/Mathematik
Elsa Weber (1905)	Aug. 1927 – Nov. 1931	Direktorin/Gesellschaftskunde
Erna Windhorst (1901 – ?)	bis Nov. 1936	Deutsch
Elisabeth Zaisser (1898 – 1987)	Sept. 1932 – Aug. 1933	Deutsch
Charlotte Zerath (1899 – ?)	Sept. 1934 – Apr. 1937	Deutsch

III.
Einzelschicksale

Uschi Otten

**Überleben für das Werk Erich Mühsams –
Zenzl Mühsam in der Falle des Exils**

Nach der Ermordung Erich Mühsams am 10. Juli 1934 im KZ Oranienburg war es seiner Witwe Zenzl gelungen, den Leichnam obduzieren zu lassen und damit die Propagandalüge zu widerlegen, Mühsam habe Selbstmord begangen. Nun selbst bedroht als eine Zeugin des blutigen Terrors in den KZs, die sich nicht einschüchtern ließ, musste sie am Tage der Beerdigung Mühsams nach Prag fliehen, um der bevorstehenden Verhaftung durch die Gestapo zu entkommen.

Ihr Leben ins Exil gerettet zu haben, verstand Zenzl Mühsam unbeirrbar als Auftrag, zum Kampf gegen das Nazi-Regime aufzurufen und das politische und literarische Vermächtnis ihres Mannes zu überliefern. Es war ihr geglückt, seinen aus Tagebüchern, Briefen und unveröffentlichten Manuskripten bestehenden Nachlass bei Freunden in Berlin vor dem Zugriff der Nazis sicherzustellen. Den qualvollen Tod Mühsams und das andauernde Leiden der politischen Gefangenen vor Augen, begann sie in Prag umgehend mit der Arbeit an ihrer Broschüre »Der Leidensweg Erich Mühsams«[1], einem der ersten Berichte, der der Weltöffentlichkeit die Wahrheit über die deutschen KZs verkündete.[2] Sowohl diese Veröffentlichung wie der umfangreiche Nachlass Erich Mühsams sollten auf tragische Weise für ihr weiteres Lebensschicksal bestimmend sein.

In dem von Flüchtlingen überfüllten Prag befand sich Zenzl in doppelter Notlage. Zum einen war sie angewiesen auf die spärlichen finanziellen Zuwendungen völlig überlasteter Flüchtlingskomitees, denn die über alle Welt verstreuten Anarchisten vermochten für sie nur geringe, unregelmäßig eintreffende Spenden aufzubringen, und auch die nach Palästina geflohenen Geschwister Mühsams konnten ihr kaum noch Unterstützung zukommen lassen.

Zum anderen war sie, abgeschnitten von dem unmittelbaren Kontakt zu politischen Gewährsleuten Mühsams, in ihren Entscheidungen gänzlich auf sich gestellt. Anarchisten waren im Prager Exil nicht vertreten, und so blieb ihr nur der oftmals langwierige briefliche Austausch mit den in die USA emigrierten anarchistischen Freunden Rudolf Rocker und Emma Goldmann. Unweigerlich geriet sie zwischen die Fronten linker Interessenskonflikte. Sie musste erfahren, dass ihre politischen Wirkungsmöglichkeiten nicht allein durch polizeiliche Auflagen eingeschränkt, sondern auch durch die Zerstrittenheit sozialdemokratischer und kommunistischer Komitees behindert wurden. Wie zuvor schon Mühsam litt nun Zenzl unter den fortgesetzten Richtungskämpfen der Parteien, die in der Emigration mit nicht geringerer Vehemenz ausgetragen wurden. Angesichts der andauernden Qualen der Opfer in den Konzentrationslagern erschienen ihr diese Konflikte als unbegreiflich, ja unmenschlich, konnten sie den Machthabern in Deutschland doch nur nützen.

[1]
Kreszentia Mühsam: Der Leidensweg Erich Mühsams. Mit einem Vorwort von Werner Hirsch, Zürich – Paris 1935, Neuausgabe Berlin 1994 (Harald Kater).

[2]
Vgl. hierzu Uschi Otten: »Den Tagen, die kommen, gewachsen zu sein.« Zur Lebensgeschichte Zenzl Mühsams, in: Schriften der Erich-Mühsam-Gesellschaft, Heft 11, Lübeck 1996, S. 8–31; Chris Hirte/Uschi Otten (Hrsg.): Zenzl Mühsam. Eine Auswahl aus ihren Briefen, in: Schriften der Erich-Mühsam-Gellschaft, Heft 6, Lübeck 1995.

Abb. 39
Zenzl und Erich Mühsam in Berlin,
23. Dezember 1924

Vor ausländischen Journalisten berichtete sie über den Tod Mühsams und rief zu einem breiten Bündnis gegen Nazi-Deutschland auf. Im Kreise deutscher Emigranten aber sparte Zenzl nicht mit scharfer Kritik an den Organisationen, deren Beistand sie während Mühsams Inhaftierung schmerzlich vermisst hatte. Sie beklagte das Scheitern ihrer Bemühungen, die ausländischen Gesandtschaften zum Schutz der Gefangenen zu mobilisieren und das Versäumnis der Roten Hilfe, die Frauen der KZ-Opfer zu unterstützen.

Auch aus ihrer Empörung über Versuche der Kommunisten, den toten Mühsam als eines der ersten prominenten Opfer der Nazis nunmehr propagandistisch für sich zu vereinnahmen, machte sie anfangs kein Hehl, so dass der Schriftsteller Ernst Ottwalt, kommunistischer Fraktionsleiter der Prager Gruppe des exilierten BPRS, den Parteiauftrag erhielt, sich um Zenzl »zu kümmern« und ihren schädigenden Aktivitäten entgegenzuwirken. Doch Zenzl war kein »Parteisoldat«, sie beanspruchte, nach eigenem Gutdünken zu handeln und zu entscheiden, ihren Erfahrungen und ihrer Menschenkenntnis vertrauend.

Sie traf auf Erich Wollenberg, einen Mitkämpfer Mühsams aus Rätezeit und Festungshaft, der als aus der Partei ausgeschlossener ehemaliger KPD-Funktionär von Moskau nach Prag geflohen war. Ihn beteiligte sie ebenso an der Arbeit für die Broschüre wie die aus Wien angereiste Anarchistin Meta Krauss-Fessel und den eben aus der Haft entlassenen Kommunisten Werner Hirsch, Leidensgefährte Mühsams im Gefängnis Plötzensee und den Konzentrationslagern Oranienburg und Brandenburg, der ihr grauenvolle Details der Demütigungen und Misshandlungen schilderte.

Über Hirsch erfuhr im Herbst 1934 auch die Komintern in Moskau von der entstehenden Broschüre und dem Vorhaben Zenzls, alsbald auch den geretteten Nachlass Mühsams zu veröffentlichen. Getarnt als diplomatisches Gepäck des tschechischen Presseattachés Camill Hoffmann, war er wohlbehalten in Prag eingetroffen. Den Interessen der Komintern konnte es wenig dienlich sein, Mühsams detaillierte Tagebuchaufzeichnungen aus der Zeit der Münchener Räterevolution und seine Kritik an dem Wirken kommunistischer Funktionäre in dieser Zeit dem politischen Gegner zu überlassen. Auch Mühsams umfangreiche Korrespondenz mit der Parteiprominenz und sämtlichen Fraktionen der linken Bewegung schien bestens geeignet, den parteiinternen Überwachungs- und Disziplinierungsapparat mit weiteren Informationen anzureichern, die in einer neuerlichen Welle von »Säuberungen« Belastungsmaterial gegen unliebsame Parteigenossen liefern konnten.

Für die delikate Aufgabe, bei der Beschaffung dieser Dokumente mitzuwirken, wurde Jelena Stassowa ausersehen, die bis 1937 als Stellvertretende Vorsitzende die der Komintern unterstehende Internationale Rote Hilfe (MOPR) und auch deren sowjetische Sektion leitete. Seit den zwanziger Jahren, in denen sie in Berlin die Rote Hilfe Deutschland mit aufbaute, in der sich auch Mühsam nach seiner Entlassung aus der Festungshaft für die politischen Gefangenen engagierte, war sie mit dem Ehepaar befreundet, mithin für Zenzl eine Vertrauensperson. Erste Einladungen in die Sowjetunion lehnte Zenzl ab, indem sie sich auf Mühsams unablässige Kritik am Stalinismus besann. Nachdem sich aber alle Hoffnungen auf Veröffentlichung der Broschüre in anarchistischen Verlagen und eine bescheidene finanzielle Absicherung von dieser Seite zerschlagen hatten, waren die Weichen gestellt. Die über alle Welt verstreuten anarchistischen Organisationen verfügten nicht annähernd über vergleichbare Mittel, so dass die Komintern ihren entscheidendenden Trumpf ausspielen konnte: Zenzl ergriff das verlockende Angebot Stassowas, ihre Schrift, in alle Weltsprachen übersetzt, im MOPR-Verlag drucken zu lassen.

Mit diesem Schritt wuchs die Distanz zu den Anarchisten. Zenzl wurden massive Vorwürfe gemacht, das Vermächtnis Mühsams an die Bolschewisten zu verkaufen. Zermürbende Rechtfertigungen gegenüber den »Organisationsfanatikern« mehrten Missverständnisse. Auch in die Korrespondenz mit Rudolf Rocker und Emma Goldmann schlichen sich Misstöne ein.

Als im Januar 1935 erste Tagebuchauszüge in den Prager Neuen Deutschen Blättern erschienen, verstärkte die Komintern ihre Bemühungen um die rührige Witwe. Einen Ansatz hierzu bot auch Zenzl Mühsams Sorge um die Zukunft ihres 18-jährigen Neffen Peps, der sie ins Prager Exil begleitet hatte. Dessen Bruder Ludwig hatte bereits 1932 in der Sowjetunion Zuflucht vor Arbeitslosigkeit gesucht und lebte als Ingenieur in Tscheljabinsk. Angesichts ihrer Perspektivlosigkeit in Prag musste es ihr schwer fallen, neuerliche Offerten der MOPR auszuschlagen, die eine Ausbildung des jungen Mannes in Moskau und Zenzl einen Erholungsaufenthalt versprachen. Bestechender aber noch war das Angebot Wilhelm Piecks, Mühsams Werke mit hohen Auflagen in der Sowjetunion zu veröffentlichen. Als unüberwindliche Visaschwierigkeiten ein erhofftes Wiedersehen mit Emma Goldmann in Frankreich zum Scheitern brachten, gewann der Gedanke an diesen Ausweg die Oberhand.

Unterdessen hatte auch das nationalsozialistische Regime auf das Erscheinen der Broschüre reagiert und Zenzl wegen »Verbreitung von Greuelpropaganda« ausgebürgert. Trotz aller Fürsorge der tschechischen Polizei war damit ihre Sicherheit gefährdet, zumal sich auch in diesem Land die faschistische Bewegung ausbreitete.

So brach Zenzl im August 1935 entgegen den Warnungen ihrer anarchistischen Freunde mit ihrem Neffen Peps zur Reise in die Sowjetunion auf, die sie in eine zwanzigjährige Odyssee durch den Stalinschen GULag führen sollte. Den Nachlass Mühsams hatte sie als Rückversicherung bei der neugewonnenen Freundin Ruth Österreich, einem Mitglied der Sozialistischen Arbeiterpartei, hinterlassen.

Auf dem Bahnhof von Lore Pieck empfangen, fand Zenzl in Moskau einen großen Kreis früherer Weggefährten wieder, der ihr ebenso wohl tat wie die Entlastung von täglicher Sorge um die materielle Existenz. Sie war hingegen nicht die Person, sich persönlicher Annehmlichkeiten zuliebe politischer Betätigung zu enthalten und suchte mit aller Energie für das Vermächtnis ihres Mannes einzutreten. Endlich war hier unter den Fittichen der MOPR möglich, was in Prag allzu oft dem Parteienzwist erlegen war: als Witwe Erich Mühsams in zahlreichen kulturellen Veranstaltungen und Betriebsversammlungen Anklage gegen das faschistische Regime zu erheben und zur Solidarität mit den Opfern aufzurufen.

32 000 Mitglieder soll sie für die Rote Hilfe geworben haben. Auch Pläne zu dem von Alexander Granach angeregten Filmprojekt »Erich Mühsams letzte Stunden«, das ihre Mitarbeit verlangte, mussten sie gegenüber den düsteren Prognosen ihrer anarchistischen Freunde in dem Eindruck bestärken, dass dem Ermordeten und seinem Wirken endlich gebührende Würdigung zuteil würde.

Unter diesen Vorzeichen traf Zenzl, nachdem sie von einer Vortragsreise nach Wjatka, Swerdlowsk und Tscheljabinsk zurückgekehrt war, im Frühjahr 1936 die folgenreiche Entscheidung, ihren ursprünglich nur auf drei Monate geplanten Aufenthalt um ein Jahr zu verlängern und – schwerwiegender noch – den Nachlass Mühsams durch einen sowjetischen Gesandten der Prager Sachwalterin zu entziehen und nach Moskau zu holen.

Trotz unentwegter – von dem mit dieser Aufgabe betrauten Ernst Ottwalt beklagter – Konflikte mit den Herausgebern eines geplanten Gedichtbandes über eine geziemende Auswahl der Texte Mühsams und trotz steter Vertröstungen über den Zeitpunkt der Veröffentlichung ahnte Zenzl nicht, dass sich die Lage in gefährlicher Weise verändert hatte. Am 23. April 1936, unmittelbar nachdem der Nachlass Mühsams in Moskau eingetroffen war, wurde Zenzl verhaftet. War das kostbare Gut überhaupt noch in ihre Hände gelangt, so wurde es spätestens bei der Verhaftung durch das NKWD beschlagnahmt.

Unter der Anklage »konterrevolutionärer Aktivitäten« verbrachte Zenzl sechs Monate in den berüchtigten Gefängnissen Lubjanka und Butyrka. Belastendes Material gab es in den Augen des NKWD zur Genüge: Auslands-Korrespondenz mit Anarchisten, Kontakt mit dem Parteifeind Wollenberg, zudem Denunziationen willfähriger Zuträger und unter Folter erpresste, falsche Geständnisse von bereits Inhaftierten. In einem Brief an die Pariser Genossen rechtfertigt Wilhelm Pieck die Maßnahmen des NKWD: »Zenzl Mühsam scheint hier ein Mittelpunkt für die trotzkistischen Verbindungen, besonders mit Wollenberg gewesen zu sein. Diese Verbindungen haben einen sehr ernsten Charakter gehabt, sogar bis zur Vorbereitung terroristischer Akte auf unsere führenden Freunde. Es ist nur zu begrüßen, dass es gelungen ist, die Fäden dieser Verbindung aufzufinden und einen Teil der Leute unschädlich zu machen.«[3]

Im Sommer 1936 gelangte die Nachricht von Zenzls Verhaftung ins Ausland. Ruth Österreich wandte sich von Prag aus hilfesuchend an die Mühsams in Palästina, Harry Wilde bat in Paris André Gide, bei seinem Aufenthalt in Moskau nach Zenzls Verbleib zu forschen, und selbst Thomas Mann schrieb an Michail Kolzow, den Auslandssekretär des sowjetischen Schriftstellerverbandes. Auch Albert de Jong, Vorsitzender der holländischen Anarcho-Syndikalisten, protestierte bei Jelena Stassowa: »Ich [...] kann Ihnen versichern, dass außer den betörten

3
Stiftung Archiv der Parteien und
Massenorganisationen der DDR im Bundes-
archiv (SAPMO-BA), ZPA, I 2/3, 286.

Anhängern Moskaus, die nun einmal von vornherein alles gutheißen, was die Sowjet-Regierung tut, kein einziger Revolutionär und kein einziger Sozialist in Europa auch nur einen Augenblick glauben wird, dass die tapfere Frau Erich Mühsams sich je für konterrevolutionäre Zwecke hat hergegeben.«[4]

Jelena Stassowa suchte anfangs noch mit der Antwort zu beschwichtigen, Zenzl befände sich auf einer Vortragsreise oder in einem Sanatorium, musste dann aber den wahren Grund ihres Verschwindens nennen. Am 8. Oktober 1936 wurde Zenzl plötzlich entlassen, womöglich infolge der internationalen Kampagne der Anarcho-Syndikalisten, die sich vehement für Zenzl eingesetzt hatten. Dass ihre Freilassung indes nur als eine vorläufige gedacht war, inszeniert zur Beschwichtigung ausländischer Proteste, sollte sich wenig später erweisen. Vorerst hatte ihre Haftentlassung gar noch den propagandistischen Nebeneffekt, im Ausland den Anschein zu erwecken, dass es bei den unzähligen Verhaftungen und Schnellgerichtsverfahren mit rechten Dingen zugehe, ganz im Sinne der neuen Stalinschen Verfassung.

Abgewiesen von dem Hotel, in dem sie zuvor gewohnt hatte, irrte sie wie eine Aussätzige auf der Suche nach Unterkunft durch die Stadt. Freunde oder Bekannte waren inzwischen ebenfalls verhaftet oder versagten ihr Hilfe aus Angst, selbst in die Mühlen des NKWD zu geraten. Schließlich fand sie Aufnahme bei dem holländischen Ingenieur de Wit, der sie zu Jelena Stassowa führte, die Zenzl einige Wochen in einem Sanatorium und anschließend in einem Haus der MOPR unterbrachte. De Wit sollte seine Menschlichkeit mit dem Leben bezahlen, er wurde bald darauf verhaftet und verschwand im GULag.

Zenzl befand sich nun zwar wieder auf freiem Fuß, blieb aber Gefangene einer paradoxen, ausweglosen Situation, gleichsam eine »Tote auf Urlaub«. So sehr sie sich in ihrer Lage Hilfe aus dem Ausland wünschen mochte, so sehr musste sie diese auch fürchten, konnte sie doch, einmal ins Visier des NKWD geraten, jederzeit wieder als feindliche Spionin in Haft genommen werden. Ihren Briefwechsel mit den anarchistischen Freunden musste sie abbrechen. Erst fünf Monate nach ihrer Freilassung, während derer sich das Haus der MOPR durch tägliche Verhaftungen unter den Emigranten leerte, konnte sie ein vorsichtiges Lebenszeichen an die Verwandten in Palästina wagen, durfte aber ihre Verhaftung und ihre andauernde Zwangslage mit keinem Wort erwähnen. Sie war zur Geisel des ihr entwundenen Nachlasses geworden.

Vor diesem grauenvollen Hintergrund sind ihre Vertragsverhandlungen mit dem Maxim-Gorki-Institut zu sehen, die im Juni 1937 zum Abschluss gebracht wurden. Für eine monatliche Unterhaltszahlung von 500 Rubeln und der Zusicherung der Autorenrechte übereignete Zenzl dem Institut den Nachlass Erich Mühsams. Der Vertrag, der jede Veröffentlichung einer Genehmigung durch das Institut und damit vollständig der Zensur unterstellte, muss in mehrfacher Hinsicht als fragwürdig gelten. Zum einen ist die Freiwilligkeit Zenzls für diesen Abschluss mehr als zweifelhaft, zum anderen verstieß er gegen das letzte Testament Erich Mühsams, das Zenzl in einem Brief vom September 1934 an Rudolf Rocker erwähnte. Mühsam hatte darin Rocker »als Mitbestimmer der Herausgabe und als Mithelfer«[5] für Zenzl bei seinem Nachlass bestimmt. Dieses wichtige Dokument ist in seinem weiteren Inhalt gänzlich unbekannt und bis auf den heutigen Tag verschollen. Auch wurden mit dem Vertrag etwaige Rechte und Ansprüche der Geschwister Mühsams übergangen.

Zenzl Mühsams Bemühen um ein Ausreisevisum für die USA lieferte im November 1938 den Vorwand zu ihrer zweiten Verhaftung, wenn es denn eines solchen bedurfte. Dass Zenzl sich zu diesem riskanten Schritt entschloss, mag erstaunen. Denn dies bedeutete, ihren Neffen Peps, für dessen Wohlfahrt zu sorgen sie in die Sowjetunion gereist war, einem bedrohten Schicksal zu überlassen und zudem den Nachlass ihres Mannes, der ihr als heilig galt und um dessen politische Bedeutung sie wusste, gänzlich preiszugeben. Man kann es nur als verzweifelten Versuch ansehen, ihrer bedrückend ohnmächtigen Lage zu entkommen.

Wegen »Missbrauch des Gastrechts und Teilnahme an einer konterrevolutionären Organisation und Agitation«[6], wie die mittlerweile erweiterte Anklage lautete, wurde sie zu nunmehr acht Jahren Zwangsarbeit verurteilt. In dieser Zeit verliert sich auch jegliche Lebensspur ihres Neffen Peps, der zuvor sein ersehntes Architekturstudium begonnen hatte. Aus den von Reinhard Müller in Moskauer Archiven aufgefundenen Verhörprotokollen geht hervor, dass auch Zenzl gefoltert wurde.

Am 26. September 1939, nach zehn Monaten in der Butyrka, kam Zenzl nach Potma in ein Straflager der Republik Mordovien, wo sie mit Frauen sowjetischer Kommunisten zusammentraf, deren staatsfeindliches Vergehen in »fehlender Wachsamkeit« gegenüber ihren als Volksfeinde bezichtigten Ehemännern bestanden hatte. Drei Monate später wurde sie überraschend nach Moskau zurückverlegt und befand sich als Zellenälteste auf engem Raum mit etwa dreißig deutschen Schicksalsgenossinnen, die nach Abschluss des Hitler-Stalin-Paktes vom September 1939 zur Auslieferung an die Gestapo vorgesehen waren, darunter auch Carola Neher, Margarete Buber-Neumann und Roberta Gropper. Margarete Buber-Neumann hat später überliefert, wie Zenzl ihre Mithäftlinge warnte, sich nicht durch die plötzlich bessere Behandlung in Form reichhaltiger Nahrung und sauberer Wäsche blenden zu lassen, und ihren Bewachern androhte, sich im Falle ihrer Auslieferung an die Nationalsozialisten vor den Zug zu werfen.

Nach zehnmonatiger Dauer des Auslieferungsverfahrens und ebenso langer, quälender Ungewissheit wurde sie nicht an die Gestapo überstellt. Es bleibt zu fragen, ob hierfür die späte Einsicht sowjetischer Behörden ausschlaggebend war, dass es dem internationalem Ansehen der UdSSR wenig dienlich sein konnte, eben jene Witwe den Mördern ihres Mannes auszuliefern, mit der man noch einige Jahre zuvor im Auftrag der MOPR publicityträchtig für den Kampf gegen den Faschismus geworben hatte, oder ob das Vorhaben am fehlenden Interesse der deutschen Behörden scheiterte.

Im Oktober 1940 wurde sie wiederum nach Mordovien in das Straflager Nr. III von Javas überführt. Noch 1993 erinnerte sich in Moskau eine Mitgefangene, die Zenzl schon in dem vorigen Arbeitslager begegnet war, an das neuerliche Zusammentreffen und schilderte lebhaft, wie unerschütterlich Zenzl trotz der harten Arbeit heimlich ihre Gedenktage an Erich Mühsam aufrechtzuerhalten wusste, indem sie ein ins Lager geschmuggeltes schwarzes Kleid anlegte, ihren Mitgefangenen leise seine Lieder und Gedichte vortrug und aus seinem Leben und Wirken erzählte.[7]

4
Russisches Staatsarchiv für Soziale
und Politische Geschichte, Moskau (RGASPI),
bis 1999: Russisches Zentrum für die Aufbewahrung und Erforschung von Dokumenten
der neuesten Geschichte (RZChIDNI),
539/2/8366, Bl. 14.
5
Zenzl Mühsam.
Eine Auswahl aus ihren Briefen (Anm. 2),
S. 57.
6
Zitiert nach Reinhard Müller:
Zenzl Mühsam und die stalinistische Inquisition,
in: Schriften der Erich-Mühsam Gesellschaft,
Heft 11, Lübeck 1996, S. 76.

7
Frau Alja Tartak (Moskau) im Gespräch
mit der Autorin 1993.
8
SAPMO-BA, ZPA, NL 36/640, Bl. 210.

Abb. 40
Zenzl Mühsam in Iwanowo, Oktober 1948
links: Elisabeth Kelen-Bartos
(ungarische Kommunistin, ehemalige Lehrerin
an der Karl-Liebknecht-Schule),
rechts Zenzl Mühsam

Am 16. November 1946, nach Beendigung ihrer achtjährigen Strafe, wurde sie nach Koltschinowa, 50 Kilometer vor Nowosibirsk, in die Verbannung geschickt. Dort bekam sie weder Obdach noch Arbeit und musste sich mit Betteln durchschlagen. Im März 1947 rettete ein Funktionär, dem der Name Mühsams bekannt war, die bis zum Skelett abgemagerte Zenzl vor dem Verhungern und setzte sie einen Zug nach Moskau, wo die 63-Jährige Unterkunft in dem mit deutschen Emigranten angefüllten Hotel Lux fand, die allesamt auf ihre Rückkehr nach Deutschland warteten.

Die Nachricht von der Anwesenheit Zenzls drang im Juli 1947 auch zu Wilhelm Pieck – durch einen Brief der schon früher heimgekehrten Schicksalsgefährtin Roberta Gropper. Die hatte Kenntnis davon bekommen, dass sich Zenzl auf der »Durchgangsstation« befände und warnte in ungebrochener Wachsamkeit sogleich das Berliner Politbüro eindringlich vor Zenzls Rückkehr, da »Zenzl Mühsam über das, was sie gesehen und gehört, nicht nur nicht schweigen wird, sondern wie ich sie kenne, auf der anderen Seite gegen die Sowjetunion stehen wird.«[8] Selbst ein Opfer der Stalinschen Säuberungen, hatte Roberta Gropper damit ihre unerschütterliche Parteitreue unter Beweis gestellt und die Berechtigung ihrer inzwischen erfolgten Rehabilitation bekräftigt. In ihrer Politkarriere konnte sie sich erfolgreich als Vorsitzende des »Demokratischen Frauenbundes« (DFD) und Volkskammerabgeordnete bis 1981 andienen.

Ihre »Einschätzung« von Zenzl Mühsams Haltung vom Oktober 1947 fand bei der Kaderabteilung Gehör und wurde von dort in wiederholten, mahnenden Mitteilungen an Pieck, Ulbricht und Dahlem, entsprechende Schritte zu unternehmen, schließlich nach Moskau weitergeleitet. Die Folge war, dass Zenzl Mühsam nicht nach Berlin, sondern vorerst zweihundert Kilometer weiter nach Osten verschickt wurde, nach Iwanowo. In einem Kinderheim, gegründet von der Schweizer Kommunistin Mentona Moser, fand sie Arbeit bei der Wäscheausgabe.

Im Herbst 1949 erschien in Darmstadt die Broschüre »Der Leidensweg Zenzl Mühsams« von Rudolf Rocker, der bis zu seinem Tod in den USA lebte. Er beschrieb darin den tragischen Weg Zenzls bis zu ihrer Verhaftung in Moskau und musste mit der Frage nach dem weiteren Verbleib der Witwe Mühsams die in diesen Tagen mit der Gründung der DDR befasste SED-Spitze nicht wenig in Verlegenheit bringen.

Zenzl war bereits im Februar desselben Jahres als »Mitglied einer antisowjetischen, trotzkistischen Organisation« vom NKWD in Iwanowo erneut verhaftet und nach acht Monaten Gefängnis in die Verbannung entlassen worden. Sie wurde 2000 Kilometer östlich zur Arbeit auf einer Kolchose in das Dorf Jelanka deportiert, wo die inzwischen 65-Jährige bei der wolgadeutschen Familie Götting lebte.

Im Juli 1954, siebzehn Monate nach dem Tod Stalins, gestattete ihr das NKWD die Rückkehr in das Kinderheim von Iwanowo. Von dort erneuerte sie ihr Gesuch, die Sowjetunion verlassen zu dürfen. Nachdem man im Zuge des Tauwetters nach Stalins Tod nicht weiter an ihr festzuhalten gedachte und zudem Fragen nach ihrem Schicksal aus dem Westen nicht abrissen, war ihrer Heimkehr schließlich auch seitens der DDR-Führung nichts mehr entgegenzusetzen.

Im März 1955 bekam sie ihren deutschen Pass. Ehe sie jedoch nach Deutschland zurückkehren durfte, verordnete man ihr im Mai noch einen vierwöchigen Sanatoriumsaufenthalt in Senestr. Als sie davon erfuhr, dass sich Helene Weigel und Brecht in diesen Tagen zur feierlichen Entgegennahme des Stalin-Preises in Moskau aufhielten, erbat sie sich vergeblich einen Besuch, hatte sie doch – im Unwissen, ob noch Angehörige lebten – in ihrem Rückführungsantrag als »Politemigrantin« angegeben, zu Helene Weigel übersiedeln zu wollen.

Am 27. Juni 1955, wenige Wochen vor ihrem 71. Geburtstag, kehrte Zenzl Mühsam nach Berlin zurück. Zwanzig Jahre einer Emigration, die im wesentlichen aus Gefängnis, Straflager und Verbannung bestand, lagen hinter ihr. Sie hatte sich abverlangt, alle grausamen Härten, denen sie in den vergangenen Jahren ausgesetzt war, zu überleben, angetrieben von der verzweifelten Hoffnung, jenen Fehler wieder gutzumachen, der sie 1935 in Prag trügerischen Versprechungen folgen ließ und sie dazu gebracht hatte, den Nachlass ihres Mannes falschen Händen zu übergeben.

Abb. 41
Zenzl Mühsam in der DDR, 1956

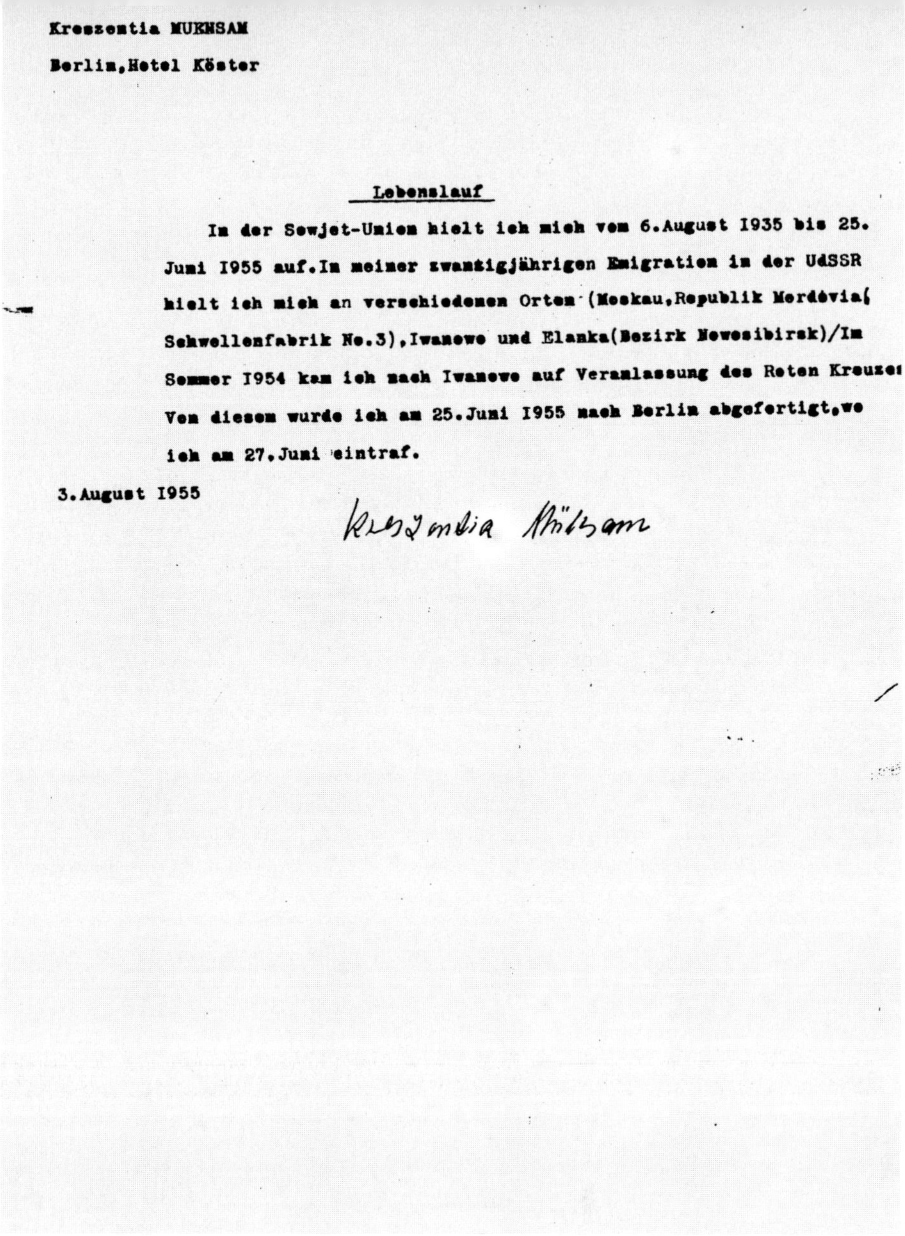

Kreszentia MÜHSAM

Berlin, Hotel Köster

Lebenslauf

In der Sowjet-Union hielt ich mich vom 6.August 1935 bis 25.
Juni 1955 auf.In meiner zwanzigjährigen Emigration in der UdSSR
hielt ich mich an verschiedenen Orten (Moskau,Republik Merdévia(
Schwellenfabrik No.3),Iwanowo und Elanka(Bezirk Nowosibirsk)/Im
Sommer 1954 kam ich nach Iwanowo auf Veranlassung des Roten Kreuzes
Von diesem wurde ich am 25.Juni 1955 nach Berlin abgefertigt,wo
ich am 27.Juni eintraf.

3.August 1955

Kreszentia Mühsam

Abb. 42
Lebenslauf Zenzl Mühsam,
3. August 1955

Einzig die DDR konnte der Ort sein, von dem aus sich die Korrektur dieses tragischen Irrtums mit zumindest einiger Aussicht auf Erfolg betreiben ließ. Hier befanden sich nicht nur für ihr Schicksal Verantwortliche in höchsten Staatsämtern, sondern auch eine Reihe Verbündeter, auf deren Unterstützung sie hoffte. Der Übertritt in den Westen, sofern man ihn nicht ohnedies verhindert hätte, war ausgeschlossen, wollte sie den ihr entwundenen Nachlass nicht auf ewig verloren geben. Ihre Ankunft in Berlin bedeutete somit nicht Freiheit, sondern gleichsam Fortsetzung des Exils, sie verschob nur die Koordinaten einer fortdauernden Zwangslage.

Wie alle Opfer der Stalinschen Säuberungen unterstand sie einem Schweigegebot über das in der Sowjetunion Erlebte. Doch trotz allem, was hinter ihr lag, war sie keine gebeugte Greisin. In der ihr eigenen, unerschütterlichen Beharrlichkeit begann sie umgehend, den Kampf um die Erfüllung ihres Lebensziels wiederaufzunehmen, das ihr mit der Selbstverpflichtung auch die innere Kraft zum Überleben all der Schrecken und Wirrnisse vorausgegangener Jahre verliehen hatte. Unter Hinweis auf ihre Autorenrechte richtete sie unmittelbar nach ihrer Rückkehr eine Bitte an das SED-Zentralkomitee, geeignete Schritte zu unternehmen, damit ihr der in Moskau befindliche Nachlass in Fotokopien oder Abschriften zur Verfügung gestellt würde.

Anfang Oktober 1955 bezog Zenzl eine kleine Wohnung in der Binzstraße 17 in Berlin-Pankow. Erich Mühsam wurde »in Anerkennung seiner Verdienste für den demokratischen Aufbau« postum eine Ehrenrente von 1000 Mark verliehen, von der Zenzl als Witwe 60% zugesprochen erhielt. Nebst 400 Mark eigener Rente als »Verfolgte des Nationalsozialismus« war sie nun zum ersten Mal in ihrem Leben aller materiellen Sorgen enthoben.

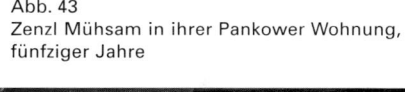

Abb. 43
Zenzl Mühsam in ihrer Pankower Wohnung,
fünfziger Jahre

Im Rahmen der ihr gebotenen Möglichkeiten, die freilich durch die Auswirkungen des Kalten Krieges begrenzt waren, nahm Zenzl ihr geselliges Leben wieder auf. Als »unsichere Kantonistin« der Aufsicht wohlmeinender Freunde unterstellt, riet man ihr noch 1957 davon ab, das Grab Erich Mühsams in West-Berlin zu besuchen. Auch die Beantwortung westlicher Korrespondenz, soweit sie denn möglich war, sollte sie mit guten Genossen abstimmen. Durch leidvolle Erfahrungen geschult, hielt sie sich daran, um nicht erneut ihre Lebensaufgabe zu gefährden. Sie war vorsichtig geworden, aber nicht unterwürfig. Alfred Kantorowicz, in jenen Tagen noch Mitglied der Akademie der Künste, ehe er in den Westen floh, notierte: »Ihre Berichte gaben den in der DDR lebenden alten Freunden Erich Mühsams, soweit sie nicht in der SU im Exil gewesen waren, die erste Anschauung von der kaum fasslichen Wirklichkeit sowjetischer Entsprechung zu den Konzentrationslagern.«[9]

Ihrer bereits im Sommer 1955 an die SED gerichteten Bitte, ihr bei der Beschaffung einer Abschrift des Nachlasses behilflich zu sein, wurde von sowjetischer Seite rasch entsprochen: Schon am 6. Dezember desselben Jahres wurden 12 000 Mikrofilmaufnahmen aus dem Maxim-Gorki-Institut der DDR-Botschaft übergeben, von wo sie jedoch nicht in Zenzl Mühsams Hände gelangten, sondern in die des ZK der SED, Abteilung Wissenschaft und Propaganda.

Erst ein halbes Jahr später wurde die offizielle Übergabe für den 19. Juli 1956 in der Akademie der Künste anberaumt. Zenzls Bitte um Verlegung des Termins – sie hielt sich zu diesem Zeitpunkt in Göhren zur Erholung auf – bot willkommene Gelegenheit, die feierliche Übergabe des »hochherzigen Geschenks der sowjetischen Freunde« ohne die Präsenz der widerborstigen Witwe vorzunehmen. Ihr Ersuchen wurde mit der Begründung abgewiesen, man habe schon Zusagen der übrigen Geladenen, die Veranstaltung dann rasch in die Vormittagsstunden vorverlegt.

Sollte Zenzl bis dahin noch gehofft haben, mit der Akademie im Hinblick auf Veröffentlichungen der Werke Mühsams und die Nutzung seines Nachlasses als einer komplexen Fundgrube der Literatur- und Zeitgeschichte an einem Strang zu ziehen, wurde sie nun bitter enttäuscht. Ins politische Programm passte zwar die Ehrung des Nazi-Opfers, nicht aber die Publikation seiner anarchistischen Schriften. In dem nun einsetzenden Tauziehen versuchte die Akademie mit größeren Versprechungen, als sie zu halten gewillt bzw. imstande war, Zenzl den Wind aus den Segeln zu nehmen und betrieb zugleich mit immer neuen Argumenten die Abschottung und Monopolisierung des Nachlasses. Zenzl versuchte ihrerseits mit Hilfe einflussreicher Freunde Druck auf das Erscheinen der in Aussicht gestellten Publikationen zu machen. Sie konnte 1958 als bescheidenen, wenn auch gänzlich unzureichenden Etappensieg die Ausgabe der »Unpolitischen Erinnerungen« und eines Gedichtbandes durchsetzen – in so geringen Auflagen allerdings, dass dies wiederum einem Ausschluss von Öffentlichkeit gleichkam. Die Akademie erhielt wegen fehlender Wachsamkeit sogar noch einen Rüffel von Kulturminister Johannes R. Becher, weil das Nachwort Fritz Hünichs nicht die gebotene Ausgewogenheit einer positiven Bewertung Mühsams als Antifaschisten einerseits und seiner Verurteilung als Antikommunisten und Feind der Sowjetunion andererseits aufwies.

9
Alfred Kantorowicz:
Politik und Literatur im Exil, Hamburg 1978.
10
Der Bundesbeauftragte für die Unterlagen
des Staatssicherheitsdienstes der ehemaligen
Deutschen Demokratischen Republik (BStU),
AIM (Archivierter IM-Vorgang) 16709/63.

Abb. 44
Zenzl Mühsam in den fünfziger Jahren

Unter diesen Vorzeichen kann nicht verwundern, dass Zenzl, die unterdessen auch von den Lücken des Nachlasses – den fehlenden Tagebüchern der Jahre 1916–1919 – Kenntnis bekommen hatte, sich hartnäckig weigerte, der Akademie anstelle des Gorki-Instituts die Nachlassrechte zu übereignen. Noch ein halbes Jahr vor ihrem Tod informierte sie das Gorki-Institut, keinesfalls die Originale nach Berlin zu geben.

Ende Dezember 1959 trat plötzlich die Staatssicherheit auf den Plan und konfrontierte die 75-jährige Zenzl mit einer vor dem Hintergrund ihres leidvollen Lebensweges für die Witwe kaum abweisbaren Anfrage, die als Suche nach einer konspirativen Wohnung ausgegeben wurde. Der gesellige Lebenswandel der Antifaschistin, der den Mitbewohnern des Hauses als vielfaches Kommen und Gehen von Besuchern vertraut war, ließ ihr Umfeld als geeignetes Objekt konspirativer Tätigkeit erscheinen und bot gleichzeitig die günstige Voraussetzung, sie in all ihren sozialen Kontakten genauestens unter Kontrolle zu halten und vor unliebsamen Kontakten abzuschotten. Wie aus den Unterlagen der Gauck-Behörde hervorgeht, wurde der Kontakt durch die Versorgungsstelle des Verbandes der Naziopfer (VdN) angebahnt, die Zenzl »auf der Linie der Zimmersuche für gute Genossen« ansprach.[10]

Es war bekannt, dass die Witwe Erich Mühsams Zeit ihres Lebens Bedürftigen gegenüber stets hilfsbereit war und Genossen bereitwillig Obdach gewährte, so dass man mit ihrer Einwilligung rechnen konnte, zumal sie über ein kleines Gästezimmer verfügte. Zenzl konnte nicht ahnen, welche Laus sie sich mit ihrer Zustimmung in den Pelz setzte. Ihre Lebensgeschichte, ihre verwandtschaftlichen Beziehungen, ihr Bekanntenkreis wie auch die Mitbewohner des Hauses wurden genauestens überprüft. Nach abgeschlossenen Ermittlungen wurde Zenzl nunmehr offen angegangen, als Kandidatin für eine konspirative Wohnung, »auf politisch-ideologischer Basis geworben [...] ausgehend von der Notwendigkeit der aktiven Mithilfe für den Kampf um Frieden und der Unterstützung der Staatsorgane seitens der Bevölkerung.«

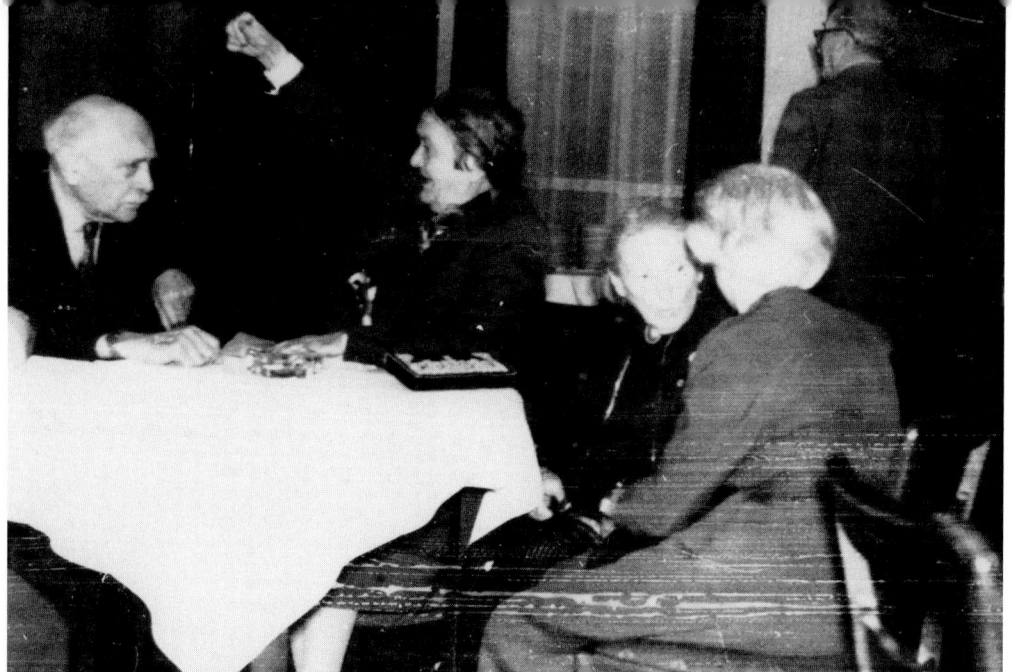

Abb. 45
Zenzl Mühsam mit Hermann Duncker,
Ende der fünfziger Jahre
Sitzend von links nach rechts:
Hermann Duncker, Zenzl Mühsam,
Frieda Düwell, Li Weinert
(mit dem Rücken zur Kamera)

Für nichts Geringeres als zur »Unterstützung der Erhaltung des Friedens und der Schaffung der Einheit Deutschlands« sollte sie sich verpflichten, »freiwillig mit dem Ministerium für Staatssicherheit zusammenzuarbeiten. Die Zusammenarbeit geschieht insbesondere durch die Verfügungstellung eines Zimmers der Wohnung zur Durchführung dienstlicher Aufgaben und zur Übernachtung eines Genossen.« Die zeitweilige Anwesenheit des »Gastes« wurde gegenüber Behörden, Hausbewohnern, Freunden und Bekannten als Aufenthalt eines Journalisten legendiert, der sich mit der Herausgabe der Schriften Mühsams befasse. Am 6. Januar 1960 unterzeichnete Zenzl unter dem Decknamen »Koch« eine Verpflichtungserklärung, die von ihr verlangte: »Ich werde mich fest an die konspirativen Vereinbarungen halten, weil ich weiß, dass die Verletzung der Konspiration Verrat an der Arbeiterklasse darstellt.« Die angebotene Miete von monatlich 30 Mark lehnte sie jedoch ab.

Fortan musste sie, wiederum gezwungen in die Komplizenschaft eines Repressionsapparates, selbst gegenüber engsten Freunden lügen. Die Auswirkung dieser neuerlichen stalinistischen Umstellung und demütigenden Instrumentalisierung durch den SED-Staat auf ihre psychische und physische Konstitution belegt indessen ein Brief ihres vertrauten Helfers Sepp Maier, Freund der Mühsams aus den zwanziger Jahren und inzwischen SED-Mitglied, an Zenzls Sohn Siegfried Elfinger im selben Monat: »Nicht so erfreulich ist der Gesundheitszustand Eurer Mamma. Sie kränkelt schon seit Neujahr, führt aber die Müdigkeit, ihr Unbehagen auf seelische Depressionen zurück.«[11]

Im Dezember 1961 schrieb Karl Dröll, ein Freund Zenzls aus der sowjetischen Emigration – mit dem Zenzl im Sommer noch eine Reise nach Moskau geplant hatte, um den Verbleib des Nachlasses in Moskau zu bekräftigen –, an Jelena Stassowa, dass Zenzl das Bett hüten müsse und eigentlich in einem Pflegeheim besser aufgehoben sei, aber in ihrer eigensinnigen Art sich dagegen gewehrt habe und nun bei Sepp Maier lebe. Am 27. Februar 1962 informierte Sepp Maier wiederum Zenzls Sohn über den Zustand seiner Mutter: »Die körperlichen Kräfte schwinden zusehends, aber auch die geistigen Kräfte sind im Abbau. Erinnerungen und Geschehnisse der unmittelbaren begrenzten Umwelt kann sie nicht mehr auseinanderhalten. [...] Deine lb. Mutter ist auch nicht mehr imstande, Briefe selbst zu unterschreiben, wie sie auch den Inhalt nicht mehr voll erfasst [...].«[12]

Drei Tage später hingegen, am 2. März, bescheinigte eine Notarin die vollständige Testierfähigkeit der schwerkranken Zenzl. Und der zukünftige Testamentsvollstrecker Sepp Maier vermochte es – aus eigenem Antrieb oder gar im Auftrag der Akademie –, Zenzl auf dem Sterbelager eine grundlegende Sinnesänderung ihres letzten Willens abzuringen: Sie überschrieb nun plötzlich in ihrem Testament alle Urheberrechte an dem Nachlass Erich Mühsams, einschließlich des in Moskau Vorhandenen, ausnahmslos der Ost-Berliner Akademie der Künste. Eine Woche darauf, am 10. März 1962 verstarb Kreszentia Mühsam im Alter von 78 Jahren. Archivleiter Ulrich Dietzel versäumte nicht, sich im Namen der Akademie bei Sepp Maier für dessen Mühe mit der widersetzlichen Greisin zu bedanken: »Auf diese Weise sind Verhältnisse geschaffen worden, die einer möglichen Willkür der Erben vorbeugen.«[13]

Auf solch fragwürdiger Grundlage – die Außerachtlassung des bestehenden Vertrages mit dem Gorki-Institut, die Umgehung der in Palästina lebenden Geschwister Mühsams und des verschollenen Testaments aus den dreißiger Jahren – sollte die Akademie fortan ihre Wahrnehmung der Rechte am Nachlass Mühsams stützen, die zu einem nicht geringen Teil in der Abschottung des Werks und seiner Neutralisierung bestand.

Zenzl Mühsam erhielt ein Ehrengrab auf dem Zentralfriedhof Friedrichsfelde. Im Herbst 1992, nach der deutschen Wiedervereinigung, wurde aufgrund von Rationalisierungsmaßnahmen der Friedhofsverwaltung und der Auffassung des Berliner Senats folgend, »dass nur die Teilung der Stadt eine gemeinsame Grabstätte bis dato verhindert hatte«, ihre Urne in aller Stille umgebettet und auf dem Dahlemer Waldfriedhof mit dem Ehrengrab Erich Mühsams vereint.[14]

11
Stiftung Archiv Akademie der Künste Berlin, Sammlung Kreszentia Mühsam.
12
Ebenda.
13
Ebenda.
14
Senatsverwaltung für Stadtentwicklung und Umweltschutz in einem Brief an die Autorin, November 1993.

Rolf Harder

Lilly Becher –
Vom »eingestellten Leben«
einer begabten
kommunistischen Journalistin

Lilly Korpus, ab 1938 die Ehefrau des Dichters und ersten Kulturministers der DDR, Johannes R. Becher, wird 1901 in der Familie eines wohlhabenden Ingenieurs geboren, der bereits kurz nach der Geburt der Tochter stirbt. Die materiellen Verhältnisse der Familie erlauben es trotzdem, dass die Tochter Lilly eine höhere Schulausbildung erhält und mit dem Studium beginnen kann. Dieses Studium der ohnehin ungeliebten Chemie in München und Heidelberg muss sie jedoch bereits nach drei Semestern abbrechen, da jede finanzielle Unterstützung von zu Hause eingestellt wird, nachdem die junge Frau – unter dem Eindruck der Ermordung Luxemburgs und Liebknechts – der soeben gegründeten Kommunistischen Partei Deutschlands beigetreten ist.[1]

Mit 19 Jahren beginnt für Lilly Korpus eine journalistische Karriere, die ihresgleichen sucht: Sie wird zunächst Volontärin in der Münchner Redaktion der Vossischen Zeitung bei dem bekannten linksbürgerlichen Redakteur Sling. 1921 arbeitet sie bei der Deutschen Telegrafen-Agentur München und wird dort wegen ihrer Mitgliedschaft in der KPD ein erstes Mal »gemaßregelt«. Ab 1922 ist sie dann freie Mitarbeiterin der »Weltbühne« – aus dieser Zeit rührt ihre Freundschaft mit Tucholsky, mit dem sie bis 1933 einen langen Briefwechsel führte, der leider verloren gegangen ist –, der »Roten Fahne« und anderer kommunistischer Zeitungen und Zeitschriften.

Ihr eigener journalistischer Weg beginnt 1923, als Lilly Korpus »dank der Hilfe sowjetischer Genossinnen« die illustrierte Frauenzeitung »Arbeiterin« aufbaut. Dieses Blatt, das ursprünglich nur für den Bezirk Berlin-Brandenburg konzipiert war, entwickelt sich rasch zu einer weit verbreiteten Frauenzeitung in Deutschland und wird von Lilly Korpus »nebenbei« redigiert. 1926 richtet sie eine Frauenseite in der auflagenstarken »Arbeiter-Illustrierten-Zeitung« (AIZ) ein und wird schließlich noch im gleichen Jahr deren Chefredakteurin. Ob sie diese Funktion bis 1933 behalten hat, wird später in Moskau unter den deutschen Genossen, die sich anschicken, nach sowjetischem Vorbild auch die deutsche kommunistische Partei zu säubern, leidenschaftlich und gehässig diskutiert werden. Als gesichert kann jedenfalls angesehen werden, dass Lilly Korpus wegen ihrer journalistischen Arbeit, u.a. für die AIZ, 1933 Deutschland verlassen muss. Bis 1933 ist sie darüber hinaus Lektorin im »Neuen Deutschen Verlag« und Mitherausgeberin – an der Seite des ungarischen Kommunisten Alex Rado – der »Geographischen Presse Korrespondenz«.[2]

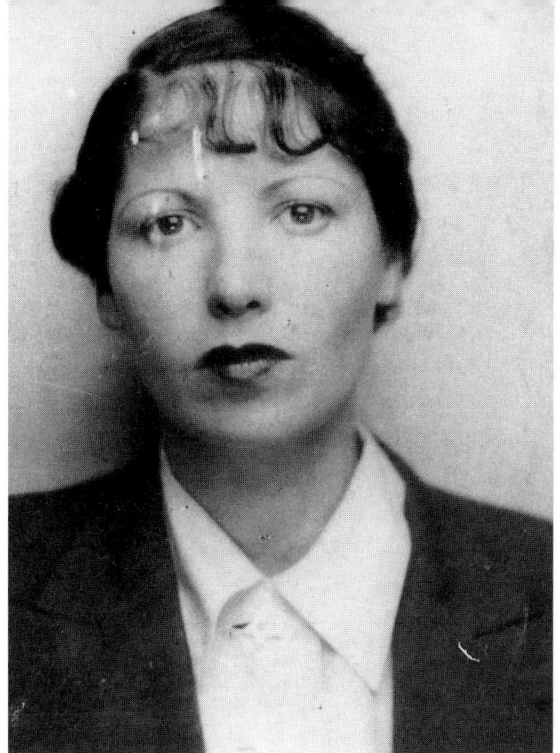

Abb. 46
Lilly Becher, Berlin um 1931

Abb. 47
Lilly Becher, Berlin um 1945/46

1
Gespräch Lilly Becher mit Ernst Stein
am 23. Mai 1960, S. 3.
Johannes-R.-Becher-Archiv,
Stiftung Archiv der Akademie der Künste,
Berlin.
2
Vgl. verschiedene Lebensläufe Lilly Bechers.
Johannes-R.-Becher-Archiv,
Stiftung Archiv der Akademie der Künste,
Berlin.

Allein diese Stationen im Leben Lilly Korpus' weisen eine beachtliche Lebensleistung auf und werden von ihr in späteren Gesprächen auch mit Stolz erwähnt. Ihre politische Biographie jedoch, die sich bei der Ankunft in der Sowjetunion Ende 1935 als schwere Hypothek erweisen sollte, streift sie immer nur am Rande, und das nicht ohne Grund: Diese hochbegabte Journalistin war auch eine führende Parteifunktionärin der KPD und gehörte zum engsten Kreis um Ruth Fischer, als sie 1924/25 Bezirksleiterin der KPD Berlin-Brandenburg war: »Ich war ganz gegen meinen Willen in eine hohe politische Funktion gerufen worden, zu der ich in keiner Weise geeignet war. Man hat mich einfach gebraucht, um nicht zu sagen missbraucht. Ich wurde zwar ganz offiziell gewählt und habe diese Funktion ausgeübt, wahrscheinlich mehr schlecht als recht [...]. Mein Nachfolger in diesem Amt wurde Wilhelm Pieck. Er war es, der mich damals kommen ließ, nach dem berühmten EKKI-Brief, und mir sagte, warum ich darauf bestehe, politische Arbeit zu machen, wo ich doch als Journalistin so außerordentlich begabt sei und der Partei viel mehr nützen könnte.«[3] Und Wilhelm Pieck sagte der jungen Genossin noch etwas, was zum Schlüsselerlebnis für Lilly Korpus werden sollte: Sie müsse der falschen ultralinken Politik abschwören, sonst fliege sie aus der Partei. »Da habe ich gesagt, Wilhelm, wenn Ihr mich aus der Partei ausschließt, dann bringe ich mich um, ohne die Partei könnte ich nicht leben.«[4]

Ein weiterer Bereich ihrer Biographie wird in späteren Informationen und Interviews konsequent ausgespart: Das ganz persönliche Leben der Lilly Korpus. Dieses beginnt in ihren Auskünften erst 1934 in Paris an der Seite Johannes R. Bechers. Aber bis dahin war sie bereits zweimal verheiratet und hatte 1925 eine Tochter geboren.

Lilly Korpus, die also bis 1933 politisch und journalistisch so engagiert und auf die KPD fixiert aufgetreten ist, muss schon bald nach dem Machtantritt der Nazis in Deutschland ihre Heimat verlassen: »Ich war am 8. März 1933 nach einem SA-Überfall auf meine Wohnung geflohen. Ich konnte das mit Hilfe meiner damaligen Hausangestellten tun, die es mir, während ein ganz riesiger SA-Trupp unter persönlicher Führung des Grafen Helldorf meine Wohnung durchwühlte, ermöglichte, über eine Hintertreppe zu entkommen. [...] Ich stand wohl auch auf einer ihrer schwarzen Listen, anders wäre dieser unerhörte Aufwand, mit der sie meine Wohnung durchwühlten, alles kurz und klein schlugen und stahlen, was ihnen unter die Hände geriet, gar nicht zu erklären.«[5]

Lilly flieht mit ihrer kleinen Tochter zunächst nach Wien, wo das Kind bei Freunden bleibt und die Schule besucht, und dann weiter nach Paris, wohin sie Willi Münzenberg ruft, mit dem Lilly in den zwanziger Jahren in Berlin eng zusammengearbeitet hat: »Übrigens habe ich [vor 1933; R.H.] auch herausgegeben und überarbeitet [...] sein Buch über die Jugend »Die Dritte Front«. Das ist zwar unter seinem Namen erschienen, aber geschrieben habe ich das praktisch [...]. Er hatte mich darum gebeten, er war ja von einer genialen Einfallsfülle, im Charakter so schillernd, will ich mal vorsichtig sagen, journalistisch ungemein begabt, aber nicht fähig, mit seiner doch sehr primitiven Volksschulbildung zu schreiben. Er gab mir immer seine Arbeiten, sowohl die, die in der AIZ erschienen sind, wie auch das ganze Rohmanuskript dieses Buches. Das habe ich praktisch dann umgeschrieben und ganz und gar neu geschrieben. Ich habe es auch mit einer flammenden Widmung von ihm besessen [...] und er hat mich dann [1933; R.H.] sofort nach Paris geholt und hat mir dort den Auftrag gegeben zum ›Gelben Fleck‹.«[6]

Die Hauptarbeit dieser Zeit in Paris ist dann auch die Zusammenstellung und Herausgabe der ersten großen Dokumentation über die Verfolgung und Vernichtung der Juden in Deutschland. »Der gelbe Fleck« erscheint – ohne einen Hinweis auf Lilly Korpus – mit einem Vorwort von Lion Feuchtwanger 1936 in Paris und wird später in vielen Sprachen und hohen Auflagen gedruckt. Die Arbeit am

»Gelben Fleck« und die intensive Bekanntschaft mit ihrem späteren Ehemann Johannes R. Becher fallen zeitlich zusammen und lassen sich – ebenso wie die Übersiedlung in die Sowjetunion Ende 1935 – anhand von bisher nicht veröffentlichten, unbekannten Briefen Lilly Korpus' an Johannes R. Becher recht gut rekonstruieren.

In dem 1991 von Reinhard Müller herausgegebenen Protokollband »Die Säuberung« über eine geschlossene Parteiversammlung der KPD in Moskau 1936 spielen die Angriffe, denen sich Johannes R. Becher wegen der politischen Vergangenheit seiner Lebensgefährtin stellen musste, eine dominierende Rolle. Gleichermaßen wird auch die Frage, warum, mit wessen Unterstützung und auf - welchem Wege Lilly Paul alias Korpus in die Sowjetunion eingereist war, heftig diskutiert. Diese Frau scheint vielen treuen Genossen, die nun selbst in der Tribunal-Veranstaltung im September 1936 attackiert werden, höchst suspekt. Man fragt nach ihrer Tätigkeit in der AIZ, aus der sie noch vor Januar 1933 auf spektakuläre Weise ausgeschieden sein soll, und geht vor allem der Frage nach, ob Lilly Paul mit Genehmigung der Partei Deutschland verlassen habe und wenn dies nicht der Fall sei, ob sie dann noch Mitglied der KPD sein könne. Vor allem aber wundert man sich – dies kommt besonders in den Fragen von Willi Bredel und Erich Weinert zum Ausdruck –, dass es Johannes R. Becher gelungen ist, seine Lebensgefährtin seit den Pariser Exiltagen so auffallend schnell nach Moskau zu holen.

Becher ist dieser Frau nicht nur in großer Liebe verbunden, er weiß auch, dass Lilly ihn aus einer seiner tiefsten Lebenskrisen in Paris buchstäblich gerettet hat: »Hier in Paris, 1934, erfolgte dann die Begegnung, von der wir uns bis zu seinem Tode nicht mehr getrennt haben. Es war eine sehr erschütternde Begegnung. Becher war damals in einem großen Verzweiflungszustand. Er fühlte sich sehr isoliert, sehr vereinsamt, und die Trauer um Deutschland und um unsere Genossen in den KZ war immer um ihn, und war für ihn eine fürchterliche und drückende Vision, und ich muss, wenn ich aufrichtig bin, sagen, dass eigentlich die erste Zeit unseres Zusammenseins darin bestand, dass ich einen mich manchmal beinahe zur Verzweiflung führenden Kampf darum führen musste, ihn vor dem Selbstmord zu bewahren.«[7]

Auf die vielen Komplikationen, mit der die Übersiedelung Johannes R. Bechers in die Sowjetunion verbunden gewesen ist, soll hier nicht näher eingegangen werden. Fest steht, dass er am 2. November 1935 in Moskau eintrifft und es schafft, Lilly nach geradezu verblüffend kurzer Zeit nachzuholen: Bereits am 5. November – also nur drei Tage nach der eigenen Ankunft – kündigt er der Gefährtin an, er habe die Zusage für das Einreisevisum bekommen. Nach einigem Hin und Her erhält Lilly am 16. November vom sowjetischen Konsulat in Paris das Einreisevisum auf den Namen »Paul«. Diese von Lilly selber nicht erwartete Ein-

3
Gespräch Lilly Becher
mit Günther Knackfuß im Januar 1967, S. 15.
Johannes-R.-Becher-Archiv,
Stiftung Archiv der Akademie der Künste,
Berlin.
4
Ebenda.
5
Gespräch mit Ernst Stein, S. 9–10 (Anm. 1).
6
Gespräch mit Günther Knackfuß, S. 32 (Anm. 3).
7
Gespräch mit Ernst Stein, S. 13 (Anm. 1).

reisegenehmigung bringt eine Reihe von Schwierigkeiten mit sich: Lilly muss die Arbeit am »Gelben Fleck« zu Ende bringen, Babette Groß und Willi Münzenberg dürfen von der Abreise nach Moskau nichts erfahren, und die Wohnung muss ordnungsgemäß verlassen und weitervermietet werden.

Die Übersiedelung nimmt abenteuerliche Züge an, bedenkt man, dass Lilly Paul zu dieser Zeit mit dem »Filmemann Jaroschy« (so nennen ihn Gustav von Wangenheim und Hedda Zinner, die ihn aber auch nicht näher gekannt haben wollen) verheiratet ist. Die Ehe, über die keine Angaben von Lilly überliefert sind, wird erst ein Jahr später in Warschau geschieden. Bedenkt man weiter, dass ihr deutscher Pass auf den Namen des ersten Ehemannes Paul ausgestellt ist, so ist die rasche Einreiseerlaubnis in der Tat von einem »Zauberer« (so Lilly) erwirkt worden. Aber auch Becher selbst müssen in Moskau die genauen Zusammenhänge unbekannt geblieben sein. Die inquisitorischen Nachfragen der deutschen Genossen im September 1936 wären sicherlich noch schärfer ausgefallen, hätten sie gewusst, dass Lilly bis zur polnisch-sowjetischen Grenze mit dem alten Pass auf den Namen Jaroschy reist und auf dem sowjetischen Boden mit dem von Becher besorgten Einreisevisum auf den Namen Lilly Becher-Paul: »Bis Stolpce ist es notwendig, dass nur die Frau von Heinz reist, aber in Nigornoje kommt nur noch L. P. an. Diese hat die ordnungsgemäße Eintragung, die Du ihr anweisen ließest. Verstehst Du jetzt?«[8]

Es ist schon darauf verwiesen worden, dass Lilly Paris unter sehr geheimnisvollen Umständen verlassen hat, die bis heute nicht recht geklärt sind. Sie selbst hat mehrfach erwähnt, sie sei 1925/26 illegal nach Frankreich eingereist, um den französischen Genossen beim Aufbau der Zeitschrift »Nos regards« zu helfen und daraufhin zur persona non grata erklärt und ausgewiesen worden: »Ich musste dann da auch schnell weg, bekam die Ausweisung, weil man sich plötzlich bei der sehr exakt arbeitenden Polizei daran erinnerte, dass ich schon einmal also in den ›Nos Regards‹-Zeiten als Unerwünschte dort mich bemerkbar gemacht hatte«, erinnert sie sich 1967.[9] Wahrscheinlich ist das nur die halbe Wahrheit, denn Johannes R. Becher gab 1936 in Moskau zu Protokoll, die Hausdurchsuchung bei der Lebensgefährtin hänge mit der »Eberlein-Geschichte« zusammen: Hugo Eberlein war innerhalb der Komintern für illegale Finanztransaktionen zuständig und Lilly im Zusammenhang mit ihm aufgefallen, da sie der KPD in Paris häufig »namhafte Geldbeträge« überwiesen hatte.[10]

Einige Male schreibt Lilly in ihren Briefen nach Moskau, dass Babette Groß und Willi Münzenberg auf keinen Fall von ihrer Übersiedelung nach Moskau erfahren dürften. Und so baut sie beiden gegenüber die Legende auf, sie wolle nach Wien zu ihrer Tochter fahren. Es ist offensichtlich nicht nur das schlechte Gewissen gegenüber Münzenberg wegen der nicht mehr zu Ende gebrachten Arbeit am »Gelben Fleck«, das Lilly in diesem Punkt nicht die Wahrheit sagen lässt. »Ich sagte Babette, dass ich einige Wochen zu Rumpel nach Wien fahre und deshalb die Wohnung vermieten will«, schreibt sie Becher am 12. November, wenige Tage vor der Abreise.[11] Die insistierenden Fragen der Genossen in der »Säuberungs«-Sitzung 1936, wer die Reise seiner Lebensgefährtin nach Moskau denn finanziert habe, beantwortet Becher nur ausweichend, weil er offenkundig nicht mitteilen will, dass Lilly größere Geldbeträge von ihrem Ehemann Heinz Jaroschy bekommen hat, der auch ein Jahr später Lillys Reise nach Wien – sie war dort, um die Tochter nach Moskau zu holen – sowie die Kosten für die Scheidung in Warschau übernimmt.[12]

Bei den führenden deutschen Genossen bleiben bis zum Kriegsende Zweifel an Lillys ordnungsgemäßem Verlassen Deutschlands und der politisch motivierten Einreise in die Sowjetunion. Vor allem aber kommt immer wieder bei einigen Genossen der Verdacht auf, sie sei wegen ihrer politischen Eskapaden aus der Partei ausgeschlossen worden. Im Januar 1944 schreibt sie deshalb an Wilhelm Pieck: »Werter Genosse Pieck, wie ich soeben erfahren habe, wird gegenwärtig von maßgebenden Genossen geäußert, ich sei aus der Partei ausgeschlossen worden, und zwar nach der Ruth-Fischer-Periode. Dazu möchte ich feststellen, dass ich weder damals noch später jemals ein Parteiverfahren oder dergleichen durchgemacht habe. Wahr ist vielmehr, dass ich mich – und zwar gerade aufgrund einer persönlichen Aussprache mit Dir, Genosse Pieck, die im Sekretariat der Berliner Organisation, Münzstraße, stattfand, von den falschen Auffassungen der Opposition überzeugt und mich von ihr nicht nur politisch, sondern auch persönlich restlos geschieden habe.«[13]

Lilly Becher hat über all die bedrohlichen Ereignisse in der Sowjetunion bis an ihr Lebensende geschwiegen. Sie konnte oder wollte sich auch gegenüber langjährigen Mitarbeitern des Johannes-R.-Becher-Archivs, die im gleichen Haus mit ihr arbeiteten, nicht mitteilen und sagte mehrfach, dies alles sei so entsetzlich gewesen, dass sie nie darüber sprechen werde. »Offiziell« hat sie die Emigration in der Sowjetunion immer als Jahre sicheren Fluchtorts vor den deutschen Machthabern, die sie aus ihrer Heimat vertrieben hatten, dargestellt.

Alle Widrigkeiten der Übersiedelung verdrängend und die politischen Bedrohungen der »Säuberungsjahre« ignorierend, spricht Lilly Becher in zwei ausführlichen, im Becher-Archiv aufbewahrten Interviews nur über die positiven Seiten ihres Aufenthalts in der Sowjetunion. Bedrohliches kommt nur zur Sprache, wenn der deutsche Überfall auf die Sowjetunion angesprochen wird.

Im Vordergrund steht vor allem die tiefe Freude, mit dem geliebten Mann zusammenleben zu können. Dafür war Lilly Becher bereit, ihr »eigenes Leben einzustellen«, wie sie in dem Interview von 1967 bekannte, nicht ohne mit Stolz hinzuzufügen, dass sie bis dahin durchaus eine anerkannte Journalistin gewesen war: »Ich hoffe, dass ich immer in meinem Leben durch meine Tätigkeit bewiesen habe, was Johannes R. Becher für mich in meinem Leben bedeutet hat, als Mann, als Genosse, als Kampfgefährte […]. Aber ich war ja immerhin auch einiges und habe auch einiges als Journalistin geleistet, lange, bevor ich die Frau Becher wurde.«[14]

8
Lilly Becher-Paul an J. R. Becher.
Johannes-R.-Becher-Archiv,
Stiftung Archiv der Akademie der Künste,
Berlin, Sammlungs-Briefe, Sgn. 1401.
9
Gespräch mit Günther Knackfuß, S. 38 (Anm. 3).
10
Vgl. Reinhard Müller (Hrsg.):
Die Säuberung. Moskau 1936: Stenogramm
einer geschlossenen Parteiversammlung,
Reinbek bei Hamburg 1991, S. 162.
11
Lilly Becher-Paul an J. R. Becher (Anm. 8).
12
Ebenda.
13
Lilly Becher an Wilhelm Pieck.
Johannes-R.-Becher-Archiv,
Stiftung Archiv der Akademie der Künste,
Berlin, Sammlungs-Briefe, Sgn. 1417.
14
Gespräch mit Günther Knackfuß, S. 55 (Anm. 3).

Abb. 48
Lilly Becher mit ihrem Ehemann
Johannes R. Becher
in Moskau, Winter 1936/37

Nach Lillys so abenteuerlicher Übersiedelung ins sowjetische Exil wohnt sie zunächst mit dem Lebensgefährten in beengten räumlichen Verhältnissen, erst in kleineren Hotelzimmern, später in einer gemeinsam mit Olga und Andor Gábor sowie Lillys Tochter genutzten Wohnung im Schriftstellerhaus in der Lawruschinski-Gasse. Trotz der Abwesenheit von der deutschen Heimat, unter der besonders Johannes R. Becher leidet, werden die Jahre bis zum Kriegsausbruch auch Jahre gemeinsamen Erfolgs: Becher leitet erfolgreich die Emigrantenzeitschrift »Internationale Literatur«, für die Lilly viele Übersetzungen vornimmt: »Meine Arbeit in den ganzen Jahren von 1936 bis 1945 ist im wesentlichen, dass ich unter unheimlich vielen, mir schon nicht mehr erinnerlichen Pseudonymen sehr viel für die IL übersetzt habe.« Um die Arbeit ihres Mannes zu unterstützen, habe sie, da sie im Unterschied zu ihrem Mann mehrere Sprachen beherrsche, »für ihn sehr viel ausländische Literatur verfolgt und ausgewählt und übersetzt, und zwar vor allem aus der französischen Literatur«.[15]

Wie schon in Paris drängt Lilly Becher den Gefährten, die Arbeit am Roman »Abschied« weiterzuführen: »Die ersten Auseinandersetzungen in unserem früheren Stil begannen dann wieder, indem ich ihn drängte, den ›Abschied‹ weiterzuschreiben [...] es wurde ein endloser Kampf: wann wird der ›Abschied‹ weitergeschrieben.« Lilly trägt mit vielen Erinnerungen an München, an die Jahre vor dem Ersten Weltkrieg, mit Erinnerungen an die eigene Schulzeit, mit historischen Details und vor allem mit Literatur, die sie in Moskauer Antiquariaten besorgt, zur Fertigstellung des Romans und generell zu Bechers literarischer Arbeit bei. Sie weiß zu gut, dass die depressiven Zustände ihres Mannes, die sie in Paris miterlebt hat, den schwer suizidgefährdeten Dichter in bedrohliche Krisen führen können. So versucht sie, möglichst alle Widrigkeiten von ihm fern zu halten, wacht gleichzeitig egozentrisch über ihn, toleriert aber auch in Moskau seine Affären mit anderen Frauen.

In dem Interview von 1960 sagt sie zu dieser Hilfe für ihren Mann: »Ich habe mich ständig bemüht, [für ihn; R.H.] in den hervorragenden Moskauer Antiquariaten deutsche Bücher zu kaufen. Ich ging immer und suchte – er tat das nie selbst – nach den Büchern, von denen ich spürte, er braucht sie für seine Arbeit [...]. Ich wusste genau, die Dinge werden eines Tages in seiner Dichtung Unterkunft finden. So war es auch immer. Ich habe immer ganz genau gespürt, was er braucht in einem bestimmten Moment. Das ging von der Bibel Luthers – weil er die Sprache Luthers brauchte – zu Gryphius; und da war Goethe, da war Mörike, da war Hölderlin, da waren Bilder von deutschen Domen, von deutschen Landschaften [...] alles war immer nur Deutschland, immer, nichts anderes hat ihn interessiert.«[16]

Nun setzt – vor allem in den Kriegsjahren – aber auch die eigene journalistische Arbeit wieder ein: Lilly Becher schreibt für den Rundfunk, spricht ihre Texte selber, schreibt für die Zeitung »Freies Deutschland«, übersetzt für die »Internationale Literatur«. Kaum ein Text wird aufgehoben, alles als für den Tag geschrieben angesehen und weggeworfen. Es gibt lediglich ein kleines Notizheft im Becher-Archiv mit einigen Titelangaben von Rundfunkarbeiten Lilly und Hans Bechers. Aber das alles war ja auch nicht so wichtig für diese ungewöhnliche Frau, die 1967 bekannte: »Ich habe jetzt [1934; R.H.] mein Leben eingestellt, teils freiwillig, teils unfreiwillig, um die Arbeit meines Mannes zu unterstützen.«[17]

15
Ebenda, S. 37.
16
Gespräch mit Ernst Stein, S. 48
(Anm. 1).
17
Gespräch mit Günther Knackfuß, S. 37
(Anm. 3).

Frithjof Trapp

Inge von Wangenheim –
Porträt einer Stalinistin

Den Anstoß zu diesem Beitrag lieferten zunächst weniger die Bücher
Inge von Wangenheims als vielmehr drei oder vier persönliche Begegnungen mit
ihr, die zwischen 1977 und 1978 stattfanden. Sie sind mir prägnant in Erinnerung
geblieben, obgleich sie nicht sonderlich ergebnisreich waren.

Inge von Wangenheims Schilderungen ihres Exils in der Sowjetunion
hatten mich seinerzeit zwar interessiert, weil sie sehr detailreich waren. Von literarischem Rang waren sie – vielleicht mit Ausnahme des 1950 erschienenen
»Mein Haus Vaterland«[1] – jedoch nicht. Es hätte vielmehr näher gelegen, wenn ich
Exilantinnen zum Thema gewählt hätte, mit deren Leben und deren Biographien
ich mich über Jahre hinweg beschäftigt habe, also Margarete Buber-Neumann,
Ruth von Mayenburg, Waltraut Nicolas oder, vor allem, Susanne Leonhard. Das
waren Schriftstellerinnen, deren Autobiographien kritische Perspektiven eröffneten – Frauen mit exzellentem politischem Verstand, die das, was sie erlebt hatten,
auch in entsprechende Handlungen umsetzten. Diese Konsequenzen wurden kon-
trovers, aber immer mit größtem Engagement diskutiert. Das war bei Inge von
Wangenheims Büchern nicht der Fall. Sie entwickelte zwar in allem, was sie
schrieb, einen gewissen Nonkonformismus, aber tatsächlich kritisch urteilte sie im
Grunde nur, wenn Sachverhalte zur Diskussion standen, die das »nicht-soziali-
stische Ausland« betrafen.

Ganz anders als auf die Bücher Inge von Wangenheims hatte ich seinerzeit auf die Autobiographie Susanne Leonhards reagiert.[2] Jedem Detail, das sie
schilderte, habe ich kritische Aufmerksamkeit gewidmet. Ich war fasziniert von
dem, was sie über die Lebens- und Einkommensverhältnisse »außerhalb der Aus-
länderghettos« mitteilte, also über das Leben derjenigen, die keine privilegierte
Versorgung kannten. Vielleicht rührte diese Faszination aber auch von dem Interesse für ihren Sohn und seine Lebensgeschichte her. Wolfgang Leonhards »Die
Revolution entlässt ihre Kinder« gehörte zu den Büchern, die mich am stärksten
geprägt haben. Ich war gefesselt von Leonhards Begabung für analytisch-pole-
mische Pointierungen, von den scharfsichtigen, oft beißenden Urteilen über die
politischen Akteure. Leonhards abenteuerlicher Lebensweg begleitete mich in der
Phantasie. Mein zerlesenes Taschenbuchexemplar besitzt den Druckvermerk 1961;
solche Lektüreerlebnisse wirken lange und nachhaltig fort. Daran gemessen war
Inge von Wangenheim eine uninteressante Autorin.

1
Inge von Wangenheim:
Mein Haus Vaterland, Berlin (Ost) 1950.
2
Susanne Leonhard: Gestohlenes Leben.
Schicksal einer politischen
Emigrantin in der Sowjetunion,
Herford 1955.

Abb. 49
Ingeborg Franke (= von Wangenheim),
Szenenbild aus
Gustav von Wangenheims Film
»Kämpfer«, Moskau 1936

Als ich ihr erstmals begegnete, war ich vor allem neugierig, einen Fakten-
komplex, den ich zum Teil aus Schilderungen ihres geschiedenen Mannes, Gustav
von Wangenheim, zum Teil auch aus seinen Aufzeichnungen kannte, aus anderer
Perspektive kennen zu lernen. Ich war in meinen Erwartungen positiv voreinge-
nommen, denn nach dem, was ich Wangenheims Tagebuchnotizen entnommen
hatte, musste Inge von Wangenheim eine sehr urteilsfähige Beobachterin sein.
Diese Neugier machte mich für die in solchen Auseinandersetzungen erfahrene
Inge von Wangenheim vermutlich zu einem leicht zu beeindruckenden Gesprächs-
partner. Ihr Gedächtnis war vorzüglich. Sie beschrieb verschiedene Sachverhalte
mit einer Detailschärfe, die mich erstaunte. Ich war so überrascht, dass ich sie
fragte, ob sie nicht die Geschichte ihres Exils in der Sowjetunion noch einmal –
und diesmal als Zeitzeugin für die wissenschaftliche Forschung – schreiben wolle.
Warum sollte das, so meinte ich, nicht möglich sein? Der XX. Parteitag lag weit
zurück, man stand dem Thema der »Säuberungen« weit gelassener gegenüber als
noch Jahre zuvor.

Natürlich war das ein naiver Vorschlag, der die Gegebenheiten, unter denen Inge von Wangenheim in der DDR lebte, völlig außer Betracht ließ. Die Frage
war aber so spontan entstanden, dass ich mir ihre eigentliche Bedeutung nicht vor
Augen führte. Ich war mir zwar darüber bewusst, dass Inge von Wangenheim
auch über das Schicksal der Mitglieder der ehemaligen »Kolonne Links« hätte
schreiben müssen, aber welch einen Tabubruch das bedeutet hätte, wie sehr
damit gegen einen Grundkonsens des Verschweigens verstoßen worden wäre –
das machte ich mir nicht klar. Der Grund war unter anderem, dass ich das Ausmaß
an Opfern, die die »Säuberungen« verlangt hatten, sogar zu diesem Zeitpunkt
noch völlig unterschätzte und natürlich auch den Grad, in dem alle, die in der
Sowjetunion im Exil gewesen waren, in das Komplott des Wissens und Verschweigens involviert waren. Man sprach ja nur über einzelne oder über kleine Gruppen,
die Opfer der »Säuberungen« geworden waren. Über das, was tatsächlich passiert
war, also über Ausmaß und Umfang des Phänomens, sprach man jedoch nicht.

Abb. 50
Ingeborg Franke (= von Wangenheim)
und Bruno Schmidtsdorf,
Szenenbild aus Gustav von Wangenheims Film
»Kämpfer«, Moskau 1936

Die »Kolonne Links«, eine Agitproptruppe, war noch vor Hitlers »Machtergreifung« in die Sowjetunion gegangen, und mit diesem Ensemble, vereinigt
mit Teilen der »Truppe 31« zum »Deutschen Theater ›Kolonne Links‹ Moskau«, war
Inge von Wangenheim monatelang auf Tournee im Don-Bass-Gebiet und in der
wolgadeutschen Republik gewesen. Ich kannte das Truppentagebuch, das sie geschrieben hatte.[3] Bis auf Hans Klering waren alle Mitglieder der »Kolonne Links«
Opfer der »Säuberungen« geworden. Der Komponist der Truppe, Hans Hauska,
war sogar nach Deutschland ausgeliefert worden, wo ihn ein Hochverratsprozess
erwartete.[4] Der Leiter der »Kolonne Links«, Helmut Damerius, hatte zwar die Haft
überlebt, aber er war erst nach Jahrzehnten aus den sibirischen Lagern wieder
zurückgekommen. Ich wusste, dass in den veröffentlichten Erinnerungen von
Helmut Damerius diese Schicksale nur in kryptischen Formulierungen angedeutet
worden waren.[5]

Inge von Wangenheim reagierte auf meinen Einfall erneuter autobiographischer Aufzeichnungen über ihre Exiljahre in höchst überraschender Weise. Sie
wies ihn nicht zurück, suchte auch keine Ausflüchte, sondern sagte – wie ich damals meinte – spontan: »Da müsste ich ja über Hunderte von Toten schreiben.«
Möglicherweise sagte sie auch: »über Berge von Toten«. Diese Antwort verblüffte
mich aufgrund ihrer Direktheit.

In der damaligen Gesprächssituation deutete ich sie als Offenheit. Aber
die vermeintliche Offenheit entsprang vermutlich einer Irritation.[6] Inge von Wangenheim wusste natürlich, dass im Westen die Tatsache, dass die »Säuberungen«
eine immense Zahl an Opfern gefordert hatten, bekannt war. Sie wusste aber
auch, dass wir uns das tatsächliche Ausmaß der Verfolgung trotzdem nicht im entferntesten vorstellen konnten. Insofern entkräftete sie mit ihrer Antwort ein Argument, das zwar noch nicht ausgesprochen war, mit dem sie über kurz oder lang
von mir konfrontiert worden wäre. Gleichwohl: Sie sprach über die Toten im Plural, wo andere schon die Erwähnung einzelner weniger Opfer peinlich vermieden,
von den anderen tarnenden Legenden, mit denen das Ausmaß der »Säuberungen« verheimlicht wurde, ganz zu schweigen. Im übrigen war diese Reaktion keineswegs nur eine argumentative Finte: Inge von Wangenheim verfolgte diesen

Plan im Grunde schon seit längerer Zeit, und nur die argumentative Einkleidung war spontane Reaktion. Tatsächlich erschien 1983 dann das »autobiographische Bilderbuch« mit dem Titel »Schauplätze«. Das war freilich alles andere als eine kritische Auseinandersetzung mit diesem Thema.[7]

Inge von Wangenheim verblüffte mich jedoch nicht nur damit, dass sie auf die zahllosen Toten hinwies – sie schob auch ihren ersten autobiographischen Text über das Exil in der Sowjetunion »Auf weitem Feld. Erinnerungen einer jungen Frau«[8] souverän zur Seite: Das Buch sei ja noch völlig stalinistisch geprägt. Auch diese Formulierung: »stalinistisch geprägt« überraschte mich, denn welche Autorin wertet ihr eigenes Buch mit einer derartigen Formulierung ab? Gleichsam um mir zu zeigen, dass mein Vorschlag in keiner Weise abwegig sei,[9] erzählte sie mir, dass sie vor einiger Zeit Schritte bei der sowjetischen Botschaft unternommen habe, um auf einer längeren Rundreise durch die Sowjetunion all die Orte wieder zu besuchen, an denen sie sich zwischen 1933 und 1945 aufgehalten habe, »denn um ihre Lebensgeschichte niederzuschreiben, sei es nun einmal notwendig, sich zuvor noch einmal die Schauplätze der Handlung vor Augen zu führen«, also nicht bloß Moskau, sondern insbesondere die Orte, an denen sie in Mittelasien während ihrer Evakuierung gelebt habe. Auf diese Bitte hätten die Angehörigen der Botschaft zunächst auch kooperativ reagiert, aber als sie erfahren hätten, dass sie, Inge von Wangenheim, perfekt russisch spreche, hätten sie abgewinkt: Die Organisation einer Fahrt in derartig entlegene Gebiete sei viel zu schwierig. Inge von Wangenheim kommentierte diese Ablehnung damit, dass sie sagte: »Die wollten nicht, dass ich in die Gegend fahre, weil sich dort nichts verändert hat. Sie wollten auch nicht, dass ich mit den ›normalen Russen‹ spreche.«

3
Kopie im P. Walter Jacob Archiv der Hamburger Arbeitsstelle für deutsche Exilliteratur (Sammlung Wangenheim). Jetzt veröffentlicht in: Exil, 20 (2000) 2, S. 60–89.
4
Hauska schildert sein Schicksal in einem Brief an Gustav von Wangenheim vom 18. März 1946. Kopie im P. Walter Jacob Archiv der Hamburger Arbeitsstelle für deutsche Exilliteratur (Sammlung Wangenheim).
5
Siehe Helmut Damerius: Über zehn Meere zum Mittelpunkt der Welt, Berlin (Ost) 1977, S. 413: »In der Zeit des Stalinschen Personenkults, in den Jahren 1937 und 1938, wurden einige Mitglieder der ›Kolonne Links‹ und auch ich unter falschen Anschuldigungen verhaftet. 18 Jahre später wurde ich rehabilitiert. Von Bruno Schmidtsdorf, Karl Oefelein und Kurt Arendt habe ich nach ihrer Verhaftung nichts mehr gehört.« 1987 wurde das Schicksal von Damerius dann ausführlich durch Werner Mittenzwei in einem Aufsatz dargestellt: Sinn und Form, 39 (1987) 4, S. 713–739. 1990 erschien der zweite Teil von Damerius' Erinnerungen, der die Haftzeit darstellt: Helmut Damerius: Unter falscher Anschuldigung, Berlin-Weimar 1990. Eine Eingabe, die Damerius am 5. April 1941 aus dem Lager an Wilhelm Pieck schrieb und in der er seine Biographie und die Umstände seiner Verhaftung ausführlich darstellt, ist abgedruckt bei Reinhard Müller: Schrecken ohne Ende, in: Exil, 17 (1997) 2, S. 83–84.

6
Es gibt ein Indiz, dass sie, indem sie als erstes auf die Toten einging, ihre Glaubwürdigkeit als »Zeitzeugin« erhöhen wollte: Ich fragte sie in bezug auf eine Gestalt in »Auf weitem Feld« – den auf S. 93–94 porträtierten Mann mit dem Abzeichen der »Fichte«-Wandersparte (das vermutlich nur die »Kolonnen«-Mitglieder trugen, denn die »Kolonne Links« war aus der »Wandersparte Fichte« hervorgegangen) – ob damit Bruno Schmidtsdorf porträtiert sei. Schmidtsdorf war ein Opfer der »Säuberungen« geworden. Sie verneinte das: Schmidtsdorf habe sich in eine Russin verliebt und sei ihr – irgendwohin in die Taiga – nachgefolgt. Dort sei er dann verschwunden. Das war eine falsche Darstellung von Schmidtsdorfs Schicksal, der verhaftet wurde. Zu Schmidtsdorfs Biographie vgl. Frithjof Trapp u.a. (Hrsg.): Handbuch des deutschsprachigen Exiltheaters 1933–1945. Band 2: Biographisches Lexikon der Theaterkünstler, München 1998.
7
Inge von Wangenheim: Schauplätze. Bilder eines Lebens, Rudolstadt 1983.
8
Inge von Wangenheim: Auf weitem Feld. Erinnerungen einer jungen Frau, Berlin (Ost) 1954.
9
In dieser Hinsicht unterschied sich Stephan Hermlin diametral von Inge von Wangenheim: Er erklärte in einem Gespräch offen, dass man sich über das Exil in der Sowjetunion in der DDR nicht äußern könne. Anders als Inge von Wangenheim verschleierte er weder diesen Sachverhalt noch unternahm er einen Versuch, mich von meinem Anliegen abzulenken.

Vermutlich hat dieses Gespräch tatsächlich stattgefunden. Aber Inge von Wangenheim wusste genau, dass sie mich, indem sie den Blick auf die »sowjetischen Freunde« lenkte, von meinem Thema ablenkte. Über vieles, was mit den Toten zusammenhing, hätte sie auch sprechen können, ohne dass es einer erneuten Reise in die Sowjetunion bedurfte.

Aber nicht alles, was sie sagte, war Irreführung. Der Hinweis auf die Russischkenntnisse enthielt eine interessante Information. Inge von Wangenheim machte mich auf diese Weise darauf aufmerksam, dass sich in der Sprachbeherrschung die Frauen von den Männern unterschieden. Im sowjetischen Exil hatten nur die Frauen das Russische gelernt, nicht die Männer. »Das lag daran, dass die Männer ja immer in ihren politischen Zirkeln zusammensaßen und natürlich deutsch sprachen. Wir, die Frauen, mussten den Haushalt erledigen, also zum Beispiel einkaufen, uns mit dem Hauswart auseinandersetzen, – wir mussten Russisch können und wir lernten es.«

Auf diesen Unterschied in der Landeskenntnis kam Inge von Wangenheim mehrfach zurück. Das war eine wichtige Information, denn zu dieser Zeit blickten die Exilforscher noch immer ausschließlich auf Moskau. Dass sich der Alltag außerhalb der Hauptstadt jedoch völlig anders darstellte, war kaum jemandem bewusst: »Man muss dabei berücksichtigen, dass keiner der Intellektuellen-Emigranten jener Zeit einen wirklichen Kontakt zum russischen und Vielvölkerleben der SU hatte. Das blieb den Frauen überlassen, die den Haushalt zu führen hatten, auf den Basar gingen, die vielen Anträge dauernd ausfüllen mussten, sich mit der Hausverwaltung herumzankten, den Elektriker besorgten usw. usw. Sie können sich das vorstellen. Natürlich wusste ich dadurch und [durch] meine ausgedehnten Tourneen mit der »Kolonne Links« viel besser Bescheid über das, was in der SU möglich und durchführbar war und was nicht.«[10]

Solche Details waren nicht spektakulär, aber aufschlussreich. Dass Inge von Wangenheim damit auch eine deutliche Distanz zu den Autobiographien der männlichen Mitemigranten herstellte, war offensichtlich. Ich hatte nach diesem Gespräch den Eindruck, eine nicht nur kompetente, sondern auch freimütige Gesprächspartnerin vor mir zu haben. Dass sie kompetent urteilte, war sicherlich richtig, aber freimütig waren die Äußerungen nicht.

Die Meinung, bei Inge von Wangenheim müsse es sich um eine kompetente Gesprächspartnerin handeln, basierte auf dem Eindruck, den die Aufzeichnungen ihres geschiedenen Mannes, Gustav von Wangenheims, mir vermittelt hatten. In Wangenheims Unterlagen hatte ich einen Brief an Heinrich Greif vom 11. Februar 1934 gefunden,[11] in dem Wangenheim ausführlich die Konturen des später berühmt gewordenen »Engels-Projekts« beschrieben hatte. Da war von »maßgeblichen Beschlüssen« und von Sitzungen in diversen Gremien die Rede, so u.a. bei Fritz Heckert, dem deutschen Komintern-Vertreter. Alles, was Wangenheim Greif mitteilte, schien gut fundiert. Zu diesem Brief gab es jedoch einen maschinenschriftlichen Nachsatz von sechs Zeilen, den Inge von Wangenheim verfasst hatte: »Gib kein Wort auf das, was dir hier erzählt wird, es ist alles nichts weiter als eine Chimäre, von ›maßgeblichen Entscheidungen‹ kann nicht die Rede sein.«[12] Inge von Wangenheim täuschte den »realitätsgerechten Blick auf die Wirklichkeit« also nicht nur vor – sie urteilte tatsächlich realitätsgerecht.

Nun kann man mit guten Gründen sagen, dass das »Engels-Projekt« weit mehr als eine Chimäre war. Piscator wollte dort – zusammen mit Brecht – ein »antifaschistisches Weimar« errichten: eine Synthese von Theater, Film und Verlagswesen.[13] Für die exilierten Künstler, für die Konturierung des Exiltheaters, hätte das Projekt in der Tat eine einzigartige Chance bedeutet – wenn die Realität anders gewesen wäre. Aber weder Piscator noch Wangenheim kannten diese Realität bzw. wollten das, was eigentlich mit Händen zu greifen war, zur Kenntnis nehmen. In dem Brief von 1977 heißt es dazu: »Mein längerer Aufenthalt in der Republik der

Wolgadeutschen hatte mich wissen lassen, dass das [gemeint ist der Plan eines umfassenden ›Kulturkombinats‹] völlig chancenlos war [...]. Alles in allem also: es blieb bei meinem Kopfschütteln, denn es war nicht möglich, die Herren der Schöpfung mit ihrem großartigen Unsinn im Kopfe von ihren Ideen zu heilen. Das Unheil musste seinen Lauf nehmen und nahm ihn.«[14]

Hier wird ein Teil der Gründe konkret benannt, die zum Scheitern des »Engels-Projekts« führten. Erneut werden jedoch die zusätzlichen, viel schwerwiegenderen Gründe ausgeblendet: die Verhaftungen bzw. Ausweisungen der an dem Projekt beteiligten Schauspieler wie Hermann Greid oder Leo Bieber. Die Kausalität zwischen den Illusionen der »Männerwelt« und dem Scheitern des »Engels-Projekts« ist konstruiert.

Die Ironie über die »Herren der Schöpfung« und ihr Betragen legt aber auch den Verdacht nahe, dass es sich hier um typische Merkmale einer allzu verspäteten Emanzipation handelt, also um die Ressentiments einer Frau, deren Leistung und deren Persönlichkeit von ihren Kollegen nie angemessen gewürdigt worden waren. Dies ist jedoch nur zum Teil richtig. Um die Leistung, die Emigrantinnen wie Inge von Wangenheim im sowjetischen Exil erbracht haben, angemessen zu würdigen, wäre es zuvor notwendig gewesen, die Alltagsschwierigkeiten, denen die Emigranten – und besonders die Frauen – im sowjetischen Exil unterworfen waren, ohne Beschönigung zu thematisieren, also die tatsächliche Realität des sonst nur verklärt dargestellten »Exils in der Sowjetunion« zu schildern. Für eine Frau war es viel schwieriger als für einen Mann, in der Sowjetunion eine ihren Fähigkeiten adäquate berufliche Position zu erlangen.

Inge von Wangenheim z.B. hatte ihre Schauspielerlaufbahn abbrechen müssen, weil die Frauen den physischen Strapazen der Tournee-Reisen nicht gewachsen waren[15] und weil alternative Projekte, zu denen auch das »Engels-Projekt« gehört hatte, durch die »Säuberungen« zerschlagen wurden. Ganz ähnlich verhielt es sich mit Inge von Wangenheims Beschäftigung in der Redaktion von »Das Wort«. Hier handelte es sich zwar um eine qualifizierte Tätigkeit, aber das Umfeld, in dem sie sich bewegte, war so bedrohlich wie kaum ein anderes. Man werfe nur einen Blick auf die Zahl der Verhaftungen, die in der Redaktion der anderen deutschen Zeitung, der »Deutschen Zentral-Zeitung« vorgekommen sind,[16] um zu erkennen, wie die Verhältnisse hier strukturiert waren. Natürlich ist dieser Sachverhalt Inge von Wangenheim bewusst gewesen, und vermutlich war sie

10
Brief an den Verfasser vom 20. Juli 1977.
P. Walter Jacob Archiv der Hamburger Arbeitsstelle für deutsche Exilliteratur (Sammlung Wangenheim).
11
Kopie im P. Walter Jacob Archiv der Hamburger Arbeitsstelle für deutsche Exilliteratur (Sammlung Wangenheim).
12
»P.S. Im Einverständnis mit Gustav fühle ich mich verpflichtet, Dir meine persönliche Meinung über das oben Geschilderte mitzuteilen, da ich ganz wesentlich anderer Meinung bin wie Gustav in der Beurteilung der Sachlage. Ich halte die ganze oben erwähnte Sitzung für absolut den Tatbestand in keiner Weise veränderndes Geschwätz, in jeder Beziehung unmaßgeblich und für längst nicht so bedeutend wie Gustav. Ebenfalls ist meiner Meinung nach das besagte Projekt genau so indiskutabel – und wird auch von keiner maßgebenden Stelle diskutiert werden – da es mehr als die Hälfte des Geldes kostet, für das man schon ein anständiges Theater machen kann. [Unterschrift:] Inge.«

13
Vgl. zu diesem Komplex die jüngste Darstellung von Peter Diezel in: Handbuch des deutschsprachigen Exiltheaters (Anm. 6), Band 1, S. 296–299, 304–310.
14
Brief an den Verfasser vom 20. Juli 1977 (Anm. 10).
15
Diese Sachverhalte werden sowohl im Truppentagebuch als auch in Aufzeichnungen Gustav von Wangenheims unmissverständlich angesprochen, vgl. entsprechende Kopien im P. Walter Jacob Archiv der Hamburger Arbeitsstelle für deutsche Exilliteratur (Sammlung Wangenheim).
16
Vgl. Reinhard Müller (Hrsg.): Die Säuberung. Moskau 1936: Stenogramm einer geschlossenen Parteiversammlung, Reinbek bei Hamburg 1991, hier insbesondere die Biographien zu Julia Annenkowa (S. 46), Ernst Fabri (S. 54–55), Hugo Huppert (S. 59 ff.) u. Karl Schmückle (S. 76 ff.).

Abb. 51
Ingeborg von Wangenheim
mit den Söhnen Edi (links)
und Fridel (rechts), 1941

Abb. 52
Gustav und Ingeborg
von Wangenheim mit den
Söhnen Edi (links)
und Fridel (rechts), 1941

17
Inge von Wangenheim hat den Sachverhalt
in ihrer späten Autobiographie als ein privates
Faktum erwähnt, siehe Wangenheim:
Schauplätze (Anm. 7), S. 26; Stephan Hermlin
machte mich in dem erwähnten Gespräch
nachdrücklich darauf aufmerksam.
18
Franz Norbert Mennemeier/Frithjof Trapp:
Deutsche Exildramatik 1933–1950,
München 1980; zum Inhalt von Tanjka und zu
der Stellungnahme Eva Hays vgl. S. 309,
zum Kontext des Dramas vgl. S. 76–83.
19
Das Wort, 2 (1937) 11, S. 59–107.

20
Internationale Literatur (Moskau), 6 (1936) 12,
S. 64–72.
21
Hans Günther: Die Verstaatlichung der Literatur.
Entstehung und Funktionsweise des soziali-
stisch-realistischen Kanons in der sowjetischen
Literatur der dreißiger Jahre, Stuttgart 1984,
S. 170–193.
22
David Pike: Lukács und Brecht, Tübingen 1986,
S. 3–13, insbesondere S. 13. Pike spricht
hier unter Berufung auf Lukács von der
»Reduktion der Theorie auf den Status eines
bloßen Zubehörs zu einem bereits festgelegten
politischen Aktionsprogramm«.

deshalb einer weiteren Beschäftigung in diesem Bereich aus dem Wege gegangen. Die Schwierigkeiten im familiären Bereich waren anders gelagert. Inge von Wangenheim brachte im sowjetischen Exil zwei Kinder zur Welt, von denen sie eines – während der Zeit der Evakuierung nach Mittelasien nach dem deutschen Überfall – verlor.[17] All das war in den privaten Kreisen der DDR-Intelligenz bekannt. In der Forschung – und erst recht in der Öffentlichkeit – wurde es jedoch nicht thematisiert.

Inge von Wangenheim war keine Frau, die von Ressentiments bestimmt war. Das zeigt eine andere Episode. Im Zuge meiner Arbeit an dem zusammen mit Franz Norbert Mennemeier herausgegebenen Buch »Deutsche Exildramatik«[18] suchte ich nach Hintergrundinformationen über die Entstehung von Julius Hays Drama »Tanjka macht die Augen auf«. Weil Inge von Wangenheim zu dieser Zeit in der Redaktion von »Das Wort«, wo das Drama publiziert worden war, gearbeitet hatte, wandte ich mich an sie.

Julius Hay, ein prominenter Protagonist des Ungarn-Aufstandes von 1956 und früherer SU-Emigrant, hatte »im Westen« seine Autobiographie »Geboren 1900« (Hamburg 1971) veröffentlicht, und darin hatte er mehr oder weniger klar ausgeführt, dass er bereits in der Sowjetunion »Antistalinist« gewesen war. Das war deshalb besonders pikant, weil Hay in der Sowjetunion der künstlerische Antagonist Brechts gewesen war. Indirekt stempelte Hay damit Brecht als »Stalinisten« ab. Nun hatte Hay jedoch in der Zeitschrift »Das Wort« ein kleines Drama veröffentlicht, eben »Tanjka«, ein typisches »Diversanten«-Stück.[19] Sein Inhalt lässt sich mit wenigen Worten umreißen: Unter den in Moskau lebenden deutschen Emigranten geistern nicht nur überall »Spione und Diversanten« umher, sie vertreten außerdem auch noch »linkssektiererische« künstlerische Ansichten: solche, hinter denen man unschwer »Brecht und andere« erkennen kann – falls man das will. Deren üble Machenschaften werden nun durch ein sowjetisches »Mädchen aus dem Volk« entlarvt, durch Tanjka, und das Mädchen erweist sich dabei nicht bloß als hellsichtige Beobachterin, sondern sie ist auch ein kleiner weiblicher Einstein. »Tanjka macht die Augen auf« ist eine ausgesprochen denunziatorisches Stück, das als Grund für die »Säuberungen« die Machenschaften von »Trotzkisten und Hitler-Agenten« unter den Emigranten ins Feld führt.

Nun behauptete die Witwe von Julius Hay, Eva Hay, die jedoch nicht im sowjetischen Exil gewesen war, sondern Hay erst nach 1945 kennen gelernt hatte, dass »Tanjka macht die Augen auf« nichts anderes als eine Parodie auf den »sozialistischen Realismus« gewesen sei – eine Fingerübung, die zeigen sollte, wie leicht es Hay falle, »so etwas« zu schreiben. Für seine anderen Dramen habe er dagegen Monate, wenn nicht Jahre gebraucht. – Ich sah das anders, zumal es noch eine zweite »Fingerübung« im Stil des »sozialistischen Realismus« gab, das Kurzdrama »40 Watt«. Dieses Stück war jedoch an schwer zugänglicher Stelle erschienen,[20] also kaum jemandem bekannt.

Es hätte nun nahegelegen, dass Inge von Wangenheim sich über Hay, den »Renegaten«, abtraglich geäußert hätte. Es hätte auch genügt, wenn sie gesagt hätte, Hay sei ein Stalinist »wie wir alle anderen auch« gewesen, nur wolle er das jetzt nicht mehr wahrhaben. Statt dessen antwortete sie, dass ich Verständnis mit Hay haben solle: Er habe wahrscheinlich Geld gebraucht und deshalb das Stück geschrieben. Sie nannte auch sofort das genaue Zeilenhonorar. Auch diese Reaktion ist aus meiner Sicht charakteristisch. Indem Inge von Wangenheim auch diesmal auf die Alltagsprobleme hinwies – die eng begrenzten Einkünfte, die eine kaum zu behebende Abhängigkeit zur Folge hatten –, vermied sie es erneut, sich als »Stalinistin« zu präsentieren. Nein: Dominant war die »unorthodoxe« Behandlung dieses heiklen Themas. Man sollte sich jedoch keinem Zweifel hingeben: Sofern man die »klassische Definition« des Stalinismus im Bereich der Intellektuellen ins Spiel bringt (ich weiß nicht, wer sie geprägt hat: Günther[21], Pike[22] oder

Istvan Eörsi[23]), nach der Stalinismus die »Indienststellung des Intellekts unter die politischen Ziele der Partei« sei, erweist sich Inge von Wangenheim als eine »Stalinistin«.

Man erkennt das, wenn man einen Blick auf ihre späte Autobiographie »Schauplätze. Bilder eines Lebens« (Rudolstadt 1983) wirft. Auch hier tritt uns zunächst die »unorthodoxe« Herangehensweise an das Thema »Exil in der Sowjetunion« entgegen. So werden z.B. die »Besprisornis«, die obdachlosen Kinder, erwähnt sowie die Bestürzung über die Begegnung mit ihnen (S. 29), es werden die Preise genannt, die ein (!) Ei auf dem freien Markt kostet: nicht neun Kopeken, sondern neun Rubel (S. 31). Es wird auf die Spezialläden (»Isnabs«) für Ausländer und andere Gruppen hingewiesen (S. 27) – die Parallele zu den Intershops liegt sehr nahe –, aber dann wird gesagt, dass das alles »eines Morgens« (S. 36) vorüber war: »im Delikatessladen gegenüber unserer Wohnung blickte ich plötzlich über Butter, Wurst, Schinken, Beluga, Lachs, Stör... alles in erster Qualität, frisch aus der Wundertüte des neuen Anfangs« (S. 36).

Kein Zweifel – die dominierende Perspektive dieser Darstellung lautet: Die Sowjetunion ist ein Land des »Wunders«, und das, was wir – als Deutsche, als Emigranten – auf den ersten Blick als zutiefst fragwürdig empfinden, ist morgen nicht mehr existent, so dass die Basis unserer Kritik entfällt. Die Sowjetunion wandelt sich ständig; sie ist – im positiven Sinne – das »Wunder ständigen Wandels«. Misst man diese Darstellung an dem kritischen Blick, den die Reportageliteratur der zwanziger Jahre entwickelte, ich denke dabei nicht nur an die Reportagen Egon Erwin Kischs, sondern vor allem an die von Orwell und Gide, dann ist es klar ersichtlich, dass hier nicht nur ein Regress, sondern eine harmonisierende Verfälschung vorliegt. Inge von Wangenheim kannte die Probleme der sowjetischen Wirklichkeit, aber sie stellte diese Wirklichkeit falsch dar.

Inge von Wangenheim war offensichtlich eine bedeutend vielschichtigere Persönlichkeit, als es dem äußeren Anschein nach anzunehmen ist. Wir sehen sie heute eher als Hardlinerin innerhalb der kulturpolitischen Szene der DDR. Welche Rolle sie im Schriftstellerverband gespielt hat, weiß ich nicht. Allein aufgrund der Vorsicht, mit der sie sich mir gegenüber zu Hermlin äußerte, gehe ich davon aus, dass sie zum konservativen Flügel gehörte. Aber anders als z.B. Hermlin sprach Inge von Wangenheim bestimmte Sachverhalte mit bemerkenswerter Offenheit und Direktheit an. Zu einem Teil war diese Unkonventionalität, wie ich es dargestellt habe, Tarnung. Andererseits sollte man nicht übersehen, dass die Basis dieser Unkonventionalität zumindest teilweise die tatsächliche Fähigkeit zu selbständigem, realitätsbezogenem Urteilen war.

23
Georg Lukács: Gelebtes Denken. Eine Autobiographie im Dialog. Redaktion István Eörsi, Frankfurt am Main 1981, S. 171 ff.
24
Zu Einzelheiten ihrer schauspielerischen Laufbahn vgl. Handbuch des deutschsprachigen Exiltheaters (Anm. 6), Band 2.
25
Zur Biographie von Heinz Neumann, dem Ehemann von Margarete Buber-Neumann, vgl. Werner Röder/Herbert A. Strauss (Hrsg.): Biographisches Handbuch der deutschsprachigen Emigration nach 1933, München u.a. 1980–1983, Band 1. – Der Ehemann von Susanne Leonhard war M. Bronski, bis 1922 sowjetischer Botschafter in Wien.
26
Zur Biographie Eduard von Wintersteins vgl. das Handbuch des deutschsprachigen Exiltheaters (Anm. 6), Band 2.

27
Gustav von Wangenheim und Arthur Pieck arbeiteten innerhalb der Agitprop-Bewegung eng zusammen; sie leiteten in der Sowjetunion gemeinsam das »Deutsche Theater ›Kolonne Links‹ Moskau«, und noch in den siebziger Jahren befanden sich Bücher mit dem Besitzvermerk Arthur Piecks in der Bibliothek Gustav von Wangenheims. Zur Biographie Arthur Piecks vgl. Handbuch des deutschsprachigen Exiltheaters (Anm. 6), Band 2.
28
Wangenheim war Filmschauspieler bei Lubitsch und Murnau gewesen, auf der Bühne hatte er zusammen mit Elisabeth Bergner und Gustaf Gründgens gespielt. Der kommunistische Schauspieler Otto Ulrichs in Klaus Manns »Mephisto« trägt zum Teil Züge Gustav von Wangenheims.

Damit stellt sich zwangsläufig die Frage, warum sich das intellektuelle Profil Inge von Wangenheims so deutlich von dem Susanne Leonhards oder Margarete Buber-Neumanns unterscheidet – Frauen, die ebenso klarsichtig und entschieden zu urteilen vermochten, aber ganz andere Konsequenzen aus dem Erkannten zogen. Dazu ist es notwendig, etwas genauer auf Inge von Wangenheims Biographie, auf ihren Lebensweg, einzugehen.[24]

Inge von Wangenheim, geboren 1912 als Ingeborg Franke, war, als sie 1933 in die Sowjetunion kam, mit Sicherheit keine »politisch gebildete Frau«, wie es Susanne Leonhard und Margarete Buber-Neumann waren. Beide waren erheblich älter, gut ausgebildete Frauen mit bürgerlichem Familienhintergrund, die mit Partnern zusammenlebten, die führende Positionen in der kommunistischen Bewegung innehatten.[25] Beide besaßen einen klaren Überblick über die Entwicklung der kommunistischen Weltbewegung, und sie konnten sich auch ein Bild von den innerparteilichen Auseinandersetzungen machen, mit denen sie bzw. ihre Lebenspartner in der Sowjetunion konfrontiert wurden. Ingeborg Franke war dagegen eine junge Schauspielerin mit kleinbürgerlichem Familienhintergrund ohne breitere politische Erfahrung. Ich betone den familiären Hintergrund, weil die Welt, in die sie hineingeriet, als die Verbindung mit Wangenheim begann, auf der einen Seite das Proletariat, die Arbeiterbewegung repräsentierte, auf der anderen Seite – und diese war sicherlich dominierend – das Großbürgertum.

Die engere Umgebung, in der man zusammentraf, die »Truppe 1931«, war ein Kollektiv, in dem äußerlich jeder »Gleicher unter Gleichen« war. Nur konnte man an der Tatsache kaum vorbeisehen, dass der Kommunist Wangenheim, ihr Lebensgefährte, trotzdem ein Freiherr von Wangenheim war, und im Hintergrund war Eduard von Winterstein präsent, der berühmte Reinhardt-Schauspieler.[26] Was war einschüchternder? Die adlige Familienherkunft mit dem berühmten Schwiegervater oder die exzellenten politischen Verbindungen Wangenheims, die – über Arthur Pieck – direkt zu Wilhelm Pieck führten?[27] Wangenheim muss der jungen Schauspielerin als eine imponierende Erscheinung entgegengetreten sein, denn mit der Gründung und Leitung der »Truppe 31« hatte er auf ostentative Weise zugleich auf die Prärogative seiner adligen Herkunft verzichtet sowie auf die Vorteile, die sich aus seiner beruflichen Position herleiteten. Die anderen waren nicht-prominente, arbeitslose Schauspieler, er ein anerkannter Theater- und Filmschauspieler.[28]

Musste man einen solchen Mann, eine solche Haltung nicht bewundern? Ingeborg Franke war von diesem Ambiente mit Sicherheit anfangs beeindruckt. Dass sie ihrer Autobiographie den Titel »Auf weitem Feld. Erinnerungen einer jungen Frau« gab, sollte in dieser Hinsicht Beleg genug sein. Sie stand tatsächlich mit einigen Problemen völlig allein; und eines der Hauptprobleme dürfte ihr Mann gewesen sein. Wenn der Begriff des »notorischen Schürzenjägers« einen Sinn hat, dann dürfte er auf Wangenheim zutreffen. Er war ein absolut lebensuntüchtiger Schürzenjäger. Wie es mit der »politischen Bildung« der Wangenheims bestellt war, konnte man sehr anschaulich sehen, wenn man Gustav von Wangenheims Haus in Berlin-Biesdorf besuchte: Hier gab es keine Marx-Ausgabe, wohl aber anderthalb Meter an Broschüren aus der Zeit des sowjetischen Exils. Die politische Information erfolgte über diese schmalen Hefte. Eines davon besitze ich noch heute, nämlich Molotows sechzehnseitige Rede »Über die Ratifizierung des sowjetisch-deutschen Nichtangriffspaktes« vom 31. Aug. 1939 (Moskau: Verlag für fremdsprachige Literatur 1939).

Inge von Wangenheim hat die Beziehung zu ihrem Mann mir gegenüber in dem zitierten Brief relativ genau beschrieben. Ihr Ausgangspunkt ist dabei das Exil: Die »Lehren aus dem Exil – das meint: aus jedem Exil! – [laufen] in der Hauptsache darauf hinaus [...], die Welt, wie sie wirklich ist, realistisch zu sehen und realistische Folgerungen daraus zu ziehen.« Daran schließt sich folgender Satz an:

»Gerade dazu war mein Mentor und Lebensgefährte über dreißig Jahre am allerwenigsten fähig. Seine Grundhaltung zum Leben und der Auseinandersetzung mit ihm war eine phantastische. […] Ich habe die drei Jahrzehnte an der Seite dieses Mannes in der ständigen Spannung zwischen Bewunderung und Kopfschütteln verbracht, bis ich eines Tages begriff – es hat sehr lange gedauert! – dass er im tiefsten Sinne unfähig war, etwas Reales von Dauer zu befördern. Das bedeutet nicht, dass die Anderen, die bedeutenden Köpfe drum herum, nun völlig Herr der Situation gewesen wären, aber doch von der Grundhaltung her eben skeptischer, undoktrinärer, auch ›bürgerlicher‹, wenn Sie so wollen …«

Dann folgt erneut eine präzise Aussage: »Wangenheim hat es der Partei immer recht machen wollen und dabei übersehen, dass er die Partei in seinem Hinterkopf zu einem Phantom machte.«[29] Auch diese Formulierung kann man natürlich hinterfragen. Sie macht aber auf jeden Fall deutlich, dass Ingeborg Franke ihrem Mann sehr lange auf diesem Weg gefolgt ist, und das ist eine glaubwürdige Aussage. Selbständigkeit ist ein Aspekt ihrer Persönlichkeit, politische Unselbständigkeit der zweite.

Ich selber habe Gustav von Wangenheim kennen gelernt, als er schon in hohem Alter war. Eines war in der Tat unverkennbar: Er war ein Traumtänzer. Auf der einen Seite habe ich selten einen solchen Patriarchen erlebt wie ihn; ich habe auch niemals später bemerkt, dass eine gesamte Familie so stark indirekt durch den Vater bestimmt wurde, und zwar selbst dann, wenn man sich über ihn lustig machte. Das Prestige des Vaters war sakrosankt. In der Mitte des Hauses stand ein Tisch, auf dem auf engstem Raum die Dokumente seines Lebens versammelt waren: der Ausweis des sowjetischen Schriftstellerverbandes mit Gorkis eigenhändiger Unterschrift, der Mitgliedsausweis des »Nationalkomitees Freies Deutschland« – und anderes. Der Tisch war übersät mit Papierstapeln. Man meinte, einen Arbeitstisch vor sich zu haben. Richtiger war es wohl, einen mit Devotionalien besetzten Altar darin zu sehen.

Der alte Mann tat mir leid. Was er an Meinungen äußerte, war zum Teil nichts anderes als Unfug – der in der Familie jedoch ernstgenommen wurde. Er arbeitete an einer umständlichen, völlig anachronistischen Theorie der Mimesis, für die sich seine Freunde und ehemaligen Kollegen nicht im entferntesten interessierten, und er schrieb Erinnerungen, in denen nicht die Oktoberrevolution die zentrale Rolle spielte, sondern das Auftreten des ersten Farbigen im wilhelminischen Kaiserreich und Reinhardts Sommernachtstraum-Aufführung – nichts Ungewöhnliches, aber bei einem prominenten kommunistischen Schriftsteller doch immerhin erstaunlich.

Eines dürfte aus diesen wenigen Hinweisen bereits deutlich geworden sein: Einen Teil dieser Marotten hat Gustav von Wangenheim zeit seines Lebens an den Tag gelegt. Er war zudem ein politischer Opportunist – in seinen Parteilebensläufen bezeichnet er sich selber als »Linienschiff«,[30] was beim Leser ambivalente Gefühle auslöst, und er war politisch furchtsam und naiv. Dieser Mann besaß als Schauspieler die Geste von Souveränität, aber für den Menschen Wangenheim war es eine entliehene Geste. All das ist kein negatives Urteil über den Künstler Wangenheim, aber meine despektierliche Beschreibung soll doch immerhin die Aura von Größe und Bedeutung ein wenig mindern.

Nun waren solche Künstlergestalten wie Wangenheim in den Literaten- und Schauspielerkreisen des Moskauer Exils keine Ausnahme, denken wir nur an Johannes R. Becher. Wie Wangenheim war er ein schwacher Mensch. Piscator – war das nicht ebenfalls ein Traumtänzer, der mit phantastischen Projekten jonglierte, die niemand, jedenfalls keiner der Politiker, ernstnahm? Becher, Piscator und Wangenheim waren trotzdem bedeutende Künstler, das intellektuelle Aushängeschild der KPD im sowjetischen Exil. Diese Gestalten haben Ingeborg Franke mit gewissem Recht imponiert. Auch hierfür glaube ich, einen Beleg zu haben:

Als ich Inge von Wangenheim sagte, dass ich ihr »Mein Haus Vaterland« für ein besseres Buch hielte als Bechers »Abschied«, war sie verblüfft. Sie kam mehrfach darauf zurück und wollte es nicht glauben.

Ich bin mir ganz sicher, dass Ingeborg Franke nicht lange unter dem Eindruck der »Aristokratie« stand, die sie umgab. Damit meine ich in gleicher Weise den »kommunistischen Adel« der Familie Pieck wie den »künstlerischen Adel« eines Becher oder eines Piscator. Die angeführten Beispiele deuten darauf hin, dass sie das selbständige Urteil durchaus zu formulieren wusste. Sie war, wie mehrfach gesagt, eine realitätstüchtige, sachlich urteilende Person. Sie wird als Typus der Frau Dr. Inge Ruoff aus Friedrich Wolfs »Professor Mamlock« entsprochen haben, also der Rolle, die Wolf speziell für sie entworfen hatte. Aber die eigentliche Emanzipation fand erst sehr viel später, auf jeden Fall erst nach dem Exil statt. Zu diesem Zeitpunkt aber waren bereits zu viele Weichen so gestellt, als dass ein Bruch mit der Welt, zu der sie immer stärkeren Zugang gefunden hatte, noch möglich gewesen wäre.

Es ist also eine völlig hypothetische Frage, ob Konsequenzen aus den Einsichten, die sie bisweilen im Ansatz formulierte – aus denen ja, wären sie konsequent fortgeführt worden, der Bruch notwendigerweise gefolgt wäre –, überhaupt gewünscht waren. Im privaten Bereich ja: und zwar mit erstaunlicher Entschiedenheit. Die Trennung von Gustav von Wangenheim war ein unübersehbares Zeichen. Immerhin waren die Wangenheims einmal ein berühmtes Paar im »sozialistischen Deutschland« gewesen: die symbolische Repräsentanz der Verbindung von Aristokratie und Kleinbürgertum. Mit dieser Fiktion hatte Inge von Wangenheim gebrochen, als sie Berlin verließ und nach Rudolstadt bzw. Weimar zog. Sollte sie auch andere Teile ihres Lebensweges in Frage stellen?

Man muss Inge von Wangenheim vermutlich als eine »Stalinistin« bezeichnen. Sie trug den orthodoxen Kurs der Partei voll und ganz mit. Doch diese Formel trifft sicherlich nur zum Teil die Realität. Meinhard Stark[31] hat in seinen Untersuchungen über den Stalinismus derjenigen Frauen, die aus dem GULag in die DDR zurückkehrten, meines Erachtens überzeugend dargestellt, dass sie aufgrund mangelnder politischer Vorbildung und persönlicher Abhängigkeit nicht imstande gewesen seien, ihre politischen Erfahrungen aus dem sowjetischen Exil adäquat zu formulieren und damit gegenüber der KPD und der Thematisierung ihres Schicksals innerhalb der DDR eine Position objektiver Distanz und Autonomie einzunehmen. Das trifft aus meiner Sicht in gewissem Umfang auch für Inge von Wangenheim zu. Die intellektuellen Fähigkeiten und Einsichten wären vorhanden gewesen. Ob jedoch die Kraft ausgereicht hätte, aus einer richtigen Einsicht auch die erforderlichen Konsequenzen zu ziehen bzw. bereit zu sein, die absehbaren Konsequenzen zu tragen, wage ich zu bezweifeln. Den Begriff »Stalinismus« sollte man deshalb nicht als Verdikt, sondern als Anstoß verstehen, über Inge von Wangenheim genauer und differenzierter nachzudenken. Brecht hat in dom berühmten Gedicht »An die Nachgeborenen« zu Recht gemahnt, die nachfolgende Generation solle diejenigen, die das Exil durchschritten hätten, »mit Nachsicht« beurteilen.

29
Brief an den Verfasser vom 20. Juli 1977
(Anm. 10).
30
Kopie im P. Walter Jacob Archiv der
Hamburger Arbeitsstelle für deutsche Exil-
literatur (Sammlung Wangenheim).
31
Meinhard Stark: Deutsche Frauen des GULag,
in: Exil, 15 (1995) 1, S. 17–32.

Carola Tischler

Zweimal auf der Flucht –
die Wege der Josephine Boss

»Zärtlich, sehr, an José gedacht, meine Gloria Swanson. Gut, dass ich so ein schönes Bild von ihr besitze, ich nenne es ›Die Muse‹. Wie zärtlich es sich an dich denken lässt, du, die es ganz und gar nicht verdient hat, deinen dir ebenbürtigen Gefährten nicht gefunden zu haben. Der müsste aber auch ein großartiger Kerl sein. Ein patenter Bursche, so sagten wir von solch einem, als wir jung waren.«[1] Dies notierte im Juli des Jahres 1950 in der ihm eigenen Art Johannes R. Becher in seinem Tagebuch. Wer verbirgt sich hinter José, über die die Becher-Forschung bisher nicht viel zu berichten wusste?[2] Josephine Boss und Johannes R. Becher kannten sich von ihrer gemeinsamen Exilzeit in der Sowjetunion her und wurden zu Beginn des deutsch-sowjetischen Krieges voneinander getrennt. Hier soll aber nicht von der Bedeutung von Josephine Boss für Johannes R. Becher oder umgekehrt die Rede sein, vielmehr soll der bemerkenswerte Lebensweg dieser Frau nachgezeichnet werden.

Josephine Stapenhorst wurde am 3. Oktober 1906 auf Haiti als erstes von vier Kindern des Direktors einer französischen Bank geboren.[3] Der Vater war Engländer, die Mutter eine Deutsche. Durch die Geburt besaß Josephine wie auch ihre Geschwister die englische Staatsbürgerschaft. Die Familie kehrte noch vor dem Ersten Weltkrieg in die Heimatstadt der Mutter, nach Hameln, zurück. Hier wuchs Josephine auf und besuchte die Schule. Mit achtzehn Jahren, 1924, verließ sie ihr Elternhaus und lernte in Berlin im Lettehaus den Beruf der Modezeichnerin. 1927 traf sie in der Reichshauptstadt ihren späteren Mann, Adolf Boss, der Medizin studiert hatte und Arzt mit der Spezialisierung für Haut- und Geschlechtskrankheiten wurde. Zusammen gingen sie 1928 ein Jahr nach Paris. Adolf Boss arbeitete dort in einem Krankenhaus, sie selbst bildete sich zeichnerisch weiter. Sie heirateten nicht sofort, sondern erst 1930, weil Josephine, wie sie später schrieb, durch die Heirat ihre britische Staatsbürgerschaft verlor und sich nicht sofort für die deutsche Staatsbürgerschaft entscheiden konnte. Aber auch die Weigerung des Vaters, den Freund seiner Tochter kennenzulernen, hatte daran seinen Anteil. Gemeinsam traten sie 1931 der KPD bei.[4]

1
Johannes R. Becher: Auf andere Art so große Hoffnung. Tagebuch 1950. Eintragungen 1951, Berlin und Weimar 1969, S. 345–346.
2
Vgl. hierzu zuletzt Jens-Fietje Dwars: Abgrund des Widerspruchs. Das Leben des Johannes R. Becher, Berlin 1998, S. 578. Höchstwahrscheinlich ist das in dieser Biographie abgedruckte Foto das von Becher in seinem Tagebuch bezeichnete.

3
Die biographischen Angaben zu Josephine Boss und zu ihrem Mann Adolf Boss sind ihren Personalakten bei der deutschen Vertretung der Komintern entnommen: Russisches Staatsarchiv für Soziale und Politische Geschichte, Moskau (RGASPI), bis 1999: Russisches Zentrum für die Aufbewahrung und Erforschung von Dokumenten der neuesten Geschichte (RZChIDNI), 495/205/610 bzw. 611. Ich fühle mich Valentin Boss durch die gemeinsame Einsichtnahme und die gemeinsamen Erfahrungen sehr verbunden.
4
Sie selbst erwähnte in Gesprächen im Mai 2000, niemals der KPD beigetreten zu sein. Im Moskauer Exil wird sie jedoch aufgrund ihrer eigenen Angaben als KPD-Mitglied geführt. Nach dem Krieg hat sie nie wieder eine Mitgliedschaft aktiviert oder auch nur angegeben. Bis zur Auflösung dieses Widerspruchs wird im folgenden Text von ihren Angaben aus den dreißiger Jahren ausgegangen.

Abb. 53
Josephine Boss in den dreißiger Jahren

Nach dem Parteieintritt erledigte sie Sekretariatsarbeiten für die Internationale Arbeiterhilfe, auch zu Hause beschrieb sie für Betriebszeitungen Wachsplatten. 1931/32 besuchte sie Kurse an der von Hermann Duncker geleiteten Marxistischen Arbeiterschule. Die Tätigkeiten, die Ende der dreißiger Jahre aufgezählt wurden, um die Verbundenheit mit der Partei zu zeigen, hörten mit der Geburt des Sohnes Valentin 1932 ganz auf. Zweifelsohne war ihr Ehemann in der Partei der Aktivere, stärker Überzeugte und später auch der stärker Gefährdete. Zu der Gefährdung nach 1933 kam hinzu, dass Adolf Boss Jude war. Seine Flucht aus Berlin nach der Machtübertragung ist jedoch primär auf seine politische Anschauung zurückzuführen. Er war in der Arbeiter-Samariterbewegung aktiv gewesen, wo er Kurse geleitet und politische Vorträge gehalten hatte, er hatte Artikel für die »Rote Fahne« geschrieben und sich in der KPD-Betriebszelle des Virchow-Krankenhauses engagiert, wo er zuletzt als Assistenzarzt arbeitete. 1933 wurde er entlassen und sah für seine Familie und sich keine Möglichkeit mehr, in Deutschland zu bleiben. In einem Lebenslauf schrieb er 1934, dass er Berlin verlassen habe, da er sich als einziger kommunistischer Arzt – gemeint ist sicher auf seiner Station – nicht mehr habe halten könncn.

Im Mai 1933 verließen Josephine und Adolf Boss mit ihrem fünf Monate alten Kind Deutschland in Richtung Schweiz. In Oberstammbach/Gunten bezogen sie mit Hilfe der KPSchweiz eine Skihütte. Dort lebten sie einige Wochen von ihren Ersparnissen. Im Juni fuhr Adolf Boss mit dem Kind nach London, während Josephine nach Deutschland zurückkehrte. Sie hielt sich ein paar Tage bei einer Tante auf und versorgte sich mit Geld und Kleidung. Danach fuhr sie nach Berlin, um nachträglich von der Partei die Emigrationserlaubnis einzuholen. Mit einem belgischen Durchreisevisum folgte sie im Juli 1933 ihrem Mann nach London. Dieser versuchte nun von London aus alles, um eine Arbeitsmöglichkeit als Arzt zu finden. Im September 1933 reiste er, ausgestattet mit einer Aufenthaltserlaubnis für zwei Jahre und mehreren Empfehlungsschreiben, nach Larache in Spanisch-

Marokko. Trotz Fürsprachen hochgestellter Personen gelang es ihm aber nicht, dort auch eine Arbeitserlaubnis zu bekommen. Seine Frau war in dieser Hinsicht erfolgreicher. Sie erhielt in England aufgrund ihrer familiären Herkunft nach langen Bemühungen eine Arbeitserlaubnis. Nachdem die Familie zunächst bei Verwandten untergekommen war, lebte Josephine Boss in der Zeit, in der ihr Mann zwecks Arbeitssuche umherreiste, bei dem Ehepaar Neville und Sissie Laski. Sie war dort wie eine Haustochter aufgenommen worden.

Nachdem Adolf Boss' Pläne für Spanisch-Marokko gescheitert waren, eröffnete sich ihm durch die Laskis eine neue Möglichkeit. Die amerikanische Hilfsorganisation Joint Distribution Committee hatte schon seit 1924 ein Zweigbüro in Moskau namens Agrojoint. Über dieses Büro unterstützte der Joint die sowjetische Ansiedlungspolitik für Juden in der UdSSR. Nach 1933 bemühte sich der Leiter von Agrojoint in Moskau, Joseph Rosen, durch diese Organisation jüdische Flüchtlinge aus Deutschland in die UdSSR zu vermitteln. Durch private Kontakte gelang es ihm, mit dem sowjetischen Kommissariat für Gesundheitswesen eine Vereinbarung zu treffen, wonach die Sowjetunion die Einreise von 200 jüdischen Ärzten erlaubte. Im Endeffekt gelang es etwa sechzig Ärzten mit ihren Familienangehörigen, durch Agrojoint Aufenthaltserlaubnis und Arbeit in der UdSSR zu bekommen.[5] Adolf Boss war einer der ersten von ihnen. Im Mai 1934 reiste er zunächst ohne die Familie mit einem Intourist-Visum nach Moskau und wurde sofort gemäß seiner Spezialisierung in der Moskauer Klinik für Haut- und Geschlechtskrankheiten von Wolf Bronner eingestellt. Von dort schrieb er seiner Frau begeisterte Briefe: »Zuerst werden wir es sehr schwer haben, der Verdienst ist klein, die Wohnmöglichkeiten sind schlecht, die Versorgung wird ausreichend, aber sehr einfach sein, aber ich werde Arbeit im Überfluss haben, Du auch, und das Kind wird wachsen und gedeihen.«[6]

Sissie Laski, die selber im Jewish Refugee Committee aktiv war, drängte von London aus den Leiter des Pariser Büros von Agrojoint, die Einreise für Josephine Boss nach Moskau zu beschleunigen. In einem Brief vertraute sie ihm an, dass sie Zweifel bei Frau Boss bemerkte, ob sie tatsächlich ihrem Mann folgen solle. Sissie Laski glaubte, dass Josephine aufgrund ihrer bemerkenswerten Begabung auch in England Karriere machen würde, sobald sie sich in ihrem Beruf etwas etabliert habe.[7] Ob es tatsächlich in Frage stand, dass Josephine Boss ihrem Mann nachfahren würde, möchte ich bezweifeln. Schon bei den früheren Versuchen hatte sie immer beteuert, dorthin zu gehen, wo ihr Mann die Erlaubnis zu praktizieren erhielt. Dass der Weg in die UdSSR für sie, die einen so ganz und gar bürgerlichen Hintergrund hatte, ein Sprung in etwas Unbekanntes war, den sie nicht ganz ohne Zögern unternahm, ist nachvollziehbar. Aber ihre Liebe zu dem Ehemann war sehr groß. Im September 1934 fuhren sie und ihr fast zweijähriger Sohn mit dem Schiff von London nach Leningrad.

5
Zu dieser Ärzteemigration vgl. Carola Tischler: Flucht in die Verfolgung, Münster 1996, S. 65–86.
6
Die Briefe sind von Franz Leschnitzer ins Russische übersetzt worden und liegen der Akte bei, die nach dem Verhaftung von Adolf Boss im März 1938 angelegt wurde. Diese Akte hat die Verfasserin zusammen mit Valentin Boss im Archiv des Sicherheitsdienstes der Russischen Förderation eingesehen. Die Briefe wurden dem NKWD (Volkskommissariat für Innere Angelegenheiten) von Leschnitzer 1940 im Zusammenhang mit der Überprüfung des Verfahrens übergeben, um die politische Loyalität von Boss zu unterstreichen.

7
Brief von Sissie Laski an Bernhard Kahn, 14. 5. 1934, in: Zentrum zur Aufbewahrung historisch-dokumentarischer Sammlungen, Moskau (ZChIDK), 722/1/270a, S. 251.

Abb. 54
Adolf Boss mit Sohn Valentin in der
Sowjetunion, ca. 1935/36

Wie ihr Mann ihr prophezeit hatte, fand Josephine Boss in Moskau sofort
Arbeit im dem Trust Mosbeljo. Sie wurde im Dom modeli, dem ersten Haus am
Platze, als Modellzeichnerin angestellt und war Brigadierin einer Schneiderbri-
gade. In zahlreichen Modezeitschriften aus den dreißiger Jahren finden sich ihre
Modelle. Auch ihr Mann stürzte sich in seine Arbeit. 1936 nahm er an einer Expe-
dition in die kasachische Wüste teil, um die Verbreitung der Syphilis unter den
Karakalpaken zu untersuchen. Er veröffentlichte in sowjetischen Zeitschriften und
arbeitete an einer wissenschaftlichen Studie. Beide besuchten regelmäßig den
Klub ausländischer Arbeiter, wo Adolf Boss auch medizinische Vorträge hielt. Für
ihren Sohn sorgte eine Kinderfrau, während Josephine arbeitete. Einen ersten
Riss bekam ihr Leben, als Josephine Boss 1937 von Mosbeljo entlassen wurde. Sie
konnte aber bei einem anderen Trust, Moskvaschwej, in ihrem Fach arbeiten und
verdiente auch dort nicht schlecht. Diese Arbeit übte sie bis 1939 aus.

Beide stellten 1935 den Antrag auf sowjetische Staatsbürgerschaft, der
für Adolf Boss im Juni 1936 positiv entschieden wurde. Josephine Boss behielt
ungewollt ihre deutsche Staatsangehörigkeit. Bei den 1936 in der deutschen Vertretung der Komintern laufenden Überführungsanträgen in die sowjetische Partei
erhielten jedoch beide einen negativen Bescheid. Ihre Überführung wurde abgelehnt, weil sie als sehr junge, unerfahrene Parteimitglieder charakterisiert wurden,
die außerdem keinen ausreichend dringlichen Emigrationsgrund aufweisen konnten. Im Februar 1937 schrieb Adolf Boss an die deutsche Vertretung ein Gesuch
mit der Bitte, am Spanischen Bürgerkrieg teilzunehmen. Er führte als Qualifikation
seine Erfahrung als Arzt an und unterstrich, dass er auch spanische Sprachkenntnisse besäße. Darauf erhielt er keine Antwort. Ob sein Gesuch mit dem Ersten
Schauprozess 1936 und dem beginnenden Terror in Verbindung gesetzt werden
muss, kann nicht eindeutig beantwortet werden. Weitere Hinweise darauf fehlen.
Die Bekannten, mit denen die Familie Boss Umgang hatte, und die auch in Adolfs
Verhaftungsakte wieder auftauchten, vor allem Lothar Wolf und Leo Friedländer,

Abb. 55
Josephine und Adolf Boss in der
Sowjetunion, ca. 1935/36
Von links nach rechts: eine Bekannte,
Josephine Boss, Adolf Boss

8
Lothar Wolf (1882–?): Arzt, 1922 Mitglied der
KPD, 1934 über Paris in die UdSSR, im
November 1937 verhaftet und wahrscheinlich
noch im Gefängnis gestorben. Leo Friedländer
(1895–1937): Arzt, 1926 Mitglied der KPD,
1933 in die UdSSR emigriert, Chefarzt an der
Kommunistischen Universität der Nationalen
Minderheiten des Westens, im August 1937
verhaftet und im Oktober 1937 erschossen.
Vgl. In den Fängen des NKWD. Deutsche Opfer
des stalinistischen Terrors in der UdSSR,
Berlin 1991. Zur Familie Wolf und ihrem
Moskauer Bekanntenkreis vgl. auch den Aufsatz
von Anja Schindler: »Mit der ›Internationale‹
durch das Brandenburger Tor«. Martha
Ruben-Wolf (1887–1939), in: Ulla Plener: Leben
mit Hoffnung in Pein. Frauenschicksale
unter Stalin, Frankfurt/Oder 1997, S. 35–53.

9
Bericht der Kaderabteilung, 2.4.1938, in:
RGASPI, 495/205/610, S. 19.

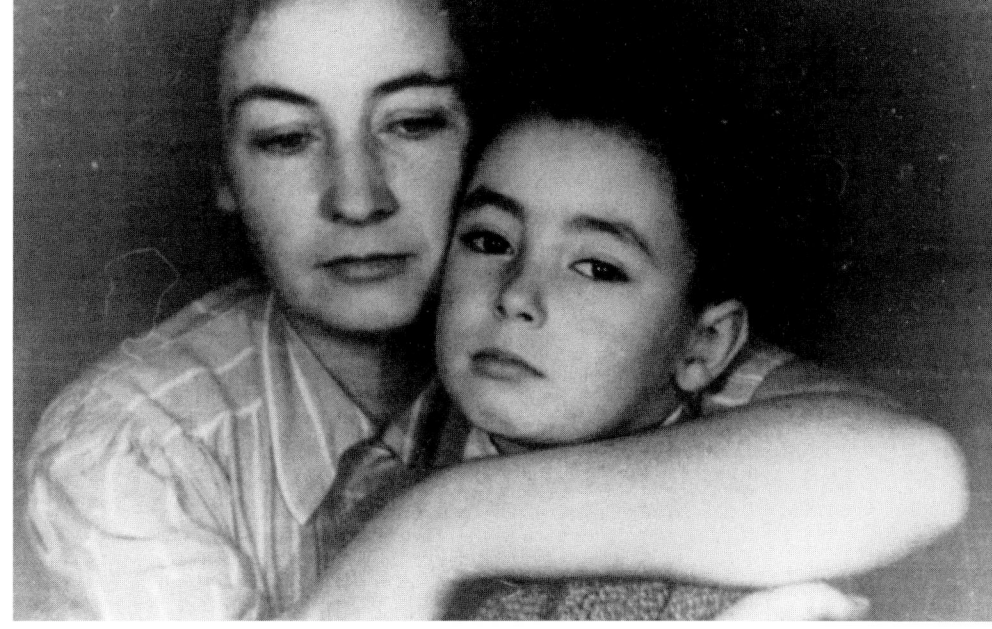

Abb. 56
Josephine Boss mit Sohn Valentin nach der
Verhaftung ihres Mannes (d.h. nach März 1938)

wurden alle erst später verhaftet.[8] Deshalb könnte gleichwohl sein starker Enthusiasmus für die sozialistische Idee ein Motivationsgrund gewesen sein. Wahrscheinlich war es beides. Im Januar 1938 noch meldete die Partei, dass Adolf Boss
überall hin wolle, wo die Partei ihn verwenden könne. Zwei Monate später, am
13. März 1938, wurde er auf seiner Arbeitsstelle in der Klinik verhaftet, kurz darauf
zu acht Jahren Lagerhaft verurteilt und in den Norden geschickt.

Unmittelbar nach der Verhaftung ihres Mannes begann für Josephine
Boss ein harter Kampf, der unter anderem damit zusammenhing, dass ihr deutscher Pass am 24. April 1938 ablief. Über die englische Botschaft ließen ihre beiden Brüder, die in England lebten, ihr den Vorschlag zukommen, nach England zu
fahren und dort ihre Staatsbürgerschaft wiederherstellen zu lassen. Tatsächlich
ging sie auch auf die englische Botschaft, wo man ihr grundsätzlich die Bereitschaft signalisierte, ihr einen englischen Pass auszustellen. Andererseits wurde ihr
mitgeteilt, dass sie auch mit einem englischen Pass die Sowjetunion nicht verlassen könne, weil – nach den Informationen des Botschafters – kein Ausländer aus
der UdSSR ausreisen könne. Josephine Boss glaubte, dass ihr die Verhaftung oder
Ausweisung nach Deutschland unmittelbar bevorstand. Ein Bericht der Kaderabteilung von Anfang April 1938 resümiert diesen Besuch folgendermaßen: »Im Falle
der Verhaftung von ihr hat sich der englische Botschafter bereit erklärt, eventuell
auch mit dem deutschen Botschafter gemeinsam bei den Sowjetbehörden zu
intervenieren. Das hat die Genossin kategorisch abgelehnt. Weiter hat der Botschafter ihr erklärt, dass er gerne bereit sei, im Falle einer Verhaftung ihren Brü-
dern und ihrer Schwester in England Mitteilung zu machen. Auch das hat die
Genossin B. abgelehnt mit dem Bemerken, dass das ihre Partei selbst machen
würde.«[9] Den Vorschlag der Sowjetbehörden, ihren Pass auf der deutschen Botschaft verlängern zu lassen, zog Josephine Boss gar nicht in Erwägung.

Im Bewusstsein, dass sie ohne gültige Papiere ihres Wohnraumes verlustig gehen würde, griff sie die ihrer Meinung nach letzte Möglichkeit auf und
stellte wiederum ein Gesuch zur Erlangung der sowjetischen Staatsbürgerschaft.
Am 13. April schrieb sie an Stalin. Sie schilderte ihren Werdegang und den Versuch, seit 1935 die sowjetische Staatsbürgerschaft zu erlangen. Auch betonte sie,
dass sie durch ihre prämierte Arbeit den sozialistischen Aufbau gefördert habe

und weiter fördern wolle. »Ich bitte Sie«, so ihre Formulierung an Stalin, »mir die Möglichkeit zu geben zu beweisen, dass ich ein sowjetischer Mensch bin.« Sie verschwieg auch nicht, dass ihr Mann verhaftet wurde. Dazu schrieb sie: »Ich hätte nicht gewagt, an Sie zu schreiben, wenn bei mir auch nur der geringste Zweifel an der Unschuld meines Mannes bestehen würde. Ich bin davon überzeugt, dass sich seine Unschuld erweisen wird. Nie hat es einen unbestechlicheren und geradlinigeren Charakter gegeben als den meines Mannes. Mit leidenschaftlichem und ungeduldigem Herzen verfolgte er die Erfolge unseres sozialistischen Aufbaus, und tat selbst durch rastlose mustergültige und erfolgreiche Arbeit sein Möglichstes, sich seiner sozialistischen Heimat würdig zu erweisen. Ich habe erlebt, wie tief er gelitten hat, wenn er sich offensichtlichen Missständen gegenüber ohnmächtig sah. Ich weiß, dass er der Sowjetunion bedingungslos ergeben war und stets sein wird; nie wäre ein Mensch wie mein Mann dazu zu verleiten, die Einheit der Partei in Gedanken, Worten oder Taten anzutasten. Sein Bewusstsein war angefüllt von der Existenz der Sowjetunion als größter, einzigartiger Erfolg des Proletariats.«[10]

Die sowjetische Staatsbürgerschaft erhielt sie nicht, möglicherweise aber eine kurzfristige Verlängerung ihres Aufenthaltsscheines. Was tat Josephine Boss in dieser für sie so unsicheren Lage? Sie heiratete. In der sowjetischen Bürokratie war es anscheinend kein Problem, die Ehe mit einem Verhafteten als nichtexistent zu betrachten und sich neu registrieren zu lassen. Diese Ehe mit Franz Leschnitzer[11], für den sie seit 1935 Schreibarbeiten ausführte – sie hatten in dem Datschenort Perlowka fast nebeneinander gewohnt –, war eine Zweckehe. Sie bewahrte sie in den nächsten Jahren vor Unannehmlichkeiten. Leschnitzer half ihr materiell und ideell, was ihm später Schwierigkeiten einbrachte.[12]

Die nächste Komplikation für Josephine Boss kam anderthalb Jahre später, im Herbst 1939. Wie viele andere erhielt sie die Aufforderung, sich 100 Kilometer von Moskau entfernt niederzulassen. Diese Verfügung, im Zusammenhang mit dem sowjetisch-finnischen Winterkrieg erlassen und keineswegs auf deutsche Emigranten beschränkt, hatte den Zweck, Moskau sowie grenznahe Städte von möglicherweise illoyalen Personen freizuhalten. Leschnitzer schrieb am 26. November 1939 an die Kaderabteilung des Exekutivkomitees der Komintern: »Die Genossin Boss ist seit Dez. 1935 als meine Sekretärin tätig und lebt seit längerem als meine Frau mit mir zusammen. Würde sie gemäß dem Beschluss der Moskauer Gebietsmiliz ausgesiedelt, so würden alle meine Arbeiten (vor allem die Majakowski-Übersetzung, die ich im Auftrage des Verlages Meshdunarodnaja kniga zur Zeit vornehme), aufs schwerste darunter leiden […]. Ich sehe nicht ein, weshalb ich, der als Mitglied des Unionsverbandes der Schriftsteller und als festangestellter Referent der Redaktion der ›Internationalen Literatur‹ in Moskau verbleiben darf und verbleiben muss, der einzige deutsche Schriftsteller sein soll, der von seiner Frau getrennt wird.«[13]

Über Franz Leschnitzer lernte Josephine Boss 1939 Johannes R. Becher kennen. Beide halfen ihr bei ihren Bemühungen, die Lage ihres verhafteten Ehemannes zu erleichtern. Im Sommer 1939 fuhr sie mit dem Kind in das Gefangenenlager in der Republik Komi, ein mutiges und nicht allzu häufig anzutreffendes Unternehmen. Sie schrieb Briefe an zuständige Behörden und schickte Geld und Pakete ins Lager. 1939 versuchte sie, eine Wiederaufnahme des Verfahrens zu erreichen. Dies gelang ihr auch. Leschnitzer, Karl Polak[14], ein Jurist, und Erwin Marcusson[15], ein ehemaliger Kollege des Mannes, unterstützten sie mit Bürgschaftserklärungen für Adolf Boss. Das Wiederaufnahmeverfahren endete aber nicht, wie bei so manchen anderen, mit der Entlassung aus dem Lager. Der wesentliche Grund wird darin gelegen haben, dass Adolf Boss sich sofort bei seinem ersten Verhör schuldig bekannt hatte und alle seine Belastungszeugen bereits erschossen worden waren.

1940 erneuerte Josephine Boss ihr Gesuch um Aufnahme in den Sowjet-staatsverband. Die allgemeine Stimmung im Lande schien sich normalisiert zu haben, und Josephine war entschlossen, auf die Entlassung ihres Mannes zu warten, obwohl er sie in jedem Brief aus dem Lager anflehte, das Land zu verlassen. Eine neue Situation trat erst bei Beginn des deutsch-sowjetischen Krieges ein. Die deutsche Vertretung bei der Komintern führte sofort nach dem Überfall der deutschen Wehrmacht auf die Sowjetunion eine Bestandsaufnahme ihrer Mitglieder durch. In diesem Zusammenhang schrieb Josephine Boss, inzwischen von Leschnitzer geschieden, dass sie immer noch staatenlos sei. Die Möglichkeit, im Jahre 1938 die englische Staatsbürgerschaft zu aktivieren, habe sie seinerzeit abgelehnt. »Ich war und bin bereit, aufgrund meiner kommunistischen Weltanschauung alle aus diesem meinen Verhalten resultierenden Konsequenzen auf mich zu nehmen«, beteuerte sie am 23. Juni 1941 und fuhr fort: »Ich möchte Euch noch sagen, was für mich selbstverständlich ist: ich wünsche nichts sehnlicher, als die Gelegenheit, beweisen zu können, dass ich mein Leben und meine Existenz rückhaltlos für den Sieg des Kommunismus einsetze.«[16]

Im September 1941 erhielt sie wie alle Deutschen, die noch nicht aus Moskau evakuiert worden waren oder nicht von ihrer Arbeitsstelle als unabkömmlich eingestuft werden konnten, den Aussiedlungsbefehl nach Kasachstan. Sie hatte gerade zu Kriegsbeginn ihr Sprachexamen abgelegt, war also in jener Zeit nicht fest angestellt. Becher bot Josephine Boss an, sich von Lilly Becher scheiden zu lassen und sie zu heiraten. Sie entschied sich nach einigem Zögern anders. Als Ausweg sprach sie wieder in der englischen Botschaft vor. Damit erreichte sie tatsächlich die Rücknahme des Aussiedlungsbefehls, indem die Botschaft sie als Engländerin anerkannte. Bis zur großen Panik Mitte Oktober lebte sie daraufhin unbehelligt an ihrem Wohnort außerhalb Moskaus.

10
Brief Josephine Boss an Stalin, 13. 4. 1938;
ebenda, S. 17–18.
11
Franz Leschnitzer (1905–1967):
Schriftsteller, 1931 Mitglied der KPD, Mitglied
des Bundes proletarischer Schriftsteller,
1933 Emigration, Mitarbeit bei der Deutschen
Zentralzeitung und den Zeitschriften
Das Wort und Internationale Literatur, kehrte
erst 1959 in die DDR zurück.
12
Leschnitzer wurde 1942 aus der KPD ausge-schlossen. In einem Brief von Walter Ulbricht an
Georgi Dimitroff vom 3. 8. 1942 heißt es dazu:
»In Moskau hatte er aktiv mitgearbeitet an der
Zeitschrift ›Internationale Literatur‹. Bei den
Auseinandersetzungen in der deutschen Sektion
der Schriftsteller in Moskau war er wohl der
Haupttreiber.« (RGASPI, 495/73/154, S. 32)
Seine Ehe mit Josephine Boss wird ein Mosaik-stein bei der negativen Beurteilung von
Leschnitzer gewesen sein. Nachdem er Ende
der fünfziger Jahre aus der Sowjetunion in
die DDR zurückgekehrt war, wurde Leschnitzer
1960 wieder in die Partei aufgenommen.
13
Brief Leschnitzer an die Kaderabteilung
des EKKI, 26. 11. 1939, in: RGASPI, 495/205/610,
S. 24.
14
Karl Polak (1905–1963):
Jurist, 1933 in die Sowjetunion emigriert, Mit-arbeiter der Akademie der Wissenschaften,
1946 Rückkehr in die SBZ, 1948/49 maßgeblich
an der Ausarbeitung der ersten DDR-Verfassung
beteiligt, 1952–60 Mitarbeiter beim ZK der
SED.
15
Erwin Marcusson (1899–1976):
Arzt, 1930 Mitglied der KPD, 1933 in die Schweiz
emigriert, 1936 in die UdSSR, März 1938
bis März 1940 in Haft, 1947 Rückkehr in die SBZ,
verschiedene Posten im Gesundheitswesen,
u.a. stellvertretender Gesundheitsminister.
16
Anlage zu einem ausgefüllten Fragebogen
an die deutsche Sektion der Komintern,
23. 6. 1941, in: RGASPI, 495/205/610, S. 8–9.

Als jedoch der Einmarsch der Deutschen unmittelbar bevorzustehen schien, wandte sie sich wiederum an die englische Botschaft – und dieses Mal war sie entschlossen, das Land zu verlassen. In einem Brief an Becher vom November 1941 schilderte sie, wie man ihr am 13. Oktober in der Botschaft gesagt habe, »ich solle nach dem 20.! anrufen. Am 16. waren sie dann über alle Berge. Die Amerikanische Botschaft, an die ich mich dann wandte, u. die sehr liebenswürdig u. entgegenkommend war, schickte mich zur Bahnhofs-NKWD, die mir am 19. ein Billet nach Kuibyschew besorgte. Einsteigen konnte ich aber erst am 24. mit Hilfe eines Milizionärs. Unterwegs in einem grässlichen Nest wurde unser Zug mit einigen Kominternwagen verkoppelt, so trafen wir plötzlich dort die Düwell[17], einen Haufen Ungarn etc. Die Bernfeld[18] ist auch noch heil weggekommen, verrückt, nach Saratow. Gott, wie die alle auf den Hund kommen werden! Ich bin noch durch die halböden Quartiere im Weltoktober[19] gegangen, entsetzlich, was an Allernotwendigstem alles zurückgelassen werden musste. Ich sage Ihnen offen, hätte ich nicht die Absicht gehabt, nach England zu fahren, ich hätte Moskau nie freiwillig verlassen.«[20] In einem früheren Brief hatte sie Becher bereits geschrieben: »Ich bin am 23. aus Moskau abgefahren u. nach grässlichen Qualen u. Irrfahrten (über Ufa!) nach 18 Tg., d.h. am 9. [November, C.T.] abends hier in Kuibyschew angekommen. Wir haben Schreckliches durchgemacht u. mit angesehen, zu guter Letzt wollte man uns am 7. in Kinel (o unvergesslich) nicht den Propusk nach Kuibyschew geben, so hausten Schunkel [ihr Sohn, C.T.] u. ich dort zwei Tage in der roten Ecke des Bahnhofs, halb verhaftet, halb geehrte Gäste, Arzt kam, Bad etc. etc., entsetzlich, entsetzlich, habe 100 Rubel vertelegrafiert, um die englische Botschaft zu meiner Auslösung zu alarmieren.«[21]

Die achtzehn Tage, die Josephine Boss mit ihrem neunjährigen Sohn brauchte, um der englischen Botschaft von Moskau nach Kuibyschew hinterherzufahren, waren nur der Beginn einer langen Odyssee, die beide in diesem ersten Kriegswinter hinter sich brachten. Es folgte eine mehr als viermonatige Reise über Tscheljabinsk, Kotlas und Wologda hinauf in den Nordwesten nach Archangelsk und Murmansk, wo sie schließlich auf einem der Transportschiffe der englisch-sowjetischen Lend-Lease-Lieferungen mit nach Großbritannien genommen wurden. Sie erlebten zwischendurch Angriffe deutscher Flieger auf ihren Zug, Solidarität und Betrug durch die Mitreisenden und die Härte des sowjetischen Winters. Jeder, der in diesem ersten Kriegswinter in der Sowjetunion unterwegs war – sei es auf den Evakuierungstransporten, sei es auf den Deportierungstransporten – weiß um die Härte dieser Monate. Als Josephine Boss den Eisenbahnknotenpunkt Kotlas erreichte, überlegte sie, ob sie ihrem Mann, der sich nicht weit von dort in einem Lager befand, eine Nachricht zukommen lassen sollte. Sie unterließ es. Was sie nicht wissen konnte war, dass in diesen Wochen gegen Adolf Boss im Lager gerade ein zweiter Prozess aufgrund der Beschuldigung lief, antisowjetische Gespräche geführt zu haben. Im Mai 1942 wurde er erschossen.

Trotz der katastrophalen Bedingungen, unter denen Josephine Boss in den Monaten seit Kriegsbeginn in der UdSSR lebte und trotz der Terrorjahre, die sie zuvor durchlitten hatte, schrieb sie wenige Monate nach ihrer Ankunft in London: »Den Krieg gegen Deutschland führt die Sowjetunion mit ungeheurer Leidenschaft, mit noch nie dagewesener menschlicher Würde und Aufopferungsfähigkeit. Das ist wichtig. Falsch ist es zu erzählen, dass es noch irgendwelche Privatvergnügen, Waren für Zivilpersonen, unangebrachten Optimismus in Russland gibt. Welch ein Unterschied des Niveaus! Die Gelassenheit und Würde, mit der die unglaublichsten Lebensbedingungen und Schwierigkeiten in Russland ertragen werden. Als ich hier ankam, habe ich fast geweint. Diese Unbildung, dieser Snobismus, diese Gleichgültigkeit. Kino: ›Married but single‹, [...], ›Navy Blues‹, ein unwitziger Witzfilm über die amerikanische Navy, voller Allotria, die Wahrheit ungeheure Schiffsverluste. Und so könnte ich lange weitererzählen, warum ich am liebsten zurück wollte, weg von dieser Sinnlosigkeit, Würdelosigkeit, zurück in das wirkliche Russland, trotz allen Grauens, haarsträubender Lebensbedingungen, trotz des sicheren Schicksals, das mir als Ausländerin und Frau eines früheren Deutschen vom Stalinistischen Apparat bereitet worden wäre.«[22]

Ihr Leben ist so einzigartig wie jedes derjenigen Menschen, die diese Zeit miterlebt haben. In ihrem Falle kam als Besonderheit hinzu, dass sie mit Hilfe ihrer Geburtsurkunde ihre Ausreise aus der Sowjetunion erreichen konnte: eine Ausnahme. Davon abgesehen ist das, was ihr in der Sowjetunion wiederfahren ist, ganz typisch für sehr viele Frauenschicksale im sowjetischen Exil. Sie folgte – ohne selbst glühende Kommunistin zu sein – ihrem Mann, der dort Arbeit gefunden hatte, sie begeisterten sich beide für den Aufbau und waren froh und dankbar, dass man ihre Arbeit benötigte und schätzte. Sie verlor ihren Mann in den Terrorjahren und mobilisierte ihre eigenen Kräfte und die anderer, um ihm zu helfen. Sie zeigte keine Furcht. Sie war erfindungsreich, als es darum ging, mit ihrem Sohn zu überleben. So manche Verfügung der Sowjetmacht erwies sich dabei als aufweichbar. Und ihre politische Anschauung war sehr von ihren Gefühlen gegenüber den Menschen bestimmt, gegenüber ihrem Mann, den sie sehr bewunderte, aber auch gegenüber ihren Mitmenschen. Das waren vor allem die Gefühle von Mitempfinden und von Solidarität. Deswegen konnte sie nach der Verhaftung ihres Mannes nicht wegfahren, deswegen wollte sie ein Sowjetmensch werden. Die Engländer – von den Deutschen ganz zu schweigen – machten es ihr in der damaligen Situation nicht unbedingt leicht, der Sowjetunion den Rücken zu kehren.

17
Frieda Düwell (1884–1962):
Lehrerin, 1905 Mitglied der SPD, 1920 der KPD,
1928 Übersiedlung in die UdSSR,
Mitarbeiterin des Marx-Engels-Lenin-Instituts,
Lehrerin für deutsche Sprache, 1937 einige
Wochen in Haft, 1949 Rückkehr in die SBZ,
im Archiv der Parteihochschule der SED tätig.
18
Anna Bernfeld-Schmückle (1892–?):
Psychologin, zunächst mit Siegfried Bernfeld,
dann mit Karl Schmückle verheiratet, mit ihrem
zweiten Mann Arbeit am Marx-Engels-Lenin-
Institut, später in der Verlagsgenossenschaft
Ausländischer Arbeiter, arbeitete nach der
Verhaftung des Mannes als Ärztin, nahm sich
nach der Evakuierung das Leben.
19
Wohnhaus einer Kooperative in Moskau,
das überwiegend von Emigranten bewohnt
wurde.
20
Brief von Josephine Boss an Johannes
R. Becher, in: Briefe an Johannes R. Becher,
Berlin und Weimar 1993, S. 152–153. Kleinere
Ungenauigkeiten wurden stillschweigend
korrigiert.
21
Ebenda, S. 149.
22
Unveröffentlichtes Manuskript der Erinnerungen
von Josephine Boss, die sie nach ihrer
Ankunft noch während des Krieges in London
niederschrieb. Für die freundliche Überlassung
danke ich der Familie.

IV.
Bilder und Trugbilder vom sowjetischen Exil:
Autobiographisches

Anne Dignath

»Wie ein auf totes Geleise geschobener Wagen« –
Anmerkungen zu Susanne Leonhards Autobiographie
»Gestohlenes Leben«

I.

»Einem Menschen, für den nicht das Privatleben an erster Stelle steht, sondern das Miterleben des politisch-historischen Geschehens seiner Zeit und der sozialen und kulturellen Entwicklung der Welt, ist es unsagbar schwer, sich plötzlich aus diesem großen Ganzen herausgerissen und von der Menschheit isoliert zu finden. Wie ein abgehängter und auf totes Geleise geschobener Wagen kam ich mir vor.«[1] Diese Charakterisierung von Susanne Leonhard aus ihrer Auto-biographie »Gestohlenes Leben«, in der sie die Zeit ihrer Gefangenschaft in den stalinistischen Lagern beschreibt, spiegelt die von ihr empfundene Isolation durch die jahrelange Lagerhaft wider und betont ihr Selbstverständnis als »politischer Mensch«.

Der Auffassung des Sozialismus, wie ihn Karl Liebknecht und Rosa Lu-xemburg verstanden, folgte Susanne Leonhard schon in jungen Jahren. Aus diesem Verständnis heraus entwickelte sie ihr Lebenskonzept: »Für die Zukunfts-gestaltung der gesamten Menschheit, für das Glück kommender Generationen zu wirken, das scheint mir das einzige Ziel zu sein, für das es sich zu leben und zu sterben lohnt.«[2] So nimmt auch die Schilderung fremder Schicksale neben dem eigenen einen großen Raum in Susanne Leonhards Werk ein. Hierbei beschreibt Leonhard nicht nur das menschliche Miteinander, sondern auch sehr detailliert die politische Einstellung ihrer Mitgefangenen. Sie betont immer wieder, trotz der Er-lebnisse im Stalinismus kontinuierlich an ihrer eigenen sozialistischen Weltan-schauung festgehalten zu haben, die sie in ihrem Sinn für Gerechtigkeit und Wahr-heitsliebe begründet sieht. So heißt es im Vorwort zur ersten Auflage: »Ich bin dieselbe überzeugte revolutionäre Sozialistin geblieben, die ich war, als ich im Spartakusbund unter Karl Liebknecht kämpfte [...]«.[3]

Diese Haltung führte zu Schwierigkeiten bei der Veröffentlichung ihres Buches, da sich Susanne Leonhard mit ihrer Lebensgeschichte nicht auf die Seite der Antikommunisten stellen wollte und so im Kalten Krieg zwischen die Fronten geriet. Zur Zeit der Veröffentlichung bestand ein weitaus größeres allgemeines Interesse an Material zur Polarisierung zwischen Kommunismus und Kapitalismus als an einer Differenzierung zwischen den verschiedenen kommunistischen Strö-mungen, wie Susanne Leonhard sie vornimmt. Der Aufbau ihres Buches reflektiert den Willen nach wahrheitsgetreuer Dokumentation eines selbst miterlebten poli-tisch-historischen Geschehens anhand von Einzelschicksalen, aber auch das Be-kenntnis zur eigenen Lebensphilosophie.

Im Folgenden werden, nach einer kurzen Biographie, der ursprüngliche Aufbau des Buches sowie dessen spätere Veränderungen in verschiedenen Auf-lagen dargestellt. Dieser Prozess der Umstrukturierung und des Herauskürzens rein politischer Abhandlungen brachte den Wandel vom dokumentarischen Text zur »personal story« mit sich.

II.

Die am 14. Juni 1895 in Oschatz in Sachsen geborene Susanne Köhler studierte nach dem Abitur an der Universität Göttingen Mathematik, Physik und Philosophie.[4] Ihr großes Vorbild zu dieser Zeit war Rosa Luxemburg. Seit 1916 war Susanne Leonhard Anhängerin des »Spartakusbundes« und aktiv in der Jugendbewegung tätig. Bekannt wurde sie durch ihr 1920 veröffentlichtes Quellenwerk über die politische Propaganda 1914 bis 1918, »Unterirdische Literatur im revolutionären Deutschland während des Weltkrieges«. In Berlin schrieb sie für mehrere KP-Zeitungen und arbeitete als Redakteurin der illegalen Zeitschrift »Kommunistische Rätekorrespondenz«.

Kurzzeitig war sie mit dem Schriftsteller Rudolf Leonhard verheiratet. 1921 wurde ihr Sohn Wolfgang in Wien geboren. Dort hatte sie die Leitung der Presseabteilung der sowjetischen Botschaft übernommen. Sie heiratete den sowjetischen Botschafter M. Bronski, der später im Rahmen der stalinistischen Säuberungen ermordet wurde. Gegenüber der KPD und der Entwicklung der sowjetischen Politik wurde sie zunehmend kritischer, was 1925 zum Austritt aus der Partei

Abb. 57
Susanne Leonhard mit ihrem Sohn Wolfgang
in Wien, 1922

1
Susanne Leonhard: Gestohlenes Leben.
Schicksale einer politischen Emigrantin in der
Sowjetunion, Frankfurt am Main 1956, S. 636.
2
Ebenda, S. 746.
3
Ebenda, Vorwort zur ersten Auflage.
Susanne Leonhard bezeichnet sich selbst als
Sozialistin, aber auch als Kommunistin;
beide Begriffe grenzt sie jedoch klar gegenüber
dem Stalinismus ab: »[Ich] empöre [...] mich
dagegen, dass der sowjetische Sklavenhalter-
staat von seinen treuen Anhängern wie von
seinen heftigsten Gegnern als ›kommunistisch‹
bezeichnet wird. In der Sowjetunion haben
weit schlimmere Kommunistenverfolgungen
stattgefunden als je sonstwo auf der Erde [...]«,
ebenda. Vgl. auch Hermann Kuhn: Bruch mit
dem Kommunismus. Über autobiographische
Schriften von Ex-Kommunisten im geteilten
Deutschland, Münster 1990, S. 50f.

4
Zur Biographie Susanne Leonhards vgl.
Elke Leonhard-Schmid: Eine Art Vita
von Susanne Leonhard, in: Susanne Leonhard:
Fahrt ins Verhängnis, Freiburg 1983;
Hermann Weber: Susanne Leonhard gestorben,
in: IWK, 20 (1984), S. 155–156.
Für weiterführende Informationen möchte ich
Wolfgang Leonhard danken, der mir auch
Einsicht in sein Archiv gewährte und so
Einblicke in die umfangreiche Korrespondenz
von Susanne Leonhard ermöglichte.
Diese Korrespondenz wird im Folgenden zitiert
als Privatarchiv Wolfgang Leonhard.

Abb. 58
Susanne Leonhard als
»Lehrerin für Körperkultur«, 1935

führte. In Deutschland wurde sie nach Hitlers Machtergreifung aus dem Schutz-
verbund Deutscher Schriftsteller ausgeschlossen. Somit war sie gezwungen, ihren
Beruf zu wechseln und wurde Tanzpädagogin. Gleichzeitig war sie von 1933 bis
1935 für die illegale KPD in der antifaschistischen Widerstandsbewegung tätig.

Die Exilzeit begann für Susanne Leonhard ohne eigentliche Emigration.
Zwar war sie sich der Gefahr durch die Nationalsozialisten bewusst, verließ aber
Deutschland 1935 in der Absicht, ihren Sohn zu besuchen, der in einem Internat in
Schweden untergebracht war. Erst durch Briefe von Freunden erfuhr sie von
dem Haftbefehl, der mittlerweile in Deutschland gegen sie vorlag. Daher musste
sie zunächst in Schweden bleiben. Jedoch erwies sich die Lage auf dem dortigen
Arbeitsmarkt für Emigranten als äußerst schwierig, weshalb sie sich entschloss,
gemeinsam mit ihrem Sohn in die Sowjetunion zu emigrieren.[5] Dies hatte weitreichende Folgen: Da ihr Sohn, von dem sich Susanne Leonhard kein zweites Mal
trennen wollte, einen sowjetischen Pass besaß, durfte er die Sowjetunion nach
einer Einreise nicht einfach wieder verlassen. Somit war der Entschluss, in der
Sowjetunion zu leben, für beide unabänderlich.

Nach einjährigem Aufenthalt im Exilland geriet Susanne Leonhard in die
stalinistischen Säuberungen: Am 26. Oktober 1936 wurde sie vom NKWD in Mos-
kau verhaftet und zu fünf Jahren Zwangsarbeitslager verurteilt. Vom Moskauer
Butyrki-Gefängnis aus deportierte man sie in verschiedene Lager im nördlichen
Polarkreisgebiet, in denen sie dann fast zehn Jahre bis zu ihrer Verbannung nach
Sibirien im Jahre 1946 verbrachte.

Erst 1948 konnte sie in die SBZ zurückkehren, wo sie ihren Sohn wieder-
traf. Beide übersiedelten illegal nach Westdeutschland. Von 1950 bis zu ihrem Tod
am 3. April 1984 lebte Susanne Leonhard in Stuttgart. Sie veröffentlichte unter anderem Texte über Stalin und die Probleme der Geschichte der Arbeiterbewegung.
Kurzzeitig war sie Mitglied der neugegründeten Partei UAP und veröffentlichte
auch in deren Zeitschrift »Freie Tribüne«. Danach blieb sie politisch ungebunden.
1956 erschien ihr autobiographisches Werk »Gestohlenes Leben«.

Abb. 59
Susanne Leonhard in den
vierziger Jahren

III.

Susanne Leonhard hatte ihr Leben unter das Motto »Vitam impendere vero« gestellt,[6] und in diesem Sinne soll auch ihre Autobiographie anhand ihrer eigenen Erfahrungen die Wahrheit über das Leben in den stalinistischen Lagern dokumentieren: ohne zu beschönigen, aber auch ohne sich auf die Seite der Gegner des Kommunismus zu stellen. So beschreibt sie die Funktion ihres Buches im Vorwort der Erstauflage: »Dieses Buch tritt nicht mit dem Anspruch auf, ein Buch im literarischen Sinne des Wortes zu sein. Es ist ein wahrheitsgetreuer Erlebnisbericht und ein Bekenntnis.«[7]

Susanne Leonhard wollte keine Autobiographie über ihr gesamtes Leben schreiben, sondern Bericht geben über einen geschichtlichen Abschnitt, den sie selbst miterlebt hatte. »Mein Buch gliedert sich in zwei Teile. Der erste Teil enthält die personal story. Im zweiten Teil werden – ebenfalls auf Grund persönlicher Erfahrungen – die Verhältnisse in den Lagern thematisch dargestellt, wodurch das Buch über einen gewöhnlichen Erlebnisbericht hinausgeht.«[8] Der erste Teil schildert die Emigration nach Schweden und dann in die Sowjetunion, die Verhaftung und die Lageraufenthalte, die Verbannung nach Sibirien und die Heimkehr nach Deutschland in chronologischer Reihenfolge. Schon im ersten Kapitel »Emigration in die Sowjetunion« informiert sie den Leser in einem Rückblick über ihre frühere politische Tätigkeit. Dies ist für sie von besonderer Bedeutung, da sie ihre politische Einstellung über ihren beruflichen Werdegang definiert. Kindheit und Jugendzeit sind in ihrer »personal story« für sie nicht relevant.[9] Der zweite Teil erklärt die Organisation der stalinistischen Lager systematisch: Arbeitsbedingungen, Lagerbevölkerung, Ernährungslage, Krankheiten und medizinische Versorgung.

5
Zu deutschen Emigranten in der Sowjetunion siehe: In den Fängen des NKWD. Deutsche Opfer des stalinistischen Terrors in der UdSSR. Hrsg. vom Institut für Geschichte der Arbeiterbewegung, Berlin 1991;
Klaus Jarmatz/Simone Barck/Peter Diezel: Exil in der UdSSR (Kunst und Literatur im antifaschistischen Exil 1933–1945, Band 1), Leipzig 1989; David Pike: Deutsche Schriftsteller im sowjetischen Exil 1933–1945, Frankfurt am Main 1981; Hermann Weber: »Weiße Flecken« in der Geschichte. Die KPD-Opfer der stalinistischen Säuberungen und ihre Rehabilitierung, Frankfurt am Main 1989.
6
Vgl. auch: Wahrheit im Leben.
Zum 70. Geburtstag der Schriftstellerin Susanne Leonhard, in: Stuttgarter Nachrichten vom 12.6.1965.

7
Leonhard: Gestohlenes Leben (Anm. 1), Vorwort zur ersten Auflage, die 1956 in der Europäischen Verlagsanstalt in Frankfurt am Main erschien.
8
Brief von Susanne Leonhard an den Verleger Dr. Witsch vom Verlag Kiepenheuer und Witsch, 29.9.1951, Privatarchiv Wolfgang Leonhard.
9
Erst im Anhang mit dem Titel »Politische Reminiszenzen und Reflexionen einer Gefangenen« beschreibt Susanne Leonhard ihre Herkunft aus einem streng konservativen, christlich-pietistischen Milieu: »Mein inneres Aufbegehren gegen diese Erziehung, eine Opposition, die anfangs unterbewusst blieb, hat sicherlich dazu beigetragen, dass ich Sozialistin und Atheistin geworden bin.«
Leonhard: Gestohlenes Leben (Anm. 1), S. 747.

IV.

In der Mitte des Buches ist zentral das Kapitel »Typen und Schicksale« angelegt, in dem das Lagerleben von fünfzehn Mithäftlingen beschrieben wird. Hierbei steht weniger die Schilderung der Lagerorganisation im Vordergrund, vielmehr geht es der Autorin um das Aufzeigen von Einzelschicksalen. Susanne Leonhard hatte erkannt, dass nur das Miteinander der Gefangenen das Überleben im Lager sicherte. In ihrem Leben spielte die Fähigkeit, immer wieder neue Freundschaften schließen zu können, die gegenseitigen Schutz und Hilfe gewährleisteten, eine große Rolle. Daraus entwickelt sie in ihrem Buch eine Art Überlebensstrategie, die sich wie ein roter Faden durch das gesamte Werk zieht.

Susanne Leonhard unterrichtete ihre Mitgefangenen in Sprachen, Literatur und Politik. Sie beschreibt die Probleme der ausländischen Emigranten im Lager, die in vielen Fällen die russische Sprache noch nicht gut genug beherrschten und vor allem keine körperliche Arbeit gewohnt waren. So erging es auch der Verfasserin selbst, die auf die Hilfe ihrer russischen Freundin Anna Petrowna angewiesen war: »Und ich, die ich damals noch so wenig Russisch verstand, wäre verraten und verkauft gewesen ohne […] Anna Petrowna, die mir geduldig alles Wissensnotwendige übersetzte, und mir – der völlig Unerfahrenen im Leben auf primitiver Kulturstufe – mit Rat und Tat zur Seite stand.«[10]

In dem Kapitel »Typen und Schicksale« zeigt Susanne Leonhard, dass das Lagerleben andere Wertmaßstäbe hatte als die Gesellschaft draußen. Sie betont, dass nicht die soziale Herkunft zur Bildung einer Rangordnung führte, sondern das Durchsetzungsvermögen, vor allem aber der Verhaftungsgrund. Die »urki« – die Kriminellen – wurden vom NKWD über die politischen Gefangenen gestellt, was häufig zu starken Konflikten der beiden Gruppen untereinander führte.

Susanne Leonhard fand besondere Bewunderung für jene Menschen, die auch im Lager ihrem Alltag etwas Positives abgewinnen konnten: »Es kommt selten vor, dass ein Mensch im Lager sich seine Heiterkeit bewahrt, noch seltener aber, dass er die Fähigkeit des Mit-Leidens und das Bedürfnis, anderen zu helfen, nicht einbüßt.«[11] Wie fatal sich der Verlust eines Freundes auswirken konnte, zeigt die Geschichte von Paul Franken. Durch den Tod seines Freundes Abraham Berg verlor er seinen letzten moralischen Halt. Für ihn war das Leben und die Arbeit im Lager so unerträglich geworden, dass er versuchte, ihr durch Selbstverstümmelung zu entgehen, was ihm letztlich auch gelang: »Ein selbstbewusster, froher Mensch war in wenigen Jahren zum körperlichen und seelischen Krüppel geschlagen worden […]. Die Methoden des stalinistischen Strafvollzugs können jeden Menschen […] zum Verbrecher werden lassen. Die Grenzen der physischen Leistungsfähigkeit und der psychischen Widerstandskraft sind verschieden bei den verschiedenen Menschen.«[12]

Große Gemeinsamkeit und Solidarität verband die Frauen in ihrer Rolle als Mutter.[13] Denn unabhängig von der sozialen Schicht, der sie einmal angehört hatten, sorgten sich doch alle um das Wohl ihrer Kinder, die sie zumeist seit ihrer Verhaftung nicht mehr gesehen hatten. Im Kapitel »Mit einundzwanzig Kisten ins Polargebiet« erzählt Susanne Leonhard von Frau Smirnowa, die ihre letzte Habe ausgab, um Träger für die einundzwanzig Bücherkisten bezahlen zu können, die sie von Lager zu Lager bis ins Polargebiet mitnahm. Diese Bücher gehörten ihrer Tochter, der sie versprochen hatte, darauf aufzupassen. Trotz der Qualen, denen sie ausgesetzt war, wollte sie dieses Versprechen einhalten. Frau Smirnowa wusste nicht, dass ihre Tochter schon vor ihrer Odyssee mit den Kisten ins Polargebiet vom NKWD hingerichtet worden war. Sie selbst wurde – kaum im Lager angekommen – erschossen. Die Bücher brachte man in eine Bibliothek.[14] Anhand solcher Beispiele zeigt Susanne Leonhard die Willkür des stalinistischen Systems und die Wehrlosigkeit der Gefangenen ihm gegenüber.

V.

Leonhard beschreibt nicht nur Kontaktfähigkeit und Charakterstärke, handwerkliches Geschick und Disziplin als Kriterien für den Umgang des Einzelnen mit dem Lagerleben, sondern auch die politische Einstellung der Gefangenen. Die meisten der politischen Inhaftierten stellt sie als überzeugte Kommunisten dar, von denen viele der Meinung waren, ihre Verhaftung beruhe auf einem Irrtum.[15] Häufig wurde über die möglichen Gründe der Verhaftung spekuliert, »denn die NKWD verhaftet niemals Unschuldige.«[16] Wer an die Unfehlbarkeit der Regierung und des NKWD glaubte, unterwarf sich den ihm auferlegten Pflichten. So berichtet Susanne Leonhard von Anna Wassiljewna, die sich auch in der Gefangenschaft zur linientreuen Parteipolitik bekannte. Alle Arbeiten, die ihr aufgetragen wurden, führte sie widerspruchslos und voller Ehrgeiz aus und beteiligte sich nicht an politischen Diskussionen.

Durch besonders gute Pflichterfüllung hofften viele, sich den Lageralltag zu erleichtern oder aber ihre »Schuld«, kein treuer »Sowjet-Bürger« gewesen zu sein, auszugleichen. Manche versuchten auch verzweifelt ihre Unschuld zu beweisen, so zum Beispiel Valentina Adler, die Susanne Leonhard 1937 in der Gefangenschaft wiedergetroffen hatte. Sie schildert Valentinas Versuche, rechtmäßig freigelassen zu werden: »Mit der ihr eigenen Energie und Konsequenz machte sich Vali Adler daran, Punkt für Punkt die Anschuldigungen des Untersuchungsrichters zu widerlegen.«[17] Obwohl Vali Adler mit der Zeit dem Regime gegenüber immer kritischer wurde, kam sie vom Gedanken an den Kampf für die Gerechtigkeit nicht los. Irgendwann musste sie jedoch diesen Kampf als verloren ansehen: »[…] auch ein Mensch wie Vali Adler, eine so gescheite und tapfere Frau […], die die bolschewistische Generallinie nicht verlassen hatte und bereit gewesen war, aus Treue zur Partei über viele Späne, die es bekanntlich gibt, wenn gehobelt wird, hinwegzusehen, auch sie stand nun wehrlos dieser Macht gegenüber.«[18] Nur jene, die erkannt hatten, dass es keinen fairen Kampf gegen den NKWD geben konnte, boykottierten seine Methoden. So beschreibt Susanne Leonhard ihr eigenes konsequentes Schweigen bei Verhören. Auch unterschrieb sie keine falschen Geständnisse und äußerte unter den Mitgefangenen ihre Kritik. Allerdings betont sie, dass es offene politische Aussprachen im Lager nicht geben konnte, da man auch unter den Mitgefangenen Spitzel befürchten musste.

10
Ebenda, S. 527.
11
Ebenda.
12
Ebenda, S. 556.
13
Siehe das Kapitel »Das Leiden der Mütter«, in:
Leonhard: Gestohlenes Leben (Anm. 1),
S. 580–581.
14
Leonhard: Gestohlenes Leben (Anm. 1), S. 523.
15
Ebenda, S. 337. Viele kommunistische Emigranten begrüßten zunächst die Säuberungen, da sie die Schwächung des Kommunismus durch »Verräter« befürchteten. Wohl die meisten durchschauten den stalinistischen Terror zu spät. Siehe hierzu Weber: »Weiße Flecken« (Anm. 4), S. 41–42.
16
Leonhard: Gestohlenes Leben (Anm. 1), S. 525.
17
Ebenda, S. 507.
18
Ebenda, S. 508.

Während viele Inhaftierte durch die Erfahrungen im Lager ganz vom Kommunismus abfielen oder aber verzweifelt an die Politik Stalins glaubten, beschreibt Susanne Leonhard ihr kontinuierliches Festhalten an ihrer eigenen politischen Überzeugung, die zwischen Sozialismus und Stalinismus trennen konnte. Leonhards Schilderungen führen dem Leser die Absurdität der NKWD-Methoden vor Augen. Im Kontrast zu der Unmenschlichkeit des stalinistischen Systems steht die Humanität der Gefangenen untereinander. Dies ist um so bedeutender, als Susanne Leonhard selbst von einem ihrer engsten Bekannten – Hans Rodenberg – beim NKWD denunziert worden war. Leonhard berichtet auch von Fällen, in denen sich Familienmitglieder gegenseitig denunziert hatten. Trotz dieser Erfahrung eines enormen Vertrauensbruchs im engsten Freundeskreis betont sie jedoch immer wieder ihre Freundschaft zu den Mitgefangenen.

VI.

»Ein Opfer muss einen Sinn haben und muss freiwillig gewählt sein.«[19] Nach ihrer Rückkehr aus der Gefangenschaft in die SBZ – im Gespräch mit ihrem Sohn – erklärt Susanne Leonhard nochmals das Ziel ihres Schreibens: die Absurdität und Sinnlosigkeit der stalinistischen Schrecken begreiflich zu machen. Eben nicht von ihrem eigenen Schicksal ausgehend, sondern am Beispiel vieler verschiedener Charaktere, die alle unterschiedlich mit ihrer Verhaftung und der Politik des Stalinismus umgegangen sind, erklärt sie die Unrechtsherrschaft. Durch die Individualität der skizzierten Personen in den einzelnen Erzählungen gibt Susanne Leonhard den zahllosen Opfern der stalinistischen Säuberungen wieder Gesichter.

Einen Vergleich zwischen den Gräueltaten Hitlers und Stalins zieht sie, indem sie ihr eigenes Leiden im Hinblick auf die Verbrechen der Nationalsozialisten relativiert: »Als ich dies alles las, schienen mir die in den Arbeitslagern und Verbannungsorten der UdSSR verbrachten Jahre in einem anderen Licht. Unter Stalin – das wusste ich – hatte es kein Genocidium gegeben. Ich hatte die sowjetische Gefangenschaft überlebt; in Nazi-Deutschland wäre ich als aktive Widerstandskämpferin gegen Hitler nicht mit dem Leben davongekommen.«[20] Bei dieser entschiedenen Stellungnahme geht Susanne Leonhard nur von ihrem ganz persönlichen Schicksal aus. Viele Kommunistinnen und Kommunisten haben die Zwangsarbeitslager Stalins nicht überlebt.[21]

Susanne Leonhard schließt ihre Autobiographie mit dem Kapitel »Politische Reminiszenzen und Reflexionen einer Gefangenen«. Hier veranschaulicht sie politische Begriffe der damaligen Zeit, aber auch ihre eigenen politischen Ansichten. Sie äußert die Hoffnung auf Veränderung in der Politik Sowjetrusslands. Mit diesen Überlegungen zu Kommunismus und Sozialismus bietet sie am Ende ihres Buches einen Ausblick in eine bessere Zukunft.

VII.

Die Tatsache, dass Susanne Leonhard so detailliert die stalinistische Terrorherrschaft beschrieb und gleichzeitig nicht mit dem Kommunismus brach, schuf Probleme bei der Veröffentlichung ihres Werkes. Obwohl das Manuskript bereits 1950 fertiggestellt war, konnte es erst 1956 in Deutschland erscheinen.[22] »Ich konnte nicht anders schreiben als unter der Betonung, dass ich noch heute Kommunist bin, wohlgemerkt Kommunist, [...] und das macht bei der Veröffentlichung zweifellos Schwierigkeiten.«[23] Tatsächlich war das Buch zuerst 1954 im schwedischen Albert Bonniers Verlag in Stockholm unter dem Titel »Meine dreizehn russischen Jahre« erschienen.[24]

1950/51 veröffentlichte Susanne Leonhard einzelne Kapitel ihres Buches in der »Deutschen Rundschau«.[25] Auch in der »Freien Tribüne«[26] konnte sie einige Kapitel vorstellen. Sie selbst kannte den Grund für die Probleme, die das Buch bei der Veröffentlichung machte: »Für mein Buch habe ich keinen Verleger. Ja, wer hat heute Interesse für ein Buch, das auf dem Standpunkt steht »Weder Ost noch West / Eine einige sozialistische freie Welt«? Niemand – wenigstens niemand mit Geld.«[27]

1956 erschien das Buch in der Europäischen Verlagsanstalt, Frankfurt am Main, unter dem heutigen Titel. Ursprünglich hatte Susanne Leonhard ihre Biographie »Ein Viertel meines Lebens« genannt.[28] Nach der Veröffentlichung erhielt die Autorin viele Zuschriften, die das Interesse an ihrem Werk bekundeten. Auf der einen Seite lobten viele Rezensenten die dokumentarische Darstellungsweise: »Mit einer Vollständigkeit und Drastik, die zuweilen etwas Erschreckendes hat – noch dazu aus der Feder einer Frau – berichtet Susanne Leonhard nicht nur ihr persönliches Schicksal [...].«[29] Ihre Darstellung wurde als »Spiegelung der nackten Wahrheit« bezeichnet: »Es gehört zu den materialreichsten und gründlichsten Schilderungen des stalinistischen Zwangsarbeitssystems in der Sowjetunion« schrieb Hermann Pörzgen in der FAZ. Hermann Weber bezeichnete ihr Werk als »objektiven, mit literarischer Meisterschaft gestalteten und fesselnden Bericht« und als »Zeugnis vom Schicksal einer Generation revolutionärer Sozialisten.«[30]

19
Ebenda, S. 495.
20
Ebenda, S. 511.
21
Vgl. die Namensliste von Frauen in der stalinistischen Gefangenschaft in Sonja Hilzinger: »Ich hatte nur zu schweigen.« Strategien des Bewältigens und des Verdrängens der Erfahrung Exil in der Sowjetunion am Beispiel autobiographischer Texte, in: Exilforschung. Ein internationales Jahrbuch, Band 11: Frauen und Exil. Zwischen Anpassung und Selbstbehauptung, München 1993, S. 32 – 33.
22
Susanne Leonhard befand sich vier Monate nach ihrer Flucht aus der SBZ mehrere Monate im Gewahrsam der amerikanischen Besatzungsmacht. Diese hatte sie wegen Spionageverdachts aus dem Flüchtlingslager heraus verhaftet. In diesen Monaten verfasste sie das Skript zu »Gestohlenes Leben«. Erst im April 1950 wurde sie freigelassen.
23
Brief von Susanne Leonhard an Ruth Fischer, 9. 5. 1950, in: Ruth Fischer/Arkadij Maslow: Abtrünnige wider Willen. Aus Briefen und Manuskripten des Exils. Hrsg. von Peter Lübbe, München 1990, S. 274.
24
Originaltitel: Mina tretton ryska ar, Stockholm 1954.
25
Susanne Leonhard: Mit einundzwanzig Kisten ins Polargebiet, in: Deutsche Rundschau, 76 (1950) 1, S. 38 ff.; Dies.: Was wird denn hier gespielt?, in: Deutsche Rundschau, 76 (1950) 5, S. 343 – 347.
26
Freie Tribüne, Nr. 20 vom 19. 5. 1951.

27
Brief von Susanne Leonhard an Ruth Fischer, 22. 6. 1951, in: Fischer/Maslow: Abtrünnige wider Willen (Anm. 23), S. 283.
28
Daneben findet sich im Nachlass von Susanne Leonhard, der größtenteils aus von ihr selbst archiviertem Material (hauptsächlich Briefen) besteht, ein Textauszug mit der Überschrift »Ein Viertel meines Lebens gestohlen«. Später gibt sie diese – wohl ursprünglich als Buchtitel gedachte – Überschrift als »Arbeitstitel« an.
29
Frankfurter Allgemeine Zeitung vom 12. 10. 1957, S. 5.
30
Hermann Weber: Die menschliche und die sozialistische Aussage, in: Sozialistische Politik, 7 (1960) 6/7, S. 12.

Doch gab es genauso Rezensenten, die ihre Autobiographie missinterpretierten: »Zu meinem nicht geringen Entsetzen stellte mich F. L. Carsten mit Alexander Weißberg und Margarete Buber-Neumann auf eine Stufe (nicht literarisch, sondern politisch), was natürlich ein schwerbedauerliches Fehlurteil ist. Ich stehe mit diesen Kalten Kriegern durchaus nicht auf einer Plattform«[31], kommentierte Susanne Leonhard eine Rezension, die in der amerikanischen Zeitschrift »Problems of Communism« erschienen war. Sie selbst hatte eine Instrumentalisierung der eigenen Lebensgeschichte im Kalten Krieg befürchtet, und deshalb stand sie zunächst einer Veröffentlichung kritisch gegenüber: »Ich hatte nicht die Absicht, ein Buch über meine Erlebnisse in der Sowjetunion zu schreiben, da ich, noch im Irrtum der zwei Fronten befangen, befürchtete, durch eine offene Abrechnung mit dem stalinistischen System mich zwangsläufig auf die Seite derer gedrängt zu sehen, die den Kommunismus ablehnen, weil sie um ihre Profite Angst haben.«[32]

Trotz des großen Umfangs war das Buch schnell vergriffen, so dass Susanne Leonhard über eine weitere, gekürzte Auflage nachdenken konnte. Zu einer Zweitauflage konnte es jedoch nicht so schnell kommen, da der Verlag voreilig den Satz hatte einschmelzen lassen: »Die Tatsache, dass Sie mich nicht benachrichtigen ließen von Ihrer Absicht, den Satz einschmelzen zu lassen, zeigt jedem, der die Sache unvoreingenommen betrachtet, in eklatanter Weise Ihre völlige Gleichgültigkeit, Ihren [...] Mangel an Interesse an dem von Ihnen verlegten Buch«,[33] schreibt Susanne Leonhard an den Verlag. Somit musste sie sich erneut auf die Suche nach einem Verleger machen. 1959, 1960 und zuletzt 1988 folgten weitere Auflagen.[34]

Um das Buch weiterhin verlegen zu lassen, musste Susanne Leonhard erhebliche Änderungen an ihrem Text in Kauf nehmen. Zum einen war das Buch mit 840 Seiten zu lang. Die detaillierte und umfangreiche Dokumentation des Lagerlebens wurde teilweise in die »personal story« übernommen. Lediglich »Typen und Schicksale« blieb als vollständiges Kapitel erhalten. Zwar ging die Auflistung der einzelnen Bereiche im Lagerleben durch die Verkürzung verloren, die Lebensgeschichte weist dafür nun eine einheitliche Chronologie auf, was das Lesen erleichtert. Das Buch wandelte sich vom eher dokumentarisch aufgebauten Bericht zur romanähnlichen »personal story«. Mit dieser Form vertritt die Autobiographie allerdings den Anspruch, den die Autorin im Vorwort verneint, nämlich »ein Buch im literarischen Sinne des Wortes« zu sein. Es finden sich von Anfang an in ihrem Text Literarisierungen der Lebensgeschichte – etwa durch das Einfügen von Gedichten, die die jeweilige Situation beschreiben – die auf eine gestaltende Schilderung der eigenen Erfahrungen hindeuten. Zusätzlich zu den inhaltlichen Kürzungen wurde auch der gesamte Anhang – die politischen Erläuterungen – weggelassen, was für Susanne Leonhard wohl das weit größere Opfer bedeutete.

VIII.

Die Stuttgarter Zeitung fragte sich, ob »Gestohlenes Leben« auch »verlorenes« Leben sei.[35] Der von Susanne Leonhard ursprünglich gewählte Titel »Ein Viertel meines Lebens gestohlen« deutet dies noch stärker an. Nach der Abgeschnittenheit in den sowjetischen Lagern stellte sich auch das Leben in Freiheit zunächst sehr problematisch dar. Neben der politischen Isolation war es für Susanne Leonhard besonders schwer zu ertragen, von den Almosen und Spenden anderer leben zu müssen und keine Arbeit zu finden. Gleichzeitig waren die Folgen der grausamen Gefangenschaft den Opfern noch deutlich anzusehen. Leonhard bezeichnete sich selbst als »geistiges und physisches Wrack«.[36] Weihnachten 1949 schrieb sie an ihren früheren Mann Rudolf Leonhard: »Ich selbst habe zwölf Jahre lang in der Wildnis [...] gelebt, sozusagen in einem geistigen Vakuum, und ich möchte nun dort wieder anknüpfen, wo damals die Verbindung abgerissen ist.

Die anderen haben in diesen zwölf Jahren gelebt, haben neue Freunde gewonnen, sind Zentrum oder Teilhaber von Kulturkreisen, in denen all die Jahre hindurch ein interessantes volles Leben pulsiert hat. Mich braucht natürlich niemand. Ich bin sehr überflüssig und fühle mich scheußlich einsam.«[37]

Obwohl Susanne Leonhard zunächst sehr unter den »verlorenen« Jahren litt, hat sie in der Veröffentlichung ihrer Autobiographie einen neuen Weg gesehen, als »politischer Mensch« zu agieren. Sie entwirft durch die detaillierten Beschreibungen der stalinistischen Lager, vor allem aber durch die Schilderung vieler einzelner Schicksale, politischer Überzeugungen und individueller Überlebensstrategien, ein Gesamtbild vom Leben der Emigranten in der Sowjetunion während des Zweiten Weltkriegs. Nicht zuletzt der Anhang »Politische Reminiszenzen und Reflexionen einer Gefangenen« zeigt den Hintergrund der Veröffentlichung. Auch noch zur dritten Auflage hat Susanne Leonhard den zeitgeschichtlichen Wert ihrer Autobiographie erkannt. Sie sah darin den Sinn, das Erlebte in Erinnerung zu halten: »[…] die Kenntnis dieser historischen Zustände und Geschehnisse hilft, die Gegenwart mit ihren neuartigen politischen Problemen verstehen und die künftige Entwicklung richtig einschätzen. Insofern ist wohl ein Buch, das dazu beiträgt, dass das Vergangene nicht vergessen […] wird, nicht ohne Nutzen.«[38]

31
Brief von Susanne Leonhard an Wilhelm Sternfeld vom 10. 7. 1957, in: Nachlass Wilhelm Sternfeld, Deutsches Exilarchiv 1933 – 1945, Deutsche Bibliothek Frankfurt am Main, EB 75/177.
32
Leonhard: Gestohlenes Leben (Anm. 1), Vorwort zur ersten Auflage.
33
Brief von Susanne Leonhard an Hanna Bertholet vom 28. 3. 1959, Privatarchiv Wolfgang Leonhard.
34
1983 wurde unter dem Titel »Fahrt ins Verhängnis. Als Sozialistin in Stalins GULag« eine sehr gekürzte Taschenbuchausgabe von Elke Leonhard-Schmid herausgegeben.
35
Stuttgarter Zeitung vom 16. 8. 1956.
36
Brief von Susanne Leonhard an Ruth Fischer, 9. 5. 1950, in: Fischer/Maslow: Abtrünnige wider Willen (Anm. 23), S. 274.
37
»Wenn Kritik in den eigenen Reihen nicht mehr möglich ist…« Aus dem Briefwechsel zwischen Rudolf Leonhard, Susanne Leonhard und Wolfgang Leonhard, 1945 bis 1950, in: Neues Deutschland vom 22. 3. 1991, S. 9.
38
Susanne Leonhard: Gestohlenes Leben, Stuttgart 1959, Vorwort zur dritten Auflage.

Stefanie Oswalt

»Wir waren Tote auf Urlaub« –
Margarete Buber-Neumanns Blick zurück
auf das Exil in der Sowjetunion
und ihr Überleben in Ravensbrück[1]

I.

Ich bin Margarete Buber-Neumann bei meiner Recherche über das Frauenkonzentrationslager Ravensbrück begegnet. Die Stadt Fürstenberg an der Havel hatte in Zusammenarbeit mit der Gedenkstätte des ehemaligen Frauenkonzentrationslagers Ravensbrück einen landschaftsplanerischen Ideenwettbewerb ausgeschrieben. Die Aufgabe lautete, einen Vorschlag zu formulieren, wie Stadt und Gedenkstätte künftig mit den riesigen Flächen umgehen sollten, die 1993 durch den Abzug der Roten Armee vom Gelände des ehemaligen Lagers freigeworden waren. Um mich in das Thema einzuarbeiten, studierte ich für unser interdisziplinäres Team neben Plänen und Akten zahlreiche Berichte ehemaliger Häftlinge.

Die Autobiographie Margarete Buber-Neumanns wurde für uns wegen ihrer Präzision sehr wichtig, denn sehr genau schildert sie in »Als Gefangene bei Stalin und Hitler« die optische Wirkung des Lagers, die Hierarchie unter den Häftlingen, den Tagesablauf und einzelne Begebenheiten während ihrer Zeit im Lager. Aber das war es nicht allein, was mich an diesem Bericht besonders beschäftigte. Mit dem Wissen, was sich in Ravensbrück 1938–1945 abgespielt hatte, regte sich in mir zunehmend Irritation, denn Buber-Neumanns Bericht rührte an ein Tabu. Einer Frau mit einem solchen Schicksal wollte ich die Empathie nicht verweigern, aber ihre Darstellung rief sehr häufig Unbehagen hervor. So war es für mich schwer nachvollziehbar, dass die antikommunistische Darstellung den Bericht Margarete Bubers so weit mehr prägte als das Entsetzen über die Haft im nationalsozialistischen Konzentrationslager Ravensbrück, in dem zwischen 50 000 und 92 000 Häftlinge den Tod fanden.[2] Zunehmend irritierte mich ihre Darstellung der Mithäftlinge, die ich vielfach als überheblich und abfällig empfand und in der ich erschrocken nationalsozialistische Terminologie zu erkennen glaubte; und Unbehagen erweckten auch die zahlreichen zwischen Faszination und Zynismus angesiedelten Schilderungen der Ordnung, Sauberkeit und Disziplin im Lager.

Seit ihrer Entlassung aus dem Frauenkonzentrationslager Ravensbrück im April 1945, wenige Tage vor der Befreiung des Lagers durch die Truppen der Roten Armee, hatte Margarete Buber-Neumann ihr Leben in den Dienst des Kampfes gegen den Kommunismus gestellt, in dem sie, wie andere Renegatinnen auch, den Kampf gegen das Böse schlechthin erblickte.[3] In zahlreichen Vorträgen[4], Artikeln und Büchern, die in mehrere Sprachen übersetzt wurden, berichtete sie von ihren Erlebnissen oder den Schicksalen der Verfolgten totalitärer Systeme.[5] Über ihre Erfahrungen im sowjetischen Exil hat Margarete Buber-Neumann geschrieben, nachdem sie immerhin auch fünf Jahre lang die »braune Hölle« des nationalsozialistischen Lagers durchlitten hatte. Dennoch ist es vor allem die Erfahrung der »roten Hölle«[6], um die ihr politischer Kampf kreiste. Als solches wendet sich ihr Bericht – wie Hermann Kuhn konstatiert – polemisch gegen die sozialistische und kommunistische Autobiographik des Leidens und des Kampfes gegen den Faschismus.[7] Und kritisch bemerkt er, der Antikommunismus habe zunehmend den Antifaschismus der Autorin verdrängt.[8] Tatsächlich kann beim heutigen Leser bezüglich ihrer Erlebnisse im Konzentrationslager Ravensbrück teilweise der Eindruck der Verharmlosung des Geschehenen entstehen. Das ist zwei-fellos eine Folge der politischen Absicht Buber-Neumanns, nämlich die Jugend vor den Gefahren des Kommunismus zu warnen. Trotzdem stellt sich die Frage nach ihrer Wahrnehmung und Interpretation der Situation in Ravensbrück vor dem Hintergrund der Erfahrungen in der Sowjetunion. Deshalb will ich zunächst einige Punkte ihres Verhältnisses zum Kommunismus und ihrer Exilsituation in der Sowjetunion charakterisieren. In einem zweiten Schritt geht es nicht darum, die Vergleichbarkeit der beiden Lager zu diskutieren, sondern aus der Perspektive Buber-Neumanns heraus zu entwickeln, welche Unterschiede sich für ihre Haftzeit in Ravensbrück ergeben.

II.

Aus der Perspektive des älteren, besserwissenden Ichs heraus erzählt Margarete Buber-Neumann die Geschichte ihrer Hinwendung zum Kommunismus. Aufgewachsen als Tochter eines Potsdamer Brauereibesitzers verbringt sie ihre Jugend in der Wandervogel-Bewegung und distanziert sich als junges Mädchen zunehmend vom elterlichen Milieu. Besonders gegen den Vater, der den »straffen Geist Potsdams beinahe fanatisch in sich aufgenommen« hatte und der aus »Arbeit und Disziplin eine Art Religion machte«,[9] opponiert sie, bis es schließlich zum Bruch kommt. Dabei handelt es sich um ein durchaus typisches Muster

1
Eine umgearbeitete Fassung dieses Vortrages findet sich unter dem Titel »Sollte man mir etwa auch hier keinen Glauben schenken? Exiler-fahrung in der Sowjetunion und die Darstellung der Lagererlebnisse in Ravensbrück«, in: Margrid Bircken/Elke Liebs (Hrsg.): Von Potsdam nach Moskau und zurück. Zum 100. Geburtstag von Margarete Buber-Neumann, Berlin 2002. Im Vorfeld dieses Jubiläums erschien auch weiterführende Literatur zu Buber-Neumann, u.a.: Janine Platten/Judith Buber Agassi (Hrsg.): Plädoyer für Freiheit und Menschlichkeit. Vorträge aus 35 Jahren, Berlin 2000; apropos Margarete Buber-Neumann. Mit einem Essay von Michaela Wunderle, Frankfurt am Main 2001.
2
Zu Ravensbrück siehe Claus Füllberg-Stolberg u.a. (Hrsg.): Frauen in Konzentrationslagern: Bergen-Belsen, Ravensbrück, Bremen 1994; Siegrid Jacobeit (Hrsg.): Ravensbrückerinnen, Berlin 1995, darin auch die Biographie Margarete Buber-Neumanns, S. 50–53; Insa Eschebach/Johanna Kootz (Hrsg.): Das Frauen-lager Ravensbrück: Quellenlage und Quellen-kritik. Dokumentation einer Fachtagung vom 29. bis 30. 5. 1997 an der Freien Universität Berlin, Berlin 1997.
3
Vgl. Christine Bühler: Renegatinnen und Soldatinnen der Partei. Stalinismuserfahrungen im Exil: Autobiographische Texte deutschspra-chiger Kommunistinnen (Regensburger Skripten zur Literaturwissenschaft Band 7), Regensburg 1998. Zu den Erfahrungen von Frauen, die in die DDR zurückkehrten, siehe Sonja Hilzinger: »Ich hatte nur zu schweigen«. Strategien des Bewältigens und des Verdrängens der Erfahrung Exil in der Sowjetunion am Beispiel autobiographischer Texte, in: Exilforschung. Ein internationales Jahrbuch, Band 11: Frauen und Exil. Zwischen Anpassung und Selbstbehauptung, München 1993, S. 31–50.

4
Zahlreiche Vortragsmanuskripte finden sich im Deutschen Exilarchiv 1933–1945 der Deutschen Bibliothek Frankfurt am Main.
5
Am prominentesten sind die beiden Teile ihrer Autobiographie: Von Potsdam nach Moskau. Stationen eines Irrweges, Stuttgart 1957 (im vorliegenden Aufsatz zitiert nach der Ullstein-Ausgabe von 1990), und: Als Gefangene bei Hitler und Stalin, München 1948 (hier zitiert nach der Ullstein-Ausgabe von 1997); außerdem ihr Porträt: Milena. Kafkas Freundin, München 1963 (hier zitiert nach der Fischer-Ausgabe von 1985), in dem sie das Leben Milena Jesenskas nachzeichnet und die gemeinsame Zeit in Ravensbrück beschreibt. In »Die erloschene Flamme« schildert Margarete Buber-Neumann Einzelschicksale, in »›Freiheit, Du bist wieder mein…‹ Die Kraft zu überleben« berichtet sie von ihren Erlebnissen nach dem Krieg.
6
Die Begriffe spielen auf einen Vortrag Margarete Buber-Neumanns an, der den Titel »Die rote und die braune Hölle« trägt. Manuskript im Deutschen Exilarchiv Frankfurt am Main.
7
Vgl. Hermann Kuhn: Bruch mit dem Kommu-nismus. Autobiographische Schriften von Ex-Kommunisten im geteilten Deutschland, Münster 1990, S. 37–51, hier S. 39.
8
Ebenda, S. 43.
9
Buber-Neumann: Von Potsdam nach Moskau (Anm. 5), S. 10.

für junge Frauen, die sich dem Kommunismus zuwandten und während des Hitler-Regimes Zuflucht in der UdSSR suchten.[10] Auf der Suche nach einem neuen Zuhause findet Buber-Neumann immer wieder Anschluss im Umfeld kommunistischer Gruppen. Nicht die politische Theorie ist es, die sie anspricht, sondern die emotionale Bindung an eine Gemeinschaft, die einen Ersatz für die verlorene Familie darstellt. Rosa Luxemburg wird ihr zur Identifikationsfigur. »Ich war auf dem besten Wege, Kommunistin zu werden, allerdings zunächst nur aus dem Gefühl heraus, denn von marxistischer Theorie und kommunistischem Dogma hatte ich keine Ahnung.«[11]

In Berlin lernt sie Rafael Buber kennen, auch er ein Suchender und Unglücklicher, niedergedrückt von der übermächtigen Person seines Vaters, des damals schon sehr bekannten jüdischen Schriftstellers und Religionsphilosophen Martin Buber.[12] Nach ihrem Abschluss als Kindergärtnerin geht Margarete Buber-Neumann mit Rafael Buber nach Heidelberg. Dort treten beide in den Kommunistischen Jugendverband ein. Zumindest in der retrospektiven Darstellung erscheint die politische Bedeutung dieses Schrittes sekundär – das Familiäre, die Gruppenzugehörigkeit ist für Buber-Neumann erneut das Wichtige der Erfahrung: »Wir hatten Aufnahme gefunden in eine große Familie.«[13] Als Teil dieser Familie kommt ihr zunehmend auch Verantwortung zu. Durch ihre Mitwisserschaft bei illegalen Aktionen, wie etwa dem Diebstahl von Sprengstoff aus einem Zementwerk, entsteht eine Komplizenschaft mit den Genossen.[14] Doch die neue Gemeinschaft kann die Probleme nicht lösen, zumal Buber-Neumann Mutter wird. Mit ihrem Mann zieht sie zu dessen Familie nach Heppenheim, wo sie ein zweites Kind zur Welt bringt. Im bürgerlichen Hause ihrer Schwiegereltern erfährt Margarete Buber-Neumann erneut die Ablehnung, die sie aus ihrem eigenen Elternhaus kennt. Als sie nach gescheiterter Ehe mit Buber 1926 nach Berlin zurückkehrt, tritt sie in die KPD ein. Ihre Schwester Babette hat inzwischen den kommunistischen Medienmogul Willi Münzenberg geheiratet. Als Margarete kurze Zeit später mit Heinz Neumann zusammenkommt, dem moskaugewandten Kominternfunktionär und einem der wichtigsten deutschen KP-Funktionäre, bindet auch sie ihr persönliches Leben an die politische Mission.

III.

Margarete Buber-Neumann erzählt besonders den ersten Teil ihrer Autobiographie im Duktus der Selbstanklage [15] – und setzt damit strukturell paradoxerweise die in der kommunistischen Partei typische Forderung der Selbstkritik um. Dadurch sind die tatsächlichen Bruchstellen ihrer Haltung zur Sowjetunion und dem Kommunismus im nachhinein nicht mehr genau zu eruieren. Retrospektiv schildert sie zahlreiche Anlässe, die bereits Zweifel und Skepsis hervorgerufen haben sollen, ohne dass sie damals aber Konsequenzen daraus gezogen habe. Als zwiespältig schildert sie beispielsweise ihre Haltung gegenüber der Sowjetunion schon vor ihren eigenen Reisen nach Moskau Anfang der dreißiger Jahre. Exemplarisch wird dies deutlich an einer Episode, in der sie ihre Begegnung mit dem ihr sympathischen rumänischen Dichter Panait Istrati beschreibt. Dieser war von einer Reise in die UdSSR sehr desillusioniert zurückgekehrt und machte aus seiner Enttäuschung keinen Hehl. Aufrichtig habe er von der »Fäulnis« des Sowjetregimes, das nur noch »Elend, Feigheit und Sklaverei« hervorbringe, und der Verurteilung Unschuldiger berichtet.[16] Interessant ist, dass Buber-Neumann zurückschauend an sich selbst ein paradoxes Verhalten analysiert. Offen bekennt sie ihre Ablehnung des Dichterberichtes, die ihr als »typische Propaganda eines Konterrevolutionärs« erschienen sei. Andererseits bekennt sie: »Etwas Seltsames hatte sich mit mir ereignet. Ein Teil meines Ich wusste, dass hier die reine Wahrheit gesprochen wurde, aber der moralische Selbsterhaltungstrieb des politisch Gläubigen zwang mich dazu, ihn zum Lügner zu stempeln.«[17] Ähnlich schildert sie ihre

Gefühle anlässlich ihrer eigenen Reise in die Sowjetunion als Delegierte der Arbeiter und Angestellten des Kaufhauses Tietz im April 1931. Trotz der negativen Eindrücke – etwa der zerlumpten grauen Gesichter der Menschen und der bettelnden Kinder auf der Straße – sei ihr Glaube an die Sowjetunion als »das zur Wirklichkeit gewordene Ideal der besseren Welt« nicht nachhaltig getrübt worden.[18] In dem Glauben an eine bessere Wahrheit hinter der sichtbaren Realität erhält sie sich zudem die Gemeinschaft mit denen, die ihr nahestehen, vor allem mit Heinz Neumann, dessen Glaube an die Zukunft des »Vaterlandes der Weltrevolution« zu dieser Zeit ungebrochen ist.

Besonders aber den Sommeraufenthalt mit Neumann am Schwarzen Meer im Jahre 1932 stellt Buber-Neumann in ihrer Biographie mit vielfachen Verweisen auf den später unheilvollen Verlauf des Exils dar. Sei es durch Kommentierung des Aufenthalts und negative Bewertungen einzelner Erlebnisse, sei es durch die Erzählung symbolreicher Details, wie etwa die Episode über das von Neumann mit Begeisterung eingerichtete Aquarium: Nach wenigen Tagen in der Unfreiheit seien die Fische erstickt.[19] Zieht man andere Dokumente aus dieser Zeit hinzu, wird noch einmal deutlich, dass die kritische Schilderung dieses Urlaubsaufenthaltes durch den retrospektiven Blick sehr stark akzentuiert ist, denn in einem erhaltenen Brief Buber-Neumanns aus jener Zeit an ihre Schwiegermutter Paula Buber werden die Errungenschaften der sowjetischen Gesellschaft noch schwärmerisch gerühmt.[20]

10
Vgl. Meinhard Starks Auswertung von
17 biographischen Interviews mit Frauen, die
den GULag überlebten. Meinhard Stark:
»Ich muss sagen, wie es war«. Deutsche Frauen
des GULag, Berlin 1999, S. 27 ff. Siehe auch
Meinhard Starks Beitrag in diesem Band.
11
Buber-Neumann: Von Potsdam nach Moskau
(Anm. 5), S. 56. Es werden zwei jugendliche
Berührungen mit dem Kommunismus durch
Identifikation mit Rosa Luxemburg geschildert:
Als sich die Jugendbewegung spaltet, geht
Buber-Neumann unter der roten Fahne mit der
anarchistischen Gruppe und wird selbst als
»Rosa Luxemburg« bezeichnet. Ein zweites Mal
markiert der Gang zu den Gräbern von Rosa
Luxemburg und Karl Liebknecht den Höhepunkt
des Gruppenempfindens: »Mich erfasste der
Fanatismus der Demonstrierenden und ein bis
dahin unbekanntes Gefühl der Zugehörigkeit
zu Tausenden von Gleichgesinnten, die, so
glaubte ich, die Kraft und den Willen hätten,
dem Unrecht ein für allemal ein Ende zu
setzen […].«
12
Ebenda, S. 62 63.
13
Ebenda, S. 58.
14
Ebenda, S. 61.
15
Diese Kritik geht so weit, dass sie sich
selbst bezichtigt, mit ihrem Verhalten die Nationalsozialisten in Deutschland an die Macht
gebracht zu haben und in Spanien die demokratische Freiheit beseitigt zu haben.
»Gedankenlos genoss ich diese Freiheit und
half zur gleichen Zeit mit, sie zu vernichten.«
Ebenda, S. 317.
16
Ebenda, S. 120.

17
Ebenda.
18
Ebenda, S. 199.
19
Ebenda, S. 275.
20
Brief an Paula Buber am 20. 7. 1932 aus Sotschi.
»Das Klima und die Landschaft sind herrlich.
Eine üppige Vegetation. Die Berge sind
mit undurchdringlichem Urwald bedeckt. –
Doch das Auffallendste und Schönste sind die
unzähligen Arbeitersanatorien; darunter
herrliche Neubauten. Allein in unmittelbarer
Nähe meines Sanatoriums werden 3 neue
gebaut. Viele Tausende Arbeiter verbringen
hier ihren 4wöchigen Urlaub.« Deutsches
Exilarchiv Frankfurt am Main, EB 89/193 I.C.58a.

Abb. 60
Margarete Buber-Neumann 1934

Das Exil in der Sowjetunion steht für Margarete Buber-Neumann unter gar nicht so schlechten Vorzeichen. Zwar hatte sich Heinz Neumann schon Anfang der dreißiger Jahre politisch von der Strategie der Komintern zur Bekämpfung des Nationalsozialismus entfernt. Aber als er 1935 in der Schweiz verhaftet wird, bietet ihm einzig die Sowjetunion ein Asyl, und Margarete Buber-Neumann reist mit ihrem Mann. Zunächst gelingt es dem Paar, die Gefährlichkeit der Situation zu verdrängen, die Neumann durch seine Oppositionshaltung zu Stalin hervorgerufen hat. Nach den illegalen Aufenthalten in Spanien, der Schweiz und in Frankreich verspricht das Exil in der Sowjetunion auch einige Vorteile: Hier müssen sie ihre Identität nun nicht mehr verstecken. Sie sprechen Russisch und verfügen über zahlreiche Kontakte schon aus früherer Zeit.

Doch die Realität sieht anders aus: Die Einquartierung im Hotel Lux gleicht einer Internierung, jeder Schritt wird überwacht. Als »Abtrünnigen« schlägt den beiden überall offene Ablehnung entgegen, auch frühere Freunde und Bekannte fürchten, sich durch Kontakt mit Neumanns verdächtig zu machen, es beginnen lange Monate der gesellschaftlichen und politischen Isolation.[21] Unter diesen Umständen gelingt es Margarete Buber-Neumann kaum mehr, ihre Rolle als optimistisches »military girl, dessen revolutionäre Begeisterung durch keinen Zweifel getrübt wurde« beizubehalten, in der Heinz Neumann sie gesehen hatte.[22] Ein Ausreiseplan nach Brasilien scheitert kurz vor der Abreise, es folgen Wochen zermürbenden Wartens. Zwar kann Neumann schreiben, und für fast ein Jahr lang erhält das geächtete Paar eine Beschäftigung als Übersetzer, aber das Zimmer im Hotel Lux, in dem die beiden auch arbeiten, da man fürchtet, sie könnten Einfluss auf ihre Arbeitskollegen nehmen, wird zunehmend »zum Grab, in dem man uns langsam verrotten ließ«.[23] Diese Bewertung bringt Buber-Neumann aber erst retrospektiv an, denn ausführlich stellt sie dar, wie sie sich aus Anlass des spanischen Bürgerkrieges in eine optimistische Stimmung hineingesteigert habe, um die Gefahr einer Verhaftung zu verdrängen. Erst die Inhaftierung des Freundes und Zimmernachbarn Heinrich Süßkind habe die Bedrohung des eigenen Lebens konkret gemacht.[24] Offenbar führte diese Verhaftung auch zu einem ersten offenen Gespräch des Paares über die lebensbedrohliche Situation, in der es sich befand: Bis zu diesem Aufschrei habe sie nicht gewusst, was Heinz über die Schauprozesse dachte, schreibt Buber-Neumann und schildert, wie er nun begann, sogar die Möglichkeit des Selbstmords zu erwägen.[25] Mit der Metapher »Wir waren Tote auf Urlaub im wahrsten Sinne des Wortes« kommentiert Buber-Neumann die quälenden, vom Terror der Ungewissheit geprägten Tage und Wochen zwischen der Verhaftung Süßkinds und der Heinz Neumanns in der Nacht vom 26. auf den 27. April 1937.[26]

Die nun anschließende Ungewissheit über das eigene Schicksal potenziert den psychischen Terror, dem sie unterworfen ist. Sie weiß um die Ausweglosigkeit ihrer eigenen Situation, das Schicksal Heinz Neumanns bleibt ungewiss.[27] Nicht nur fehlt ihr der vertraute Gefährte, als Zurückgebliebene wird sie besonders geächtet. Es folgt ihre eigene Verhaftung, die psychische Zermürbung im überfüllten Untersuchungsgefängnis, der Moskauer Butyrka, wiederholte Verhöre, bei denen falsche Geständnisse erzwungen werden sollen, schließlich die Verurteilung als »sozialgefährliches Element zu fünf Jahren Arbeitsbesserungslager«.[28] Der tagelange Transport nach Osten ist wie die gesamte Zeit der Verhaftung und Haft eine einzige Tortur,[29] die durch die Entfernung von der Heimat als besonders schrecklich empfunden wird.[30]

Das Leben im Lager erscheint in ihrer Darstellung als Versinken in der puren Barbarei. Vielfach schildert sie in drastischen Worten die erbärmlichen hygienischen Zustände in den sowjetischen Lagern, etwa eine Baracke im Rayonabschnitt Burma: »Meine Wohnbaracke war eine Lehmhütte mit einer so niedrigen Decke, dass man sie mit der Hand erreichen konnte Die Wände waren nicht gekalkt, sie waren rauh und ein Eldorado für Wanzen. Der Fußboden bestand aus

21
Vgl. dazu auch den von Buber-Neumann verfassten Lebenslauf in ihrer Kaderakte, in dem sie Auskunft über ihr Leben und ihre Stellung zu innerparteilichen Fragen gibt. Aus Angst vor der Verfolgung durch die Partei distanziert sie sich hier sogar von der politischen Haltung ihres Lebensgefährten: »In Diskussionen mit dem Gen. Heinz Neumann wirkte ich auf ihn im Frühjahr 1933 im Sinne einer Korrektur seiner Abweichungen und einer vollen Rückkehr zur Parteilinie ein.« Zitiert nach Reinhard Müller: Linie und Häresie. Lebensläufe aus den Kaderakten der Komintern, in: Exil, 9 (1991), S. 47–69, hier S. 69.
22
Buber-Neumann: Von Potsdam nach Moskau (Anm. 5), S. 315.
23
Ebenda, S. 396.
24
Ebenda, S. 396–397. Wie überaus lange Kommunistinnen die Augen vor der Realität verschlossen, geht auch aus Meinhard Starks Interviews hervor. Noch in den sowjetischen Lagern hätten viele Frauen an ihrer kommunistischen Überzeugung festgehalten und an Missverständnisse und versehentliche Inhaftierungen geglaubt – eine Überzeugung, die die Solidarität unter den Häftlingen vielfach untergraben habe, da man beim anderen tatsächliche Verbrechen und konterrevolutionäres Verhalten vermutet habe. Vgl. Stark: »Ich muss sagen, wie es war« (Anm. 10), S. 126 ff.

25
Buber-Neumann: Von Potsdam nach Moskau (Anm. 5), S. 399.
26
Ebenda, S. 413. Mit diesem Kommentar schließt sie den Bedeutungsbogen, den sie zu Anfang ihrer Autobiographie eröffnet hatte. Dort zitiert sie den kommunistischen Helden Leviné, der vor der Erschießung durch ein Münchner Standgericht seinen Henkern zugerufen habe: »Wir Kommunisten sind alle Tote auf Urlaub!« Ebenda, S. 55.
27
Buber-Neumann berichtet, erst bei ihrer Auslieferung nach Deutschland zuverlässige Informationen über ihren Mann erhalten zu haben. Buber-Neumann: Als Gefangene bei Stalin und Hitler (Anm. 5), S. 189–190.
28
Ebenda, S. 65.
29
Vgl. auch Stark: »Ich muss sagen, wie es war« (Anm. 10), S. 120 ff.
30
Siehe Buber-Neumann: Als Gefangene bei Stalin und Hitler (Anm. 5), S. 75: »Wieviel Tausende Kilometer trennten uns nun schon von Moskau, und welche unüberwindliche Strecke von zu Hause, von den Menschen, die wir liebten, von unserer Heimat.«

gestampftem Lehm, konnte also nur trocken gefegt werden, und beherbergte eine besonders kräftige Flohrasse, die doppelt so groß war wie unsere westeuropäische. Die Baracke hatte winzige Fenster, fehlende Scheiben waren durch Lumpen ersetzt. ich schlief auf meiner ausgehängten Tür, selbstverständlich ohne Strohsack, ohne Kopfkeil.«[31]

Buber-Neumann beklagt das Fehlen von Waschgelegenheiten, etwa als sie mit ihrer Brigade gegen eine auf den Menschen übertragbare Schafskrankheit ankämpfen soll: »In Leninskoje bekamen wir zwei Monate lang keine Seife […]. Der Schmutz war schon tief in die Haut eingedrungen, der pulverisierte Schafmist saß uns in allen Poren.«[32] Hinzu kommt die Verletzung ihrer Intimität als Frau, etwa durch die ständige Nähe auch der männlichen Häftlinge oder der männlichen Bewacher, die sie mit obszönen Blicken auch auf dem Abort verfolgen.[33] Sie schildert die schwere körperliche Arbeit von Sonnenauf- bis Sonnenuntergang, von der es außer am Tag der Oktoberrevolution und dem ersten Mai keine Unterbrechung gibt, dazu die Kälte der sibirischen Steppe, die Schnee- und Sandstürme. Die Aufrechterhaltung sozialer Kontakte wird durch die Lagerbedingungen nahezu unmöglich gemacht, da die Häftlinge nach mehrwöchigen Aufenthalten immer wieder in unterschiedliche, mehrere hundert Kilometer voneinander entfernte Rayonabschnitte umquartiert werden, – nur kurzfristige Beziehungen entstehen. Problematisch ist in ihren Augen auch die Vermischung aller Häftlinge. Sie fühlt sich durch die »Kriminellen« tyrannisiert, ihr spärlicher Besitz wird binnen kürzester Zeit gestohlen.

IV.

Auf der Folie der Erlebnisse im sowjetischen Exil und im Lager wird nachvollziehbar, warum für Margarete Buber-Neumann ihre Erlebnisse im Konzentrationslager Ravensbrück eine andere Bedeutung erhielten als für zahlreiche ihrer Leidensgenossinnen. Die Auslieferung nach Deutschland bedeutete für sie zwar die Fortsetzung der Lebensbedrohung durch einen feindlichen Staat und seine Mörder, aber gleichzeitig bedeutet sie auch die Beendigung ihrer traumatischen Exilsituation – und so ist ihre Beschreibung von Ravensbrück von Ambivalenzen geprägt, einerseits ihrer Erleichterung, den sowjetischen Lagern entronnen zu sein, andererseits die nach wie vor bestehende Opposition zum Hitlerregime. Die Einweisung nach Ravensbrück kann – so zynisch sich das anhören mag – als eine Art Heimkehr gelesen werden. Gleichzeitig bedeutete sie für Buber-Neumann eine Veränderung der eigenen Identität als Antifaschistin und evozierte Überlebensstrategien, die für ihr Leben nach dem Krieg konstituierenden Charakter hatten.

Ravensbrück stellte für Buber-Neumann die Rückkehr in eine gewisse Ordnung, auch psychologische Ordnung dar. Während das kommunistische System sich durch die Zusammenarbeit mit den Nationalsozialisten vollständig diskreditiert hatte, bedeutete Buber-Neumanns Situation im nationalsozialistischen Deutschland wenigstens eine Klärung der opponierenden Seiten: Als Antifaschistin hatte sie 1933 ihr Heimatland verlassen und war ins Exil gegangen. Insofern hatte eine Inhaftierung innerhalb des nationalsozialistischen Systems eine gewisse Logik. Die Haft und Verbannung in der Sowjetunion hingegen musste aus Buber-Neumanns Sicht absurd erscheinen, da sie sich auch im Exil – offenbar sogar während ihrer Haftzeit in Karaganda – nach wie vor als Kommunistin verstand.[34] Insofern ist der Bericht über ihre Zeit in Ravensbrück auch weitgehend frei von Selbstanklagen.

Ravensbrück – das bedeutete für Buber-Neumann nach der öden Einsamkeit und dem langen kalten Winter in Sibirien gewissermaßen die Heimkehr in eine vertraute märkische Landschaft, ein vertrautes Klima, auch den Wiedergewinn der Muttersprache als Instrument im täglichen Umgang. Nach den chaotischen Lebensbedingungen in der sowjetischen Verbannung scheint sie der Rückkehr in die (eigentlich perverse) Ordnung von Ravensbrück auch positive Aspekte abgewinnen zu können. Etwa die mustergültige Anlage des Lagers: »Da standen wir im Fünferreihen am Rande eines Blumenbeetes vor einer sauber angestrichenen Holzbaracke. Eine Aufseherin in Stulpenstiefeln, feldgrauem Hosenrock, einer Art Uniformjacke und einem Militärkäppi schief auf den wildgelockten Dauerwellen bewachte uns und rief in regelmäßigen Abständen: »Ruhe da! Hände runter! Ausrichten!« – Ich blickte über den großen Platz und wollte meinen Augen nicht trauen. Er war umsäumt von gepflegten Rasenstreifen mit Beeten, auf denen leuchtendrote Salvien blühten. An einer breiten Straße, die auf den Platz mündete und die von zwei Reihen Holzbaracken gebildet wurde, standen junge Bäume, und am Straßenrand liefen schnurgerade Blumenbeete, soweit das Auge blickte. Der Platz und die Straße schienen frisch geharkt.«[35]

Ähnliche Passagen finden sich auch zur Ausstattung der Häftlinge mit Kleidung, der Regelmäßigkeit der Organisation der Arbeitswoche und den anfänglichen Lebensmittelrationen: »Bis auf den Zählappell war der Sonntag ein Feiertag, und jahrelang gab es sogar Sonntagsessen: Gulasch, Rotkohl und Pellkartoffeln. Am Sonntag durfte man auf der Lagerstraße spazierengehen. An den Giebeln der Baracken auf beiden Seiten der Lagerstraße waren Lautsprecher angebracht, und wenn der SS-Mann in der Wachstube es nicht gerade vergaß, dann schaltete er am Nachmittag Radiokonzert ein. – Hatte man jahrelang, so wie ich, keine Musik gehört, war das ein großes Geschenk, und man ertrug sogar geduldig die Militärmärsche und die grässlichen Kriegsgesänge der Hitlersoldaten, um manchmal Schubert oder Mozart hören zu dürfen.«[36]

Tatsächlich, das geht aus zahlreichen Schilderungen von Überlebenden wie auch aus der Forschung über Ravensbrück hervor, waren die Haftbedingungen Anfang 1940, als Buber-Neumann hier eingeliefert wurde, noch deutlich besser als wenige Jahre später.[37] Zudem hat Buber-Neumann in Ravensbrück schon bald eine vergleichsweise privilegierte Stellung: Sie wird Stubenälteste bei den »Bibelforscherinnen«; später arbeitet sie als Sekretärin der Oberaufseherin Lengenfeld. Selbst als sie schließlich eine Arbeit in der Näherei zugeteilt bekommt, ist sie als »alte Ravensbrückerin« vergleichsweise sicher vor der Verfolgung durch SS und Mithäftlinge: »Ich schaffte das Pensum nicht. Ununterbrochen brach die Nadel und riss der Faden. Wäre ich ein armer unbekannter ›Zugang‹ gewesen, was

31
Ebenda, S. 90.
32
Ebenda, S. 114.
33
Ebenda, S. 187.
34
Vgl. auch Stark: »Ich muss sagen, wie es war« (Anm. 10), Fußnote S. 120 – 121.
35
Buber-Neumann: Als Gefangene bei Stalin und Hitler (Anm. 5), S. 215 – 216.

36
Ebenda, S. 234.
37
Ab 1942 verschlechterte sich die Situation sehr rasch, da zunehmend Frauen aus den besetzten Ländern nach Ravensbrück deportiert wurden und das Lager überbelegt wurde. Die Lebensmittelrationen sanken drastisch, die hygienischen Verhältnisse wurden katastrophal. Frauen starben an Erschöpfung, Unterernährung, medizinischen Experimenten sowie an Seuchen. Ab Dezember 1941 gab es auch in Ravensbrück gezielte Selektionen zur Tötung der Häftlinge. Mitte 1944 wurde eine Gaskammer zur Massentötung errichtet, in der ab Januar 1945 zwischen 5000 und 6000 Frauen ermordet wurden. Die Zahl der Toten und Ermordeten der insgesamt 132 000 Häftlinge in Ravensbrück wird auf 50 000 – 92 000 geschätzt, genaue Angaben liegen nicht vor. Für Literatur zur Geschichte der Lager siehe Fußnote 2.

hätte ich da erdulden müssen! Vom SS-Mann blutig geschlagen, von der Aufseherin geohrfeigt und von irgendeinem kriminellen oder asozialen Anweisungs-
häftling schikaniert. Ich hätte ein Höllenleben geführt. So aber, als alte ›Ravensbrückerin‹, fand ich gleich Freunde.«[38]

Ein Unbehagen macht sich beim Lesen solcher Passagen breit, denn es
entsteht der Eindruck eines trotz aller Grausamkeit vorhandenen Idylls. Irritierend
und beunruhigend ist für den heutigen Leser in diesem Zusammenhang auch die
Schilderung der Mithäftlinge, zu denen sich Buber-Neumann wie auch schon in
ihren Passagen über das Lager in Karaganda in Bezug setzt. Unreflektiert und un-
verfremdet übernimmt sie die Terminologien der Nationalsozialisten zur Bezeich-
nung der Häftlingskategorien – etwa »Asoziale« und »Kriminelle«, und genauso
unreflektiert ordnet sie ihre negativen Erfahrungen und Urteile diesen Gruppen
zu. Abfällig berichtet sie von den als Prostituierten verhafteten Frauen, sie hätten
»Nuttenlieder« oder »Lieder aus einem Repertoire [gesungen], das an verlogener
Sentimentalität nicht zu überbieten war.«[39] Häftlinge, die unter die Kategorie »aso-
zial« und »kriminell« fielen, schildert Buber-Neumann als unzuverlässige, stehlen-
de Gestalten und »erbärmliche Denunziantinnen«, die kaum zu Freundschaften
fähig gewesen seien.[40] Ihre Schilderung gipfelt in der Äußerung, der abendliche
Zählappell sei ihr zu einer »einzigen Erholung« geworden: »Wenigstens zweimal
am Tag ohne brüllendes Durcheinander in Ruhe an der frischen Luft stehen dürfen!«[41] – Mag sein, dass der Umgang mit den Mithäftlingen für Buber-Neumann
eine große Anstrengung und oftmals ein wenig erfreuliches Erlebnis gewesen
ist – die Art und Weise der Schilderung evoziert beim Leser ein Unbehagen – sug-
geriert sie doch, dass die Zählappelle nicht so schlimm gewesen sein müssen:
»[…] Dann wieder standen wir an Abenden bei hingehauchten rosa Schäfchen-
wolken und perlmutterfarbenem Horizont.«[42]

38
Buber-Neumann: Als Gefangene bei Stalin und
Hitler (Anm. 5), S. 350.
39
Ebenda, S. 235. Auch in ihrem später erschienenen Buch über Milena Jesenska hat
Buber-Neumann derartige Beurteilungen nicht
modifiziert. Hier finden sich ebenfalls die
negativen Darstellungen ihrer Mithäftlinge, die
sie gelegentlich mit physiognomischen Beobachtungen verbindet. So schreibt sie etwa
einem Mithäftling »das klassische Gesicht eines
alten Kriminellen mit einem Ausdruck sturer
Robustheit und List« zu. Eher ablehnend
kommentiert sie die Versuche einer Frau, mit
ihren Reizen die Aufmerksamkeit der Männer
auf sich zu lenken: »Dort stand eine Asoziale.
Nein, eigentlich stand sie nicht, sie schwänzelte
hin und her. Doch, um Himmels willen, was
für Waden! Stöckerbeine mit Ausschlag
bedeckt.« Buber-Neumann: Milena (Anm. 5),
S. 50.
40
Buber-Neumann: Als Gefangene bei Stalin und
Hitler (Anm. 5), S. 229, 231.
41
Ebenda, S. 231.
42
Ebenda, S. 232.
43
Ebenda, S. 229.

44
Ebenda, S. 242.
45
Vgl. z.B. James E. Young: Beschreiben des
Holocaust. Darstellung und Folgen der
Interpretation, Frankfurt am Main 1992, S. 37 ff.
46
Da die Inhaftierung der politischen Opposi-
tionellen auch eine Bestätigung ihres Kampfes
dargestellt habe, sei es diesen Frauen oft
leichter gefallen, sich in die Ordnung des Lagers
einzugewöhnen. Vgl. Buber-Neumann:
Als Gefangene bei Stalin und Hitler (Anm. 5),
S. 242. Als besonders deutliches Beispiel für
die Bedeutung kommunistischer Häftlinge
innerhalb der Lagerstruktur ist hier das Konzentrationslager Buchenwald zu nennen, wo die
kommunistischen Häftlinge an prominenten
Positionen zur Verwaltung des Lagers beitrugen. Siehe in diesem Kontext die Ausführungen von Hans Schafranek zum Prozess Buber-
Neumann contra Carlebach, in: Zwischen NKWD
und Gestapo. Die Auslieferung deutscher
und österreichischer Antifaschisten aus der
Sowjetunion an Nazideutschland 1937–1941,
Frankfurt am Main 1990, S. 117 ff.

Der Fähigkeit zur Freundschaft in Ravensbrück weist Buber-Neumann besondere Bedeutung zu. »Im Konzentrationslager spielen Frauenfreundschaften eine ganz andere Rolle als in der Freiheit. Das Niveau einer Freundschaft entspricht natürlich meistens der Mentalität der Partner.«[43] Schließlich ist Ravensbrück nämlich auch der Ort, an dem solidarische Freundschaftsbeziehungen entstehen: »Sowohl in Sibirien als auch in Ravensbrück überlebte ich nicht nur, weil ich ein körperlich und nervlich starker Mensch war, nicht nur, weil ich mich nie so gehen ließ, dass ich die Selbstachtung verloren hätte, sondern weil ich immer wieder Menschen fand, denen ich nötig war, weil mir immer wieder das Glück der Freundschaft, der menschlichen Beziehung geschenkt wurde.«[44] In Ravensbrück trifft Buber-Neumann auf Milena Jesenska. In der durch ihre Liebesbeziehung zu Franz Kafka berühmt gewordenen tschechischen Journalistin findet Margarete Buber-Neumann eine Persönlichkeit, deren Freundschaft zum zentralen Erlebnis ihrer Lagerzeit wird. Das mit Milena gemeinsam entwickelte Buchprojekt über das Leben in den Konzentrationslagern beider totalitärer Systeme eröffnet visionäre Vorstellungen über ein Leben nach der Lagerhaft, und es ist auch das Festhalten an dieser Idee, das ihnen Kraft zum Überleben gibt – und das ihrem Leiden ein sinnstiftendes Element hinzufügt. Mit diesem Wunsch, Zeugnis abzulegen, reiht sich Margarete Buber-Neumann in die breite Literatur der Überlebenden ein.[45]

Als Bedrohung sieht Buber-Neumann in Ravensbrück weiterhin die kommunistischen Mithäftlinge. Wie in anderen Lagern auch sind die Kommunistinnen in Ravensbrück eine starke Fraktion, sie haben sich gut organisiert und bilden aufgrund ihrer oftmals vergleichsweise langen Verweildauer im Lager eine starke, streng hierarchisch geordnete Solidargemeinschaft.[46] Mit ihren enttäuschten Berichten über die Sowjetunion erkennen nun die kommunistischen Leidensgenossinnen in Buber-Neumann eine ideologische Feindin und drohen ihr mit Denunziation und Bestrafung nach Beendigung der Lagerzeit. Noch ganz entsetzt heißt es im ersten (erhaltenen) Nachkriegs-Brief an ihre Schwester Babette: »Und Ravensbrück? Von der komm[unistischen] Meute gleich im Anfang 1940 zu ›späterem KZ‹ oder ›an die Wand‹ verurteilt. Stelle dir nur vor, wir alle mussten mit Gas und Erschießen rechnen, da brachten diese Megären es fertig, einem anderen Mithäftling für den Fall, dass er diese Hölle überlebe, schon ein neues Urteil zuzudenken.«[47] Tatsächlich versetzt die sich im Frühjahr 1945 ankündigende Befreiung des Lagers durch die Rote Armee Margarete Buber-Neumann so sehr in Angst und Schrecken, dass sie sich nach ihrer Entlassung am 21. April 1945 schnellstmöglich in Richtung der amerikanischen Frontlinie bewegt.[48]

47
Brief an Babette Groß. Deutsches Exilarchiv Frankfurt am Main, 89/103 I.C. 143.
Vgl. Buber-Neumann: Als Gefangene bei Stalin und Hitler (Anm. 5), S. 272: »Die Kommunistinnen verbreiteten im Lager, dass wir beide [gemeint ist Milena Jesenska, S.B.], wenn die Russen nach Ravensbrück kämen, entweder an die Wand gestellt oder nach Sibirien geschickt würden. Und sie hätten nicht gezögert, dabei auch zu helfen«.
48
»Von Angst getrieben und mit dem absehbaren Ziel vor Augen, beschlossen wir, erst dann haltzumachen, wenn wir der Gefahr, den Russen in die Hände zu fallen, endgültig entronnen seien.« Ebenda, S. 388.

Abb. 61
Margarete Buber-Neumann
zur Zeit des
Krawtschenko-Prozesses 1949

V.

Nicht einmal die Befreier des Lagers Ravensbrück kann Buber als Befreier verstehen, denn sie repräsentieren für sie die Fortsetzung der kommunistischen
Bedrohung. Während Buber-Neumann mit der Kapitulation der Deutschen den
Nationalsozialismus als besiegt betrachtet, sieht sie im Fortbestand der Sowjetunion und des Ostblocks die ungebrochene Macht des Bösen, zumal auch ihre
persönliche Leiderfahrung mit den Kommunisten nach dem Krieg nicht beendet
ist. Spätestens seit ihren Aussagen als Zeugin im Pariser Krawtschenko-Prozess
im Februar 1949[49] wird Margarete Buber-Neumann zu einer Zentralfigur in den erbitterten ideologischen Auseinandersetzungen der Nachkriegsjahre.[50] Attackiert
und denunziert, böswillig verleumdet von Anhängern der kommunistischen Partei, teilweise sogar von ehemaligen Ravensbrückerinnen, muss sie in der Öffentlichkeit ihre Würde und Glaubwürdigkeit verteidigen.[51] In einem Vortragsmanuskript aus den achtziger Jahren schreibt sie über ihre Aufklärungsarbeit: »Das geschieht, ehrlich gestanden, unter einer Art Zwang, einer Verpflichtung, für die Beteiligten einzutreten, für jene, die seit Jahrzehnten bis zum heutigen Tage in ihrer
Menschenwürde verletzt werden, allen jenen, die im kommunistischen Machtbereich gezwungen sind zu leben, und vor allem für die Gefolterten und Ermordeten.«[52]

Es sind die durch die Erfahrungen des sowjetischen Exils verursachten
und durch die Nachkriegserlebnisse offengehaltenen Wunden – die Zerstörung
aller jugendlichen Illusionen und Hoffnungen, der Verlust des geliebten Mannes
und die Entwürdigung der eigenen Person – und ihre daraus resultierende harte
Verbitterung, die Margarete Buber-Neumann am Ende ihres Lebens einsam werden ließen. Denn eine – aus ihrer persönlichen Sicht vielleicht nachvollziehbare –
Relativierung der nationalsozialistischen Diktatur war (und ist) berechtigterweise
gesellschaftlich tabu, und die Zeit des Kalten Krieges ging zu Ende. In den kommunistischen Ländern hatten die Veränderungen längst begonnen; Margarete
Buber-Neumann starb am 6. November 1989, drei Tage vor dem Fall der Mauer.

49
Siehe Margarete Buber-Neumann: »Freiheit,
Du bist wieder mein....« Die Kraft zu überleben,
München 1978. Eine detaillierte Darstellung
von Margarete Buber-Neumanns Rolle im
Kontext dieser Auseinandersetzungen findet
sich bei Schafranek: Zwischen NKWD
und Gestapo (Anm. 46), besonders S. 106 ff.
Schafraneks Darstellung wurde selbst
wiederum Gegenstand eines Prozesses.
50
Vgl. Kuhn: Bruch mit dem Kommunismus
(Anm. 7), S. 43. Wie Akten der BStU belegen,
wurde Buber-Neumann vom DDR-Staats-
sicherheitsdienst verfolgt, im August 1955 sogar
zur »Liquidierung« vorgeschlagen.
Siehe Benedict Maria Mülder: Stasi wollte
Buber-Neumann entführen, in:
Frankfurter Allgemeine Sonntagszeitung vom
21. 10. 2001.
51
Sie selbst berichtet sogar von Saalschlachten,
die sich Kommunisten und Antikommunisten
bei ihren Vorträgen lieferten. Buber-Neumann:
Von Potsdam nach Moskau (Anm. 5),
S. 347–348.

52
Margarete Buber-Neumann: »Eine vom Archipel
GULag«. Vortragsmanuskript. Version für
die Schweiz. Deutsches Exilarchiv Frankfurt
am Main.

Eva-Maria Siegel

**Identitäten der Treue –
über die Grenzen des Verstehens.
Zu Aufzeichnungen von Frauen
über das sowjetische Exil**

In Heinrich Billsteins Fernsehdokumentation über die Moskauer Prozesse von 1936 bis 1938 – sie trug den Titel »Erschießt sie wie die Hunde« und wurde Anfang des Jahres 1998 im Nachtprogramm der ARD gesendet – erzählt ein Zeitzeuge, wie zwei Häftlinge in einem Lager des GULag miteinander sprechen. Fünf Jahre habe ich bekommen, sagt der eine – für nichts. Unfug, sagt der andere, für nichts gibt es zehn Jahre.

Meine Ausführungen möchten der absurden Logik dieses kleinen Dialogs in gewisser Weise folgen, um am Ende die Grenzen unserer jeweils aktuellen Verstehensmöglichkeiten aufzusuchen. Dahinter steht die Absicht, die Selbstverständlichkeit in Frage zu stellen, mit der wir gelegentlich annehmen, die systematische Konsequenz des Terrors unmittelbar verstehen zu können. Dass er für die Betroffenen in einem höchsten Maße irrationale Momente enthielt und dass gerade in dieser Irrationalität ein Teil seiner Logik lag, kann als bekannt vorausgesetzt werden. In meinen Ausführungen möchte ich versuchen, einige Voraussetzungen dafür deutlicher zu markieren. Nach einer Einleitung, die kurz auf das Verhältnis neuerer Forschungsarbeiten zu Fragen der Identitätsbildung eingeht, stelle ich drei Lebensberichte von Frauen vor. Zwei der Berichte erzählen von Erfahrungen in den Lagern, eigenen und fremden. In sehr unterschiedlichen biographischen und historischen Zusammenhängen entstanden, bilden sie auch auf sehr unterschiedliche Weise narrative Verfahren aus, um die Machtverhältnisse, denen sie ausgeliefert waren und die sie gleichzeitig zum Teil gestützt haben, schriftlich oder mündlich zu beschreiben, zu fixieren und gleichzeitig zu ergründen.

I.

Neuere historische Forschungsarbeiten, wie etwa das »Schwarzbuch des Kommunismus«, gehen nach wie vor in ihren methodischen Prämissen von der Überzeugungskraft der Totalitarismusthese aus.[1] Sie beziehen sich vorrangig auf die Geschichte von Gebietskörperschaften mit Blick auf die sowjetische Führung und das NKWD, vor allem auf deren Verwaltungsdokumente.[2] Wenn im Zuge ihrer Sichtung und wissenschaftlichen Kommentierung die Aussage getroffen wird, die Vernichtungsstrategien des Stalinismus in den dreißiger Jahren hätten sich nicht zuletzt darauf bezogen, »die Treuesten unter den Treuen«[3] zu opfern, so erhebt sich angesichts dieser Problematik jedoch die Notwendigkeit eines gedanklichen Zwischenschrittes, der die Aufmerksamkeit auf die Rolle sozialpsychologischer Faktoren in diesem Prozess lenkt.

Identitäts- und Wertbildungen wie die Treue beruhen auf einem subjektiven Bindungspotential, welches das Individuum an »höhere« Instanzen vermittelt, ein Vorgang, der mit empirischen Modellen der Datenerhebung nicht so einfach zu erfassen ist. Erst mit Blick auf besondere Ausprägungen der Über-Ich-Bildung, die damit im Zusammenhang stehen, wird meines Erachtens der Umstand erklärbar, dass die Identität der Betroffenen sich noch im Nachklang ihrer persönlichen Erfahrungen mit einer Weltanschauung und ihrem Wahrheitsbegriff identifizieren konnte, die Teil des Komplexes an Ursachen und Bestandteil jenes Machtgefüges war, das ihrem individuellen wie kollektiven Leid zugrundegelegen hat. Sind totalitäre Dimensionen des Stalinismus nicht auch in einer Sakralisierung der Historie aufzusuchen, die zur Voraussetzung macht, dass es eine, und nur eine wahre

Theorie der Geschichte gibt und geben kann? Dass in den historischen Prozessen, so wie sie prognostiziert werden können, die Vernunft selbst am Werke ist? Vor allem, wenn sich die Phantasmagorie der Ideologie in ein Dogma, in eine als absolut gesetzte, für das Individuum unumstößliche und scheinbar unmittelbar verstehbare Wahrheit verwandelt, hat dies fatale Konsequenzen.

Der einstige griechische Kommunist und Philosoph Cornelius Castoriadis hat solche Formen von Identitätsbildung zu analysieren gesucht, nachdem er im Frankreich der sechziger Jahre zusammen mit anderen die Gruppe »Sozialismus und Barbarei« – nicht: Sozialismus *oder* Barbarei – begründet hat. Hier kann auf diesen analytischen Ansatz nur am Rande hingewiesen werden, scheint doch dieser Versuch, Theoriebildungsprozesse der Geschichtsphilosophie zu thematisieren, höchst produktiv für die Untersuchung von Identitätsbildungsprozessen zu sein, wie sie mit dieser Thematik »Jahrhundertschicksale – Frauen im sowjetischen Exil« im Zusammenhang stehen. Wenn es »nur eine wahre Theorie der Geschichte« gibt, so schreibt Castoriadis beispielsweise, dann »muss die Lenkung dieser Entwicklung natürlich Spezialisten anvertraut werden, die sich mit der Theorie auskennen, mit anderen Worten: den Technikern dieser Vernunft.«[4] Die Reduktion der Vernunft auf die Theorie und die Reduktion der Theorie auf eine einzige Technik zur Leitung und Lenkung der Gesellschaft entbinde die »absolute Macht der Partei und innerhalb der Partei der ›Koryphäen der marxistisch-leninistischen Wissenschaft‹«[5] – eine Formulierung, die Stalin »zum eigenen Gebrauch ersonnen« habe – und sie erhalte erst damit einen philosophischen Status zugeschrieben. Demokratie sei dann allenfalls als ein Zugeständnis an die menschliche Fehlbarkeit der Führer oder als eine pädagogische Maßnahme zu betrachten, deren »richtige« Dosierung zu verordnen sei. Die philosophischen Probleme erledige man mit der »Dialektik«, die anderen »mit dem Gewehrkolben«. »Die Weltgeschichte ist schließlich kein Kaffeekränzchen«[6], so hat Castoriadis in einem sarkastischen Kommentar der Machtverhältnisse hinzugefügt.

Wenn man sich als Literaturwissenschaftlerin von der These der wahren und guten »einzigen Geschichte« freimachen möchte, die das Gedächtnis vieler unserer Texte regiert, stößt man auf eine Reihe von Schwierigkeiten. Zunächst beruhen sie darauf, historisch veränderte Zugangsweisen an einem konkreten und eingeschränkten Textmaterial aufweisen zu müssen. In der Regel ist das Wissen, mit dem wir an diese Untersuchungsgegenstände herangehen, zudem hermeneutisch verfasst, das heißt, es schließt Fragen des Vorwissens mit ein. Ein weiteres Problem scheint nicht zuletzt in einer imaginären Kartographie der Orte zu liegen, die weniger mit realen geographischen Entfernungen, Landschaften oder urbanen Räumen zu tun hat als mit einem inneren »Haushalt« an Vorstellungsbildern. An einem kleinen Beispiel möchte ich demonstrieren, was ich meine.

1
Zur Begriffsgeschichte und zur Diskussion der Anwendung auf das sowjetische System im Rahmen der Exilforschung siehe Iring Fetscher: Der »Totalitarismus«, in: Exilforschung. Ein Internationales Jahrbuch, Band 1: Stalin und die Intellektuellen und andere Themen, München 1983, S. 11 ff.
2
Stéphane Courtois/Nicolas Werth/ Jean-Louis Panné u.a.: Das Schwarzbuch des Kommunismus. Unterdrückung, Verbrechen und Terror, München-Zürich 1998.
3
Karel Bartosek: Das übrige Europa als Opfer des Kommunismus/Mittel- und Südosteuropa, in: ebenda, S. 476.

4
Cornelius Castoriadis: Gesellschaft als imaginäre Institution. Entwurf einer politischen Philosophie, Frankfurt am Main 1990, S. 101.
5
Ebenda.
6
Ebenda.

Die Berliner Historikerin Annette Leo hat vor einiger Zeit auf einer unserer Tagungen beschrieben, wie das Exilland USA in ihrer kindlichen Wahrnehmung die Gestalt einer Karikatur annehmen konnte – der Dicke mit Melone und Zigarre – während das Bild Frankreichs das so vielversprechende Stück Welt repräsentierte, das vor allem die Westemigration in das ideologische Biotop der DDR eingespeist hat. Die Geographie und vor allem die Polarität der Himmelsrichtungen führt offenbar sehr eigene, noch kaum untersuchte Deutungsmuster mit sich. Für mich, 1957 geboren, trug die Sowjetunion die Züge einer steilen Kinderschrift in violetter Tinte auf eigenartig blassem Papier. Näher als die abstrakte Buchstabenkombination UdSSR, eingeschrieben in die Umrisse einer Landkarte, die den größten Teil eines in roter Farbe gekennzeichneten Gebietes ausmachte, lag der Klang des Wortes »Odessa«, dessen Eindruck ich als geradezu überirdisch schön empfand. Hingereist bin ich nie – aber als ich zu Beginn der neunziger Jahre den Film »Panzerkreuzer Potemkin« zum ersten Mal sah und nach der Erschießungsszene der Kinderwagen langsam und allein auf der berühmten Treppe hinabstolperte, kam sie mir bekannt vor wie ein immer wiederkehrendes Traumbild.

Wie also kann ich verstehen und verstehbar machen, was sich für andere mit dem Klang der elf Buchstaben »Sowjetunion« verbunden hat – mehr als zwei Generationen und mehr als einen Weltkrieg vorher? Vielleicht haben im langsamen und mühevollen Begreifen der aufeinander spiegelverkehrt bezogenen gesellschaftlichen Systeme die eigenen Bilder im Kopf etwas mit der Entscheidung zu tun, als Zeugnisse des wirklichen Geschehens nicht nur die Aussagen der Täter, sondern vor allem die der Opfer geltend zu machen. Doch droht die Erinnerung an sie offenbar immer auch die Falle blinder Identifizierung in sich zu bergen – vorausgesetzt, die reinliche Scheidung von Täterschaft und Opferschaft geht vor den Aporien des Geschichtlichen tatsächlich auf. Einige solcher Ambivalenzen aufzuzeigen, ist Anliegen meines Beitrages.

Vor diesem Horizont also möchte ich die Aufmerksamkeit auf drei Aufzeichnungen über das Exil in der Sowjetunion lenken, insbesondere aber auf ihren Status im Gefüge der Wissensvermittlung über das Leben von Frauen. Es handelt sich dabei um Auskünfte von Irmgard Schünemann, Nelly Held und Waltraut Nicolas. Außer der zuletzt genannten Autorin, die das Trauma der Lagererfahrung und vor allem das ihrer Auslieferung an Deutschland in mehreren Büchern zu verarbeiten gesucht hat, weist keine von ihnen ein Werk im Sinne der Literaturgeschichte auf. Auch unter dem Aspekt von Zeit, Ort und Modus der Veröffentlichung könnten die Aussagen unterschiedlicher kaum sein.

In das Jahr 1996 fällt ein Rundfunkfeature, das unter dem Titel »Akteneinsicht. Eine deutsche Familie in Stalins Sowjetunion« vom ORB produziert worden ist und in dem die Zeitzeugin Irmgard Schünemann zur Erzählerin ihrer eigenen Lebensgeschichte wird. Am Beispiel von Nelly Helds »Ohne Scham« geht es um einen literarischen Lebensbericht, der in den historischen Umbrüchen des Erscheinungsjahres 1990 weitgehend untergegangen ist und der deshalb an dieser Stelle vorgestellt sein soll. Im Falle von Waltraut Nicolas handelt es sich schließlich um wesentlich ältere autobiographische Aufzeichnungen, deren Erstveröffentlichung bereits in das Jahr 1942 fällt. Um ihre Entstehungsgeschichte angemessen beleuchten zu können, rücke ich diesen Zusammenhang an das Ende meiner Ausführungen. Bericht ist also nicht gleich Bericht. Die Schnittpunkte der Veröffentlichung müssen notgedrungen eine Wissens- und Rezeptionsgeschichte von fast fünf Jahrzehnten aussparen, deren chronologische Entwicklung aber in einer umgekehrten Blickrichtung deutlich gemacht werden kann: Sie verläuft von der propagandistisch verwertbaren schriftlichen Aufzeichnung erlebter Tatsachen zur Konfrontation von »objektiver« Aktenlage und »subjektiver« Stimme.

Abb. 62
Irmgard Schünemann mit Mutter und
Tochter in Tscheljabinsk 1939
Von links nach rechts:
Mutter Hulda Schünemann, Tochter Elvira
Schünemann, Irmgard Schünemann

II.

Zu Beginn der neunziger Jahre unseres Jahrhunderts erreichten Irmgard Schünemann, die nach einem Jahr Untersuchungshaft, zehn Jahren Arbeitslager und anschließender Deportation 1958 in die DDR übergesiedelt war, die ausgemusterten Akten des NKWD: ihre eigenen, die des Bruders, des Ehemannes und des Vaters, alle drei 1938 in Tscheljabinsk erschossen, der Bruder 23 Jahre alt, »Feuer und Flamme für die Sowjetunion«, wie sie am Anfang ihrer mündlichen Erzählung vermerkt.[7] Zunächst ist zu bemerken, dass die Aushändigung der Akten – deren erstes Blatt immer der Haftbefehl ist – an die Betroffenen oder an überlebende Familienmitglieder im Zusammenhang einfacher Lebenserzählungen eine völlig veränderte Funktion gewinnt. Dienen die Akten im Kontext des Archivs der Lenkung und damit auch der Verfügungsgewalt staatlicher Gedächtnisse, so ermöglichen sie subjektiv offenbar eine bis zum Äußersten gehende und überaus schmerzhafte Weise von Einsicht. Erlauben sie im Rahmen der Kontinuität und Diskontinuität archivalischer Erforschung inzwischen jene »eigenartige[n] Karrieren«, die der britische Historiker und Publizist Timothy Garton Ash als »ein[en] reibungslose[n] Übergang vom Studium der einen deutschen Diktatur zur Untersuchung der nächsten« bezeichnet hat, während doch die Erforscher »gleichzeitig ständig in einer friedlichen, wohlhabenden deutschen Demokratie lebten«[8], so können die Betroffenen – vielleicht zum allerersten Mal – ihre eigene Angst begreifen, die sie noch immer bei jedem Klopfen an der Tür empfinden, so wie dies die bei der Verhaftung ihrer Mutter fünfeinhalb Jahre alte Tochter Irmgard Schünemanns in dem genannten Feature erzählt.

7
Akteneinsicht. Eine deutsche Familie in Stalins Lagern. Feature von Meinhard Stark [Tonbandaufnahme]; die folgenden nicht gekennzeichneten Zitate ebenda.
Ich danke Meinhard Stark für die Möglichkeit der Einsicht in dieses Material.

8
Timothy Garton Ash: Diktatur und Wahrheit. Die Suche nach Gerechtigkeit und die Politik der Erinnerung, in: Lettre International Nr. 40 (Frühjahr 1998), S. 11.

Auch die doppelten Strategien der Öffnung scheinen inzwischen instrumentelle Züge zu tragen – stellt man in Rechnung, dass der Raum dessen, was man überhaupt wissen kann, der Raum, den die Praktiken der Archivierung ebenso begrenzen wie zur Verfügung stellen, nur die Logik der Verfolger zu implizieren vermag und nicht die Logik des Verfolgungsprozesses selbst. Dass beides nicht in eins zu setzen ist, dafür bietet Irmgard Schünemanns mündlicher Bericht Belege in seltener Klarheit. »Aussagenprotokolle von Untersuchungsführern des NKWD über die Massenverhaftungen und Verhöre in Tscheljabinsk zwischen 1937 und 1938«, die sich in die Akte ihres Vaters verirrten, zeigen zum Beispiel nicht nur auf, dass »NKWD-Leute, die seinerzeit besonders brutal und erbarmungslos vorgingen« 1940 von einem Militärtribunal verurteilt werden sollten, sondern dass auf diese Weise die Schuld für die Geschehnisse auf einzelne Personen abzuwälzen gesucht worden ist – vielleicht um die sowjetischen Sicherheitsorgane insgesamt zu entlasten oder um sich missliebiger Mitwisser zu entledigen. Die gesamte Aktion, die dem vorausging und die sich auf wohl singuläre Weise in diesem Aktenmaterial dokumentiert findet, war zentral gesteuert und beruhte keineswegs lediglich auf Maßnahmen örtlicher NKWD-Verwaltungen gegen »ansässige Ausländer«.

Laut Protokollauszügen begannen diese »Operationen« gegen fremde Staatsangehörige im August 1937 und gerieten bald – aufgrund des »zu geringen Tempos« – in die Kritik der Moskauer NKWD-Führung. Die Beschleunigung führte zu einer Art Planungsverfahren sowie zu einer Periodisierung von fünf bis sechs Tagen, in denen das Ergebnis jeweils zusammengefasst und in denen erörtert wurde, welche Spezialabteilung wie viele Verfahren täglich abzuschließen hatte. Die Norm lag bei etwa vier bis fünf Verfahren täglich; anderenfalls drohten den Ermittlern selbst Sanktionen. Sie forderten von den Angeklagten nur ein Geständnis bezüglich ihres Grenzübertritts in die UdSSR.

Dem Gespräch entnommene Angaben wurden auf einen Zettel geschrieben, das Vernehmungsprotokoll in Abwesenheit der Angeklagten angefertigt und ihnen zur Unterschrift vorgelegt. Vermerkt wurde nicht nur, dass »die Ausländer« sich »gegenseitig als Anwerber für eine konterrevolutionäre Organisation« bezichtigt hätten, sondern auch, nach welcher Art von »Bearbeitung« solche Aussagen gemacht worden waren. Es handelte sich um eine besondere Tortur: Die Häftlinge standen bis zu fünf Tagen und Nächten in den »Inkubatorenzimmern« ohne Schlaf, man gab ihnen Brot und Salz, schränkte aber die Wasserration ein. Die Verhafteten, bei Ohnmacht vom »diensthabenden Kursanten« mit Wasser übergossen und wieder auf die Füße gestellt, standen so lange, bis sie sich der Spionage schuldig bekannten und Aussagen zu machen wünschten. Wer nach fünf Tagen noch auf den Beinen war, musste auf Knien weiter stehen.

Während die Erzählmacht des Archivs noch immer als eine Verblendung der damit verbundenen administrativen Prozesse zu funktionieren scheint, richtet die subjektiv gefärbte mündliche Wiedergabe ihr Augenmerk auf vergleichsweise konkrete Details des Erlebten. Zwar kann ihre Aufmerksamkeit damit kaum jenem Reglement gelten, das eine machtausübende Gewalt erst ermöglicht und sie für den Einzelnen so undurchschaubar macht. Doch vermag die mündliche Wiedergabe auf die besonderen Mechanismen zu verweisen, die damit verbunden waren. Bei diesen Mechanismen ging es niemals um eine »Wahrheitsfindung«, sondern vielmehr um das Durchsetzen eines Verhaltensmusters, das der Treue geradezu entgegengesetzt erscheint: die Repression des Geständnisses.

Irmgard Schünemann weist nicht nur darauf hin, dass es für das Strafmaß vollkommen gleichgültig war, ob eine Unterschrift unter das vorgefertigte Papier geleistet wurde oder nicht. In ihrer Aussage finden sich auch Hinweise darauf, dass solche Geständnisse innerhalb einer Wahrnehmungsordnung gemacht worden sind, in der ein Mensch ohne Geständnis in seiner Identität vollkommen schutzlos erschienen ist. Bereits die Formierungsabsicht konkreter Aussagen enthielt also weitreichende Disziplinierungsmomente. Das Geständnis stellte als ein »Zugeständnis« an die brutalen Praktiken des Verhörs wie als erzwungenes »Eingeständnis« jedoch noch immer eine Art von Garantieerklärung für den Status einer Person dar. Erst die darauffolgende Strafpraxis zeichnete ein Statusverlust aus, und zwar im Sinne einer sozialen Degradierung ebenso wie der vollkommenen physischen Schutzlosigkeit, vor der jedes Sprechen ohnmächtig erscheinen musste.

Als Irmgard Schünemann beispielsweise im Lager ankam, rasierten männliche Strafgefangene den Frauen Kopf- und Schamhaare ab. Für solche körperlichen und psychischen Demütigungen gab es, wie für die Klagen über den allgegenwärtigen Hunger, keinerlei erreichbaren Adressaten. »Man wurde hart«, vermerkt sie. Die für lange Zeit schwindenden Möglichkeiten der Artikulation und der Verarbeitung dieser Erfahrungen bedingten unter anderem jenes Schwinden der inneren Zeitstruktur, das uns als ein fester Erzähltopos in vielen der literarischen Aufzeichnungen über die Erfahrung in den Lagern begegnet: »In der Erinnerung verschwimmen die Tage, Monate und Jahre, sie gleichen einander, nur die Jahreszeiten machen den Unterschied.«

Diese besondere Prägung des Erinnerungsvermögens scheint durch den Umstand, dass in der DDR in der Regel zwei Versionen solcher Lagergeschichten existierten, nicht aufgehoben, sondern eher verstärkt worden zu sein. In jenen Aufzeichnungen, die für den Panzerschrank bestimmt waren, wurden Verhaftung und Lagerzeit kurz erwähnt; in den anderen nur der Vermerk »Emigration und Arbeit in verschiedenen Städten der UdSSR« festgehalten. Die weitaus meisten ehemaligen Emigrantinnen und Emigranten, so der abschließende Kommentar in der Rundfunkaufzeichnung, hielten sich an diese Form der biographischen Darstellung.

III.

Den »glückliche[n] Umstand des Erzählenwollens und Vertrautseins«[9] konnte hingegen 1990 die Herausgeberin von Nelly Helds Lebensbericht »Ohne Scham« in ihrem Einleitungskapitel vermerken. Dieser Vorsatz lässt erkennen, wie sehr man zum Zeitpunkt des Erscheinens noch immer auf besondere und seltene Gesprächsumstände angewiesen war. Es ist ein Glück, dass die Herausgeberin ihren ursprünglichen Plan nicht in die Tat umgesetzt hat, das ihr vorliegende Material in eine eigene Prosafassung umzuschreiben. Denn an anderer Stelle attestiert sie Helds Erzählung nichts Geringeres als die Besonderheit der Sicht einer beteiligten Frau »auf die Sozialismusgeschichte«[10]. Der dazugehörige Klappentext wirbt hingegen – das passt ins Zeitbild – mit dem Slogan »Politik, Stalinismus, Sexualität im Leben einer Deutschen« – noch etwas ungeschickt auf westliche Werbestrategien sich einstellend. Hier einige Markierungspunkte zur Biographie:

In ihrer jüdischen assimilierten Familie des Hamburger Bürgertums zeigt sich die Kindheit Nelly Helds geprägt von Opposition gegen den Vater. An der Lichtwarkschule, einer sozialdemokratisch geprägten Reformschule und einer der ersten Bildungseinrichtungen mit Koedukation, schenkt ihr ein Lehrer Alexandra Kollontais Erzählungen »Wege der Liebe«. Nach der Leitvorstellung »freier Liebe«, der Ablehnung der Standesehe und später auch der Umgehung »sozialistischer Normen der Moral« sucht sie ihr Leben fortan auszurichten. Wechselnde Bindungen halten sie nicht von einer Ehe mit dem Regisseur Ernst Held ab, der an den

9
Ohne Scham. Lebensbericht der Nelly Held.
Erfragt und herausgegeben von
Marianne Krumrey, Berlin 1990, S. 10.

10
Ebenda, S. 8.

Hamburger Kammerspielen arbeitet und sie in Theaterkreise einführt, deren Beziehungsreichtum von Erika Mann und Gustaf Gründgens über Klaus Mann und Pamela Wedekind bis zu Therese Giehse und Bert Brecht reicht. Ein Promotionsversuch in München – am »Grünberg-Institut« in Frankfurt am Main hat sie Nationalökonomie studiert – wird durch ein verweigertes polizeiliches Führungszeugnis vereitelt, wegen Teilnahme an Kursen der KPD. Als 1932 ein Telegramm von Erwin Piscator eintrifft, das zur Mitarbeit an dem zu gründenden »Internationalen Theater« einlädt, brechen Ernst und Nelly Held nach Moskau auf. 1935, während der ersten Verhaftungen, ist Ernst Held Regieassistent bei Meyerhold und Nelly Held Mitarbeiterin am Marx-Engels-Institut.

Als »Zeugin« zu vielen Festnahmen herangezogen und später selbst in der Glawlit, der Zensurstelle des Ministeriums für Volksbildung, sowie im Rundfunk tätig, beschreibt sie in ihren autobiographischen Aufzeichnungen eingehend die »schizophrene Atmosphäre«[11] in Moskau, die dazu führt, dass auch das Paar sich zunehmend gegenseitig der Mitarbeit in der GPU verdächtigt. Viel ist im Rückblick von Verdrängung die Rede[12], aber auch vom anfänglichen Glauben daran, dass insbesondere das Kriterium, ob einer »linientreu«[13] sei oder nicht, den Grund für die zahllosen Verhaftungen bilden müsse. Wie bei vielen anderen Frauen auch, die über diese Zeit Zeugnis abgelegt haben, bilden jedoch nicht nur die Verhaftungen prominenter Freunde Zäsuren im Fluss des Erzählens. In den Mittelpunkt rücken vielfach auch die verzweifelten Versuche zum Schutz der Kinder vor deren Folgen.[14]

Man könnte diesen Sachverhalt, der sich aus einem psychologisch akzentuierten Blickwinkel als eine stärkere weibliche »Treue zur Kernfamilie« bezeichnen ließe, ohne weiteres als eine Selbstverständlichkeit hinnehmen. Doch haben die besonderen historischen Umstände, unter denen sich solche Zwänge konstituieren, vielleicht auch einen elementaren Schutzmechanismus gegenüber einer anderen Form von Gefangenschaft aktivieren können, die in biographischen Aufzeichnungen über diese Zeit als eine »unbedingte Gläubigkeit der Partei gegenüber«[15] bezeichnet wird. Auch Nelly Held, die ihren Lebensbericht bereits 1983 abgeschlossen hat, hält daran fest. In ihm ist, so der Kommentar der Herausgeberin, »jene unerschütterliche Treue zum Sozialismus enthalten, die jetzt fragwürdig geworden ist und nur noch den Wert eines historischen Zeugnisses besitzt.«[16] Und doch versucht Nelly Held mittels bestimmter narrativer Elemente, in ihrem Text eine zum Teil unterschiedliche identifikatorische Selbstbindung der Geschlechter zu thematisieren.

11
Ebenda, S. 101.
12
Ebenda, S. 113.
13
Ebenda, S. 97.
14
Vgl. etwa Meinhard Stark (Hrsg.):
»Wenn Du willst Deine Ruhe haben, schweige«.
Deutsche Frauenbiographien des Stalinismus,
Essen 1991, S. 107 ff.
15
Ebenda, S. 110.
16
Ohne Scham (Anm. 9), S. 180.
17
Ebenda, S. 113.
18
Ebenda, S. 129 ff.
19
Ebenda, S. 131.

20
A. Rudolf [d.i. Raoul László]:
Der Moskauer Prozess, seine Hintergründe und
Auswirkungen, Prag 1936, S. 9;
vgl. ders.: Drei Jahre Sowjet-Union,
Wien – Leipzig 1936.
21
SAPMO-BA, I 2/3/373, Bl. 24.
22
Manfred Hildermeier:
Geschichte der Sowjetunion. 1917–1991.
Entstehung und Niedergang des
ersten sozialistischen Staates, München 1998,
S. 552.

Vielleicht bietet dieser Umstand den Ansatz einer Erklärung dafür, warum der Bruch des Schweigens seit Mitte der achtziger Jahre in der DDR vor allem von weiblichen Erzählungen ausgegangen ist. Das familiäre Umfeld, dessen Zusammenhalt den Frauen so wesentlich erschien, diente möglicherweise als Disziplinierungsmechanismus und zugleich als Refugium einer Erinnerung, die ein relativ frühes Durchbrechen der Blockaden erlaubte – ein für die Erzählerin gerade deshalb bis zum Äußersten gehendes, schmerzhaftes Unterfangen: »Meine Leser machen sich keine Vorstellung davon, was ich jetzt in diesen Monaten durchmache, da ich jene Zeit beschreibe, darüber nachdenke und versuche, mich richtig zu erinnern – was Daten angeht, lese ich manches nach. Wie mich das bewegt, wie schwer es mir fällt, wie ich nicht schlafen kann und wie mich das aufwühlt und was das für Kraft kostet [...]«[17]. Mit diesen und ähnlichen Worten reflektiert Nelly Held den schwierigen Erinnerungsprozess. Als Schutz vor gesellschaftlichen Zumutungen und den damit verbundenen Ängsten hat der letzte Nahbereich der Familie vielleicht eine winzige Differenz im Verhältnis der Geschlechter zu jenem soziosymbolischen Vertrag installieren können, der mit jeder Parteimitgliedschaft und ihren Treueverhältnissen eingegangen worden ist.

Ein weiteres Merkmal dieser autobiographischen Erzählung liegt in der Offenheit, mit der über Fragen der Bio-Politik und der Reglementierung von Sexualität gesprochen wird, vor allem in dem mit »Frauenangelegenheiten«[18] überschriebenen Kapitel. Zwar wird ausdrücklich vermerkt, »einen Paragraphen 218« habe es »in der Sowjetunion überhaupt nicht gegeben«[19], doch wird wenige Zeilen später eingeräumt, dass Abtreibung »eine Zeitlang verboten« war. Diesem Hinweis nachgehend, stößt man auf das 1936 in der UdSSR verabschiedete neue Abtreibungsgesetz. Bei einer Wohnfläche in den Städten von »kaum 5,2 m^2 pro Kopf« nennt eine frühe Studie zu den Moskauer Prozessen von allen gesetzlichen Veränderungen der ersten Hälfte der dreißiger Jahre diese juristische Neuregelung die zweifellos »am krassesten der eigenen Ideologie widersprechende und in breitesten Kreisen unpopulärste Maßnahme«.[20]

Mit dieser Einschätzung korrespondiert teilweise auch jenes Dokument, in dem das »Ärzteaktiv des Klubs ausländischer Arbeiter« den eingebrachten Gesetzesvorschlag zunächst als »Beweis für das siegreiche Fortschreiten des Sozialismus« begrüßte, zugleich jedoch seine Gefahren aufzuzeigen suchte.[21] Während die perspektivisch damit verbundenen »sozialen Maßnahmen wie Vermehrung der Entbindungsanstalten, der Kinderkrippen und Kindergärten« nachdrücklich befürwortet wurden, äußerte man Bedenken im Hinblick auf das »absolute Verbot des kunstgerechten Abortus infolge sozialer Indikation« und verband dies mit der Empfehlung, »dass bei der endgültigen Gesetzesformulierung auch die Verhütungstechnik zwecks Ermöglichung der notwendigen Pausen zwischen den Schwangerschaften berücksichtigt werde« – ein Vorschlag, der mit dem handschriftlichen Vermerk »abgelehnt« versehen wurde.

Mit dem Verbot der Abtreibung und der neuen Wertschätzung der Familie war nicht zuletzt ein verstärkter Schutz der Ehe unmittelbar verknüpft, der der Betonung freier Liebesbindung, wie sie im literarischen Rückblick von Nelly Held zu finden ist, unmittelbar zuwiderzulaufen scheint. Hier zeigt sich ein Widerspruch zwischen subjektiver Erinnerungsleistung und objektivierender sozialhistorischer Interpretation, wie sie z.B. jüngst Manfred Hildermeiers Darstellung charakterisiert. Hildermeier kommt zu dem Schluss »dass das nichtformalisierte Zusammenleben« gerade in der Sowjetunion der dreißiger Jahre zunehmend »zur dekadenten Libertinage liederlicher Kleinbürger gerechnet« worden sei, um sie für einen besonderen »Hauptzweck umzuformen: die Aufwertung der Familie von einem Überhang der bürgerlich-kapitalistischen Gesellschaft zum ›Bollwerk‹ und zur Keimzelle des Sozialismus.«[22] Dagegen richtet sich der Blick auf weibliche Lebenszusammenhänge in Nelly Helds literarischem Text der achtziger Jahre an anderen Kriterien aus: »In der Sowjetunion herrschte eine echte Gleichberechtigung der Frau, von Anfang an. In der Zeit, da wir in der Sowjetunion lebten, haben wir das immer wieder beobachten können. Gleicher Lohn für gleiche Arbeit. Frauen auf verantwortlichen Arbeiten, Frauen in Berufen, die sonst oft nur Männern vorbehalten waren. Je mehr sich der Sowjetstaat entwickelte, je mehr entwickelte sich auch die arbeitende Frau in allen Berufszweigen. Doch die Probleme waren für die Frau damals ähnlich wie heute für unsere Frauen. Sie hatten die Verantwortung für die Kinder [...].«[23]

An literarischen Zeugnissen wie der Autobiographie von Nelly Held oder an Dokumenten wie der Stellungnahme des Ärzteaktivs lassen sich bestimmte Indizien für eine Idealisierung der Lebensverhältnisse in der Sowjetunion aufweisen, die die Sicht von Emigrantinnen, soweit sie den Zwangsverschickungen nur am Rande unterworfen waren, sicherlich auf besondere Weise prägte. Dennoch zeigt sich auch darin gelegentlich ein bis zum Zerreißen gespanntes Verhältnis zwischen einer parteilichen Identität von Mitgliedern, die konkrete Berufsqualifikationen aufzuweisen hatten, und der des so genannten Berufsfunktionärstums, das auf den Ausformungen einer Parteihierarchie beruhte. Die Funktionäre konnten sich auf eine Befehlsstruktur abstützen, deren vorrangiger Wirkungsmechanismus in vertikalen Machteffekten aufzusuchen ist. Die Treuepraktiken, die dadurch installiert wurden und die noch im Rückblick auf die Ereignisse den Erzählvorgang formieren, lassen sich in den Horizont der Ausübung von »Disziplinargewalt« stellen.

Diese Prämisse erlaubt einen Verweis auf jenen psychosozialen Zwangscharakter der Einschließung, der Machtprozesse nicht nur von oben nach unten, sondern ebenso von unten nach oben verlaufen lässt. Solche Disziplinarpraktiken des »Panoptismus«[24], wie sie anhand anderer historischer Paradigmen ausführlich beschrieben worden sind, zeichnen sich durch einige Merkmale aus, die im vorliegenden Zusammenhang nur sehr verkürzt zusammengefasst werden können und doch für die aufgesuchten Treuebindungen von einiger Relevanz sind. Obgleich sie hinsichtlich vieler gesellschaftlicher Institutionen einen Wiedererkennungseffekt erlauben dürften, sind sie nur selten mit vergleichbaren verheerenden Auswirkungen verbunden wie in Diktaturen, die auf einem System des »Staatsterrorismus«[25] beruhen.

Zu den »Elementen«, die den »Normalzustand« dieses Systems bestimmen, hat Hans Albert Walter gezählt: »Festgefügte hierarchische Strukturen; Cliquenwirtschaft und Cliquenkämpfe um Machtpositionen analog der Praktiken der klassischen Hofkabale; perfekte Kontrolle und Überwachung des Funktionärsapparats in allen Arbeits- und Lebensbereichen, auch in der Privatsphäre; Absicherung und Selbstzensur der Weisungsgebundenen; Knebelung der Kritik und Misstrauen gegen alles Nichtkonforme; ein an den Vorbildern der asiatischen Despotie orientiertes, variantenreich ausgeformtes Huldigungs- und Unterwerfungszeremoniell, das die Subalternen den Inhabern der Spitzenpositionen, diese dem Diktator darbrachten [...].«[26]

Solche Formen der Kontrolle, Überwachung und Strafe können sich im Sinne des »Panoptismus« auf ein nahezu lückenloses Registrierungssystem stützen – das kann der Pass oder auch ein Mitgliedsausweis sein. Sie erlauben und installieren damit eine militärisch organisierte Verfügungsgewalt über topographische Räume, die es ermöglicht, den gesamten Gesellschaftskörper in »Zellen« einzuteilen. Ihre Architektur soll nur von einem, dem höchsten Punkt der Machtpyramide aus einsehbar sein – ihre Insassen können also gesehen werden, ohne selbst zu sehen. Sie formieren sich, vor allem innerhalb der abgeschlossenen Welt der Lager, als Objekte von Informationen, können und dürfen aber kaum jemals zu Subjekten eines kommunikativen Austausches werden, der die Grenzen der Einschließung zu sprengen vermag.

Zweifellos greifen die Wirkungseffekte dieser von oben nach unten aus-
geübten und so vielfach tödlichen Gewalt innerhalb der Praktiken des stalinistischen Terrors weit über historische Ereignisstrukturen hinaus, durch die sich
institutionell vermittelte Normalisierungsprozesse in westlichen Gesellschaften
üblicherweise geprägt zeigen, auf deren Entwicklungszusammenhänge die Beschreibung panoptischer Systeme im Grunde zielt. Dennoch erscheint es nicht
ohne Belang, dass der historische Begriff des Totalitarismus aus der Perspektive
diskurstheoretischer Machtanalysen problematisiert worden ist, und zwar mit
dem bedenkenswerten Argument, dass er mit Blick auf solche Disziplinierungs-
prozesse kein »ergiebiges Konzept« zu enthalten vermöge und noch immer als ein
zu grobes »Instrument« erscheine, mit dem sich »nichts wirklich verstehen«
ließe.[27] Vor allem für die Beschreibung sozialpsychologischer Mechanismen und
damit verknüpfter Verhaltensdispositionen, für das Aufsuchen der Prozeduren zur
Unterwerfung der Kräfte und der Körper, deren »›politische Anatomie‹ sich in sehr
unterschiedlichen politischen Regimen, Apparaten oder Institutionen«[28] analysieren lasse, ist er als eine »allgemeine Formel« eher ungeeignet.

Diese kurze Abschweifung soll hinweisen auf die Relevanz der Frage, mit
Hilfe welcher Terminologien Beschreibungsperspektiven eingenommen werden
können, die historisch und lokal spezifische Kategorien der Produktion von Macht
stärker in den Blick treten lassen. Müssen nicht Prozesse von Identitätsbildung, die
mit einer besonderen »Partei-Funktion«[29] unmittelbar zu verknüpfen sind, in den
Mittelpunkt unserer Aufmerksamkeit rücken, will man wirklich verstehen, warum
den mit dem Stalinismus verbundenen Strafpraktiken kaum effektiver Widerstand
entgegengesetzt worden ist? Kann man – entgegen marxistischen und anderen
Machttheorien – auch in diesem Bereich die Macht als von unten kommend ansiedeln, um sie der »allgemeinen Matrix einer globalen Zweiteilung« zu entreißen,
die »Beherrscher und Beherrschte«, Täter und Opfer, »einander entgegengesetzt«[30]?
Lässt sich auf diese Weise beispielsweise eine Erklärung dafür finden, warum im
Vorfeld der Verhaftungen noch das geringfügigste Detail zum Anlass einer Bestrafung werden konnte?

23
Ohne Scham (Anm. 9), S. 131.
24
Michel Foucault: Überwachen und Strafen.
Die Geburt des Gefängnisses,
Frankfurt am Main 1994, S. 251–252.
25
Zur konträren Diskussion um einen
»sowjetischen Staatsterrorismus« vgl. Hans
Albert Walter: Deutsche Exilliteratur. 1933–1950.
Band 2 (Europäisches Appeasement und
überseeische Asylpraxis), Stuttgart 1984,
S. 201 ff.
26
Ebenda, S. 207.
27
Didier Eribon: Michel Foucault. Eine Biographie,
Frankfurt am Main 1993, S. 441.
28
Foucault: Überwachen und Strafen (Anm. 24),
S. 284.
29
Eribon: Michel Foucault (Anm. 27), S. 441.
30
Ebenda, S. 388.

»Streng vertrauliche« und im Rückblick vorgenommene Auflistungen der Namen von in der Sowjetunion Verhafteten legen überzeugend dar, dass bereits die Verwechslung eines Lenin-Zitats mit einem Trotzki-Zitat zu einer Vorverurteilung führen konnte – oder aber ein vorgeblich »erlogenes« Diplom, dessen Zweitausfertigung in Deutschland zum Vorwand genommen wurde, »Beziehungen zu Nazi-Deutschland« zu unterstellen.[31] Ein »Dissens« mit der stalinistischen Parteiführung beginnt vor dem Hintergrund solcher Eigendynamiken, denen wohl nur die Metaphorik einer kollektiven Hysterie angemessen erscheint, als bloße, gleichwohl auf gefährliche Weise denunziatorische Sprachregelung zu erscheinen, nie aber als das eigentliche Motiv der Verfolgungen, der selbst nur vorgeschobenen innerparteilichen »Reinigung«.[32] Die Versuchung ist groß, jene gleichwohl vorhandenen Bestrebungen im Moskauer Exil, die Übermächtigkeit dieser undurchschaubaren politischen Anatomie zu durchbrechen, eine »Petitionskultur« zu nennen – jedenfalls angesichts der verzweifelten Versuche, die Hierarchie der etablierten gesellschaftlichen Machtpyramide zumindest für den individuellen Fall und für das persönliche Anliegen außer Kraft zu setzen.

So schrieb auch Nelly Held, als ihr Freund verhaftet wurde, einen Bittbrief an Jeshow, den damaligen Leiter der Staatssicherheit, und suchte in ihrer eigenen Angelegenheit Nadeshda Krupskaja, die Witwe Lenins, auf.[33] Als eine der wenigen entging sie einer Verhaftung und dem Lager. Die Tochter von Irmgard Schünemann wandte sich indessen wie viele tausend andere vergeblich an Stalin, um eine Freilassung ihrer Mutter zu erreichen. Noch dort versuchte man, vielfach unter Berufung auf die Treue zur kommunistischen Idee, Gnade zu erflehen, wo doch nur, wie der russische Philosoph Michail Ryklin vermerkt hat, »die symbolische Funktion eines der am stärksten entpersonalisierten Namen des 20. Jahrhunderts« existiert hat, ein »leerer Signifikant«, letztlich bloß auf der Ebene der Sprache verankert. Die Vaterfunktion des Namens Stalin sei noch im Angesicht der Erfahrung gewaltsamen Todes ungebrochen geblieben; selbst die Augenzeugen hätten, insofern sie noch lebten und weiter leben wollten, in der Zeit der Verhaftungen und angesichts des »pluralen Todes« in den Lagern eigentlich niemals an die Realität des mit eigenen Augen Wahrgenommenen »glauben« können.[34] In diesem Widerspruch zwischen einer imaginären Struktur des Glaubens und dem realen Geschehen aber liegt jene eigentliche Macht, die die Treuebindung als Form der politischen Identitätsstiftung auszeichnet. Im sowjetischen Exil vermochte sie in die wechselseitige Denunziation ebenso zu führen wie in den solidarischen Zusammenhalt.

31
Dazu Emmy Koenen-Damerius:
Genossen und Freunde, die verschollen sind
(1970/71), SAPMO-BA, EA 1308/1, Bl. 181–188.
32
Vgl. Reinhard Müller (Hrsg.).: Die Säuberung.
Moskau 1936: Stenogramm einer geschlossenen
Parteiversammlung, Reinbek bei Hamburg 1991.
33
Ohne Scham (Anm. 9), S. 102 ff.
34
Michail Ryklin: Tod im Plural I, in:
Lettre international, (1997) 39, S. 83.
35
Brief des Reichssicherheitshauptamtes an
den Präsidenten der Reichsschrifttumskammer,
Berlin, 16. Mai 1942, ohne Paginierung;
BA, Akten der Reichskulturkammer (RKK),
Nicolas, Waltraut, 2101.
36
Ebenda, Vorsatzblatt.

37
BA, R 58/3254 (Reichssicherheitshauptamt,
Abt. IV) Anlage II, Nr. 801.
38
Lebenslauf, ohne Paginierung; ebenda.
39
Bitte der Reichsschrifttumskammer um Auskunft bei der Gauleitung der NSDAP, beigefügter handschriftlich ausgefüllter Fragebogen,
betrifft Aufnahme von Waltraut Nicolas
als Mitglied der Reichsschrifttumskammer bzw.
Befreiung vom Erfordernis der Mitgliedschaft,
ohne Paginierung; BA, RKK, Nicolas,
Waltraut, 2101.
40
Brief des Verlages Junker & Dünnhaupt an
die Reichsschrifttumskammer, Berlin, 26. 1. 1943,
ohne Paginierung, ebenda. Vgl. auch Renate
Wall: Lexikon deutschsprachiger Schriftstellerinnen im Exil 1933 bis 1945, Freiburg 1995,
Band 2, S. 48.

Abb. 63
Waltraut Nicolas

IV.

Neben der schweren Arbeit, neben der Sorge um Nahrung und der Fabrikation von Kleidung, wie sie vor allem der vorangestellte Bericht von Irmgard Schünemann beschreibt, spielt die gegenseitige solidarische Hilfe unter den Gefangenen eine besondere Rolle in fast allen Berichten über die Welt der Lager. Das trifft insbesondere auch auf die Autobiographie von Waltraut Nicolas zu. Vom nationalsozialistischen »Reichsministerium für Volksaufklärung und Propaganda« ausdrücklich »als propagandistisch wertvoll anerkannt«[35], hat dieses Werk einen so komplexen Entstehungshintergrund aufzuweisen, dass dieser im Horizont der Lagerberichte wie der Aufzeichnungen über das sowjetische Exil so singulär wie prekär erscheinen muss.

Waltraut Nicolas, geboren am 5.1.1897 in Barkhausen im Oldenburger Land, von Beruf Fotografin und Gerichtsreporterin, in zweiter Ehe verheiratet mit dem Schriftsteller Ernst Ottwalt, emigriert mit ihm gemeinsam im Juni 1933 nach Dänemark. Auf Einladung der Schriftstellerin Karin Michaelis verleben sie dort einen Sommer auf der Insel Thurø und reisen kurz darauf in die Tschechoslowakei weiter. Im Dezember 1934 folgt Nicolas ihrem Mann nach Moskau. Der deutschen Staatsangehörigkeit für verlustig erklärt durch Bekanntmachung vom 22. Juli 1936 (Ottwalt) und vom 3. April 1937 (Nicolas)[36], stehen die Namen des Ehepaars auf der Fahndungsliste der Geheimen Staatspolizei.[37] Beide werden am 5. November des Jahres 1936 auf dem Roten Platz in Moskau zunächst unter einem Vorwand verhaftet, dann mit der Beschuldigung der Spionage für Deutschland und der Agitation gegen das Sowjetsystem in unterschiedliche Richtungen deportiert. Nach dreijähriger Untersuchungshaft zu fünf Jahren Zwangsarbeit verurteilt, wird Waltraut Nicolas in das Lager Kotlass in der nördlichen Taiga verbracht, am 3. Januar 1941 jedoch an die deutsche Grenze zurücktransportiert und nach Deutschland ausgewiesen.[38]

Noch im gleichen Jahr beginnt sie, und zwar mit Hilfe eines Honorarzuschusses von monatlich 300 Reichsmark, an einem »Erlebnisbuch« über ihre Zeit in Sowjetrussland zu arbeiten, das zunächst den Arbeitstitel »Die Frauenzelle« trägt.[39] Es erscheint in erster wie zweiter Auflage unter dem Pseudonym Irene Cordes im Verlag Junker & Dünnhaupt in Berlin, zunächst als »…Lasst alle Hoffnung fahren«, dann unter dem Titel »Der Weg ohne Gnade«, eine Änderung, die Joseph Goebbels »aus innenpolitischen Gründen« angeordnet hat und die ihrem Buch zu einer Förderung durch das Reichspropagandaministerium verhilft.[40] In dem für die Reichsschrifttumskammer ausgefüllten Fragebogen nimmt sich der unter der Rubrik »Verschiedenes« eingefügte Vermerk »Berichte über Sowjet-Russland« neben Wohlfahrtspflege und Fürsorgewesen, Automobil und Radsport, Turnen, Hundesport, Jagd- und Schützenwesen eigentümlich fremd aus.[41]

Die Aufnahme in die Dachorganisation des NS-Schrifttums bleibt ihr aufgrund eines zur gleichen Zeit eingeleiteten Hochverratsprozesses verwehrt, obwohl sie – mit einer Bitte um Entschuldigung für die Verzögerung – dorthin zwei Ahnenpässe übersendet, ihren »Aufnahme- bzw. Befreiungsantrag« mit dem Hitlergruß unterzeichnet und obgleich das Gau-Personalamt der NSDAP eine »Politische Beurteilung« erstellt, die ein Bekenntnis »zum nationalsozialistischen Staat« und »aktive Mitarbeit in der NSV« ausweist. Auch das Reichssicherheitshauptamt bescheinigt ihr schließlich, sie sei bestrebt, »ihre früheren Verfehlungen gut zu machen«.[42] Zugleich entspinnt sich zwischen den verschiedenen Institutionen des nationalsozialistischen Staates eine langanhaltende Korrespondenz um eine Beanstandung des Pseudonyms oder auch »Decknamens«. Auf seiner Beibehaltung auch für die zweite Auflage insistiert vor allem der Verlag mit Verweis auf die »buchhändlerischen Bestimmungen« und argumentiert, dass insbesondere »durch eine Änderung des Verfassernamens die Identität mit dem alten Werk völlig verwischt«[43] zu werden drohe.

Kein Zweifel kann daran bestehen, dass die Publikation dieser Lagerberichte dem deutschen Propagandaministerium gerade im Umfeld der Vorbereitungen zu der berüchtigten Ausstellung »Das Sowjetparadies« mehr als gelegen gekommen sein dürfte.[44] Sie sollten, so hat die Verfasserin ihrem Lebenslauf handschriftlich hinzuzufügen für nötig erachtet, die »Unmöglichkeit des russischen Experiments« aufzeigen, »den Kommunismus zu verwirklichen«.[45] Eines seiner Motti bilden einige Zeilen aus einem russischen Sträflingslied, das andere ein Zitat Stalins: »Menschen soll man pflegen wie Blumen«[46].

Der »Tatsachenbericht«, wie ihn die Autorin – nicht ohne Bezug auf die Auseinandersetzungen der zwanziger und dreißiger Jahre um die Verfahren einer dokumentarischen Schreibweise – im Untertitel nennt, setzt mit einer Beschreibung des Moskauer Alltages im Jahre 1936 ein. Er schildert detailliert die Verhaftung unmittelbar vor den Novemberfeierlichkeiten und die darauffolgende Trennung von Ernst Ottwalt. Es folgen Beschreibungen der Verhöre im »weltbekannten Untersuchungsgefängnis des NKWD«[47] Lubjanka, Erzählungen über den Aufenthalt in der Butyrka, dem Zentralgefängnis von Moskau, das zu dieser Zeit etwa 20 000 Häftlinge fasst, Berichte über den langen Weg durch das Lagerarchipel bis hin zur »›Verurteilung‹ zur Heimkehr« und die Übergabe an die Gestapo Anfang 1941, die ausdrücklich auf einen deutsch-russischen »Auslieferungsvertrag«[48] zurückgeführt wird. Von der persönlichen Situation zunehmend abstrahierend, wird der Blick auf die Umgebungsverhältnisse, auf mitgefangene Frauen ausgerichtet und der fragmentarischen Erzählung ihrer Biographien zunehmend Raum gegeben. Aber auch der Erfindungsreichtum, mit dem das Überleben im Lager organisiert, mit dem »Massenhysterien«[49] bekämpft und Informationen über die Außenwelt beschafft worden sind, erfährt eine eingehende Schilderung.

Was ist von diesem autobiographischen Text zu halten, der auf so bedrückende Weise zum Druck gelangt und doch als einer der ersten authentischen Berichte über die sowjetischen Lager Respekt und Würdigung verdient? Ein zunächst punktuell vorgenommener Textvergleich ergibt folgendes Bild: Zwischen der ersten und der zweiten Auflage, beide unter dem genannten Pseudonym erschienen, lassen sich keine Veränderungen aufweisen. Antisemitische Äußerungen, wie sie allerdings diese beiden Auflagen verstreut enthalten, werden in einer Neuauflage aus dem Jahr 1958 – und zwar vollkommen kommentarlos – gestrichen.[50] Mehrere Kapitelüberschriften zeigen sich in dieser Neuauflage verändert, neue Kapitel hinzugefügt, andere umgeordnet, kleinere Satzteile getilgt.[51] So wird etwa auf namentliche Details zu den Schauprozessen verzichtet[52], im gleichen Zuge jedoch auch auf die Aussage, dass sich unter den Angeklagten deutsche Kommunisten befanden. Dagegen finden sich in solchen Passagen häufig Einfügungen, die die unheimliche Atmosphäre der gegenseitigen Überwachung in Moskau verstärkt zu akzentuieren suchen.[53] Für das Schlusskapitel wird die Überschrift »Das Wunder« beibehalten; es imaginiert die andere Seite des Grenzflusses zu Deutschland als ein rettendes Ufer in »Freiheit«[54], während der Sturm die Papiere anderer Häftlinge über die Brücke fegt, die sie in Richtung Lager wieder verlassen müssen. Bis auf kurze Streichungen scheint das Kapitel unverändert übernommen worden zu sein.

Die Ambivalenz dieser lebensgeschichtlichen Situation und die eigene Verwicklung in einen Überwachungsapparat, diesmal den nationalsozialistischen, hat die Verfasserin auch in ihren späteren literarischen Erzählungen niemals wirklich zur Sprache bringen können. Distanzierungsmomente, die darauf schließen lassen könnten, sie hätte den mit dem Pseudonym verbundenen »Identitätswechsel« in irgendeiner Form literarisch zu reflektieren oder gar zu bewältigen gesucht, lassen sich in ihrem Werk kaum auffinden. Noch im Rückblick scheinen die Repressionsmechanismen, die beide Systeme des »Staatsterrorismus« im Zenit ihrer Macht produziert haben, ebenso wie ihre Strafpraktiken einander zu ergänzen. Und doch wird die Übertragung des traumatisch Erlebten in den Text, wird die schriftliche Fixierung der Erinnerungsbilder für diese Zeitzeugin zu einem eigentlich unmöglichen Unterfangen.

41
Bitte der Reichsschrifttumskammer um Auskunft bei der Gauleitung der NSDAP, beigefügter handschriftlich ausgefüllter Fragebogen, betrifft Aufnahme von Waltraut Nicolas als Mitglied der Reichsschrifttumskammer bzw. Befreiung vom Erfordernis der Mitgliedschaft, ohne Paginierung;
BA, RKK, Nicolas, Waltraut, 2101.
42
Einschreiben von Waltraut Nicolas vom 17.3.1942; Brief des Gau-Personalamtes/NSDAP/ Gauleitung, Berlin, 18.5.1942 an die Reichsschrifttumskammer [vertraulich]; Brief des Reichssicherheitshauptamtes an den Präsidenten der Reichsschrifttumskammer, Berlin, 16. Mai 1942, ohne Paginierung; ebenda.
43
Brief des Verlages Junker & Dünnhaupt an die Reichsschrifttumskammer vom 26.1.1943, ohne Paginierung; ebenda.
44
Das Sowjetparadies. Ausstellung der Reichspropagandaleitung der NSDAP. Ein Bericht in Wort und Bild, Berlin 1942. Die Ausstellung wurde vom Institut für Deutsche Kultur- und Wirtschaftspropaganda durchgeführt und enthielt im Rahmen der ideologischen Strategien gegen den »jüdischen Bolschewismus« auch Hinweise auf »Die Leidensstationen der Zwangsverschickten«.
45
Lebenslauf, ohne Paginierung.; BA, R 58/3254, Anlage II, Nr. 801

46
Irene Cordes [d.i. Waltraut Nicolas]: Der Weg ohne Gnade. Berlin 1943, Vorsatzblatt.
47
Ebenda, S. 18.
48
Ebenda, S. 515.
49
Ebenda, S. 106.
50
Waltraut Nicolas: Die Kraft, das Ärgste zu ertragen. Frauenschicksale in Sowjetgefängnissen, Bonn 1958.
51
Vgl. z.B. Irene Cordes: ...Lasst alle Hoffnung fahren, Berlin 1942, S. 10 mit Nicolas: Die Kraft, das Ärgste zu ertragen (Anm. 50), S. 7.
52
Vgl. Cordes: ...Lasst alle Hoffnung fahren (Anm. 51), S. 13; Nicolas: Die Kraft, das Ärgste zu ertragen (Anm. 50), S. 10.
53
Ebenda, S. 11.
54
Cordes: Der Weg ohne Gnade (Anm. 46), S. 517.

Hans Albert Walter hat den Vorgang der Auslieferung an die deutsche Gestapo unter dem Aspekt des gegenseitigen »Nutzens« von geheimdienstlichen Organisationen beleuchtet und mit folgenden Worten kommentiert: »Die Gestapo besorgte die Geschäfte von NKWD ebenso, wie NKWD die der Gestapo besorgt hatte.«[55] Um so weniger durchschaubar muss diese Konvergenz der Diktaturen aber für den Einzelnen, die Einzelne, gewesen sein, die in den Griff beider Überwachungsapparate geraten war. Müssen Vektoren wie Logik des Terrors im historischen Abstand in beiden Fällen höchst unterschiedlich erscheinen, so verband sie dennoch für die darin Involvierten die unmittelbar ausgeübte physische Gewalt und die ganz konkrete psychische Not des Individuums.

Im Falle von Waltraut Nicolas ließen sich die Aporien einer Macht, die sich verdoppelte und deren Überschneidung so tief in den eigenen Lebenszusammenhang eingegriffen hatte, offenbar nur in Richtung eines religiösen Denkens als einer anderen Form von Sakralisierung auflösen. Ein »weltfremdes gewusstes Dogma« sollte, so lautet einer der raren Interpretationsansätze zu ihren späteren Erzählungen über die Sowjetunion, durch eine andere, eine »kirchliche Lehre« ersetzt werden.[56] Noch Jahrzehnte nach dem Ende des Krieges kämpft sie indessen um Zugang zu Informationen über den weiteren Aufenthalt von Ernst Ottwalt, später um Möglichkeiten, den genauen Todeszeitpunkt zu erfahren. Währenddessen eröffnet der sowjetische Hauptankläger Roman Rudenko 1946 seine Rede bei den Nürnberger Kriegsverbrecherprozessen mit Ausführungen über die nationalsozialistischen Machtverhältnisse, zu deren Bekräftigung er aus Ernst Ottwalts Faschismusanalyse »Deutschland erwache!« zitiert – ohne zu wissen, dass dessen Autor als »Volksfeind« verhaftet worden und im August 1943 in einem sowjetischen Lager umgekommen ist. Diese Form der historischen »Paradoxie«[57], wie Alfred Kantorowicz sie genannt hat, bleibt für Waltraut Nicolas nur in Richtung der Flucht unter das Dach christlicher Werte auflösbar. Solche Entscheidungen gehören mitten hinein in das »Bild einer bis zur äußersten Übersteigerung verworrenen Epoche«, in deren Macht- und Kräftekonstellationen »sich Unrecht von gestern mit Unrecht von heute unauflöslich verschränkt.«[58]

Was aus der bisherigen Betrachtung ausgespart geblieben ist, sind jedoch jene Ereignisse, die Waltraut Nicolas' Auslieferung an die deutsche Gestapo folgen und die ersten Publikationsversuche der Aufzeichnungen über das sowjetische Exil begleiten. Die Anklageschrift des deutschen Generalstaatsanwalts beim Kammergericht Berlin, die Beteiligung an der Vorbereitung eines »hochverräterischen Unternehmens« durch Waltraut Nicolas betreffend, »zu Prag und Moskau, also im Auslande in den Jahren 1933 bis 1936 […] mit Gewalt oder durch Drohung von Gewalt die Verfassung des Reiches zu ändern«[59], hat sich zumindest teilweise auf Angaben aus ehemaligen Emigrantenkreisen stützen können. Unter Folter und unmittelbarer Todesdrohung erzwungen, erlaubten sie die formalrechtliche Konstruktion, dass auf Anweisung der Prager Gruppe der KPD Beziehungen zur tschechischen Polizei unterhalten worden seien, um Material über die deutsche Aufrüstung zu besorgen.

Der Name der Kontaktperson, Alexander Bessmertny, im August 1942 hingerichtet, zirkuliert durch verschiedene Hochverratsverfahren in dieser Zeit. Im Umfeld seiner Aussagen fallen auch die Namen von Ernst Ottwalt und Waltraut Nicolas.[60] Scheint die Verbindung zu Bessmertny für den NKWD den Verdacht der Spionage für Deutschland und der Spitzeltätigkeit für eine trotzkistische Organisation bestätigt zu haben, so soll sie auf Seiten des nationalsozialistischen Staates einen juristischen Begründungsakt plausibel machen, der für die Prozessführung die Beteiligung an illegalen Bestrebungen der KPD nachzuweisen sucht, um die Tatsache der Ausbürgerung als sogenannte Reichsdeutsche umgehen zu können. Für den »Gnadenakt«, mit dem die vermutlich auch für Nicolas vorgesehene Todesstrafe nach Intervention des deutschen Außenministeriums in eine einjährige Haftstrafe umgewandelt wird[61], ist offenbar der Umstand ausschlaggebend, dass ihre Akten im Auswärtigen Amt Abschriften von Aussagen über zahlreiche Verhaftete in Moskau und Umgebung enthalten und auch ihre Angaben bei der Geheimen Staatspolizei in Berlin vom 25. August 1941 an den Volksgerichtshof überstellt worden sind.

Vor diesem Hintergrund bekommen Sätze ein anderes Gewicht, wie sie in ihrem späteren autobiographischen Roman »Viele tausend Tage« zu lesen sind: »Über das eigentliche rede ich nie.«[62] Die Präzision der Erinnerung und die in der Vorstellung aufgesuchten Details betreffen in den fünfziger Jahren zwar das ABC der Klopfsprache, mit dem sie sich noch in sowjetischer Haft mit Ernst Ottwalt Wand an Wand verständigt hat. Doch die Kohärenz der eigenen Lebensgeschichte scheint brüchig geworden; die Brüche innerhalb dieses Jahrhundertschicksals, die Aufgabe einmal gewählter Treue- und Identitätsbindungen, ist ohnehin nur zu begreifen, wenn man dem Willen zum Überleben unbedingte Priorität einräumt. Uneinholbar zeigen sich die Strukturen der Erinnerung daher von aporetischen Momenten geprägt: »Was ist Freiheit, was ist Gefangenschaft? Als man mich eines Tages wirklich in die Freiheit entließ, blieb ich mit Ketten gebunden an das Land unserer Gefangenschaft. Denn zwischen Frage und Antwort ging der eiserne Vorhang nieder, durch den keine Botschaft mehr drang.«[63]

In welchen Kategorien ist diese Form der Treuebindung, in der die Logik des eigenen Lebenszusammenhanges weitgehend zugunsten der Möglichkeit einer Intervention für den Lebenspartner suspendiert wird, für unser gegenwärtiges Verstehen beschreibbar zu machen? Um mit einer vorläufigen Antwort zu enden: Es ist wohl so, dass, um mit Freud zu sprechen, eine biographische »Wahrheit« auch in diesem besonderen Fall nicht zu haben ist. Und hätte man sie, so wäre sie nicht zu gebrauchen.

55
Walter: Deutsche Exilliteratur. Band 2
(Anm. 25), S. 231.
56
Waltraut Nicolas: Der Fall Drostow.
Erzählungen. Hrsg. und eingeleitet von Hans
Graf von Lehndorff, Wuppertal-Barmen 1964,
S. 9 (Vorwort).
57
Alfred Kantorowicz: Deutsche Schicksale,
Wien 1964, S. 172, zitiert nach Andreas W. Mytze:
Ottwalt. Leben und Werk des vergessenen
revolutionären deutschen Schriftstellers.
Im Anhang bisher unveröffentlichte Dokumente,
Berlin 1977, S. 39.
58
Ebenda.
59
Anklageschrift Waltraut Nicolas,
BA, Zwischenarchiv Dahlwitz-Hoppegarten.
NJ (NS-Justizakten) 15815, Bl. 10–14.
Ich danke Simone Barck sehr herzlich für diesen
Hinweis.
60
Dazu auch Eva-Maria Siegel: »Vorläufiges
Leben«. Emigrationsalltag in Prag 1933–1939,
in: Exil. Forschung – Erkenntnisse –
Ergebnisse, 1 (1994), S. 28.

61
Herbert A. Strauss/Werner Röder (Hrsg.):
International Biographical Dictionary of Central
European Emigrés 1933–1945, Vol. II, Part 2
(The Arts, Sciences, and Literature), S. 863.
62
Waltraut Nicolas: Viele tausend Tage.
Erlebnisbericht aus zwei Ländern, Stuttgart
1960, S. 26.
63
Ebenda, S. 32.

Areti Georgiadou

»Die unendliche Trauer im Herzen« –
Annemarie Schwarzenbach (1908–1942)
in der Sowjetunion

Annemarie Schwarzenbach, Industriellentochter und Schweizerin, war durch die nationalsozialistische Machtergreifung in Deutschland nicht im klassischen Sinne exiliert. Sie wählte das Exil vielmehr freiwillig, folgte ihrer Zivilisationskritik, die prägend war für ihre gesamte Generation, ihrer Abenteuerlust und später auch ihren emigrierten Freunden, vor allem den Geschwistern Erika und Klaus Mann. Im Gegensatz zu ihnen aber konnte sie immer wieder »heimkehren«, im Sinne einer Rückkehr in die Heimat. Schwarzenbach hatte darüber hinaus auch keine Geld- oder Passprobleme. Darin liegt in vielerlei überlebensentscheidender Hinsicht der Unterschied – in mancher Beziehung aber doch wieder nicht. Die Möglichkeit der Heimkehr stillt die Sehnsucht nach den Bergen, nach dem heimatlichen Blau des Himmels, nach der Familie. Sie stillt vielleicht auch die Sehnsucht nach einem Kaffee, getrunken irgendwo in Zürich, in der vertrauten Stadt. In einer Beziehung aber verliert die Frage der Freiwilligkeit des Exils, das bei Schwarzenbach genauer als Flucht bezeichnet werden muss, ihre Bedeutung: nämlich dann, wenn eine ganze geliebte und identitätsbildende Kultur verfällt, die deutsche; wenn die Mutter und andere Verwandte zu Hause offen mit dem Nationalsozialismus sympathisieren; und wenn zu erkennen ist, dass die Heimat, die Schweiz selber, dermaßen erpressbar wird und sich – mehr oder weniger freiwillig – auch erpressen lässt, dass man sich geradezu schämt, Staatsangehörige dieses Landes zu sein.[1]

Wichtig für Annemarie Schwarzenbachs Auseinandersetzung mit Europa wird ihr Aufenthalt in der Sowjetunion im August 1934 anlässlich des Allunionskongresses der sowjetischen Schriftsteller in Moskau.

Offiziell eingeladen zu diesem Kongress, dem schon im Dezember der Beginn der großen stalinistischen Säuberungen folgt, hat Maxim Gorki. Der große alte Mann der russischen Literatur, der nach sieben Jahren des Exils 1928 in die Sowjetunion zurückkehrte, ist nun bereit, sein internationales Ansehen und sein moralisches Gewicht, das er sich durch Stücke wie »Nachtasyl« und »Mutter« erworben hat, für das stalinistische Regime einzusetzen.[2] Auch eine Reihe ausländischer Schriftsteller sind eingeladen. André Malraux ist Ehrengast. George Bernard Shaw, Romain Rolland, Arnold Zweig und Heinrich Mann senden Grußtelegramme. Und aus Deutschland bzw. schon aus der Emigration kommen Johannes R. Becher, Theodor Plievier, Ernst Toller, Gustav Regler, Oskar Maria Graf und andere. Auch Klaus Mann ist eingeladen. Im »Wendepunkt« schreibt er dazu: »Ich wurde zur Teilnahme am Ersten Kongress der Sowjet-Schriftsteller aufgefordert, obwohl ich kein Kommunist war, oder gerade deshalb: Die offizielle ›Linie‹ war damals für die ›Volksfront‹, [...] und die Anwesenheit von ›linksbürgerlichen‹ Elementen (zu denen man mich zählte) musste den Arrangeuren des Kongresses also willkommen sein.«[3] Dass Schwarzenbach ebenfalls eine offizielle Einladung hatte, ist nicht bekannt und auch eher unwahrscheinlich. Sie ist einfach zu unbekannt gewesen. Politisch ist sie aber aus den gleichen Gründen wie Klaus Mann in Moskau gern gesehen. In ihren Aufzeichnungen heißt es: »Toleranz, markierte Einheitsfront mit den ›Sympathisierenden‹ und den ›Linksbürgerlichen‹ – alles Kategorien, mit denen hier viel und gern operiert wird –, und so werden wir mit wohlwollender Achtung behandelt.«[4]

Abb. 64
Annemarie Schwarzenbach mit Erika und
Klaus Mann um 1938
Von links nach rechts: Erika Mann,
Annemarie Schwarzenbach, Klaus Mann

Moskau, die Hauptstadt des großen sozialistischen Experimentes, ist für die ausländischen Gäste beeindruckend, und auch Schwarzenbach zeigt sich zunächst angetan. Es gibt große Reden, Diskussionen und Festbankette. Untergebracht ist man im Hotel Metropol, wo Kost und Logis frei sind und die begehrten Verzehrmarken (Talons) schon auf den Zimmertischen bereitliegen. Vor allem aber ist es das große Interesse der Menschen für Literatur, das alle begeistert. Bei den Diskussionen sitzen Fabrikarbeiter im Publikum, Bauern, Soldaten, Matrosen. Sie diskutieren interessiert mit den Schriftstellern, sie stellen Fragen, sie stellen Forderungen: »Warum gab es noch keinen Roman über die Metallindustrie? Woran lag es, dass nicht mehr Lustspiele geschrieben wurden, über die man wirklich lachen konnte? Eine Bäuerin bestellte sich vaterländische Balladen für ihre Kinder. Eine junge Trambahnschaffnerin wollte mehr über die Liebe lesen, ›wie sie wirklich ist‹,« schreibt Klaus Mann.[5] Sozialistischer Realismus war in der Kunst gefordert, und die Diskussion darüber war eines der großen Themen des Kongresses. Schwarzenbach bemerkt: »Das Interesse an der Literatur ist hier ungeheuer. Es ist, von dem Wenigen, was wir bisher gesehen und erfahren haben, die auffallendste und erstaunlichste Tatsache. Kolzow, der uns gestern bei sich empfing, sagte uns, dass die einzige Schwierigkeit der Papiermangel sei – das sollte man einem Verleger in den westlichen Ländern erzählen.«[6]

Klaus Mann weiß die Teilnahme seiner Freundin am Kongress zu schätzen und notiert: »eine wahrhaft kühne Geste für ein Mädchen von solcher Herkunft«.[7] Aber nicht nur ihr familiärer Hintergrund ist auffallend, Schwarzenbach ist eine der wenigen Frauen auf dem Kongress und wahrscheinlich die einzige Schweizerin. Vor allem ist sie eine der wenigen, die »allein« dort sind, also nicht als Begleiterin von Ehemännern oder Lebensgefährten, die nachts im Hotelzimmer die Manuskripte und Aufzeichnungen abtippen darf.

Von den übrigen Kongressteilnehmern wird sie wohl hauptsächlich als Begleiterin Klaus Manns gesehen. Dieser Schluss lässt sich zumindest aus dem einzigen Kommentar über sie in Moskau entnehmen, der von Oskar Maria Graf stammt: »Inzwischen waren neue Bekannte gekommen. Klaus Mann begrüßte mich als ›Landsmann‹ und stellte mir seine hübsche, elegante, junge Begleiterin, ein Fräulein Annemarie Schwarzenbach vor. Es handelte sich bei ihr um eine schreibende Millionärstochter aus der Schweiz, die aus Spielerei und wahrscheinlich, um sich irgendwie interessant zu machen, regen Verkehr mit Prominenten pflegte und große Reisen machte.«[8] Über Klaus Mann äußert sich Graf ähnlich befremdet und abfällig, wenn auch hier die Zärtlichkeit und das Verständnis für den begabten Sohn eines großen Dichters dazukommt, der versucht sich aus dem Schatten des Vaters zu lösen. »Klaus Mann? Ich erinnerte mich seiner aus München. Wir sahen uns immer nur von weitem. Er und die Jugend um ihn, die damals auftrat, waren mir zuwider. Es war eine überzüchtete, höchst unentschiedene Generation [...]. Der ganze Mensch hatte etwas Ruheloses, überhitzt Intellektuelles und vor allem etwas merkwürdig Unjugendliches. [...] Und mir fielen all die verlogenen Schmeichler aus den Kreisen seiner Altersgenossen ein, die ihn kritiklos in die Höhe lobten und die nun in ihrem muffig verschwiegenen Neid als schäbige Hitlerdiener endlich gegen ihn schimpfen durften. Auch in Moskau mokierte man sich über diesen ›Sohn eines berühmten Vaters‹.«[9]

Man darf also vermuten, dass Grafs Äußerungen auch über Schwarzenbach, hätte er sie besser gekannt, differenzierter ausgefallen wären. Interessant ist aber, dass es gerade Graf ist, dieser etwas bärbeißig wirkende, impulsive Bayer, der die beiden Freunde kurz porträtiert – Graf, der große Individualist, der sich auf dem Kongress ausschließlich in kurzen bayrischen Lederhosen zeigt und der mit seiner überschwenglichen Herzlichkeit einige Menschen geradezu in Angst und Schrecken versetzt. Die Außenseiter erkennen sich. Sie sind in diesem Fall aber so grundlegend verschieden, dass auch Klaus Mann und Annemarie Schwarzenbach nur ihr Befremden über Graf festhalten können.[10] Annemarie Schwarzenbach ist sich ihrer randständigen Position auf dem Kongress durchaus bewusst, und wenn sie mit sarkastischem Unterton bedauert, dass die Nazis ihr im Gegensatz zu Klaus nicht zur »gründlichen Befreiung« verholfen hätten,[11] dann wird auch deutlich, wie sehr sie unter dieser Position am Rande gelitten hat. Eine Position, die sie nicht nur in Moskau hatte, sondern politisch gesehen fast ausnahmslos als nie wirklich Betroffene.

Im Falle ihres Moskauaufenthalts wie auch für das gesamte Leben und Werk dieser Schriftstellerin ist es bedauerlich, dass ihre privaten Aufzeichnungen, Tagebücher und ein Großteil ihrer Briefe nach ihrem Tod von ihrer Mutter vernichtet worden sind. Annemarie Schwarzenbach hat ihre Eindrücke und auch die Diskussionen in Moskau aber in ihren »Notizen zum Schriftstellerkongress in Moskau« festgehalten, aus denen sich ein umfassendes Bild des Kongresses ergibt. An ihnen lässt sich ablesen, dass sie sich durch ihre Außenseiterposition nicht hat einschüchtern lassen. Sie nimmt regen Anteil an den Debatten über die Stellung und über die Möglichkeiten der Literatur, sie reflektiert die schwierige politische Situation der Exilschriftsteller und sie bezieht Stellung in der großen Auseinandersetzung des Kongresses zwischen individualistischem und kollektivem Schreiben.[12]

In ihren Tagebüchern hätte man aber vielleicht etwas lesen können von ihrem Gefühl, sowjetischen Boden zu betreten. Und wie es für sie – die Individualistin, die sich den zwei großen Heilstheorien ihrer Zeit, dem Faschismus und dem Kommunismus so vehement verwehrt hat – war, das Grenzschild »Proletarier aller Länder vereinigt euch!« zu sehen. Während sie, wie auch Klaus Mann, den Stil des sozialistischen Realismus für sich ablehnt, ist sie auf dem Kongress durchaus bereit, sich von der Sowjetunion begeistern zu lassen. Vergleicht man ihre Aufzeichnungen mit denen Klaus Manns im »Wendepunkt«, so hat man den Eindruck, dass sie sich sogar noch mehr als ihr Freund von der Atmosphäre des Kongresses hat einfangen lassen, was aber auch an der Unmittelbarkeit der Eindrücke liegen kann, unter denen Schwarzenbach ihre »Notizen« schreibt.

Und tatsächlich ist es in der euphorischen Stimmung und der geschickten propagandistischen Inszenierung schwer, die politische Situation und den Druck auf die sowjetischen Schriftsteller zu durchschauen – zumal in nur drei Wochen und als offizieller Gast der Sowjetunion. Zwar haben bereits erste Schauprozesse in Europa für Kritik gesorgt,[13] die großen Prozesse finden aber erst 1936–1938 statt, und spätere Opfer wie Radek, Bucharin und Pasternak können sich auf dem Kongress noch einmal öffentlich äußern. Radek verteidigt den sozialistischen Realismus mit einem flammenden Bekenntnis. »Radek ist das Enfant terrible der Revolution«, bemerkt Schwarzenbach kritisch, »Das plagt ihn, und er benützt alle Gelegenheiten, eine Beichte abzulegen und ausfällig gegen die zu werden, die ihrerseits nicht orthodox und stubenrein sind.« Pasternak und Bucharin melden dagegen ihre Vorbehalte an und kritisieren die staatliche Einengung der Schriftsteller. Auch die brisanten Probleme der Sowjetunion, die Zwangskollektivierung und die Strafkolonien, nach denen sie sich erkundigt, werden Schwarzenbach als positive Notwendigkeiten dargestellt, so dass sie trotz ihrer Ambivalenz gegenüber dem politischen System in Moskau zeitweise jede kritische Distanz verliert und in eine regelrechte Schwärmerei für das Sowjetsystem verfällt. Besonders, nachdem sie Filme wie »Rote Erde« gesehen hat.

1
Siehe Annemarie Schwarzenbach:
Die Schweiz – das Land, dass nicht zum Schuss kam, in: Der Alltag, Nr. 2, Zürich 1987.
Zur Biographie Annemarie Schwarzenbachs siehe Areti Georgiadou: Das Leben zerfetzt sich mir in tausend Stücke, Frankfurt am Main – New York 1995.
2
In seiner Biographie über Theodor Plievier schreibt Harry Wilde allerdings, dass Gorki nicht freiwillig in der UdSSR blieb. Selbst wenn das zutreffen sollte, so war es aber den Gästen des Kongresses nicht bekannt. Harry Wilde: Theodor Plievier. Nullpunkt der Freiheit, München – Wien – Basel 1965, S. 346.
3
Klaus Mann: Der Wendepunkt, Hamburg 1984, S. 328.
4
Annemarie Schwarzenbach:
Notizen zum Schriftstellerkongress in Moskau, in: Dies.: Auf der Schattenseite.
Ausgewählte Reportagen, Feuilletons und Fotografien. Hrsg. von Monika Dieterle, Basel 1990, S. 42.
5
Mann: Der Wendepunkt (Anm. 3), S. 328–329.
Vgl. dazu auch Oskar Maria Graf:
Autobiographische Schriften,
Frankfurt am Main 1989, S. 389 ff.
6
Schwarzenbach:
Notizen zum Schriftstellerkongress (Anm. 4), S. 35.
7
Mann: Der Wendepunkt (Anm. 3), S. 334.

8
Graf: Autobiographische Schriften (Anm. 5), S. 374.
9
Ebenda, S. 374 ff.
10
»Graf war betrunken und umarmte die Sowjetwürdenträger, und einer von ihnen rief erschrocken aus: ›Das ist ja kein Mensch, sondern ein Seeungeheuer!‹«, so Schwarzenbach in: Notizen zum Schriftstellerkongress (Anm. 4), S. 46, nachdem sie vorher bereits seine Lederhosen erwähnt hat.
11
Ebenda, S. 47.
12
Zum geflügelten Wort des Kongresses war Jean-Richard Blochs Satz geworden:
»Keinen Individualismus mehr in unseren Werken, aber umso mehr Individualität«, zitiert nach Graf: Autobiographische Schriften (Anm. 5), S. 390.
13
1928 hatte bereits der Schachty-Schauprozess stattgefunden, 1930 die »Erschießung der Achtundvierzig« und das Ramsin-Verfahren (gegen die »Industriepartei«). Diese Schritte, mit denen Stalin seine Alleinherrschaft vorbereitete, waren in Europa auf Protest gestoßen.
Siehe dazu Karl Kröhnke: Lion Feuchtwanger – Der Ästhet in der Sowjetunion, Stuttgart 1991, S. 29 ff.

Auch das »bürgerliche« Gesicht der Revolution, das den Gästen gezeigt wird, ist für Schwarzenbach Grund, die Sowjetunion positiv zu sehen. So schreibt sie z.B.: »Dass der geistige Arbeiter, der Schriftsteller und Wissenschaftler, hier hoch bezahlt wird, gehört in die Reihe von Tatsachen, die die Gleichmacherei widerlegen. Man mag sich darin seit den ersten Jahren der Revolution geändert haben, man ist [...] zu den freieren Grundlagen zurückgekehrt, und es weht etwas von dem Huttenschen Geist: die Künste regen sich, die Wissenschaften blühen, es ist eine Lust zu leben.« Oder es heißt: »Da in mancher Hinsicht sozusagen normale, das heißt gewohnte Verhältnisse eingetreten sind [...] fragt man sich gelegentlich: ›Was ist Kommunismus?‹ Das Eigentum ist nicht mehr verpönt. Verpönt und unmöglich gemacht ist lediglich: dass Menschen durch andere Menschen ausgenützt werden.«[14] In diesem Punkt ist Klaus Mann klarer, der im »Wendepunkt« fast lapidar feststellt, »Ich blieb etwa vierzehn Tage im Hotel Metropol zu Moskau und sah so viel oder so wenig vom sowjetrussischen Leben, wie unsere Führer uns sehen ließen.«[15]

Aber auch bei Schwarzenbach mischen sich in die Begeisterung immer wieder Töne der Ermüdung und der Kritik, die letztlich auch überwiegen. Zum einen spürt sie die Angst von Parteimitgliedern wie Johannes R. Becher, sich offen kritisch zu äußern,[16] zum anderen sind die Probleme des Individuums und des Individualismus, beides heiß diskutierte und kritisierte Themen des Kongresses, für Annemarie und Klaus zu elementar, als dass sie sie leichtfertig einem Kollektiv unterordnen könnten. »Hier gelten augenblicklich nur die Bücher, die den Bau einer neuen Fabrik, das Leben der Komsomolzen, die Taten der Stoßbrigaden, die Fortschritte der Kolchosen schildern. Das ist recht, weil es dem Bedürfnis einer Leserschaft von Millionen entspricht, aber es ist nicht absolut recht. Es wird Zeiten geben, und es wird in Russland bald soweit sein, da andere Interessen auftauchen, andere Wünsche erwachen, die jetzt nicht recht in das Bewusstsein treten, weil die dringendsten Aufgaben die Menschen ganz beanspruchen. Moskau ist die Stadt ohne Erotik, die Stadt ohne Landschaft, ohne Gerüche von Wasser, von Gärten, sterbendem Sommer, leichtem Herbsthimmel. Aber all das wird wiederkommen. Die Menschen werden wieder Gedichte und Lieder singen, in denen nicht von den Werken des Aufbaus die Rede ist. Sie werden Dichter lieben, die die unsterbliche Trauer im Herzen tragen«,[17] schreibt sie.

Auch der unverhohlene Militarismus in Moskau – für Schwarzenbach, der Enkeltochter General Willes und Nichte eines der höchsten und konservativen Schweizer Militärs, ein ganz besonders heikler Punkt –, der vorgeschriebene Optimismus und die Technologiebegeisterung, die von Stalin verordnet ist und durch zahlreiche Flug- und Fallschirmspringerschauen demonstriert wird, machen Schwarzenbach skeptisch. »Die Menschen sind hier von einer manchmal aufreizenden Heiterkeit. Ich beobachtete gestern am großen Flugtag die Dichter Tretjakow und Fedin – sie sprachen nur von Flugzeugen, Fallschirmen, Jagdstaffeln, sie waren besorgt, als ein Gewitter ausbrach, sie strahlten, als es rasch vorüberging, sie waren begeistert, als das Riesenflugzeug »Maxim Gorki« langsam heranbrauste. [...] Ich fürchte mich aber vor dieser Welt, und ich glaube, dass der Dichter immer in Opposition zu der hellen Welthälfte der Tatsachen steht, dass Leiden und Widersprüche ihn reif machen und dass es immer nur eine Sehnsucht ist, die ihn glauben lässt, er sei mit diesen Dingen, mit den Werken und Herzen der Arbeiter einig und eins. Heimlich nährt er doch in sich die Todessehnsucht, den Zweifel und die Liebe.«[18]

Unerhört eigentlich, dass da eine kommt, hinschaut und allein vom Ästhetischen ausgehend das Naheliegende erkennt, während andere sich so gerne täuschen lassen, sich täuschen lassen auch von ihren Hoffnungen: Graf z.B., der in einen regelrechten Taumel verfällt; Plievier, der bleibt und schon einen Tag nach dem Kongress die harte realsozialistische Wirklichkeit zu spüren bekommt;[19] oder Feuchtwanger, der Apologet der stalinistischen Säuberungen.[20]

In Leningrad, der langsam verfallenden bürgerlichen Metropole, findet Schwarzenbach den Ort für die Literatur, wie sie sie begreift, und kehrt dort auch zu ihrem melancholischen Stil zurück, bevor sie noch einmal, offensichtlich unter dem Eindruck des Abschieds in Moskau – vor allem aber unter dem Eindruck einiger Filme, die sie hier sieht – die Errungenschaften der Sowjetunion verteidigt. Die Idee der Gerechtigkeit auf der Welt ist eine allzu verlockende. Auch wenn ihr Resümee lautet: »[…] rechte Narren-Utopien sind hier verwirklicht, wie Kolumbus-Eier auf den Kopf gestellt. Doch, man hat etwas begriffen und möchte, dass die Krise und der Irrsinn auch in Europa bald abgelöst werden: Wie das Neue dann aussehen soll, kann man jedoch von hier keinesfalls einfach abschreiben. Man möchte, es wäre dann doch ganz anders«.[21]

14
Schwarzenbach:
Notizen zum Schriftstellerkongress (Anm. 4),
S. 37 und S. 39.
15
Mann: Der Wendepunkt (Anm. 3), S. 330.
16
Über Becher bemerkt Schwarzenbach in
ihren Notizen: »[…] als es schon sehr spät war,
sagte er plötzlich: ›Man kann ja dieses Zeug,
diese Tatsachenromane, schon nicht mehr
lesen.‹ Aber in nüchternem Zustand hätte er das
nicht gesagt.« Schwarzenbach: Notizen
zum Schriftstellerkongress (Anm. 4), S. 50.
17
Ebenda, S. 49.
18
Ebenda, S. 49 – 50.

19
Noch Harry Wilde stellte man Plievier und
seiner Frau schon einen Tag nach dem
Kongress Zimmer, Speisen und Getränke mit
Preisen in Rechnung, die man sonst nur
von amerikanischen Touristen verlangte.
Siehe Wilde: Theodor Plievier (Anm. 2), S. 349.
20
Vgl. dazu Kröhnke:
Lion Feuchtwanger (Anm. 13).
21
Schwarzenbach:
Notizen zum Schriftstellerkongress (Anm. 4),
S. 51.

Simone Barck

Zeitzeuginnen erinnern sich –
Ein Gespräch über Verfolgung, Exil und Krieg
(31. Oktober 1998)

Simone Barck:
Anschließend – und in manchem ergänzend – zu den auf der Tagung vorgetrage-
nen Beiträgen zu politischen und strukturellen Dimensionen des Exillandes Sowjetunion möchte unser Gespräch die persönlichen, sehr individuellen Erfahrungen
von Frauen im sowjetischen Exil in unseren Dialog einbringen. Ich darf Ihnen
unsere Runde vorstellen, über deren Zustandekommen ich mich sehr freue. Ich
verrate kein Geheimnis, wenn ich sage, dass keine der drei Frauen sehr begeistert
war über meine Bitte, sich an einem solchen öffentlichen Gespräch zu beteiligen.
Aber sie haben sich überzeugen lassen, nicht zuletzt aufgrund unserer langjähriger Bekanntschaft. Diese Scheu hat mit der Sache selbst zu tun, mit den Biographien, mit weiblicher Bescheidenheit, mit traumatischen Erlebnissen und nicht zuletzt mit der Befürchtung, für bestimmte politische Tagesinteressen vereinnahmt
zu werden. Ich möchte bei der Vorstellung auch jeweils die Geburtsjahrgänge nennen, weil es für die Rekonstruktion der jeweiligen Lebensstationen hilfreich ist:
  Gabriele Stammberger, geb. Bräuning, Jahrgang 1910,
  verheiratete Haenisch, verheiratete Gog,
  aus einer Berliner Architektenfamilie stammend;
  Emmi Wolf, geb. Stenzer, Jahrgang 1923,
  Kind aus einer kommunistischen Arbeiterfamilie;
  Tamara Günther, geb. Schinkel, Jahrgang 1931,
  Tochter des Lehrers Helmut Schinkel.
Schon aus diesen verschiedenen Jahrgängen ergibt sich, dass die Werdegänge
und Erfahrungen sehr unterschiedlich gewesen sind, wir die Jahre des sowjeti-
schen Exils aus den Perspektiven eines Kindes, eines jungen Mädchens sowie
einer erwachsenen jungen Frau beleuchten werden.
Gabriele Stammberger, wann sind Sie in die Sowjetunion gekommen und welche
Erfahrungen haben Sie dort bis etwa Mitte der dreißiger Jahre machen können?
Beruflich und privat?

Gabriele Stammberger:
Zuerst möchte ich erklären, wie ich aus einer ganz »ordentlichen«
bürgerlichen Familie, die niemals links gedacht hat, in die Sowjetunion
gekommen bin. Das hing in meinem Fall damit zusammen, dass ich im
Diskussionskreis von Wolfgang Duncker und seinen Eltern Käte und
Hermann Duncker 1931 mit marxistischem Gedankengut vertraut geworden war und hier eines Tages Walter Haenisch kennen lernte. Wir haben
uns gleich gut verstanden, und so begann unsere Beziehung. Ich wusste,
dass er Geschichte und Philosophie studierte und schon viele Artikel

über marxistische Probleme veröffentlicht hatte. Er war so gut wie fertig mit seinem Studium, hatte große Pläne, aber keinerlei Aussicht auf eine bezahlte Stellung. Er rief eines Tages bei uns zu Hause an, um sich mit mir zum Spaziergang zu verabreden. Als gut erzogene Tochter fragte ich meine Eltern um Erlaubnis. Mein Vater wollte wissen, wie heißt er denn? Ich sagte, Walter Haenisch. Mein Vater runzelte die Stirn: Ist das der Sohn von dem ehemaligen preußischen sozialdemokratischen Kultusminister Konrad Haenisch? Ich bejahte, allerdings ohne hinzufügen, dass Walter in dieser schwarz-rot-goldenen Familie das einzige »rote« Schaf war.

In unserem Diskussionskreis lasen wir zusammen Texte von Lenin und den marxistischen Klassikern. Unsere Debatten waren heftig und ausdauernd. Das war mein kommunistischer »Grundkurs«, denn ich hatte ja die üblichen kleinbürgerlichen Vorurteile. Kommunismus als Gleichheitsgesellschaft usw. Als dann Walter auch zu uns nach Hause kam, beteiligte sich auch meine Mutter an diesen Diskussionen. Sie und ich »löcherten« Walter mit unseren Fragen bis in die Nächte hinein. Das wurde ihm manchmal schon zuviel, denn er musste ja nachts noch nach Steglitz zurück. Zu mir sagte er: Weißt du, du bist in einer gutbürgerlichen Familie großgeworden. Du hast keine Ahnung von den Arbeiternöten. Aber wenn wir hier erst mal den Sozialismus aufbauen, dann wirst du das schon verstehen lernen.

Eine bezahlte Stellung war nach wie vor nicht in Sicht, selbst sein Studium konnte er nicht ganz abschließen, weil kein Geld mehr da war. Er hatte schon mit allen möglichen Leuten korrespondiert und sich einen Namen als guter theoretischer Kommunist gemacht. Die Sache war bis Moskau gedrungen, denn da brauchten sie Leute, die sich auf marxistischem Gebiet auskannten.

Eines Tages kam ein Brief aus Moskau vom damaligen Direktor des Marx-Engels-Instituts, Wladimir Adoratski, ob er nicht nach Moskau kommen wolle, um dort zu arbeiten. Da war natürlich unser Jubel groß, der meiner Eltern verständlicherweise weniger. Wir heirateten noch im Dezember 1931 und sind im Frühjahr 1932 nach Moskau gefahren. Walter fing sofort im Institut zu arbeiten an, wo sie gerade dabei waren, mit Hochdruck zum 50. Todestag von Karl Marx einige Jubiläumsausgaben vorzubereiten. Er wurde Hauptautor des 1934 erschienenen Buches »Karl Marx. Chronik seines Lebens in Einzeldaten«, eine sehr aufwendige und international anerkannte Arbeit. Ich habe dann auch in diesem Institut gearbeitet, in der Entzifferungsabteilung, da nützten mir meine Kenntnisse in Englisch und Französisch, und bald lernte ich auch Russisch.

Als ich im November 1932 zum ersten Mal so einen Original-Brief von Marx vorgelegt bekam, dachte ich, dieses Gekritzel wirst du nie entziffern können. Selbst Chinesisch schien mir einfacher zu sein. Aber man liest sich da schnell ein, und es hat mir dann große Freude bereitet. Jede abgetippte Seite musste von den jeweiligen Entzifferern mit ihrem Namen und dem Datum versehen werden, damit Rückfragen möglich waren. Als ich nach vielen Jahren von der DDR aus zum ersten Mal wieder im Moskauer Marx-Engels-Archiv war, konnte ich meine eigenen Spuren aus diesen Jahren finden. Ich begleitete Luise Dornemann, die Dokumente von und über Clara Zetkin für eine Ausgabe suchte. Die Zetkin-Sachen wurden uns von einer alten, netten Genossin vorgelegt. Ich traute mich, ihr zu erzählen, dass ich früher hier gearbeitet hatte. Ach, Gabriele Haenisch, wir haben uns schon oft gefragt, als wir Ihren Namen auf den Marx-Dokumenten fanden, was aus Ihnen geworden ist? Und wir umarmten uns.

Simone Barck:

Ich möchte jetzt Emmi Wolf bitten, uns zu erzählen, warum und auf welchen Wegen sie in die Sowjetunion gekommen ist.

Emmi Wolf:

Mein Vater, Franz Stenzer, geb. 1900, war Mitglied des ZK der KPD und auch Reichtagsabgeordneter von München. Als die Nazis an die Macht kamen, war er gezwungen, in die Illegalität zu gehen. Seitdem haben wir ihn nicht mehr gesehen. Wir waren drei Kinder (Mädchen) in der Familie. Unsere Mutter wurde noch vor meinem Vater als Geisel verhaftet und mit großem SA-Aufmarsch ins Gefängnis nach Stadelheim abgeführt. Dann verhafteten sie auch meinen Vater. Er kam ins KZ Dachau, wo er nach Folterungen auf direkten Befehl von Rudolf Heß, der am Abend zuvor in Dachau gewesen war, am 22. August 1933 erschossen wurde. Es ist den Bemühungen eines Juristen, der im Auftrag der Mutter unseres Vaters handelte, zu verdanken, dass sein Leichnam freigegeben wurde. Die Untersuchung hat eindeutig ergeben, dass er direkt von vorne, in die Stirn getötet worden war – also nicht, wie behauptet wurde, »auf der Flucht erschossen«. Wir wohnten in einem sozialdemokratischen Wohnblock. Als meine Mutter verhaftet wurde, haben sich alle sehr um uns gekümmert. Der Zahnarzt hat uns schwarz eingekleidet, der Fleischer und der Gemüsehändler haben uns alles mögliche zugesteckt, denn wir waren ja nun mit unserer Großmutter allein. Diese Solidarisierung der Bevölkerung hat natürlich den Nazis nicht gepasst, und sie haben nach der Ermordung meines Vaters meine Mutter »vorübergehend« entlassen. Man schickte uns zwangsweise in ihr Heimatdorf, und sie musste sich täglich polizeilich melden.

Wir haben später erfahren, dass die vierte Münchener illegale KPD-Leitung – die anderen waren alle »hochgegangen« – an den Moskauer Rundfunk geschrieben hatte mit der Bitte, uns aus Deutschland rauszuholen. Das wurde dann auch von der Internationalen Roten Hilfe organisiert. Weil meine Großmutter mit gebrochener Hüfte im Krankenhaus lag, durften wir sie besuchen. Auf diese Weise kamen wir mit unserer Mutter zusammen aus dem Dorf heraus, Genossen brachten uns nachts über die Grenze nach Saarbrücken. Davor, noch in München, hatten wir den Vater beerdigen können. Es war wohl das erste und das letzte Mal, dass die Nazis eine Leiche freigegeben hatten. Der von der Wohngemeinschaft anwesende sozialdemokratische Genosse wurde sofort vom Friedhof weg verhaftet und nach Dachau verbracht.

Von Saarbrücken aus kamen wir nach Paris, wo sich weiter die Rote Hilfe, Secours Rouge, um uns kümmerte. Wir spielten dort immer auf dem Hof und sahen, dass immer mehr Leute, auch viele Kinder, ankamen. Es wurde ein Kinderheim organisiert für die Kinder der Emigranten, die weder Arbeit noch Aufenthaltserlaubnis bekamen und völlig auf Abruf dasaßen. Wir erlebten die Riesendemonstrationen und Solidaritätskundgebungen, die von der französischen KP und anderen Organisationen unter der Losung »Der Faschismus kommt nicht durch!« mit großer Resonanz unter der Pariser Bevölkerung organisiert wurden. Anschließend kam es oft zu großen Schlägereien mit der Polizei. Bei diesen Veranstaltungen haben uns die französischen Genossen auf ihre Schultern genommen, sind durch die Reihen gegangen und haben Geld für die Emigranten gesammelt. Bis heute glaube ich, dass diese Hilfeleistung der Franzosen generell noch nicht richtig gewürdigt worden ist. Das war ja nur der erste große Ansturm von Emigranten, denn es kamen immer

Abb. 65
Emma Stenzer, die Mutter von
Emmi Wolf

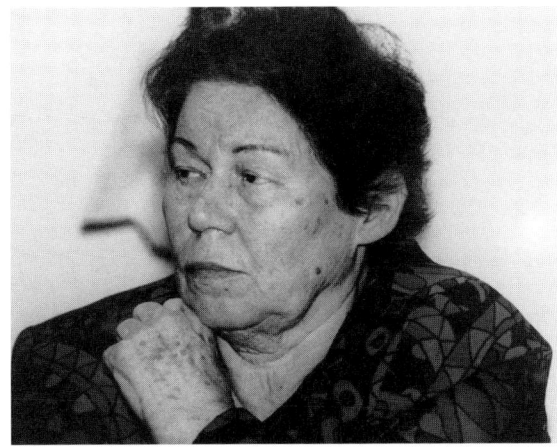

Abb. 66
Emmi Wolf während des Zeitzeuginnen-
Gesprächs am 31. Oktober 1998
in der Gedenkstätte Deutscher Widerstand

mehr, und irgendwie versuchten sie, allen zu helfen. Das war auf Dauer kaum möglich, aber allein der Solidaritätswille beeindruckte uns sehr.

Von Paris sind wir dann per Schiff über London im September 1934 in die Sowjetunion gefahren. Meine Mutter war schon einmal dort gewesen: als sie wegen der Teilnahme an verbotenen Demonstrationen ein halbes Jahr absitzen sollte, hatte sie die Partei zusammen mit dem Vater, der wegen seiner Reden und Artikel ebenfalls von Verhaftung bedroht war, nach Moskau geschickt. Für meine Mutter und auch für uns, soweit wir das schon begriffen, war klar, dass die Sowjetunion unsere Rettung bedeutet. Das war das Land des Weltproletariats, wo es den Arbeitern und Bauern gut geht. Die ersten Eindrücke von 1934 wären mit allgemeiner Aufbruchstimmung zu beschreiben. Überall Gerüste und rege Bautätigkeit. Das waren wir von zu Hause nicht gewöhnt, dort herrschte ja Arbeitslosigkeit mit allen schweren Folgen für die Arbeiterfamilien, wie wir es aus nächster Nähe und aus eigener Erfahrung kannten. Dass es in der Sowjetunion keine Arbeitslosigkeit gab, beeindruckte uns am meisten.

Wir kamen über Leningrad nach Moskau, wo meine Mutter infolge all der Strapazen erkrankte. Man bot ihr an, uns in ein internationales Kinderheim, nach Iwanowo, zu geben. Hier war es für uns zuerst sehr ungewohnt, waren wir doch zum ersten Mal auf uns allein gestellt. Auch verstanden wir anfangs die anderen Kinder überhaupt nicht, da wir kein Russisch sprachen. Das lernten wir dann aber schnell, auch mit Hilfe anderer deutscher Kinder, die schon vor uns dort angekommen waren. Russisch war für alle die Umgangssprache. Nach etwa einem Jahr konnten wir in die nah gelegene russische Schule gehen und haben dort gelernt, bis der Krieg ausbrach. Unsere Mutter war nach ihrer Genesung in die KUNMW aufgenommen worden und studierte dort mit viel Fleiß. Sie holte alles nach an Bildung, was sie sich in Deutschland nicht hatte aneignen können. Schiller, Goethe, Mathematik, Geschichte und Geographie und natürlich die marxistischen Klassiker.

Simone Barck:

Beim Stichwort Lernen und Pädagogik möchte ich Tamara Günther bitten, ihre ersten sowjetischen Erinnerungen zu schildern.

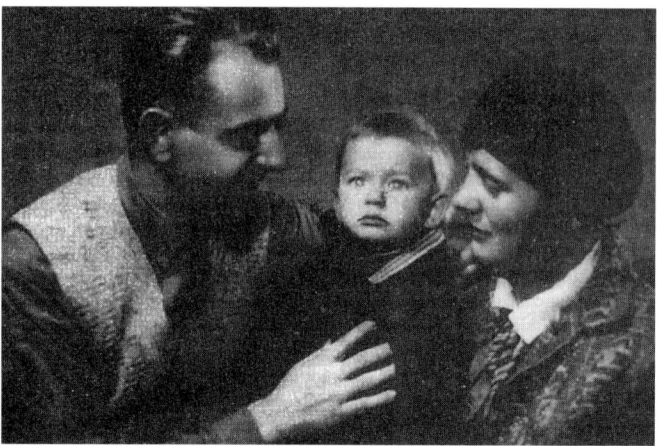

Abb. 67
Tamara Günther, geb. Schinkel,
mit ihren Eltern in Moskau, 1932/33
Von links nach rechts:
Helmut Schinkel, Tamara Schinkel,
Lena Schinkel

Tamara Günther:

Ich werde kaum mit sensationellen Dingen aufwarten können. Geboren bin ich 1931 in Moskau als Tochter von Lena und Helmut Schinkel, der hier seit 1929 zunächst als Funktionär der kommunistischen Jugend-Internationale, dann als Lehrer und komponierender und schreibender Erzieher tätig war. Seit meiner Geburt hatte ich eine Njanja, die typische russische Kinderfrau, die bei uns lebte und mich im wesentlichen erzogen hat, denn meine Mutter arbeitete ganztags in einem Moskauer Elektrobetrieb. Meine ersten Worte waren daher nicht Deutsch, sondern Russisch. Der Einfluss dieser Njanja auf mich war groß, und ich wuchs eigentlich wie ein russisches Kind auf. Durch diese frühen Prägungen wurde meine ganze Mentalität mehr russisch ausgebildet, obwohl ich Kind deutscher Eltern war – Vater stammte aus Brandenburg und Mutter aus Berlin-Prenzlauer Berg.

Und noch heute, nach über vierzig Jahren, fühle ich mich dem Land, in dem ich geboren und aufgewachsen bin, sehr stark verbunden. Wenn mich hier Deutsche kennen gelernt haben, haben sie meist eine Russin in mir vermutet. Für mich war es sehr schön, dass ich in meinem Beruf als Russischlehrerin über dreißig Jahre, erst an der Schule, dann an der Universität, die russische Sprache und Kultur vermitteln konnte. Nach der Wende habe ich zusammen mit Frauen aus Zehlendorf – sehr wohlhabenden Frauen – humanitäre Hilfe für Russland organisiert. Sie konnten meine Liebe zu diesem Land nicht begreifen, nachdem sie erfahren hatten, dass mein Vater 1937 verhaftet worden und 1946 im GULag umgekommen war und dass meine Mutter 1942 ins Arbeitslager kam und Schweres durchlebte. Ich konnte ihnen nur schwer begreiflich machen, dass es vor allem die russischen Menschen in ihrer selbstverständlichen Solidarität waren, die meine Gefühle bestimmten.

Abb. 68
Tamara Günther während des Zeitzeuginnen-
Gesprächs am 31. Oktober 1998
in der Gedenkstätte Deutscher Widerstand

Vielleicht habe ich auch besonderes Glück gehabt? Und hatte meist mit guten Menschen zu tun? Zum Beispiel meine Njanja: Als mein Vater verhaftet wurde und »Volksfeind« sein sollte, sagte sie zu mir immer: Glaube nicht, was erzählt wird, das stimmt nicht. Dein Vater ist ein sehr guter Mensch, und das sollst du so im Gedächtnis behalten. Das war eine ganz einfache Frau, ungebildet, sie konnte nur fehlerhaft lesen und schreiben. Aber sie war überzeugt, dass mein Vater ein wahrer Kommunist sei. Die ihn verhaftet haben, hielt sie für die echten »Feinde des Volkes«. Das waren meine ersten Erinnerungen, die mit Politik zusammenhängen. Als ich später in den Kindergarten ging, hatte ich weiter praktisch zwei Mütter, die sich in ihrer Schichtarbeit abwechselnd um mich kümmerten. Eine russische und eine deutsche Mutter zu haben, ist für ein Kind natürlich sehr schön. Und hier liegt wohl auch der Grund dafür, dass ich mich als Patriotin der Sowjetunion empfinde.

Simone Barck:
Damit ist ein wichtiger Aspekt des Exillandes Sowjetunion thematisiert: das Zusammenleben von Russen und Emigranten. Wie gestaltete es sich und wie gelang die gewünschte oder von manchen auch nicht gewünschte Integration? Wie veränderte sich z.B. in einer so internationalen Einrichtung wie dem Marx-Engels-Lenin-Institut die Arbeitsatmosphäre in der beginnenden Zeit des »großen Terrors«?

Gabriele Stammberger:
In unserem Institut arbeiteten ja viele deutsche Mitarbeiter. Die dort tätigen Russen sprachen mit uns natürlich Russisch, was uns zwang, schnell die Sprache zu lernen. Zwar machte man anfangs viele Fehler, aber das besserte sich bald durch den alltäglichen Gebrauch der Sprache. Ich habe mich dort sehr wohl gefühlt in der Tätigkeit und auch im Umgang mit den Kollegen. Wir profitierten ja von den günstigen sozialen Bedingungen. So konnte ich unseren Sohn Alexander, genannt Pim, geboren im Oktober 1932, bei nur fünfstündiger, selbst festgesetzter Arbeitszeit bequem stillen und meine Institutsaufgaben weiter erfüllen. Also, das war schon sehr gut eingerichtet.
Schlimm wurde es erst in den Jahren 1937/38. Denn das war ja die Zeit, als all unsere Männer allmählich verschwanden. Mal der, mal jener. Ich erinnere mich, dass wir selbst eigentlich keine Angst hatten, dass es uns treffen könnte, denn wir gingen noch davon aus, dass es sich meist um Missverständnisse handeln würde.

Im März 1938 klingelte es nachts an unserer Tür, und zwei uniformierte NKWD-Beamte überreichten in Anwesenheit des Hausverwalters meinem Mann schweigend die Verhaftungsurkunde. Dann verlangten sie unsere Pässe. Während wir uns anzogen, begannen sie mit der Hausdurchsuchung, schnüffelten in den Büchern und Manuskripten herum. Meine Bemerkungen, dass es sich bei dem gefundenen Gewehr um ein Kinderspielzeug handele, wurde mit wütenden Blicken quittiert. Durch den Lärm der aus den Regalen gerissenen Bücher wachte Pim auf, sah sich verwundert um und ich beruhigte ihn: Das sind Milizionäre, die dürfen das. Die NKWD-Leute beschlagnahmten unsere Schreibmaschine und den Fotoapparat. Walter verabschiedete sich und sagte noch auf der Treppe zu mir: »Geh gleich zu Wilhelm Pieck, der kennt mich und wird das in Ordnung bringen. Geld habt ihr ja noch«. Das stimmte, denn Walter hatte gerade ein größeres Honorar für sein Buch über Philippe Buonarotti (erschienen in Paris 1938) von einem französischen Verlag bekommen.

Nachdem ich das Zimmer aufgeräumt hatte, versuchte ich am nächsten Morgen so normal wie möglich gegenüber Pim zu wirken. Im Lux wurde ich bei Pieck gar nicht vorgelassen. Ich ging in die Redaktion der DZZ, wo Walter vor ein paar Monaten als Mitarbeiter angefangen hatte. Hier waren schon andere verhaftet worden, und ich wollte nun mitteilen, wieso Walter nicht zur Arbeit erscheinen könne. Während ich noch wartete, sah ich die mit uns befreundete Vera Huppert die Treppe herunterkommen. Ich dachte, wenn sie von Walters Verhaftung weiß, wird sie mich nicht mehr kennen wollen und an mir vorbeigehen. Sie aber umarmte mich unter Tränen und schluchzte: »Meinen Hugo (Huppert) haben sie auch geholt.« In wenigen Nächten hatten sie die meisten der DZZ-Mitarbeiter verhaftet.

Wir Frauen hielten nun in einer Art Notgemeinschaft zusammen. Man lebte, wie man konnte. Unser Geld war natürlich bald alle, zumal ich auch noch unsere Njanja zu versorgen hatte, aber ich musste vor allem für Pim einen Kindergartenplatz ergattern. Ich suchte mir also einen guten Kindergarten in unserer Nähe aus, der zu der großen Seidenspinnerei »Krasnaja Rosa« gehörte. Ich hatte erfahren, dass dieser Betrieb auf dem Lande einen Sommersitz für den Kindergarten hatte, wohin die Kinder für mehrere Monate übersiedelten. Laut Aushang suchte der Betrieb Weberinnen. Ich bewarb mich für das Dreischicht-System. Sie schickten mich zum Leiter der Futterstoffabteilung, der sagte, ich könne sofort anfangen. Vorsichtshalber erzählte ich ihm von der Verhaftung meines Mannes und meiner Notlage, er sagte zum Glück, dass dies nur die Kaderabteilung etwas anginge.

Ich fing also mit der völlig ungewohnten Arbeit an, eingewiesen von einer alten Arbeiterin, die für sechs Webstühle zuständig war. Ich musste die leeren Schiffchen neu bestücken, was mir zuerst schwer fiel. Nachdem die ersten Blasen abgeheilt waren und sich Schwielen an meinen Händen gebildet hatten, beherrschte ich bald die Technik und wurde immer besser. Zuerst war ich wie taub, wenn ich nach drei Stunden aus dem riesigen Saal herauskam, wo ununterbrochen die Maschinen lärmten. Später konnte ich mich in dem Saal sogar unterhalten, ohne die Stimme zu heben. Nach zwei, drei Monaten hatte ich mich an mein neues Leben fast gewöhnt. In den Sommermonaten fuhr ich am Wochenende, Pim in seinem Kindergarten zu besuchen. Er fühlte sich rundum wohl dort und konnte es fast gar nicht erwarten, wieder zu »seinen Kindern« zu kommen. Das freute mich, aber andererseits gab es mir auch zu denken. Das wichtigste waren jedoch nicht meine Gefühle, sondern die Tatsache, dass er bestens untergebracht war.

Simone Barck:

Wie ging es in der Familie Stenzer weiter? Die drei Schwestern lebten in Iwanowo, die Mutter in Moskau. Wie sehen diese Jahre im Rückblick aus, gab es Verhaftungen im familiären Umkreis?

Emmi Wolf:

Im Jahre 1937 waren wir in Iwanowo und wurden unruhig, weil wir mehrere Monate nichts von unserer Mutter, die sonst sehr regelmäßig schrieb, gehört hatten. Dann kam wieder ein Brief von der Mutter, und wir besuchten sie auch im Sommer. Damals hat sie uns nichts erzählt, erst viel später offenbarte sie uns, dass sie verhaftet worden war. Nachdem die KUNMW geschlossen worden war, arbeitete sie in einem Moskauer Kugellagerbetrieb, der natürlich auch für die Rüstung tätig war. Sie gehörte dort zu den ersten ausländischen Arbeiterinnen, die vom NKWD geholt wurden. Wie sie uns erzählte, habe sie Glück gehabt mit einem anständigen Untersuchungsrichter und Dolmetscher. Als sie nach einigen Monaten entlassen wurde, erkrankte sie schwer. Wir wohnten damals in einer der typischen Moskauer Kommunalwohnungen: mehrere Familien hatten je ein Zimmer; Küche, Bad und Toilettenbenutzung zusammen. Wir hatten mit 9 qm das kleinste Zimmer, da wir Kinder ja im Heim wohnten und nur manchmal da waren. Die drei dort mitwohnenden Familien haben meine Mutter gepflegt und wieder hochgepäppelt. Alle waren von der politischen Unschuld meiner Mutter überzeugt und haben sich sehr für sie eingesetzt.

1940 kamen wir aus dem Kinderheim, wo wir von den Verhaftungen wenig mitbekommen hatten, von Iwanowo nach Moskau. Nun lebten wir zusammen in dem kleinen Zimmer. Nach der Pionierorganisation waren wir im Komsomol, ich wurde sogar zum Komsomol-Sekretär gewählt. Als der Krieg begann, erhielt unsere Gruppe den Auftrag, die Kinder unserer Schule aus Moskau zu evakuieren. Danach wurde unsere Familie zusammen mit der Komintern am 16. Oktober 1941 in Richtung Ufa evakuiert. Zunächst landeten wir in tatarischen Dörfern, halfen bei der Ernte und kamen erst im Winter nach Ufa. Meine Mutter arbeitete in einer Textilfabrik, in der Militärmäntel hergestellt wurden.

Dann beschloss die Komintern, dass die dort anwesenden Jugendlichen in einer Schule in Kuschnarenkowo ausgebildet werden sollten. Es waren Jugendliche verschiedener Nationalitäten. Die Ausbildung bestand aus dem Studium der Klassiker, dem Verfassen von Agitationsmaterialien sowie der Unterweisung in militärischen Tätigkeiten wie Schießen und Funken. Wir wurden für den illegalen Einsatz in Deutschland vorbereitet. Aber da die meisten von uns »russifiziert« waren, auch zum Teil nur schlecht deutsch beherrschten, fehlte dieser Ausbildung so manches wichtige Element. Das war ein Grund dafür, dass die ersten Fallschirmspringer bei ihrem Einsatz sehr schnell aufgefallen und von der Gestapo aufgegriffen worden sind, darunter meine enge Freundin Elvira Eisenschneider, die wir schon aus Iwanowo kannten. Da eine antinazistische Erhebung in Deutschland nicht mehr zu erwarten war und die Sowjetarmee offensiv voranrückte, wurden diese Aktionen eingestellt.

Nachdem die Schule 1943 geschlossen wurde, kamen wir zurück nach Moskau, wurden auf einen politischen Lehrgang geschickt, der uns für einen Einsatz an der Front vorbereiten sollte. Wir sollten zusammen mit deutschen Kriegsgefangenen antifaschistische Aufklärungsarbeit an der Front leisten. Zum ersten Mal deutschen Soldaten gegenüberzutreten, das war nicht einfach. Es waren schon Welten zwischen uns. Zwar hatten die Kriegsgefangenen bereits eine Antifa-Schule absolviert und angefangen umzudenken, was Hitler und den Faschismus betraf, aber sonst gab es nichts Verbindendes zwischen uns. Sie waren uns fremd. In der Arbeit und gemeinsamen Gefahr in Fronteinsätzen haben wir dann doch zusammengefunden. Unsere Aufgaben bestanden darin, Flugblätter herzustellen und zu verbreiten, mit den Megaphonen in unmittelbarer Frontnähe Texte vorzutragen und zum Überlaufen zu agitieren. Während wir in die deutschen Gräben hinüberriefen, wurden wir meist beschossen und mussten uns schon sehr vorsehen. Ich wurde bei einem solchen Einsatz verwundet und kam vom Feldhospital nach Moskau zurück in ein Hospital. Später war ich in der 7. Hauptabteilung der politischen Hauptverwaltung der Sowjetarmee speziell für das NKFD tätig. Ich übersetzte dort bis Kriegsende die Berichte der jeweiligen Frontbeauftragten, die über die Erfolge und Misserfolge ihrer Tätigkeit schrieben.

Simone Barck:
Tamara Günther, wie ging es bei Ihnen nach dem faschistischen Überfall weiter?

Tamara Günther:
Für mich begannen, wie für die russischen, ukrainischen und anderen sowjetischen Kinder die aufregenden (tragischen) Jahre. Umso mehr, weil ich ja keine Deutsche sein wollte, aufgrund meines Namens aber doch als solche galt. Und die Deutschen waren ja nun verhasst als diejenigen, die unser Land überfallen hatten. Zum Glück hatte ich ja einen russischen Vornamen, den mir mein Vater nach der Heldin von Lermontows Poem gegeben hatte. Man wurde ja meist nur mit dem Vornamen gerufen.
Ende Oktober 1941 mussten wir aus Moskau raus, in Viehwagen zusammen mit vielen Sowjetdeutschen. Nach ungefähr einem Monat sind wir in Kasachstan gelandet. Die Reise habe ich vor allem als Abenteuer in Erinnerung. Wir Kinder sprangen aus dem oft anhaltenden Zug herunter und spielten. Irgend etwas zu essen und zu trinken gab es auch. Für die Erwachsenen war diese Reise alles andere als angenehm, mit den täglichen Sorgen um Nahrung, die fehlende Hygiene und die ungewisse Zukunft. Wir kamen in ein Dorf im nördlichen Karaganda-Gebiet und lebten dort in den üblichen Lehmhütten. Die Kasachen hatten ja alle große Familien mit vielen Kindern in meinem Alter, die im Haushalt und in der Wirtschaft zupacken mussten.
Das hat mir gut gefallen, und ich half mit im Haushalt, in den Ställen und vor allem bei der Bewässerung der trockenen Gärten, in denen mit Kohl, Kartoffeln und Möhren die Hauptnahrungsbasis heranwuchs. Die Sommer sind dort sehr heiß, und wir mussten aus den Handbrunnen das Wasser schöpfen. Das war zwar mühsam, hat aber auch Spaß gemacht. Wir Kinder taten uns zusammen und bewältigten diese Aufgaben gemeinsam. Wenn wir fertig waren, konnten wir spielen und im Fluss baden gehen. In dem Kriegswinter 1941/42 waren auch noch Vorräte da, da gab es noch keinen Hunger. Das meiste, was die Kolchose erzeugte, ging an die Front. Die Familien mussten sich von dem ernähren, was sie in ihren kleinen Gärten ernteten. Dass ich keinen Vater hatte, fiel hier gar nicht auf, weil alle meine Freundinnen keine Väter hatten, denn sie wa-

ren an der Front. Wir waren eine Frauen- und Kindergemeinschaft. Alle haben gleichermaßen hart gearbeitet und die Kinder bildeten ein selbständiges Kinderkollektiv, in dem ich mich aufgehoben fühlte.

Natürlich merkten wir bald, dass der Krieg Unglück brachte. So wurde meine Mutter 1942 oder Anfang 1943 in ein Arbeitslager weit weg gebracht. Ich blieb allein, und sofort nahm mich eine russische Frau, die selbst drei Kinder hatte, als viertes Kind in ihre Familie auf. Die Tatsache, dass ich ein deutsches Kind war, spielte keine Rolle. Auch nicht, als ihr Mann und ihre beiden Brüder in Stalingrad fielen. Sie war eine einfache Frau, die mit Mühe lesen und schreiben konnte, aber sie hatte erstaunliche Erziehungsprinzipien. Sie arbeitete den ganzen Tag auf dem Feld, ich betreute als nun älteste (ihre Kinder waren vier, sechs und acht Jahre alt) die »Geschwister« und die Wirtschaft. Sie behandelte uns alle gleich, aber sie verlangte von mir als Ältester mehr als von den anderen. Wenn sie mal eine Bestrafung für mich nötig hielt, achtete sie darauf, dass ihre achtjährige Tochter mitbestraft wurde, damit war ihrem Gerechtigkeitssinn Genüge getan. Wir beide haben das immer gut überstanden. Wir waren so arm, dass wir im Winter wegen fehlender Schuhe nicht zur Schule gehen konnten. Da hat sie uns Kinder gezwungen, die Lehrbücher selbständig durchzuarbeiten. Sie kontrollierte das jeden Abend, obwohl sie es inhaltlich gar nicht beurteilen konnte, was wir ihr da erzählten. Ich habe fleißig gelernt, und auf diese Weise konnte ich jeweils ohne Probleme die nächste Klasse erreichen.

In dieser Zeit war ich bemüht, die deutschen Worte, die ich noch kannte, endgültig zu vergessen. Denn ich fühlte mich in dieser Umgebung als Russin. Deshalb war es für mich auch keine rechte Freude, als mich meine Mutter zu sich in dieses Arbeitslager für zwei Jahre holte. Denn dort waren nur Deutsche, Wolgadeutsche und deutsche Frauen von Repressierten wie meine Mutter. Hier herrschten sehr harte Lägerregeln, bei Nichtnormerfüllung Karzer und Brotentzug, ohne Ausgang. Dies wurden meine schlimmsten Jahre, und ich machte mit meinen Vorwürfen meiner Mutter das Leben noch schwerer, als es ohnehin schon war. Das tut mir natürlich heute leid, aber als Kind sah ich nur, dass es mir auf dem Dorf viel besser gegangen war.

Simone Barck:

Der Krieg bedeutete für alle lebensgeschichtliche Einschnitte und Brüche. Gabriele Stammberger, wie gestaltete sich ihre Situation nach der Verhaftung Ihres Mannes?

Gabriele Stammberger:

Ich habe getan, was ich konnte, rannte überall hin und schrieb mehrere Eingaben an Stalin, die deutsche KPD-Führung in Moskau sowie an das NKWD. Nachdem ich von Gefängnis zu Gefängnis gelaufen war, fand ich Walter in der Taganka. 50 Rubel durfte man für den Verhafteten abgeben, Briefe nahmen sie nicht an. Ich entschied mich für 17 Rubel, denn das war immer unsere Glückszahl gewesen. Als ich nach einigen Tagen den Rest einzahlen wollte, hieß es nur, er sei nicht mehr da. Nach etlichen Irrwegen erfuhr ich beim Militärkollegium des Obersten Gerichts, dass Walter von einer Troika des NKWD nach § 58, Punkt 6 (d.h. Spionage) zu zehn Jahren ohne Schreiberlaubnis verurteilt worden sei. Das war schrecklich für mich und ich machte noch eine Eingabe an Stalin. Einige Wochen später bekam ich eine Vorladung. Anstatt jedoch etwas über Walter zu er-

Abb. 69
Gabriele Haenisch (später Stammberger)
und Gregor Gog in Moskau, September 1940

Abb. 70
Gabriele Stammberger
während des Zeitzeuginnen-Gesprächs
am 31. Oktober 1998 in der
Gedenkstätte Deutscher Widerstand

fahren, sollte ich Auskünfte über alle unsere Bekannten geben und über Walters »geheime« Beziehungen berichten. Ich fragte den Beamten, wie ich ohne Schreiberlaubnis leben sollte, seine Antwort, die ich damals nicht zu deuten wusste, lautete nur: Sie werden sich wieder verheiraten. Er wusste im Gegensatz zu uns damals, dass »10 Jahre ohne Schreiberlaubnis« nur die Umschreibung für »Tod durch Erschießen« war. Erst nach 1990 habe ich nach Öffnung der sowjetischen Archive erfahren, dass Walter bereits am 16. 6. 1938 erschossen worden ist.

Seit 1939 lebte ich mit Gregor Gog zusammen, in Deutschland unter dem Namen »Vagabundenkönig« sehr bekannt. Unser gemeinsamer Sohn Stefan wurde im Oktober 1940 geboren. Wir hatten als Familie eine kurze, glückliche Zeit, bis zum faschistischen Überfall im Juni 1941. Das traf uns wie ein Donnerschlag. Entsetzt sahen wir die Front immer näher rücken. Deutsche Bomber näherten sich Moskau, man konnte schon die Explosionen hören. Für den 16. Oktober 1941 hatten wir einen Termin zur Evakuierung erhalten. Es begann die Hetze, diesen Transport vorzubereiten. Für mich war es mit zwei Kindern und vor allem dem nicht gesunden Mann (die Nazis hatten Gog im KZ die Wirbelsäule beschädigt) nicht einfach, die richtigen praktischen Entscheidungen zu treffen. Als ich z.B. außer festem Schuhwerk für uns auch Sandalen einpackte, wurde Gog sehr wütend und meinte: Im nächsten Frühjahr sind wir doch längst wieder zu Hause und der Krieg wird aus sein. Beinahe hätten wir dann noch unseren Zug verpasst, weil es keine Transportmöglichkeit für unser Gepäck gab.

Die Fahrt war den Umständen entsprechend. Der Zug überfüllt, wenig bis kein Essen, manchmal Suppe oder ein wenig warmes Wasser. Je weiter wir nach Osten kamen, um so öfter hielten die Züge. Denn auf den eingleisigen Strecken mussten die Züge von der Front vorgelassen werden, die auch das wenige Wasser beanspruchten. Auf der Suche nach etwas Milch für Stefan bei einem Halt hätte ich beinahe unseren Zug verloren, noch nie bin ich so schnell nach einem Zug gerannt. Hilfreiche Hände streckten sich mir entgegen und zogen mich hoch. Meine Familie hatte mich schon verloren geglaubt. Schließlich landeten wir in Fergana, wo Gog an Lungenentzündung erkrankte und Stefan an der gleichen Krankheit im Dezember 1941 starb. Ich habe als einzige diese Jahre überlebt, denn im März 1942 verloren wir Pim an Gehirnhautentzündung, und Gregor starb im Oktober 1945 an Nierenversagen. Alles, was mir lieb war, hatte ich nun verloren. Aber irgendwie musste das Leben doch weitergehen.

Simone Barck:

Wie es im einzelnen weiterging, ist in dem Buch »Gut angekommen – Moskau«. Das Exil der Gabriele Stammberger 1932–1954. Erinnerungen und Dokumente. Aufgeschrieben von Gabriele Stammberger und Michael Peschke (Berlin 1999) nachzulesen. Wie Gabriele in Fergana einen neuen Arbeits- und Freundeskreis fand, sich jedoch seit 1947 um die Ausreise nach Deutschland bemühte, was ihr dann im November 1954 auch gelang. Auf welchen Wegen sind Emmi Wolf und Tamara Günther nach Deutschland zurückgekommen?

Emmi Wolf:

Als Angehörige der 7. Abteilung kam ich mit dem dritten oder vierten Flugzeug nach Deutschland. Genau am 30. Mai 1945. Als wir vom Flugzeug aus das zerstörte Berlin gesehen haben, bezweifelten wir, dass das je wieder eine Stadt werden könne. Ein ganz schrecklicher Anblick von oben, die Fassaden, hinter denen nur Trümmer lagen. Als erstes wurde in Berlin mit der Enttrümmerung begonnen, das geschah mit Verbissenheit, aber auch einem gewissen Enthusiasmus, und langsam stellte sich auch die Überzeugung ein, dass hieraus doch wieder eine Stadt werden könne. Ich wurde Korrespondentin der »Täglichen Rundschau«, der Tageszeitung der SMAD. Ich habe über die Bereiche Jugend, Frauen und Gewerkschaften berichtet, über die Gründung der ersten Antifa-Ausschüsse und anderes. Bei dieser Arbeit lernte ich viele Menschen kennen und auch zu schätzen. Bald fühlte ich mich mit ihnen verbunden, gehörte zu diesem Leben. Erst 1950, also mit 27 Jahren und bereits zwei Kindern, habe ich das Studium der Slawistik an der Berliner Humboldt-Universität begonnen.

Tamara Günther:

Ich kam 1950 mit meiner Mutter nach Berlin. Allerdings nicht sehr glücklich, denn eigentlich wollte ich in der Sowjetunion bleiben. Ich besuchte damals das Lehrerbildungsinstitut, wollte Unterstufenlehrerin werden. Und Deutschland war für mich in erster Linie das Land der Faschisten. Meine Konfliktlage diskutierten wir in meiner sowjetischen Studienklasse, und es bildeten sich zwei Parteien, die einen waren dafür und die anderen dagegen. Wir bezogen auch unsere beliebte Klassenlehrerin ein. Sie wurde von uns sehr verehrt, eine wirklich gebildete Frau, die uns die Liebe zur russischen Literatur beibrachte. Meine Freundin und ich meldeten uns bei ihr an und erzählten ihr das Problem. Ihr war bis dahin gar nicht klar gewesen, woher ich stammte. Nachdem ich ihr alles von unserer Familie erzählt hatte, bat sie mich ganz klar zu sagen, warum ich nicht nach Deutschland wolle. Ich sagte, weil ich Russland als meine Heimat liebe. Sie antwortete, und gerade deshalb musst du fahren, denn dort wirst du die Kinder als Lehrerin in Liebe zu Russland erziehen. Das hat uns sehr beeindruckt und auch überzeugt. Sie fügte noch hinzu, wenn es dir überhaupt nicht gefällt, kommst du eben einfach zurück. Du bleibst sowjetische Staatsbürgerin.

Gesagt, getan. Ich studierte an der Humboldt-Universität, als ich 1951 von der ersten Studentendelegation nach Moskau hörte. Mit viel Mühe habe ich es geschafft, in diese Delegation hineinzukommen, und studierte in Moskau an der Pädagogischen Hochschule. 1955 kam ich dann endgültig nach Berlin und bemühte mich, den Kindern Wissen und Achtung vor Russland beizubringen. Und das konnte ich mit ganzer Überzeugung tun, indem ich viel über das Land und seine Menschen, wie ich sie erlebt hatte, erzählte. Da mich keiner nach dem Schicksal meiner Familie fragte, brauchte ich in der DDR über diese tragischen Seiten nicht zu sprechen. Danach ist ja erst in den letzten Jahren gefragt worden.

Die Gesprächspartnerinnen

Tamara Günther
Jg. 1931, geboren in Moskau, Lehrerstudium in Moskau,
Russischlehrerin in Berlin und bis 1990
Lehrerin im Hochschuldienst an der Humboldt-Universität Berlin.
Lebt als Rentnerin in Berlin.

Emmi Wolf
Jg. 1923, geboren in München, seit 1934 in der Sowjetunion.
Ab Mai 1945 in der »Täglichen Rundschau«,
1950 Studium der Slawistik an der Berliner Humboldt-Universität.
Im Ministerium für Kultur für Auslandsarbeit zuständig.
Promotion 1975 über Dostojewski.
Von 1973 bis 1990 Leiterin des Friedrich Wolf Archivs der Akademie der Künste der DDR.
Lebt als Rentnerin in Berlin.

Gabriele Stammberger
Jg. 1910, geboren in Berlin, von 1932 – 1954 in der Sowjetunion.
Seit 1954 in der DDR, Lektorin für Belletristik im Dietzverlag.
Lebt als Rentnerin in Berlin.

Anhang

Rita Pawlowski

Frauen – die namenlosen Emigrantinnen?
Oder: Eine Liste gegen das Vergessen

Zur Entstehen dieser Liste muss ich mehrere Erklärungen geben. Zuerst trieb mich schlichte journalistische Neugierde hinsichtlich der Frage, warum einige Emigranten – und in meinem damaligen Blickfeld waren nur Männer – 1945 aus der Sowjetunion nach Deutschland zurückgekehrt waren und andere erst in den fünfziger Jahren. Ich las hier nach, fragte dort herum, und irgendwann Ende der siebziger Jahre wusste ich: Wer von den deutschen Kommunisten und Parteilosen in die Säuberungen der dreißiger und vierziger Jahre geraten war, gehörte – in der Regel – nicht zu den Rückkehrern im Jahre 1945. Die Verbannten und Verfemten, wenn sie überlebt hatten, waren die Remigranten der fünfziger Jahre. Meine Haltung zur DDR hat diese Erkenntnis damals kaum beeinflusst. Doch die Legitimation der »Säuberungen«, in welcher Form und von wem auch immer, konnte ich politisch wie moralisch nie akzeptieren.

Ende der achtziger Jahre stieß ich zufällig wieder auf das Thema »Emigration in der UdSSR«, nämlich in dem Lebenslauf einer Frau, die nach eigenen Aussagen zwanzig Jahre ihres Lebens als Emigrantin in der Sowjetunion verbracht hatte. Plötzlich wurde mir bewusst, dass es ja auch Frauen waren, die die Emigration, die Säuberungen, die physischen und politischen Vernichtungen erlebt und erlitten hatten. Hatte diese Emigrantinnen bisher niemand wahrgenommen oder nur ich nicht? Seit dieser Zeit im März 1987 fragte ich mich ganz konkret und immer wieder: Was ist mit den Frauen, mit den Kindern geschehen? Hatten die verhafteten und ermordeten Männer keine Frauen? Vielleicht waren Frauen von den Säuberungen in der Sowjetunion nicht bzw. kaum betroffen? Warum überhaupt erscheint Emigration immer nur als männlicher Kampf, als männliches Leid, als männliche Opfer und männlicher Sieg?

Ich kam damals auf die Idee, die Suche nach den unsichtbaren Exilfrauen zu versuchen – und zwar ausschließlich in zugänglichen Beständen von Bibliotheken und Archiven. Ich wollte mir meine Fragen selbst beantworten. Die Staatsbibliothek Unter den Linden in Berlin und ihre Lesesäle wurden seit 1987 meine wichtigsten Anlaufpunkte. In den biographischen Lexika und aus Beiträgen zur regionalen Geschichte der Arbeiterbewegung suchte ich nach Namen von Frauen, die als Emigrantinnen zu erkennen waren, und trug sie in meine Liste ein. Diese etwas mühselige Arbeit ergänzte ich mit dem Lesen von Erinnerungen und Memoiren. Hier seien vor allem genannt: »Die ersten Jahre« (Berlin 1985), »Im Zeichen des roten Stern« (Berlin 1974) und Lea Groß' Autobiographie »Eine Inventur« (Berlin 1982). Mit neuem Blick las ich die Memoiren von DDR-Männern wie Franz Dahlem, Albert Norden, Alexander Abusch, Fritz Selbmann oder Erwin Geschonneck.

Meine Liste über die Exilfrauen erweiterte sich zwar, aber sie war höchst unvollkommen an biographischen Daten. 1990 änderten sich die Informationslage für mich schlagartig. Neue Veröffentlichungen erschienen, der Buchmarkt der alten Bundesrepublik bot ebenfalls alte und neue Titel an. Im Dietz Verlag Berlin kamen nach 1990 »SED und Stalinismus. Dokumente aus dem Jahre 1956« sowie »In den Fängen des NKWD« heraus. Hermann Webers »Weiße Flecken in der Geschichte« erschien in einer neuen Ausgabe. Über deutsche Frauenbiographien des Stalinismus informierte erstmals 1991 Meinhard Stark in »Wenn Du willst Deine Ruhe haben, schweige« und setzte dies 1999 fort mit »Ich muss sagen, wie es war«. Frauenschicksale unter Stalin stellte Ulla Plener 1997 in ihrem Buch »Leben mit Hoffnung in Pein« vor. Als Quellen nutzte ich ebenfalls Elfriede Brünings »Lästige Zeugen«, Ruth von Mayenburgs »Hotel Lux«, Aino Kuusinens »Der Gott stürzt seine Engel«, Trude Richters »Totgesagt«, um nur einige zu nennen.

Ich las Margarete Buber-Neumanns und Susanne Leonhards Bücher, ebenso die Erinnerungen von Herbert Wehner und Erich Gniffke. Ich wertete Hedda Zinners »Selbstbefragung« (Berlin 1989) ebenso aus wie Artikel in alten und neuen Zeitschriften. Information kam zu Information. Hilfreich war dabei besonders die von Edita Koch herausgegebene Zeitschrift »Exil« aus den Jahren 1990 bis 1993. Zeitungsberichte im Neuen Deutschland vom 17. Juni 1993, vom 2. November 1993, 10. Mai 1994 und 28. August 1995 über die Todesurteile und Hinrichtungen deutscher Emigranten in der Sowjetunion der dreißiger Jahre brachten wie die dazu gehörigen Leserbriefe wichtige Erkenntnisse. Die Liste der Frauen wurde lang und länger. Lücken in den Biographien der Frauen füllten sich nach Recherchen in »Die Ausbürgerung deutscher Staatsangehöriger 1933–45 nach den im Reichsanzeiger veröffentlichten Listen« (Saur 1985) und im »Biographischen Handbuch der deutschsprachigen Emigration nach 1933«.

Unerwartet viele Informationen boten die Jahrgänge des »Neuen Deutschland« in der Staatsbibliothek. In Gratulationen des Zentralkomitees der SED und der Gewerkschaften, in Auszeichnungslisten zu Jahrestagen der DDR, in Grußadressen der SED-Bezirksleitungen, in Nachrufen und Todesanzeigen ließen sich die Lebenswege »meiner« Frauen auch nach 1945 wiederfinden. Als nicht unwesentliche Informationsquellen erwiesen sich darüber hinaus die Ehrenfriedhöfe in Berlin und den ehemaligen Bezirksstädten der DDR. Auf den Grabfeldern für die Opfer des Faschismus und in den sozialistischen Ehrenhainen der Friedhöfe habe ich die Grabstätten zahlreicher Frauen des sowjetischen Exils aus meiner Liste gefunden.

Noch eine Nachbemerkung: Die Frage nach den »vergessenen« und »totgesagten« Frauen hat mich nie unberührt gelassen. Die Erkenntnis und Gewissheit, dass der reale Sozialismus unmenschliche und unmoralische Aspekte in sich barg, ist schmerzlich gewesen und geblieben. Bedrückend auch, dass meine Generation so ahnungslos war, ahnungslos gemacht wurde und vielleicht auch sein wollte. Wir haben vielfach mit ehemaligen Emigrantinnen gearbeitet und gelebt – und nicht gefragt. Mit zunehmender Empörung habe ich auch zur Kenntnis nehmen müssen, dass Frauen, unter ihnen auch die aus dem sowjetischen Exil, fünfzig Jahre nach ihrer Emigrationszeit immer noch als namenlose Gehilfinnen bzw. Gefährtinnen von Männern in Geschichtsbücher, Memoiren und Forschungsberichte eingehen. Ich habe meine Liste deshalb immer begriffen als eine, als meine Art des Erinnerns und vor allem des Bewahrens der Geschichte von Frauen, von Kommunistinnen ebenso wie von parteilosen Frauen. Für mich war es wichtig, so viele Namen wie nur möglich der Anonymität zu entreißen. Für andere wird wichtig sein, mehr als die Namen zu ermitteln.

Rita Pawlowski[1]

**Deutschsprachige Frauen
im sowjetischen Exil,
in sowjetischer Haft und Verbannung**

Abb. 71
Olga Weihe, geb. Prange
mit ihren Kindern im Nordkaukasus,
Hafen Noworossijsk, 1934

1
Die Liste wurde von Simone Barck,
Julia Hornig und Anneke de Rudder ergänzt,
die vor allem Informationen über die
Ehemänner und Lebensgefährten der Frauen
hinzufügten.

Abramowitz, Alice (Madje, Alice; Magyar, Alice)
* 19. 03. 1901 Halle;
Mai 1935 verhaftet;
bis 1955 Lager und Verbannung;
04. 03. 1971 in Berlin verstorben

Abramowski, Frieda
* 11. 10. 1886
(von der SED 1958 rehabilitiert)

Ahrendt, Luise
* 06. 07. 1909;
1938 in der SU umgekommen

Angres, Dora
* 17. 08. 1908
(von der SED 1958 rehabilitiert)

Ascher, Else
* 10. 07. 1899 oder 1901; 1967 verstorben;
05. 09. 1937 verhaftet;
22. 03. 1939 freigelassen;
24. 06. 1941 verhaftet; Lager in Karaganda;
1946 Schweiz
→ Ascher, Ernst Hugo; Arzt;
Juni 1936 verhaftet; 1937 Saratow
(Ehemann)

Auerbach, Edith Dr. med.
* 14. 10. 1903 Berlin;
November 1937 verhaftet;
1939 Freispruch; 1956 DDR;
September 1993 in Berlin verstorben
→ Auerbach, Theodor;
* 1899; November 1937 verhaftet;
1939 entlassen; 1956 DDR; 1977 verstorben
(Ehemann)

Auerbach, Nora
nach 1945 in der SU verstorben
→ Auerbach, Günther; 1937 verhaftet;
im Lager umgekommen

Bandelmann, Marta
→ Bandelmann, Fritz; 1937 verhaftet;
umgekommen

Bär, ?
→ Bär, Jakob; * 1894; 1937? verhaftet

Bär, Emma geb. Schweizer
* 05. 02. 1885 Offenbach

Bartoschat, Barbara
→ Bartoschat, ?;
1939 Haft; entlassen (Ehemann)

Bauer, Luzie (König, Hanni/Johanna/Else)
* 1914 Chemnitz;
September 1937 verhaftet;
29. 12. 1937 erschossen
→ Wabra, Ernst (Verlobter)

Becker, Martha geb. Moritz
* 19. 06. 1904 Hamburg;
07. 09. 1937 verhaftet;
08. 04. 1938 erschossen
→ Becker, Ernst (Ehemann)
→ Becker, Karl Albin (Schwager)

Beckert, Maria geb. Löb
*24.12.1908 Kitzingen;
      09.10.1937 verhaftet; verschollen
      → Beckert, Lothar Dr. med. (Ehemann)

Beckmann, Johanna
*1886;
      September 1937 verhaftet
      → Beckmann, Eugen (Ehemann)

Beck, Tatjana geb. Bötzow
*30.12.1900 Wilna;
      11.12.1937 verhaftet;
      Lager und Zwangsansiedlung bis 1956;
      23.02.1983 in Berlin verstorben
      → Beck, Hans; *04.01.1894;
      August 1936 verhaftet;
      02.07.1942 im Lager verstorben (Ehemann)

Benjamin, Margot
*18.08.1893 Berlin;
      Februar 1940 bis 1954 im Lager;
      1956 DDR

Benz, Irene (Hartmann-Benz, Irene Rosa)
*1899 Sosnowizy/Polen;
      September 1937 verhaftet;
      01.11.1937 erschossen

Berger, Klara
*12.07.1893 Zella Mehlis;
      1937 verhaftet;
      verstorben 196?
      → Berger, Franz; *01.06.1900 Halle;
      Juli 1937 verhaftet? (Ehemann?)

Bernhard, Irma
      Februar 1938 verhaftet

Bernier, Gertrud/Traute (Greve, Gertrud)
*04.08.1901 Doberan;
      1938 verhaftet; bis 1941 im Lager;
      seit 1956 DDR;
      13.12.1969 verstorben
      → Greve, Richard; *25.12.1897;
      1937 erschossen (Ehemann)

Bersap, Martha (Stern, Else)
*1894 Tirsen/Lettland;
      Februar 1937 verhaftet

Bevern, Julie
*28.10.1905 München;
      Februar 1938 verhaftet; bis 1946 Lager;
      Verbannung; 1956 DDR

Beyes, Frieda
      → Beyes, Fritz; 05.11.1901 Berlin;
      Oktober 1937 verhaftet;
      01.06.1942 im Lager verstorben (Ehemann)

Bichowski, Eugenie
*15.06.1903 Dünaburg;
      1936 verhaftet

Birkenfeld, Grete geb. Spelitz
*1905;
      1934 Sowjetunion; Verbannung
      → Birkenfeld, Ludwig; 23.1.1903;
      Anfang 1938 verhaftet; umgekommen
      (Ehemann)

Birkenhauer, Herta
*28.09.1904 Labeln/Kr. Lauenburg;
      02.04.1982 verstorben
      → Birkenhauer, Erich (Belfort);
      *21.01.1903 Essen;
      November 1937 verhaftet;
      08.09.1941 zum Tode verurteilt

Bitsch, Elise geb. Schulmeyer
*03.11.1894;
      November 1937 verhaftet;
      April 1940 an Deutschland ausgeliefert
      → Bitsch, Wilhelm; *01.06.1893;
      1937 verhaftet; 20.11.1941 in der Haft
      verstorben

Böhm, Helene
*10.04.1905;
      1956 DDR

Boguslawski, Else
      verhaftet;
      Zwangsarbeit; umgekommen

Böttcher, Maria geb. Groß
*05.10.1897
      → Böttcher, Paul; *1891;
      1933 – 1945 Schweiz;
      1945 – 1953 in sowjetischer Haft;
      1975 in Leipzig verstorben (Ehemann)

Brandt, Emma
      1937 oder 1938 verhaftet
      → Brandt, Richard; *1881;
      05.06.1937 verhaftet (Ehemann)
      → Brandt, Irma (Tochter)

Brann, Lotte
*01.01.1908 Berlin;
      1937 verhaftet; 1956 DDR;
      1986 in Berlin gestorben

Braun, Gertrud (Grete)
*19.04.1907 Ostrowo/Polen;
      1937 verhaftet; 1956 DDR;
      1976 (1977?) in Leipzig verstorben

Brichmann, Mimi
*05.06.1909;
      September 1937 verhaftet;
      Lager und Zwangsansiedlung;
      1948 SBZ
      → Wirgien, Fritz; 23.2.1936 verhaftet;
      erschossen (Lebensgefährte)

Brockstedt, Maria
*27.06.1906;
      ab 1955 DDR

Bronska, Wanda
*1911 Zürich;
      1931 Moskau; 15.3.1938 verhaftet;
      Gefängnis und Lager; 1946 Moskau;
      1947 Warschau; 1948 Berlin;
      Anfang der fünfziger Jahre München;
      1972 in München verstorben

Brose, Hilde
      → Brose, Helmut;
      vor Dezember 1936 verhaftet;
      1940 ausgewiesen (Ehemann)

Brückmann, Ella
verschollen
→ Brückmann, Georg (Albert Müller);
*28.11.1903; Herbst 1938 verurteilt,
1942 umgekommen

Buber-Neumann, Margarete
*21.10.1901 Potsdam;
Januar 1937 verhaftet; Februar 1940
ausgewiesen nach Deutschland;
bis 1945 KZ Ravensbrück;
06.11.1989 in Frankfurt am Main verstorben
→ Neumann, Heinz; *06.07.1902 Berlin;
April 1937 verhaftet;
26.11.1937 erschossen (Ehemann)

Busch, Elly
*25.08.1909;
1949 bis 1956 Lager; 1956 DDR

Budich, Lubow (Ljuba)
*21.08.1897 Moskau;
10.11.1976 in Moskau verstorben
→ Budich, Irene; *05.01.1924
→ Budich, Leonie; *04.01.1930 Berlin
→ Budich, Willi; *16.4.1890 Cottbus;
September 1936 verhaftet;
22.03.1938 erschossen (Ehemann)

Daniel, Berta geb. Dick
*20.11.1896 Ulm;
1937–1957 in Haft;
Verbannung;
07.04.1981 in Berlin verstorben
→ Daniel, Richard; *1891;
1942 verstorben SU (Ehemann)
→ Daniel, Lore; *17.05.1920 Ulm (Tochter)

Dannemann, Erna geb. Wiegand
*04.05.1906 Berlin-Reinickendorf;
1939 verhaftet
→ Dannemann, Wilhelm; *1901;
Juli 1937 verhaftet;
Mai 1939 erschossen (Ehemann?)

Dausacker, Bertha
*30.05.1905 Bülach/Schweiz;
1940 nach Deutschland ausgewiesen;
1986 in Berlin verstorben
→ Dausacker, Helga; *01.07.1935 Moskau
(Tochter)

David, Sara
*1900 Russland;
nach September 1936 zu 12 Jahren Lager
verurteilt
→ Krugljanski, Ilja (David, Fritz);
*24.08.1897; 24.08.1936 erschossen
(Ehemann?)

Dirr, Gerda geb. Minne
*06.07.1899 Bremen;
1939 verhaftet; 1958 DDR;
03.02.1973 verstorben

Dittbender, Gertrud geb. Pansa
*08.05.1897 Görlitz
→ Dittbender, Walter; *29.11.1891 Stettin;
1938 zu 15 Jahren verurteilt (Ehemann)
→ Dittbender, Kurt; *20.07.1920 (Sohn)

Diwan, Anna
*28.10.1889;
1957 DDR
→ Leow, Willy; *25.01.1887 Brandenburg;
1936 verhaftet;
1943 im Lager umgekommen (Ehemann)
→ Leow, Hans; 18.08.1907 Brandenburg;
September 1937 verhaftet,
03.11.1937 erschossen (Sohn)

Döll, Klara
*01.05.1903 Meiningen;
Februar 1938 verhaftet;
bis 1946 Lager; Verbannung;
1956 DDR

Döring,?
→ Döring, Artur; *12.04.1902;
1941 verhaftet; 07.05.1943 verstorben
(Ehemann)

Drechsler, Maria (d.i. Schwidwinskaja, Jadwiga)
*1901 Radom;
07.05.1938 erschossen
→ Drechsler, Fritz (Brand, August);
*1905 oder 1906 Remscheid;
Januar 1938 verhaftet; verschollen
(Ehemann)

Duty, Hilde geb. Peuker
*01.02.1910 Böhmisch-Leipa;
April 1937 verhaftet;
10 Jahre Haft;
1960 DDR
→ Wartanjan, Arno Arminakowitsch;
1937 verhaftet; verschollen (Ehemann)

Düwell, Frieda
*30.11.1884 Hamburg;
1937 verhaftet;
1949 (1945?) SBZ;
1962 in Berlin verstorben

Eipel, Anna
*03.10.1905 Sulau

Etterer, Anna
*14.05.1913 München;
März 1938 verhaftet;
1940 entlassen;
1946 München; 1952 DDR;
1992 in Berlin verstorben
→ Schwarzmüller, Franz; *1910;
1942 verstorben SU (Ehemann)
→ Huber, Franz; *1900;
verhaftet 1941 (Ehemann?)
→ Käthe; *1936 (Tochter)
→ Erika; *1941 (Tochter)

Fehler, Anna
*14.12.1905 Stockheim;
März 1938 verhaftet;
1955 DDR;
1959 in Berlin verstorben

Feyerherd, Lydia
*1906 (1912) Kischinjow;
    Januar 1938 verhaftet;
    Dezember 1939 ausgewiesen nach
    Deutschland
    → Feyerherd, Friedrich; *18.01.1897;
    27.10.1937 zum Tode verurteilt
    → Feyerherd, Paul; *1905;
    19.03.1938 zum Tode verurteilt

Fichmann, Sonja (Stauer, Sonja;
Berman-Jurin, Sonja)
*1898;
    September 1936 verhaftet
    → Stauer, Hans (d.i. Berman-Jurin, Konon);
    *25.08.1901; 1936 erschossen

Fischmann, Marie geb. Korschunow
*25.03.1878;
    1937 verhaftet

Flach, Karla
*31.05.1914 Altona;
    1943 verhaftet;
    1953 entlassen; 1958 DDR;
    31.03.1990 verstorben

Franczik, Elisabeth
*22.02.1903 Brandenburg/Havel;
    August 1937 verhaftet

Franken, Anna geb. Feiler
*13.02.1900;
    1935 Haft und Deportation;
    1958 DDR;
    20.03.1980 in Gera verstorben
    → Franken, Fritz; 09.01.1897 Viersen;
    Februar 1938 verhaftet;
    10.05.1942 im Lager umgekommen
    (Ehemann)

Franken, Flora Regina geb. Goldberg
*23.08.1899 Libau;
    1955 DDR
    → Franken, Paul; *27.06.1894;
    November 1937 verhaftet;
    1944 im Lager umgekommen (Ehemann)
    → Franken, Margot; *1923 (Tochter)

Freund, Helene
*12.06.1894;
    1956 DDR
    → Freund, Heinrich; *14.11.1917 (Sohn)

Friedländer, Dorothea geb. Ehrlich
*11.06.1894 Beuthen;
    Dezember 1937 verhaftet;
    25.04.1938 erschossen

Fritzsche, Elisabeth
*1909;
    27.04.1938 erschossen

Fröhlich, Goldine (Golda) geb. Hartog
*07.06.1898 Haaren;
    seit Evakuierung 1941 verschollen
    → Fröhlich, Horst (Ehemann);
    1943 KZ Auschwitz

Frohne, Erna
*1908 Magdeburg;
    1936 verhaftet

Gabelin, Selma geb. Hartog
*05.10.1896 Aachen;
    Februar 1938 verhaftet;
    vor April 1939 entlassen;
    20.08.1978 in Berlin verstorben
    → Gabelin, Bernwald; *15.02.1891 Krefeld;
    Februar 1938 verhaftet; vor April 1939
    entlassen; 05.10.1983 in Berlin verstorben
    (Ehemann)

Ganske, Gertrud geb. Krappitz
*18.07.1902 Groß-Neudorf;
    in der Haft umgekommen
    → Ganske, Otto; *26.08.1894;
    August 1937 verhaftet;
    Dezember 1939 entlassen;
    05.05.1987 in Berlin verstorben (Ehemann)

Garai, Dorothea (Dodo) geb. Wennrich
* Dezember? 1899 Schlesien;
    April 1937 verhaftet;
    bis 1955 in Haft und Verbannung;
    1955 DDR;
    14.12.1982 in Dresden verstorben
    → Garai, Karoly (Kürschner, Karl);
    *21.05.1899 Budapest;
    Februar 1938 verhaftet;
    20.03.1942 im Lager umgekommen
    (Ehemann)

Gerhardt, Ellen
*1909 Wien;
    Dezember 1937 verhaftet

Glesel (Gles), Elisabeth
*1901;
    1937 verhaftet; bald entlassen;
    1943 deportiert und Lager bis 1948;
    1955 DDR; 1987 verstorben
    → Gles, Samuel; *10.07.1910;
    September 1937 verhaftet;
    1944 umgekommen (Ehemann)
    → Gles, Alexander; *10.07.1935;
    zur Arbeit zwangsverpflichtet; 1956 DDR

Globig-Tschjan, Marta geb. Jogsch
*09.07.1901 Kiel-Gaarden;
    November 1937 verhaftet;
    Lager und bis 1947 Zwangsansiedlung
    Karaganda; April 1956 DDR;
    21.03.1991 in Berlin verstorben
    → Globig, Fritz; *25.01.1892;
    November 1937 verhaftet;
    Verbannung bis 1955; DDR; 24.02.1970 in
    Leipzig verstorben
    → Globig, Hans Georg, *1921;
    1942 Arbeitsarmee

Golke, Hedwig geb. Hoffmann
*07.02.1890 Neurode;
    1955 in Berlin verstorben
    → Golke, Artur; *14.10.1886;
    1937 verhaftet (Ehemann)
    → Golke, Gerda; *1911 (Tochter)
    → Golke, Martha; *1913;
    1993 verstorben (Tochter)

Grah, Helene geb. Busse
*19.11.1909 Solingen;
    1941 – 1954 Haft; 1956 DDR
    → Grah, Ernst; *16.11.1891;
    18.02.1943 im Lager umgekommen
    (Ehemann)

Gropper, Roberta (Brenner, Paula)
*16.08.1897 Memmingen;
    November 1937 verhaftet;
    bis 1940 Haft;
    entlassen; 1947 SBZ;
    1993 in Berlin verstorben

Grünberg, Charlotte
*18.02.1906;
    1937 verhaftet;
    1938 nach Deutschland ausgewiesen;
    1956 DDR; 1975 verstorben
    → Grünberg, Hermann; *1904;
    September 1937 verhaftet;
    1939 ausgewiesen nach Deutschland;
    1945 aus KZ befreit (Ehemann?)

Grünwald, Gertrud
    → Grünwald, Heinrich;
    1905 – 1938 (Ehemann?)

Günther, Franziska geb. Görtler
*07.03.1900 Heidenau/Sachsen;
    März 1937 verhaftet;
    ausgeliefert;
    1937/38 in Dresden in Haft

Gußfeld, Käthe (Swenson, Katy)
*15.05.1899 Berlin;
    27.10.1936 verhaftet;
    verschollen

Gutmann, Hedwig (Hedi)
*25.03.1898 München;
    23.06.1941 verhaftet;
    bis 1955 Haft und Verbannung;
    DDR;
    05.03.1973 in Berlin verstorben

Hadrossek, Luise geb. Steinbrecher (Stiller, Rosi)
*01.09.1902 Halle;
    November 1937 verhaftet;
    1963 DDR;
    13.02.1983 in Berlin verstorben
    → Hadrossek, Willi; *1901;
    Oktober 1936 verhaftet (Ehemann)

Hämmerling, Elisabeth
*10.05.1904 Landsberg/Warthe;
    November 1937 verhaftet;
    1955 DDR;
    31.03.1981 verstorben

Halle, Ruth, Dr.
    → Halle, Fannina; *1886;
    nach Oktober 1937 Selbstmord
    → Halle, Felix; *01.05.1884;
    August 1937 verhaftet;
    03.11.1937 erschossen (Ehemann)

Harig, Katharina (Käthe) geb. Heizmann
*31.07.1901 Eupen;
    1934 – 1938 Haft; Verbannung;
    05.09.1977 in Leipzig verstorben
    → Harig, Gerhard; *31.07.1902; 1938 zur
    illegalen Arbeit nach Deutschland;
    verhaftet und bis 1945 in Haft;
    13.10.1966 verstorben (Ehemann)

Harrer, Maria
*13.05.1908;
    1958 Berlin

Hauschild, Hilde geb. Löwenstein (Löwen, Hilde)
*27.11.1904 Leipzig;
    November 1937 verhaftet;
    nach 1940 verschollen
    → Hauschild, Robert (Haus, Rudolf);
    *28.04.1900; 1936 verhaftet und
    verschollen? (Ehemann)
    → Hauschild, Peter-Andreas;
    *12.07.1935 Moskau; verschollen (Sohn)

Hebel, Brunhilde geb. Lange (Holz, Brunhilde)
*02.09.1908 Berlin;
    Juni 1938 verhaftet;
    1939 entlassen;
    1940 Rückkehr nach Deutschland
    → Hebel, Rudolf; *21.05.1905 Berlin;
    Februar 1938 verhaftet;
    Mai 1941 entlassen und nach Deutschland
    ausgewiesen; ab Mai 1941 im KZ;
    1945 im KZ Mauthausen umgekommen
    (Ehemann)

Herm, Alma

Hertsch, Vera
    1938 verhaftet?

Herzberg, Adele
    Haft, verschollen

Herzig, Anna
    Juni 1938 ausgewiesen

Höflich, Trude
*1911 Berlin;
    Juni 1937 verhaftet;
    03.11.1937 erschossen
    → Höflich, Karl; 1896 Budapest;
    Mai 1937 verhaftet? (Ehemann)

Hokuin, Margarete
*07.02.1889;
    1958 DDR
    → Hokuin, Willy; *31.01.1883 Golzow;
    März 1938 verhaftet (Ehemann)

Holl, Walli (Lichtenstein, Lea)
*1890 Warschau;
    1937 verhaftet;
    1940 entlassen?
    → Lichtenstein, Joseph

Horstmann, Dagmar geb. Dirichs
*29.(20.?)10.1905 Magdeburg;
    1938 verhaftet; Lager;
    Verbannung bis 1953; DDR;
    25.11.1993 in Berlin verstorben
    → Horstmann, Hermann; *12.03.1893;
    Februar 1938 verhaftet;
    Mai oder Juni 1938 im Lager
    umgekommen (Ehemann)
    → Horstmann, Sonja;
    *02.05.1928 Düsseldorf (Tochter)

Hotopp, Gertrud geb. Horn
*03.03.1897 Berlin;
    verhaftet; Verbannung;
    DDR; 1985 in Berlin verstorben
    → Hotopp, Albert (Lieben, Hermann);
    *20.09.1886; Mai 1941 verhaftet;
    01.08.1941 erschossen (Ehemann)
    → Lieben, Käthe; *12.03.1922 Berlin
    (Tochter)
    → Hotopp, Gerda; *04.12.1919 Berlin
    (Tochter)

Ivens, ?
    1937 verhaftet?

Jakubowski, Maria
*1901 Hamburg;
    05.11.1937 erschossen

Jenz, Erika
*1909 Thorn;
    1937 verhaftet

Just, Edith

Karras, Ella
*08.04.1901;
    nach April 1938 repressiert;
    ab 1957 DDR; 1978 verstorben
    → Karras, Ludwig; *1898;
    April 1938 verhaftet (Ehemann)

Kausmann, Helene
*1885 Apolda;
    Haft und Deportation;
    1960 oder 1961 DDR
    → Ehemann im Lager umgekommen

Keiler, Anni (Wundersee, Anni)
*27.07.1907 Friedrichshagen;
    vor Dezember 1936 verhaftet
    → Wundersee, Erich; *25.05.1889 Berlin;
    23.06.1941 verhaftet; Lager und
    Zwangsansiedlung bis 1956; 1957 DDR;
    06.06.1978 in Schöneiche verstorben
    (Ehemann)

Kelen-Fried, Jolanta
*1891;
    März 1938 verhaftet;
    Lager; Verbannung bis 1954;
    nach Ungarn;
    29.12.1979 verstorben
    → Kelen, Joseph;
    1938 im Lager umgekommen
    (Ehemann)

Kippenberger, Thea geb. Niemand
(Windhorst, Erna)
*10.10.1901 Hamburg;
    Februar 1938 verhaftet;
    nach April 1939 Lager; umgekommen
    → Kippenberger, Hans;
    *15.01.1898; 05.11.1936 verhaftet;
    03.10.1937 erschossen (Ehemann bis 1930)
    → Kippenberger, Margot;
    *07.05.1924 Hamburg (Tochter)
    → Kippenberger, Jeanette;
    *23.07.1928 Leipzig (Tochter)

Kitzel, Emmy geb. Schüßler
*19.09.1901 Wittenberg;
    1938–1939 Haft

Kjossewa, Anna Christina geb. Lenderoth
(geschiedene Kerff bzw. Kleist, Anna)
*01.10.1906 Jestädt/Hessen;
    5. November 1936 verhaftet;
    1948 Sofia; 1980 DDR;
    12.08.1984 in Berlin verstorben
    → Kerff, Willy (Kleist, Willy); *01.05.1897;
    März 1938 verhaftet; 1947 SBZ;
    19.04.1979 in der DDR verstorben
    (1. Ehemann)

Klaege, Elfriede geb. Goldzweig
*02.12.1904 Berlin;
    Februar 1938 verhaftet;
    1955 DDR

Klepper, Gertrud
    Frühjahr 1941 um Ausreise bemüht
    → Klepper, Julius; *1897 Köln;
    1937 verhaftet; 1938 freigelassen;
    1942 verhaftet; 1947 SBZ;
    21.07.1960 verstorben

Knapp, Magda
    → Raddatz (2. Ehemann)

Knipschild, Margrit
*18.07.1922 Potsdam;
    12.09.1941 verhaftet;
    Lager; Verbannung bis 1955;
    1956 DDR
    → Bach, Margarete (Mutter)

Koigen, Isabella (Emel, Isabella)
    Russland;
    vor September 1936 verhaftet
    → Lurje, Mois(s)e (Emel, Alexander);
    *1897 bei Minsk; 25.08.1936 erschossen

Kolbe, Erna geb. Denecke (Dalle)
*07.01.1904 Berlin;
    9. September 1937 verhaftet;
    Lager; Verbannung;
    1956 DDR;
    15.12.2000 verstorben
    → Kolbe, Ernst; *1905;
    November 1937 verhaftet; 1956 DDR;
    1989 in der DDR verstorben (Ehemann)

Kollender, Ida

Kollender, Gustel (Müller, Dora)
*1905 Polen;
  1938 verhaftet

König, Alma geb. Schirre (Burg)
*21.10.1899;
  vor Dezember 1936 verhaftet;
  verschollen
  → König, Gustav (Burg, Herzog);
  *01.06.1897; September 1935 verhaftet
  (Ehemann)
  → König, Gerda (Tochter)

König, Margarete
*17.08.1889;
  1955 DDR;
  11.11.1972 in Berlin verstorben
  → König, Helmut; *27.09.1919 Berlin;
  23.02.1938 verhaftet;
  Arbeitslager bis 1947;1955 BRD; 1972 DDR
  (Sohn)
  → König, Richard; 28.03.1883 Berlin;
  1941 verhaftet; 1942 im Lager verstorben
  (Ehemann)
  → König, Isolde; *1928; 1976 gestorben
  (Tochter)

Kraft, Toni
  1955 DDR
  → Kraft, Alfred; *1895;
  November 1937 verhaftet (Ehemann?)

Krause, Anna
*1906;
  1955 DDR; 1989 verstorben

Krause, Irene
  → Krause, Otto; *1897 (Ehemann?)

Kroll, Margarete
*26.09.1878 Berlin
  → Kroll, Kurt; *28.07.1919 Berlin;
  März 1937 verhaftet, Lager? (Sohn)
  → Kroll, Gerhard; *12.07.1909;
  Mai 1937 verhaftet

Krotter, Elise
*1888;
  1935 Sowjetunion;
  1940 Verbannung;
  nach 1945 München
  → Krotter, Hans; *1891; 1935 Sowjetunion;
  1937 verhaftet; im Lager umgekommen
  (Ehemann)
  → Krotter, Siegfried; *1920 (?);
  1935 Sowjetunion; 1937 verhaftet;
  im Lager umgekommen (Sohn)

Krüger, Änne geb. Faltersleben (Sonntag, Grete)
*25.01.1904;
  November 1937 verhaftet
  und im Lager umgekommen

Krüger, Margarete
*25.01.1903;
  1957 DDR
  → Krüger, Otto; *1899; verschollen?
  (Ehemann)

Kuhlmann, Else
*1908 Stuttgart;
  29.12.1937 erschossen
  → Kuhlmann, Wilhelm; *1903;
  29.12.1937 verstorben (Ehemann?)

Kühne, Martha geb. Hähne
*06.03.1888 Leipzig;
  1940 Rückkehr nach Deutschland;
  bis 1945 Gestapohaft und KZ Ravensbrück;
  nach 1945 Leipzig
  → Kühne, Erwin; *1880; 1937 verhaftet;
  Lager (Ehemann)
  → Kühne, Margarete; *1911 (Tochter)
  → Kühne, Leonore; *1917 (Tochter)

Kupferstein, Elisabeth geb. Wrobel
*08.03.1903 Königshütte/Schlesien;
  April 1935 verhaftet;
  3 Jahre Lager
  → Kupferstein, Hermann;
  *10.03.1896 Warschau;
  April 1935 verhaftet;
  08.12.1937 erschossen (Ehemann)

Lass, Wilhelmine geb. Pauli(y)
(Retzlaff, Charlotte)
*06.04.1901 Hamburg;
  November 1937 verhaftet;
  29.12.1937 im Lager umgekommen
  → Lass, August (Ehemann)

Lask, Alice
  25.12.1962 in Berlin verstorben

Lehrfreund, Käthe geb. Rosenzweig
  1938 verhaftet;
  umgekommen in der Arbeitsarmee
  → Lehrfreund, Erich; 1938 verhaftet;
  im Lager umgekommen (Ehemann)

Lenz, Frida geb. Schwerdfeger
*03.10.1901 Kolberg;
  Straflager;
  1956 DDR
  → Lenz, Walter; *22.11.1903 Berlin;
  September 1936 verhaftet
  und umgekommen (Ehemann?)

Leonhard, Susanne geb. Köhler
*14.06.1895 Oschatz;
  Oktober 1936 verhaftet;
  Haft und Zwangsansiedlung bis 1948;
  1948 Berlin; 1949 Stuttgart;
  03.04.1984 in Stuttgart verstorben
  → Leonhard, Rudolf (1. Ehemann)
  → Bronski, Mieczyslaw; *1882;
  09.09.1937 verhaftet;
  01.09.1938 erschossen (2. Ehemann)
  → Leonhard, Wolfgang; *16.04.1921 Wien;
  1945 Berlin; 1949 Jugoslawien;
  1950 BRD (Sohn)

Leow, Martha geb. Langrock
*08.09.1909 Gantzsch/Leipzig;
  → Leow, Hans; *18.08.1907 Brandenburg;
  September 1937 verhaftet;
  03.11.1937 erschossen (Ehemann)
  → Leow, Dmitri; *1936 (Sohn)

Loersch, Maria geb. Martin
*02.08.1900 Saarbrücken;
    → Loersch, Marianne; *1921 Saarbrücken
    (Tochter?)

Lohse-Lask, Mira
*06.06.1910;
    1957 DDR

Löwe, Marie (Bornholdt, Marie)
*1906 Altona;
    September 1937 verhaftet;
    1955 DDR
    → Löwe, Willi; *22.05.1896;
    26.02.1936 verhaftet; verschollen
    (Ehemann)

Ludewig, Johanna
*28.03.1891 Berlin;
    1937 verhaftet; DDR?;
    verstorben 1960

Lurje, Necha (Hoffmann, Inge)
*1901 Krotnow/Polen;
    September 1936 verhaftet
    → Lurje, Nathan (Wolf, Hans);
    *1901 Lettland; August 1936 erschossen
    (Ehemann)

Mache, Anna
*03.03.1890 Brünn;
    September 1937 verhaftet;
    Herbst 1940 ausgeliefert;
    1942 Wien

Mahlow, Adele (Georg, Adele)
*1901 Budapest;
    November 1937 verhaftet und
    umgekommen
    → Mahlow, Bruno; *01.05.1899 Göhren;
    1937 repressiert; 1947 SBZ;
    1964 verstorben (Ehemann)
    → Mahlow, Hedwig; *1925;
    1993 verstorben
    → Mahlow, Alwine; *1900; 1988 verstorben

Marcusson, Hildegard Dr. med.
*14.01.1910;
    in der DDR verstorben
    → Marcusson, Erwin; *11.06.1899 Berlin;
    März 1938 verhaftet; 1940 entlassen;
    1947 SBZ; 29.01.1976 in der DDR
    verstorben (Ehemann)

Margies, Stanislawa geb. Lochowitz
*16.01.1881 Wisniewo;
    August 1937 verhaftet
    → Margies, Rudolf; *25.02.1884 Parchau;
    1936 verhaftet; 1937 erschossen
    (Ehemann)
    → Margies, Rudolf; *1917 Bochum (Sohn)

Margies-Stenzel, Greta
*21.10.1900;
    1956 DDR

Mengel, Margarete
*1901 Düsseldorf;
    Februar 1938 verhaftet;
    20.08.1938 erschossen

Metzger, Maria
*17.12.1905;
    1936 verhaftet;
    1939 ausgeliefert nach Deutschland
    → Metzger, Hans; *1898; 1936 verhaftet

Meyer, Gertrud
*21.01.1898 Köln;
    1938 verhaftet und ausgewiesen;
    Gestapohaft bis Mai 1945;
    21.12.1975 in Hamburg verstorben
    → Meyer, Kurt; *1888; November 1936
    verhaftet; 1942 im Lager umgekommen
    (Ehemann)

Mildner, Erna (Breth)
    1933 verhaftet; 1939 entlassen;
    1956 DDR; 1992 verstorben
    → Schaxel, Julius; *1887 Augsburg
    (Ehemann)

Millin, Esther geb. Rosenfeld
*29.12.1896;
    1958 DDR
    → Millin, Anton; *1900 Pola;
    September 1937 verhaftet

Mommer, Elvira
*05.03.1905 Grevenbroich;
    verhaftet und deportiert

Most, Lisbeth (Meyer, Lisbeth)
    → Meyer (Most), Heinrich; *22.05.1904
    Hamburg; August 1937 verhaftet;
    03.09.1938 erschossen

Mühlberg, Gertrud
(Ulbrisch; Olbrisch; Arinskaja, Ethel)
*1899 Wilna;
    März 1938 Selbstmord
    → Mühlberg, Ulrich; August 1937 verhaftet

Mühsam, Kreszentia (Zenzl) geb. Elfinger
*28.07.1884 Haslach;
    1936 verhaftet;
    Ende 1936 entlassen;
    wieder verhaftet;
    Lager und Zwangsansiedlung bis 1955;
    DDR;
    10.03.1962 in Berlin verstorben

Müller, Anna (Franken, Anna)
*05.01.1904 Rauks;
    Juni 1938 bis März 1939 verhaftet;
    August 1946 SBZ

Müller, Charlotte
*02.10.1905;
    1938 ausgewiesen;
    nach 1945 Zehdenick
    → Müller, Karl; *1898; Juli 1937 verhaftet
    (Ehemann?)

Müller, Erna (Rotke, Lydia)
*1903;
    14.09.1937 erschossen

Müller, Wilhelmine (Mischka)
*1905 Riga;
  1936 verhaftet
    → Müller, Kurt (Ehemann)

Mundt, Charlotte (Friedländer, Charlotte)
*30.01.1910 Berlin;
  Oktober 1937 verhaftet;
  22.02.1940 im Lager umgekommen
    → Friedländer, Leo; *07.05.1895 Posen;
  August 1937 verhaftet;
  03.10.1937 erschossen

Münz, Ilse
  September 1937 verhaftet;
  Lager und Verbannung bis 1956;
  DDR

Nebel, Irma geb. Weinberg
*29.08.1902 Oberstein/Birkenfeld;
  1956 DDR
    → Nebel, Ludwig; *28.08.1900;
  nach Verhaftung umgekommen
    → Nebel, Richard; *28.08.1900
    → Nebel, Willi; *03.01.1903 Gleiwitz;
  nach Verhaftung umgekommen

Nebel, Martha
*02.04.1902;
  1958 DDR mit ihrer Tochter

Nebenführ, Erna (Wengels, Erna)
*22.11.1897 Berlin;
  1938 verhaftet; Verbannung;
  1954 Berlin;
  1979 in Erlangen verstorben
    → Zimmer, Marie (Schwester)
    → Nebenführ, Karl (Ehemann)
    → Nebenführ, Ulrich (Sohn)

Neher, Carola
(Henschke, Karoline; Becker, Karoline)
*02.12.1905 München;
  September 1936 verhaftet;
  22.06.1942 im Lager umgekommen
    → Becker, Anatol; *1903;
  Mai 1936 verhaftet; 31.05.1937 erschossen
  (Ehemann)
    → Becker, Georg A.; *1934 Moskau
  (Sohn)

Nemo, Miriam (Solz, Miriam)
*1905 Grodno;
  Dezember 1937 verhaftet
    → Nemo, Max; *1903; April 1937 verhaftet
  (Ehemann)

Neuhaus, Rosa geb. Landau verw. Kahn
*12.07.1892 Camberg
    → Neuhaus, Adolf; *1892 Hadaman
  (Ehemann)

Neumann, Fanny (Leder-Neumann, Fanny)
*23.02.1923 Berlin;
  1940 verhaftet;
  Lager und Verbannung bis 1955;
  1957 DDR mit ihrer Mutter;
  31.01.1990 verstorben in Berlin
    → Neumann, Nathan; *28.03.1897;
  August 1937 verhaftet;
  02.12.1937 umgekommen (Vater)
    → Neumann, Karl; *03.02.1919 Berlin;
  März 1938 verhaftet;
  Haft und Verbannung bis 1956;
  1961 DDR (Bruder)

Nicolas, Waltraut geb. Bartels (Ottwalt, Traute)
*05.01.1897 Barkhausen;
  Dezember 1934 Sowjetunion;
  05.11.1936 verhaftet;
  Gefängnis, Lager;
  Januar 1941 ausgewiesen;
  1942 ein Jahr Gestapohaft;
  nach 1945 BRD
    → Ottwalt, Ernst (d.i. Nicolas, Ernst);
  *13.11.1901 Zippnow; 05.11.1936 verhaftet;
  24.08.1943 im Lager umgekommen
  (Ehemann)

Nowatki, Klara
*18.07.1898;
  1959 DDR

Olberg, Betty geb. Siermann
*10.04.1906 Neuruppin;
  Januar 1936 verhaftet;
  1940 ausgewiesen
    → Olberg, Valentin; *1907;
  August 1936 verhaftet; 1938 erschossen

Olberg, Sulamith
*1909;
  Oktober 1936 verhaftet; verschollen
  (1. Ehefrau von Valentin Olberg)

Olschewsky, Else
*19.11.1912 Berlin-Neukölln;
  1937/38 verhaftet;
  verschollen

Ortmann, Rica
  1936 Haft

Osten, Maria (Greßhöner, Maria)
*20.03.1908 Muckum;
  24.06.1941 verhaftet;
  08.08.1942 erschossen
    → Kolzow, Michail; *12.06.1898 Kiew;
  Dezember 1938 verhaftet;
  02.02.1940 erschossen (Lebensgefährte)

Otto, Käthe
*03.06.1910;
  1959 DDR

Pelz(s), Lea
  1957 BRD
    → Pelz, Herbert Dr. med.; *1909 Berlin;
  1937 verhaftet; verschollen (Ehemann?)

Peschki, Lidia
*26.04.1897;
  1958 DDR

Petermann, Erna
*05. 07. 1904;
    März 1938 verhaftet;
    Haft und Verbannung bis 1956; DDR;
    08. 01. 1981 in Berlin verstorben
    → Petermann, Peter;
    März 1938 verhaftet (Ehemann)

Petter, Margarete
    nach Lagerhaft 1956 DDR;
    07. 06. 1981 in Berlin verstorben
    → Petter, Erwin;
    Januar 1937 verhaftet (Ehemann?)

Pfister, Gertrud

Philipp, Edith
*1911;
    März 1938 verhaftet;
    Dezember 1939 ausgeliefert nach
    Deutschland

Podubecky, Inge (Riedel, Irene)
*1900 Karlsruhe;
    Juli 1937 verhaftet;
    Lagerhaft
    → Podubecky, Richard; *23. 06. 1896;
    Juli 1937 verhaftet;
    14. 12. 1941 umgekommen (Ehemann)

Platais, Gertrud
*24. 08. 1910;
    Mai 1938 verhaftet;
    Lager; Verbannung bis 1955;
    1959 DDR; 1990 BRD
    → Platais, Karl; *1907 Lübeck;
    16. 02. 1938 verhaftet;
    03. 04. 1938 erschossen

Pohl, Käthe (Rabinowitsch, Lydia;
Kleine, Lydia; Guralski, Lydia)
*12. 07. 1892 St. Petersburg;
    verhaftet
    → Kleine, August (Guralski, Samuel);
    *25. 03. 1885 Lodz; 1937 verhaftet;
    1953 aus Lagerhaft entlassen;
    1960 verstorben (Ehemann)

Prange, Valentine
*03. 03. 1896;
    nach Haft 1956 DDR
    → Prange, Fritz; *02. 02. 1895;
    Oktober 1937 verhaftet; umgekommen
    → Prange, Ruth; *1921 (Tochter)

Prewald, Else
    zu 10 Jahren Lager verurteilt

Pritwitz, Maria
*1898 Berlin;
    29. 05. 1938 erschossen

Radtke, Elisabeth
*09. 10.(?) 1913;
    September 1937 verhaftet;
    April 1939 ausgewiesen
    → Radtke, Wilhelm; *04. 01. 1909;
    August 1937 verhaftet (Ehemann)

Rang-Sabelin, Luise
*09. 09. 1910 Kassel;
    24. 06. 1941 verhaftet;
    Verbannung und Zwangsansiedlung;
    Oktober 1955 DDR

Rautenberg, Lotte geb. Albu
*16. 12. 1903 Berlin;
    August 1938 verhaftet;
    Verbannung; 1955 DDR
    → Rautenberg, Louis; *25. 11. 1901;
    März 1938 verhaftet; bis 1954 Lager und
    Zwangsansiedlung; 1955 DDR;
    14. 06. 1981 verstorben

Rebel, Emma geb. Wichmann
*18. 06. 1891 Hanau;
    nach Deutschland ausgewiesen
    → Rebel, Jacob; *1892 Offenbach
    (Ehemann)

Rechlin-Großmann, Eva
*28. 03. 1908

Redetzki, Helene geb. Lange
*1904 Berlin;
    Januar 1935 verhaftet;
    ausgewiesen
    → Redetzki, Erich; *1886;
    1935 ausgewiesen (Ehemann)

Reiber, Ida
*07. 08. 1903;
    1956 DDR;
    19. 09. 1983 in Berlin verstorben

Reimann, Berta
*28. 10. 1896;
    1958 DDR
    → Reimann, Hermann; *08. 09. 1896;
    repressiert und umgekommen (Ehemann)

Reinhardt, Irma

Reisberg, Eleonore
*03. 10. 1908;
    1937 – 1947 Verbannung;
    DDR
    → Reisberg, Arnold; *17. 02. 1904 Boryslaw;
    1936 (1937?) verhaftet;
    bis 1956 Straflager; 1959 DDR;
    20. 07. 1980 in Berlin verstorben
    (Ehemann)

Remmele, Anna geb. Lauer
*22. 09. 1888 Ludwigshafen;
    Juli 1937 verhaftet;
    Januar 1939 entlassen;
    Verbannung;
    05. 07. 1947 in Tomsk verstorben
    → Remmele, Hermann;
    *15. 11. 1880 Ziegelhausen;
    Mai 1937 verhaftet;
    07.03.1939 erschossen (Ehemann)
    → Remmele, Helmut; *13. 01. 1910;
    September 1937 verhaftet;
    21. 01. 1938 erschossen (Sohn)
    → Remmele, Hedwig;
    *20. 10. 1907 Ludwigshafen;
    17. 04. 1984 in Berlin verstorben (Tochter)

Remmele, Hedwig
*20.10.1907 Ludwigshafen;
    1956 DDR;
    17.04.1984 verstorben
    → Remmele, Ilona; *1934; lebt in Berlin
    (Tochter)
    → Remmele, Ruth; *1938;
    17.04.1984 in Berlin verstorben (Tochter)

Remus, Grete
*1902 Westpreußen;
    1937 verhaftet
    → Remus, Paul; *1900 Westpreußen;
    1937 verhaftet (Ehemann)

Reutter, Charlotte (Scheckenreuter)
*30.10.1910 Essen;
    Juni 1938 – Januar 1939 in Haft

Richter, Trude (eigentlich Barnick, Erna)
*19.11.1899 Magdeburg;
    April 1934 Sowjetunion;
    04.11.1936 verhaftet;
    Straflager und Verbannung bis 1956;
    1957 DDR;
    04.01.1989 in Leipzig verstorben
    → Günther, Hans; *1899;
    November 1936 verhaftet; 10.10.1938 im
    Lager Wladiwostok umgekommen
    (Lebensgefährte)

Riemer, Maria geb. Kirschner
*1886;
    verhaftet
    → Riemer, Franz; *1883; verhaftet
    (Ehemann)

Ries, Friederike geb. Ocker (Braun, Erna)
*30.09.1905 Giengen;
    September 1941 verhaftet;
    bis 1946 Straflager;
    November 1955 DDR;
    04.04.1989 in Berlin verstorben
    → Ries, Erwin; *12.10.1907;
    Oktober 1937 verhaftet;
    16.03.1942 im Lager umgekommen
    (Ehemann)

Roben, Olga
*1902 Köln;
    September 1937 verhaftet

Röhrig, Erna geb. Schumacher
*1899;
    1937 verhaftet;
    verschollen
    → Röhrig, Ursula; *1921;
    1994 verstorben (Tochter)
    → Röhrig, Hermann; *1898;
    1938 erschossen (Ehemann bis 1926)

Röhrig, Käthe geb. Grottewitz
*07.09.1898 Berlin;
    März 1938 – März 1939 verhaftet;
    Zwangsansiedlung und Arbeitsarmee;
    1960 DDR;
    1990 in Berlin verstorben
    → Röhrig, Hermann; *1898;
    1938 erschossen (Ehemann)

Röker, Anna
*18.09.1891;
    1957 DDR; 1990 verstorben
    → Röker, Richard; *09.02.1892;
    verhaftet und verschollen (Ehemann)

Rosenbaum-König, Katharina (Käte)
*1899 (12.12.1881?) Moskau;
    August 1937 verhaftet;
    Dezember 1939 ausgewiesen
    → Rosenbaum, Arnold; *1902 Berlin;
    August 1937 verhaftet (Ehemann?)

Rosenberg-Falk, Celina
*1895 Polen;
    November 1937 verhaftet

Rotzeig, Erika
*1895;
    Lagerhaft
    → Rotzeig, Bronek; erschossen (Ehemann)
    → Rotzeig, Alexander (Sohn)

Ruben-Wolf, Martha Dr. med.
*17.06.1887 Löhne;
    Februar 1934 Sowjetunion;
    16.(19.?) 08.1939 Selbstmord
    → Wolf, Lothar; *17.06.1882;
    Februar 1934 Sowjetunion;
    28./29.11.1937 verhaftet und umgekommen
    (Ehemann)
    → Ruben-Wolf, Sonja; *1923 Berlin;
    1934 Sowjetunion;
    Zwangsansiedlung Karaganda;
    1958 über Ost-Berlin nach Israel (Tochter)
    → Ruben-Wolf, Walter; *1925 Berlin;
    1934 Sowjetunion;
    1943 Rote Armee, gefallen (Sohn)

Rubens, Franziska
* 1894;
    Mai 1933 Sowjetunion;
    1948 SBZ;
    25.02.1971 in Berlin verstorben
    → Rubens, Josef; *18.01.1900
    Gelsenkirchen; März 1938 verhaftet,
    Ende 1939 freigelassen; DDR
    → Rubens, P.; *1921; 1941 verhaftet und
    im Lager umgekommen (Sohn)

Rüegg, Gertrud geb. Fischbach
*22.08.1895;
    1958 DDR;
    1977 in Eisenhüttenstadt verstorben
    → Lestmann, Lisa (Tochter)
    → Rüegg, Paul (Sohn)

Rund, Alice
*28.08.1882 Berlin;
    April 1938 verhaftet

Rupprecht, Emma
* 16.05.1906 Berlin;
    verhaftet; Straflager;
    1956 DDR;
    11.06.1979 in Leipzig verstorben

Sacke, Hedwig
*16.12.1898;
    1958 DDR

Salmon, Alma geb. Weinand
→ Weinand, Karl (Bruder)

Satzger, Antonie
*03.09.1911 Beuren;
1941 verhaftet;
1944 – 1952 Lager;
1959 DDR
→ Satzger, Magnus; *16.02.1902
Unter-Ramming; März 1938 verhaftet;
29.07.1942 in der Haft umgekommen
(Ehemann)

Sauer, Anni
*16.06.1906 Clausthal;
September 1937 verhaftet;
Straflager bis 1953;
Zwangsansiedlung;
1957 DDR;
02.10.1989 in Berlin verstorben

Sauer, Irmgard geb. Ginsberg
*02.04.1907 Rahden;
verschollen

Schäfter, Erna geb. Kosky
*24.01.1892 Berlin;
August 1937 verhaftet;
1938 ausgewiesen;
1940 – 1945 illegale Arbeit in Deutschland

Schalk, Rita
*12.12.1900;
1957 DDR

Schellenberg, Alice geb. Thoma
*1914 Kiskunhalas/Budapest;
September 1937 verhaftet;
Straf- und Arbeitslager;
1958 DDR
→ Schellenberg, Paul; *01.03.1912;
Mai 1936 verhaftet

Schiffmann, Adele geb. Fleischer
*28.07.1905 Prag;
Februar 1937 verhaftet;
Straf- und Arbeitslager bis 1955;
1958 DDR
→ Schiffmann, Julius; *1895 Tymanow;
Februar 1938 verhaftet;
27.07.1943 erschossen (Ehemann)
→ Schiffmann, Gerhard; *1925;
1942 verschollen (Sohn)

Schildbach, Gertrud
*1903 (oder 1894) Straßburg;
Dezember 1938 verhaftet;
Lager und Verbannung

Schimanski, Frieda geb. Dörfling
*20.08.1893 Berlin;
vor Dezember 1936 verhaftet;
1957 DDR;
verstorben 1980
→ Schimanski, Fritz; *01.07.1889 Tilsit;
August 1936 verhaftet;
1957 DDR (Ehemann)
→ Schimanski, Hans; *1917;
August 1937 verhaftet und umgekommen
(Sohn)

Schinkel, Helene (Lena) geb. Adler
*21.06.1908 Berlin;
1941 Zwangsansiedlung;
1942 Arbeitslager; 1950 DDR;
1986 verstorben
→ Schinkel, Helmut;
*14.10.1902 Kosten/Posen;
1929 Sowjetunion; 05.07.1937 verhaftet;
21.05.1946 im Lager umgekommen
(Ehemann)
→ Günther, Tamara geb. Schinkel;
*14.10.1931 Moskau;
1941 Zwangsansiedlung; 1950 DDR;
lebt in Berlin (Tochter)

Schmidt, Anna
*1893 Halle;
1937 verhaftet
→ Schmidt, Heinrich (Ehemann)
→ Schmidt, Harry; *1919; verhaftet (Sohn)

Schmidt, Elisabeth (Schreiber)
*11.01.1910 Magdeburg;
Mai – Juli 1937 in Haft;
1954 DDR;
28.02.1979 verstorben

Schmidt, Hildegard-Charlotte
*05.06.1902;
1941 verhaftet;
08.02.1942 in Frunse verstorben
→ Schmidt, Karl; *14.08.1897;
September 1937 verhaftet; umgekommen
(Ehemann)
→ Schmidt, Anni; später DDR (Tochter)

Schmidt, Käthe
1937 verhaftet;
verschollen

Schmidt, Regina geb. Dunkelblut
bis 1971 Moskau
→ Schmidt, Erich; *16.05.1907;
August 1937 verhaftet;
Februar 1940 ausgeliefert;
fünfziger Jahre BRD
→ Schmidt, Inna; *1932 (Tochter)

Schmückle, Anna geb. Salomon gesch. Bernfeld
*01.10.1892 Hirschberg;
1941 Selbstmord
→ Schmückle, Karl; *09.09.1898;
November 1937 verhaftet;
14.03.1938 erschossen (Ehemann)
→ Bernfeld, Michael (Sohn)

Schneider, Eva
*21.11.1912 Reval;
September 1937 verhaftet;
bis 1957 Lager;
Verbannung; 1977 DDR;
Oktober 1991 in Berlin verstorben
→ Schneider, Josef; *18.03.1882;
verhaftet; 1939 umgekommen
(Ehemann?)

Schneidratus, Elisabeth
*26.02.1890 Berlin;
    5 Jahre Lager;
    1976 in Moskau verstorben
    → Schneidratus, Oswald; *13.08.1881;
    05.06.1937 verhaftet;
    22.08.1937 erschossen

Schönfeld, Betty
*26.05.1910 Berlin;
    Juni 1937 verhaftet;
    Straf- und Arbeitslager bis 1957;
    DDR

Schröder, Marga
*30.08.1903 Schleswig;
    Oktober 1936 verhaftet;
    30.10.1942 in der Haft umgekommen
    → Schröder, Georg; *14.01.1904;
    1937 ausgewiesen

Schubert, Auguste geb. Hark
*23.12.1906 Dortmund
    → Schubert, Hermann; *06.01.1896;
    15.05.1937 verhaftet;
    22.03.1938 erschossen (Ehemann)
    → Schubert, Anna; *03.07.1926 (Tochter)
    → Schubert, Erna; 1937 ausgewiesen

Schüchel, Elly
*26.08.1900;
    DDR

Schüler, Gerda
*27.02.1913;
    umgekommen

Schulz, Käthi (Schmidt, Marta)
*1910 Berlin;
    April 1938 verhaftet;
    bis 1947 in Haft

Schünemann, Irmgard
*17.08.1913 Berlin;
    16.11.1941 verhaftet;
    bis 1951 Lager;
    Verbannung;
    Februar 1958 DDR
    → Schünemann, Hermann; *19.12.1889;
    Februar 1938 verhaftet; erschossen (Vater)
    → Schünemann, Hulda; *1892;
    1958 DDR (Mutter)
    → Schünemann, Elvira; *1936;
    1958 DDR (Tochter)
    → Schünemann, Werner; *02.10.1914;
    Dezember 1937 verhaftet; erschossen
    (Bruder)

Schweitzer, Ernestine geb. Pampel
*26.02.1903 Frankenthal/Pfalz;
    1936 verhaftet,
    1939 ausgewiesen nach Deutschland
    → Schweitzer, Georg; *1902; Haft;
    1939 ausgewiesen nach Deutschland
    (Ehemann)

Selter, Marianne
*1911;
    Mai 1938 verhaftet;
    Dezember 1939 ausgewiesen

Sell, Marga (Keilsen)
*1913 Kiel;
    November 1937 verhaftet;
    DDR

Siebenaicher, Frieda
*25.12.1908 Neuscheiben;
    April 1938 verhaftet;
    Lager;
    Verbannung bis 1955;
    Mitte der sechziger Jahre DDR;
    2000 verstorben

Siebert, Margarete
*1905;
    Oktober 1938 verhaftet;
    Dezember 1939 ausgewiesen nach
    Deutschland

Singvogel, Anna
*09.09.1890;
    September 1937 verhaftet;
    Dezember 1939 ausgewiesen nach
    Deutschland
    → Singvogel, Kurt; *08.12.1912;
    März 1937 verhaftet (Sohn)
    → Singvogel, Karl (Hellwig); *1888;
    1937 SU (Ehemann)

Sobottka, Henriette geb. Schantowski
*09.03.1908 Mingfen/Ostpr.;
    November 1935 Sowjetunion;
    1971 in Berlin verstorben
    → Sobottka, Gustav;
    *12.07.1886 Turowen/Ostpr.;
    November 1935 Sowjetunion; 1945 SBZ;
    06.03.1953 verstorben (Ehemann)
    → Sobottka, Gustav jr. (Boden, Hans);
    *10.04.1915; 04./05.02.1938 verhaftet;
    22.09.1940 im Gefängnis umgekommen
    (Sohn)

Sommer, Gertrud geb. Selbst
*13.02.1899 Frechen;
    1941–1957 repressiert;
    DDR
    → Sommer, Michael; *12.07.1896;
    Mai 1937 verhaftet (Ehemann)

Spitz, Mia/Maria geb. Heybey
*1903;
    Mai 1938 verhaftet;
    1954 Österreich
    → Spitz, Markus; *18.05.1899;
    Mai 1938 verhaftet (Ehemann)

Spitz, Sonja
*1901 Kanczuga;
    April 1937 verhaftet

Staa(c)k, Gertrud (Taube, Trude)
*13.07.1908 Berlin;
    10.10.1941 verhaftet

Stammberger, Gabriele
*15.10.1910;
    1954 DDR
    → Haenisch, Walter; *11.12.1906;
    März 1938 verhaftet;
    16.6.1938 erschossen (1. Ehemann)
    → Gog, Gregor; *07.11.1891 Schwerin;
    07.10.1945 in Taschkent verstorben
    (Lebensgefährte)
    → Stammberger, Fritz; *13.05.1908;
    1936/37 verhaftet; 1947 freigelassen;
    1954 DDR (2. Ehemann)

Stark, Else
*10.04.1897;
    1956 DDR
    → Stark, Nikolai (Ehemann?)

Steffen, Margarethe Johanna geb. Wagner
*22.02.1897 Gießen
    → Steffen, Erich; *1895 Berlin;
    April 1937 verhaftet (Ehemann)
    → Steffen, Helmuth Günther; *1920 Hamm
    (Sohn)

Stegmaier, Anna
*04.11.1899 Spiegelberg;
    1937 verhaftet;
    Zwangsarbeit;
    November 1956 DDR;
    28.07.1973 in Gera verstorben

Steinberger, Edith geb. Lewin
*21.06.1908 Berlin;
    1941 verhaftet und Lager;
    Verbannung bis 1955;
    DDR
    → Steinberger, Nathan; *16.07.1910;
    April 1937 verhaftet; Verbannung bis 1955;
    DDR (Ehemann)

Stenzer, Emma geb. Bausch
*03.11.1898 Anspach;
    August 1937 verhaftet;
    August 1946 SBZ,
    1998 in Berlin verstorben
    → Stenzer, Franz; *09.06.1900;
    22.08.1933 im KZ Dachau erschossen
    (Ehemann)
    → Wolf-Stenzer, Emma; *02.09.1923
    Pasing (Tochter)
    → Stenzer, Elise; *02.09.1923 Pasing
    (Tochter)
    → Stenzer, Lilli; *01.07.1927 (Tochter)

Stölzer, Emilie
*05.01.1904 Dudweiler;
    März 1938 verhaftet
    → Stölzer, Ernst; *22.06.1905;
    März 1938 verhaftet (Ehemann)

Stucke, Ruth Minna (Stolpin-Pintschuk,
Ruth Minna)
*12.09.1906 Preußisch-Holland;
    24.06.1941 verhaftet;
    Lager; Zwangsansiedlung;
    1955 DDR
    → Stucke, Friedrich; *04.04.1895 Bremen;
    April 1937 verhaftet;
    26.10.1937 erschossen (Ehemann)

Stümpfel-Schiff, Lieselotte
*1909;
    nach 1937 Selbstmord
    → Schiff, Hans; *30.04.1896 Karlsruhe;
    August 1937 verhaftet;
    30.11.1937 erschossen
    → Stümpfel, Karl-August;
    *26.04.1901 Hannover; Selbstmord
    (Ehemann)

Szader, Else
*12.05.1906;
    1956 DDR
    → Szader, Josef; *1890;
    Februar 1938 verhaftet;
    Mai 1938 zum Tode verurteilt (Ehemann?)

Szinda, Therese
*27.01.1903;
    1977 in Berlin verstorben
    → Szinda, Gustav; *1897;
    1988 verstorben (Ehemann)

Tal, Hilde
*1895 Riga;
    Oktober 1937 verhaftet;
    19.03.1938 erschossen

Tannenbaum, Larissa
    1938 verhaftet;
    verschollen

Taubenberger, Else (Elisabeth)
*24.06.1898 Kaiserslautern;
    vor September 1936 verhaftet;
    bis 1953 Lager;
    1972 BRD; verstorben
    → Taubenberger, Hermann; *21.11.1895
    München; 1936 verhaftet;
    29.05.1937 erschossen (Ehemann)
    → Taubenberger, Heinz; *1915;
    03.11.1937 erschossen (Sohn)

Tichauer, Mia geb. Steinfeld
*09.02.1904 Berlin;
    01.10.1969 in Berlin verstorben
    → Tichauer, Heinz; *24.10.1901
    Königshütte; September 1937 verhaftet;
    1939 verstorben (Ehemann?)
    → Tichauer, Peter; *1930 Berlin (Sohn?)

Tiefenau, Gertrud
*1907 Zahna;
    August 1937 verhaftet

Tieke, Anna geb. Wittenburg
*11.11.1898 Berlin;
    Oktober 1931 Sowjetunion;
    05.11.1937 verhaftet;
    15.01.1938 erschossen
    → Tieke, Rudolf; *19.10.1895;
    13.09.1937 verhaftet; Gefängnis, Lager,
    Verbannung bis 1956; 1956 DDR;
    08.03.1989 in Berlin verstorben (Ehemann)
    → Tieke, Rudolf; *03.10.1916;
    05.11.1937 verhaftet;
    15.01.1938 erschossen (Sohn)
    → Tieke, Günter; *1918 Berlin (Sohn)
    → Tieke, Ursula; *1921 Berlin;
    Lager, Haft, Verbannung bis 1956;
    1956 DDR (Tochter)

Tobeler, Anna geb. Klinger
*27.02.1878 Bülach/Zürich
    → Tobeler, Karl-Paul;
    *18.09.1876 Dortmund;
    August 1937 verhaftet und umgekommen
    (Ehemann)

Tomarkin, Rosa (Landau)
*1897 Tarnow;
    April 1937 verhaftet
    → Tomarkin, Samuel; *1884 Königsberg;
    April 1937 verhaftet;
    14.09.1937 im Gefängnis verstorben
    (Ehemann)

Tornseifer, Erna

Traubenberg, Lotte
    1937 verhaftet

Tromm, Emma geb. Schaaf (Dornberger, Emma)
*01.03.1896 Köln;
    1932 Sowjetunion;
    repressiert;
    ab Dezember 1936 Sibirien;
    1946 Moskau;
    1947 SBZ;
    07.01.1991 in Berlin verstorben
    → Harzheim, Willy; *1904; November 1937
    verhaftet; 15.04.1943 umgekommen
    (Lebensgefährte)

Trottner, Anna (Schwab, Anni)
*12.08.1902 Britz;
    September 1937 verhaftet;
    1956 DDR;
    07.07.1968 verstorben

Tugend, ?
    → Tugend, Otto; *07.04.1882 Berlin;
    September 1937 verhaftet
    (Ehemann)

Ulbricht, Marie geb. Gestribow verw. Plener
*28.07.1885 Hammerstein;
    1940 ausgewiesen nach Deutschland,
    31.05.1958 in Berlin verstorben
    → Ulbricht, Richard; *1873 Altenburg;
    September 1937 verhaftet;
    03.11.1937 erschossen (Ehemann)

Unger, Rosi (Bork)
    → Bork, Otto; *05.09.1893 Böllberg;
    November 1937 verhaftet;
    19.03.1938 erschossen

Vallentin, Edith geb. Wolff
*26.08.1903 Berlin;
    1937 verhaftet;
    1945 DDR
    → Vallentin, Maxim; *09.10.1904;
    1937 verhaftet; 1945 DDR;
    02.09.1987 verstorben (Ehemann)

Vater, Cläre (Clara)
*06.05.1900 Magdeburg;
    Juni (Juli) 1938 verhaftet;
    1940 ausgewiesen;
    bis 1942 NS-Haft;
    Oktober 1984 in Berlin verstorben
    → Creutzburg, August; *06.02.1892
    Fischbach; 1938 in der Haft umgekommen
    (Lebensgefährte)

Vogtländer, Elis
    1935 Haft;
    verschollen
    → Vogtländer, Philipp (Ehemann)

Völker, Inge (Metzner; Bublitz)
*1908;
    Januar 1938 verhaftet

Volkmann, Irma
*05.05.1905 Berlin;
    Januar 1938 verhaftet;
    1955 DDR;
    19.04.1988 verstorben

Wallendorf, Anna (Faltermann; Sonntag)
*1904 Weinheim;
    Januar 1938 verhaftet
    → Wallendorf, Philip; *04.12.1899;
    Januar 1938 verhaftet (Ehemann)

Walter, Lotte (Daube, Gertrude)
*1907 Mannheim;
    25.06.1941 verhaftet
    → Walter, Kurt; *14.03.1903 Schillersdorf
    (Ehemann?)

Walther, Anna
    Ende 1939 ausgewiesen nach
    Deutschland
    → Walther, Otto; *1880 Leipzig (Ehemann)

Weber, Else
*1898 Solingen;
    1937 verhaftet
    → Weber, August; *1899 Szabienen;
    Dezember 1938 verhaftet (Ehemann)

Weihe, Olga Wilhelmine geb. Prange
*29.11.1890 Hamburg
(nach anderen Angaben *1905);
    08.11.1937 verhaftet;
    1942 im Lager umgekommen
    → Weihe, Ruth; *27.2.1921;
    nach 1937 repressiert;
    Arbeitsarmee und Verbannung;
    1956 DDR (Tochter)
    → Weihe, Albrecht (Sohn)
    → Weihe, Detlef (Sohn)

Weinreich, (Brun)Hilde geb. Rubinstein
*07.04.1904 Augsburg;
    nach NS-Haft 1934 nach Schweden;
    Januar 1937 für ein Jahr Haft SU;
    danach zurück nach Schweden
    → Rubinstein, Fritz;
    1938 ausgewiesen nach Deutschland und
    im KZ umgekommen (Bruder)
    → Weinreich, Anna-Barbara; *1930 Berlin
    (Tochter)

Wellnitz, Elisabeth
*14. 07. 1901 Hamm;
        DDR;
        07. 01. 1988 in Berlin verstorben
        → Wellnitz, Alex; *1935 Leningrad (Sohn)

Werner, Maria (Balk, Maria)
*1903 Jugoslawien;
        März 1937 verhaftet
        → Balk, Theodor (Ehemann)

Wilde, Grete (Mertens, Erna)
*12. 05. 1904 Berlin;
        05. 10. 1937 verhaftet;
        1943 oder 1944 im Lager umgekommen
        → Wilde, Arthur; *1902;
        1959 verstorben (Bruder)

Wilke, Johanna geb. Hartog (Manhart, Johanna)
*15. 08. 1904 Aachen;
        September 1936 verhaftet;
        Lager und Zwangsansiedlung bis 1953;
        1958 DDR;
        04. 06. 1988 in Berlin verstorben
        → Wilke, Walter; 1937 verhaftet;
        1939 im Lager umgekommen (Ehemann)
        → Stadler, Tamara; *04. 01. 1937 Saratow
        (Tochter)

Wimmer, Ulla

Wimmler, Elisabeth
        1937 verhaftet

Winter, Dina (Heinrich, Meta)
*1888 Berlin;
        Februar 1938 verhaftet

Wischniak, Erika (Paul, E.)
*1898 Warschau;
        1936 verhaftet,
        → Wischniak, Samuel; *1898 Lodz
        (Ehemann)

Wolff, ?
        1937 verhaftet;
        verschollen
        → Wolff, Albert; verschollen (Ehemann)

Wyschkowski, Janina
*1902 München;
        21. 10. 1937 erschossen
        → Wyschkowski, Adolf (Vater)

Wissuseck, Katja

Wladimirowa, Raissa (Schwarz)
*1903 Dwinsk;
        April 1936 verhaftet;
        10. 10. 1937 zum Tode verurteilt

Würz, Else geb. Fechner
*19. 10. 1899 Berlin;
        Arbeitslager;
        1958 DDR
        → Würz, Erich; verhaftet und erschossen

Zerath, Charlotte
*1899;
        1934 – 1937 Moskau;
        ausgewiesen nach Deutschland

Zimmt, Ruth
*27. 09. 1905 Berlin;
        September 1941 verhaftet;
        1949 aus Lager entlassen;
        Zwangsansiedlung bis 1958;
        1959 DDR

Zirkel, Grete (Lehmann-Zirkel, Grete)
*15. 05. 1902;
        verhaftet;
        Lager Kotschmes;
        1958 DDR;
        1968 verstorben

Zirkel, Helene
        Haft;
        Lager Sibiren;
        1956 oder 1957 DDR

Zwicker, Elsa
*10. 12. 1898 Stuttgart

**Auswahlbibliographie
zum Thema
»Exil in der Sowjetunion«**

(zusammengestellt von
Carola Tischler)

1.
Nachschlagewerke
und Überblicksdarstellungen

Bibliographie der literarischen Beiträge
der »Deutschen Zentral-Zeitung«,
    o.O. o.J.
    [Typoskript in der Bibliothek der
    Hamburger Arbeitsstelle für deutsche
    Exilliteratur].

Biographisches Handbuch der deutsch-
sprachigen Emigration nach 1933/International
Biographical Dictionary of Central European
Emigrés 1933 – 1945,
    hrsg. vom Institut für Zeitgeschichte
    München und von der Research
    Foundation for Jewish Immigration
    New York, unter der Gesamtleitung von
    Werner Röder und Herbert A. Strauss,
    3 Bände, München u.a. 1980 – 1983.

Borck, Karin (Hrsg.):
    Sowjetische Forschungen (1917 – 1991) zur
    Geschichte der deutsch-russischen
    Beziehungen von den Anfängen bis 1949,
    Berlin 1993.

Das Wort. Moskau 1936 – 1939.
    Bibliographie einer Zeitschrift,
    Berlin/Weimar 1975.

Dimitroff, Georgi:
    Tagebücher 1933 – 1943,
    hrsg. von Bernhard H. Bayerlein; Bd. 2:
    Kommentare und Materialien
    zu den Tagebüchern, hrsg. von Bernhard
    H. Bayerlein und Wladislaw Hedeler,
    Berlin 2000.

Findbuch: Staatliches Zentralarchiv der
UdSSR für Literatur und Kunst.
    Bestand 631, Vorstand des Schriftsteller-
    verbandes der UdSSR.
    Inventarliste 11, o.O. o.J.
    [Typoskript in der Bibliothek der
    Hamburger Arbeitsstelle für deutsche
    Exilliteratur].

Diezel, Peter:
    Exiltheater in der Sowjetunion 1932 – 1937,
    Berlin 1978.

Exil in der Sowjetunion,
europäische ideen,
    hrsg. von Andreas W. Mytze, (1976) 14/15.

Exil in der Sowjetunion 2,
europäische ideen,
    hrsg. von Andreas W. Mytze, (1977) 34 – 36.

Exilforschung.
Ein internationales Jahrbuch.
 Hrsg. im Auftrag der Gesellschaft für
 Exilforschung/Society for Exile Studies
 von Thomas Koebner, Wulf Köpke
 und Claus-Dieter Krohn in Verbindung mit
 Lieselotte Maas,
 Band 1: Stalin und die Intellektuellen und
 andere Themen, München 1983;
 Band 8: Politische Aspekte des Exils,
 München 1990;
 Band 11: Frauen und Exil, München 1993;
 Band 14: Rückblick und Perspektiven,
 München 1996.

Gabert, Josef und Lutz Prieß (Hrsg.):
 SED und Stalinismus. Dokumente aus dem
 Jahre 1956, Berlin 1990.

Handbuch der deutschsprachigen
Emigration 1933 – 1945,
 hrsg. von Claus Dieter Krohn,
 Patrik von zur Mühlen, Gerhard Paul und
 Lutz Winckler, Darmstadt 1998.

In den Fängen des NKWD.
 Deutsche Opfer des stalinistischen Terrors
 in der UdSSR, Berlin 1991.

Internationale Literatur.
Moskau 1931 – 1945.
 Bibliographie einer Zeitschrift, zwei Bände,
 Berlin-Weimar 1985.

Inventar der Quellen zum deutschsprachigen
Rundfunk in der Sowjetunion (1929 – 1945).
 Bestände in deutschen und ausländischen
 Archiven und Bibliotheken, bearbeitet
 von Carola Tischler, Potsdam 1997.

Maas, Lieselotte:
 Handbuch der deutschen Exilpresse
 1933 – 1945,
 vier Bände, München 1976 – 1990.

Metzger, Wolfgang:
 Bibliographie deutschsprachiger
 Sowjetunion-Reiseberichte, -Reportagen
 und -Bildbände 1917 – 1990,
 Wiesbaden 1991.

Pike, David:
 Deutsche Schriftsteller im sowjetischen
 Exil 1933 – 1945,
 Frankfurt am Main 1981.

Pütter, Conrad:
 Rundfunk gegen das »Dritte Reich«.
 Ein Handbuch,
 München u.a. 1986.

Röder, Werner (Hrsg.):
 Sonderfahndungsliste UdSSR.
 Faksimile der »Sonderfahndungsliste
 UdSSR« des Chefs der Sicherheitspolizei
 und des SD, das Fahndungsbuch der
 deutschen Einsatzgruppen im
 Rußlandfeldzug 1941 [mit Beiband],
 Erlangen 1977.

Schick, Günter (Hrsg.):
 Bibliographie deutschsprachiger
 Veröffentlichungen der
 »Verlagsgenossenschaft ausländischer
 Arbeiter in der UdSSR«
 Moskau – Leningrad – Berlin 1992.

Wall, Renate:
 Verbrannt, verboten, vergessen.
 Kleines Lexikon deutschsprachiger
 Schriftstellerinnen 1933 bis 1945,
 Köln 1988.

Wall, Renate:
 Lexikon deutschsprachiger
 Schriftstellerinnen 1933 – 1945,
 Band 2, Freiburg 1995.

Weber, Hermann:
 »Weiße Flecken« in der Geschichte.
 Die KPD-Opfer der Stalinschen
 Säuberungen und ihre Rehabilitierung,
 Frankfurt am Main 1990.

Walter, Hans-Albert:
 Deutsche Exilliteratur 1933 – 1950,
 Band 2: Europäisches Appeasement und
 überseeische Asylpraxis, Stuttgart 1984;
 Band 3: Internierung, Flucht und
 Lebensbedingungen im Zweiten Weltkrieg,
 Stuttgart 1988;
 Band 7: Exilpresse I, Darmstadt-Neuwied
 1974.

2.
Erinnerungen

Albrecht, Karl I.:
Der verratene Sozialismus,
Berlin – Leipzig 1939.

Barck, Simone:
Interview mit Fritz Erpenbeck, in:
Weimarer Beiträge, (1975) 4, S. 5 – 15.

Barck, Simone:
Interview mit Hedda Zinner, in:
Weimarer Beiträge, (1978) 11.

Becher, Johannes R.:
Selbstzensur, in: Sinn und Form, (1988) 3,
S. 543 – 551.

Beer-Jergitsch, Lilli:
Moskau, Dreißiger Jahre:
Vom Leben und Überleben, in: Wiener
Tagebuch, (1988) 9, S. 21 – 24.

Benny Heumann, Jahrgang 1907.
Ein politischer Architekt, Autobiographie,
Berlin 1997.

Bredel, Maj:
Tagebuch und Notizen aus schwerer Zeit,
in: Neue deutsche Literatur, (1986) 5,
S. 5 – 24.

Brüning, Elfriede (Hrsg.):
Lästige Zeugen?
Tonbandgespräche mit Opfern der
Stalinzeit, Halle – Leipzig 1990.

Buber-Neumann, Margarete:
Als Gefangene bei Stalin und Hitler,
München 1948.

Buber-Neumann, Margarete:
Von Potsdam nach Moskau.
Stationen eines Irrweges,
Stuttgart 1957.

Cordes, Irene
(d. i. Waltraut Nicolas):
... laßt alle Hoffnung fahren, Berlin 1942.

Cordes, Irene
(d. i. Waltraut Nicolas):
Der Weg ohne Gnade. Tatsachenbericht,
Berlin 1943.

Damerius, Helmut:
Über zehn Meere zum Mittelpunkt
der Welt. Erinnerungen an die »Kolonne
Links«, Berlin 1977.

Damerius, Helmut:
Unter falscher Anschuldigung.
18 Jahre in Taiga und Steppe,
Berlin – Weimar 1990.

Diezel, Peter:
Hilda Duty – Zellengefährtin von
Carola Neher [Interview], in: Exil, (1992) 2,
S. 25 – 42.

Eberlein, Werner:
Ansichten – Einsichten – Aussichten,
Berlin 1994.

Eisenberger, Andrej:
Wenn ich nicht schreie, ersticke ich.
Eine wahre Geschichte von Liebe und Tod,
Berlin 1997.

Engel, Rudolf:
Feinde und Freunde, Berlin 1984.

Erpenbeck, Fritz:
»Hier ist der Sender der SA-Fronde...«,
in: Beiträge zur Geschichte des Rundfunks,
(1974) 4, S. 7 – 15.

Fischer, Ernst:
Erinnerungen und Reflexionen,
Hamburg 1964.

Fischer, Walter:
Kurze Geschichte aus einem langen Leben,
Mannheim 1986.

Fogarasi, Ilse:
Der neue Thespiskarren,
Berlin 1955.

Fuchs, Friedrich:
Wie ich Leningrader wurde, in:
Medien und Zeit, (1988) 2, S. 13 – 18.

Geschonneck, Erwin:
Meine unruhigen Jahre, Berlin 1995
[2. erweiterte Auflage hrsg. von Günter
Agde mit der Urfassung des Komplexes
»Jahre der Prüfung 1933 – 1939«].

Geusendamm, Wilhelm:
Herausforderungen KJVD – UdSSR –
KZ – SPD, Kiel 1985.

Ginsburg, Jewgenija Semjonowa:
Marschroute eines Lebens,
Reinbek bei Hamburg 1967.

Globig, Martha:
1936/1937: Eine schwere Zeit in Moskau,
in: Beiträge zur Geschichte der
Arbeiterbewegung, (1990) 4, S. 521 – 526.

Golnipa, Helene:
Im Angesicht der Todesengel Stalins,
Mattersburg – Katzelsdorf 1989.

Grünberg, Gottfried:
Kumpel, Kämpfer, Kommunist,
Berlin 1977.

Grünwald, Leopold:
Wandlung.
Ein Altkommunist gibt zu Protokoll,
Wien 1980.

Gut angekommen – Moskau.
Das Exil der Gabriele Stammberger.
    Aufgeschrieben und herausgegeben von
    Michael Peschke, Berlin 1999.

Hay, Julius:
    Geboren 1900. Erinnerungen,
    Hamburg 1971.

Herwarth, Hans von:
    Zwischen Hitler und Stalin.
    Erlebte Zeitgeschichte 1931–1945,
    Frankfurt am Main 1985.

Hildebrand, Georg:
    Wieso lebst du noch?
    Ein Deutscher im GULag,
    Stuttgart 1990.

Hoffmann, Heinz:
    Mannheim – Madrid – Moskau.
    Erlebtes aus drei Jahrzehnten,
    Berlin 1981.

Hoffmann, Heinz:
    Moskau – Berlin. Erinnerungen
    an Freunde, Kampfgenossen und
    Zeitumstände, Berlin 1989.

Huppert, Hugo:
    Wanduhr mit Vordergrund.
    Stationen eines Lebens,
    Halle (Saale) 1977.

Im Zeichen des roten Sterns.
    Erinnerungen an die Traditionen der
    deutsch-sowjetischen Freundschaft,
    Berlin 1974.

Kjossewa, Christina:
    Als Lebensgefährtin Hans Kippenbergers
    in Moskau verhaftet, in: Beiträge zur
    Geschichte der Arbeiterbewegung, (1990)
    3, S. 379–389.

Kosel, Gerhard:
    Unternehmen Wissenschaft.
    Die Wiederentdeckung einer Idee.
    Erinnerungen, Berlin 1989.

Kurella, Alfred:
    Ich lebe in Moskau, Berlin 1947.

Kurella, Alfred und Elfriede Cohn-Vossen:
    Der Traum von Ps'chu.
    Ein Ehe-Briefwechsel im Zweiten Welt-
    krieg, Berlin – Weimar 1984.

Leonhard, Susanne:
    Gestohlenes Leben.
    Schicksal einer politischen Emigrantin in
    der Sowjet-Union,
    Frankfurt am Main 1956.

Leonhard, Wolfgang:
    Die Revolution entlässt ihre Kinder,
    Berlin 1955.

Leonhard, Wolfgang:
    Spurensuche. Vierzig Jahre nach
    »Die Revolution entlässt ihre Kinder«,
    Köln 1992.

Levenstejn, Genri-Ralf:
    Die Karl-Liebknecht-Schule in Moskau
    1932–1937. Erinnerungen eines Schülers,
    Lüneburg 1991.

Liebermann, Mischket:
    Aus dem Ghetto in die Welt, Berlin 1977.

Liebknecht, Kurt:
    Mein bewegtes Leben, Berlin 1986.

Lipper, Elinor:
    Elf Jahre in sowjetischen Gefängnissen
    und Lagern, Zürich 1950.

Mayenburg, Ruth von:
    Hotel Lux, München 1978.

Mayenburg Ruth von:
    Blaues Blut und Rote Fahnen.
    Ein Leben unter vielen Namen,
    Wien u.a. 1969.

Meyer, Gertrud:
    Die Frau mit den grünen Haaren,
    Hamburg 1978.

Mierau, Fritz:
    Interview mit Hugo Huppert, in: Weimarer
    Beiträge, (1972) 12, S. 30–60.

Morberger-Krautter, Gerda:
    Wie ich Rußland erlebte, Hamburg 1948.

Nicolas, Waltraut:
    Die Kraft, das Ärgste zu ertragen.
    Frauenschicksale in Sowjetgefängnissen,
    Bonn 1958.

Nicolas, Waltraut:
    Viele Tausend Tage, Stuttgart 1960.

Krumrey, Marianne (Hrsg.):
    Ohne Scham.
    Lebensbericht der Nelly Held,
    Berlin 1990.

Plievier, Hildegard:
    Ein Leben gelebt und verloren. Roman,
    Frankfurt am Main 1966.

Puhm, Rosa:
    Eine Trennung in Gorki, Wien 1990.

Quittner, Genia:
    Weiter weg nach Krasnogorsk.
    Schicksalsbericht einer Frau,
    Wien u.a. 1981.

Regler, Gustav:
    Das Ohr des Malchus, Köln u.a. 1958.

Reich, Bernhard:
    Im Wettlauf mit der Zeit. Erinnerungen,
    Berlin 1970.

Richter, Trude:
  Totgesagt. Erinnerungen,
  Halle u.a. 1990.

Rodenberg, Hans:
  Protokoll eines Lebens.
  Erinnerung und Bekenntnis, Berlin 1980.

Rubinstein, Hilde:
  Gefangenschaft.
  Notizen aus dem Gefängnis unter Hitler
  und Stalin, in: Tribüne, (1970) 36,
  S. 3917–3937.

Sakowski, Helmut:
  Das Leben eines Revolutionärs.
  Gustav Szinda erinnert sich, Leipzig 1987.

Seydewitz, Frido:
  Zehn Jahre in den Fängen des NKWD
  (1938–1948). Flucht in die Verfolgung, in:
  Moskau 1938. Szenarien des Großen
  Terrors, Leipzig 1999, S. 127–133.

Sinko, Erwin:
  Roman eines Romans.
  Moskauer Tagebuch 1935–1937,
  Berlin 1990.

Stajner, Karlo:
  7000 Tage in Sibirien, Wien 1975.

Stammberger, Gabriele/Michael Peschke:
  Gut angekommen – Moskau. Das Exil der
  Gabriele Stammberger 1932–1954,
  Erinnerungen und Dokumente,
  Berlin 1999.

Stankoweit, Werner:
  1937–1945: Acht Jahre verantwortlich bei
  Radio Moskau. Genosse Karl Raab
  erzählt von seiner Sendearbeit in der
  Sowjetunion – ein Gespräch, in:
  Beiträge zur Geschichte des Rundfunks,
  (1982) 4, S. 5–26.

Steinberger, Nathan:
  Berlin – Moskau – Kolyma und zurück:
  Ein Gespräch über Stalinismus
  und Antisemitismus, Berlin 1996.

Tromm, Emma:
  Leben unter dem »gewöhnlichen
  Stalinismus«. Erinnerungen, in:
  Beiträge zur Geschichte der Arbeiter-
  bewegung, (1992) 2, S. 185–193.

Uttitz, Friedrich:
  Zeugen der Revolution.
  Mitkämpfer Lenins und Stalins berichten,
  Köln 1984 [darin u.a. Interviews mit
  Margarete Buber-Neumann, Leopold
  Grünwald, Ruth von Mayenburg und Karlo
  Stajner].

Vitzthum, Hilda:
  Mit der Wurzel ausrotten.
  Erinnerungen einer ehemaligen Kommu-
  nistin, München 1984.

Voßke, Heinz (Hrsg.):
  Im Kampf bewährt.
  Erinnerungen deutscher Genossen
  an den antifaschistischen Widerstand
  von 1933 bis 1945, Berlin 1987.

Wangenheim, Inge von:
  Auf weitem Feld.
  Erinnerungen einer jungen Frau,
  Berlin 1954.

Wangenheim, Inge von:
  Schauplätze. Bilder eines Lebens,
  Rudolstadt 1983.

Wehner, Herbert:
  Zeugnis, Köln 1982.

Weissberg-Cybulski, Alex:
  Im Verhör.
  Ein Überlebender der stalinistischen
  Säuberungen berichtet, Wien-Zürich 1993
  [Neuausgabe der 2. Auflage von
  Hexensabbat].

Willmann, Heinz:
  Steine klopft man mit dem Kopf,
  Berlin 1977.

Wolf, Markus:
  Die Troika.
  Geschichte eines nichtgedrehten Films,
  Berlin – Weimar 1989.

Zinner, Hedda:
  Alltag eines nicht alltäglichen Landes,
  Berlin 1950.

Zinner, Hedda:
  Selbstbefragung, Berlin 1989.

3.
Dokumente und Darstellungen
(nach 1989 erschienen)

Agde, Günter:
Kämpfer. Biographie eines Films und
seiner Macher, Berlin 2001.

apropos Margarete Buber-Neumann.
Mit einem Essay von Michaela Wunderle,
Frankfurt am Main 2001.

Babicenko, Leonid G.:
»…Pocemu protiv nas dejstvujut tak
bescestno i s pomosci lzi?«
(O sud'be innostrannych spezialistov
v SSSR), in: Otecestvennye archivy,
(1992) 6, S. 60 – 70.

Babicenko, Leonid G.:
»Esli aresty budut prodalzat'sja, to …
ne ostanetsja ni odnogo nemca-clena
partii«. Stalinskie ›cistki‹ nemeckoj
politemigracii v 1937–1938 godach,
in: Istoriceskij archiv, (1992) 1,
S. 117–122.

Babicenko, Leonid G.:
»Rjad sekcii Kominterna … okazalis'
celikom v rukach vraga«.
Pis'mo G. Dimitrova i D. Manuil'skogo
v CK VKP(b), in: Istoriceskij archiv,
(1993) 1, S. 220 – 221.

Bahne, Siegfried:
Johannes R. Becher, ein kommunistischer
Poet, Politiker – und Opportunist?, in:
Zeitschrift für Geschichtswissenschaft,
(1993) 11, S. 972 – 983.

Bies, Luitwin:
Deutsche Emigranten in der UdSSR.
Zwei Dokumente, in: Marxistische Blätter,
(1992) 5, S. 52 – 57.

Bisovsky, Gerhard/Hans Schafranek/
Robert Streibel (Hrsg.):
Der Hitler-Stalin-Pakt. Voraussetzungen,
Hintergründe, Auswirkungen,
Wien 1990.

Bühler, Christine:
Renegatinnen und Soldatinnen
der Partei. Stalinismuserfahrungen im
Exil: Autobiographische Texte
deutschsprachiger KommunistInnen,
Regensburg 1997
[Regensburger Skripten zur
Literaturwissenschaft; 7].

Chasanow, Michail:
Max Hoelz in Gorki, in:
Beiträge zur Geschichte der Arbeiter-
bewegung, (1989) 6, S. 824 – 828.

Davidovic, D. S.:
Tragiceskie stranicy istorii KPG, in:
Novaja i novejsaja istorija, (1990) 4,
S. 225 – 227.

Dehl, Holger/Natalija Mussijenko:
»Hitlerjugend« in der UdSSR?
Zu Hintergründen und Folgen einer
NKWD-Fälschung 1938, in:
Beiträge zur Geschichte der Arbeiter-
bewegung, (1996) 1, S. 76 – 84.

Dehl, Oleg:
Deutsche Politemigranten in der UdSSR:
Von Illusionen zur Tragödie, in:
Neues Leben (Moskau), (1996) 5 – 7
[dasselbe: Utopie kreativ, (1997) 75,
S. 48 – 63].

Dehl, Oleg:
Ot illjuzij k tragedii.
Nemeckie emigranty v SSSR v 30-e gody,
Moskva 1997.

Dehl, Oleg:
Verratene Ideale. Zur Geschichte
deutscher Emigranten in der
Sowjetunion in den 30er Jahren.
Unter Mitarbeit von Natalija Mussijenko.
Mit einem Beitrag von Simone Barck
über eine unbekannte Bibliographie der
Moskauer »Deutschen Zentral-Zeitung«.
Mit einem Nachwort herausgegeben von
Ulla Plener, Berlin 2000.

Denunziation und Verrat.
Die 30er Jahre in der Sowjetunion,
europäische ideen, Heft 79, London 1992.

Denunziation und Verrat 2.
europäische ideen, Heft 86, London 1994.

Dietrich, Werner:
Der Fall Dattan – Eine Skizze zu den
KPD-Opfern Stalins und ihrer
Rehabilitierung, in: Jahrbuch für
historische Kommunismusforschung,
1 (1993), S. 249 – 260.

Dodo Garai – Alfred Kurella:
Ein Briefwechsel, in: Sinn und Form,
(1990) 4, S. 737 – 764.

Donga-Sylvester, Eva u. a. (Hrsg.):
»Ihr verreckt hier bei ehrlicher Arbeit«.
Deutsche im GULag 1936 – 1956,
Wien 2000.

Erler, Peter u. a. (Hrsg.):
»Nach Hitler kommen wir«.
Dokumente zur Programmatik der
Moskauer KPD-Führung 1944/45 für
Nachkriegsdeutschland,
Berlin 1994.

Erler, Peter:
Zwischen stalinistischem Terror
und Repression: staatlicher Zwang und
parteipolitische Strafmaßnahmen
gegen deutsche Politemigranten
in der UdSSR nach dem 22. Juni 1941,
in: Jahrbuch für Historische
Kommunismusforschung 1996,
S. 148 – 161.

Erler, Peter:
Militärische Kommandounternehmen.
Deutsche Politemigranten als
sowjetische Fallschirmagenten und
Partisanen 1941 bis 1945, in:
Zeitschrift des Forschungsverbundes
SED-Staat, (2000) 8, S. 79–101.

Firsov, Fridrich G.:
Vil'gel'm Pik i Georgij Dimitrov
v bor'be za spasenie zertv stalinskich
repressij, in: Ezegodnik germanskoj istorii,
1988 [erschienen 1991], S. 165–171.

Frauen um Erich Mühsam:
Zenzl Mühsam und Franziska zu
Reventlow. Schriften der Erich-Mühsam-
Gesellschaft, Nr. 11, Lübeck 1996
[darin Beiträge von U. Otten u. R. Müller].

Hein, Christoph M.:
Der »Bund proletarisch-revolutionärer
Schriftsteller Deutschlands«.
Biographie eines kulturpolitischen
Experiments in der Weimarer Republik,
Münster – Hamburg 1991.

Hilzinger, Sonja:
»Ich hatte nur zu schweigen.«
Strategien des Bewältigens und des
Verdrängens der Erfahrung Exil in
der Sowjetunion am Beispiel
autobiographischer Texte, in:
Exilforschung. Ein internationales
Jahrbuch, Band 11: Frauen und Exil,
München 1993, S. 31–52.

Huber, Peter:
Stalins Schatten in die Schweiz.
Schweizer Kommunisten in Moskau:
Verteidiger und Gefangene der Komintern,
Zürich 1994.

Jahnke, Karl Heinz:
Aus der UdSSR ins faschistische
Deutschland ausgewiesen (1937–1940),
in: Beiträge zur Geschichte der
Arbeiterbewegung, (1991) 2, S. 239–245.

Jakobs, Karl-Heinz:
Das endlose Jahr.
Begegnungen mit Mäd,
Berlin 1990.

Jakobs, Karl-Heinz:
Leben und Sterben der Rubina,
Berlin 1999.

John, Eckhard:
Vom Traum zum Trauma.
Musiker-Exil in der Sowjetunion, in:
Heister, Hanns-Werner u.a. (Hrsg.):
Musik im Exil. Folgen des Nazismus
für die internationale Musikkultur,
Frankfurt am Main 1993, S. 255–278.

Kaiser, Gerhard:
Rußlandfahrer. Aus dem Wald in
die Welt. Facharbeiter aus dem
Thüringer Wald in der UdSSR 1930–1965,
Tessin 2000.

Kaufmann, Bernd u.a. (Hrsg.):
Der Nachrichtendienst der KPD 1919–1937,
Berlin 1993.

Keiderling, Gerhard (Hrsg.):
»Gruppe Ulbricht« in Berlin.
April bis Juni 1945.
Von den Vorbereitungen im Sommer
1944 bis zur Wiedergründung der
KPD im Juni 1945. Eine Dokumentation,
Berlin 1993.

Köstenberger, Julia:
Die Geschichte der »Kommunistischen
Universität der nationalen
Minderheiten des Westens (KUNMZ)«
in Moskau 1921–1936, in: Jahrbuch
für Historische Kommunismusforschung
2000/2001, S. 248–303.

Kröhnke, Karl:
Lion Feuchtwanger – Der Ästhet in
der Sowjetunion. Ein Buch nicht nur für
seine Freunde, Stuttgart 1991.

Kunst und Literatur
im antifaschistischen Exil, Band 1/I und II:
Exil in der UdSSR, 2. Auflage,
Leipzig 1989.

Lange, Katharina:
Jugendpolitische Texte der Moskauer
Exilkommunisten nach Abschluß
des Freundschaftsvertrages zwischen
Deutschland und der Sowjetunion, in:
Jahrbuch für zeitgeschichtliche
Jugendforschung 1994/95, S. 220–231.

Leonhard, Wolfgang:
Der Schock des Hitler-Stalin-Paktes,
München 1989.

Lewin, Erwin:
Neue Dokumente zur Kursänderung
1934/35 in der KPD, in: Jahrbuch
für Historische Kommunismusforschung,
1 (1993), S. 171–186.

McLoughlin, Barry:
Todespolygon: Die Österreicher im
Butowoer Massengrab, in: Dokumenta-
tionsarchiv des österreichischen
Widerstandes (Hrsg.):
Jahrbuch 1995, S. 138–152.

McLoughlin, Barry/Hans Schafranek/
Walter Szevera:
Aufbruch – Hoffnung – Endstation.
Österreicherinnen und Österreicher in der
Sowjetunion 1925–1945, Wien 1997.

Mensing, Wilhelm
(in Zusammenarbeit mit Peter Erler):
Von der Ruhr in den GULag.
Opfer des Stalinschen Massenterrors
aus dem Ruhrgebiet, Essen 2001.

Meyer-Stiens, Ernstheinrich:
Opfer – wofür? Deutsche Emigranten in
Moskau – ihr Leben und Schicksal,
Worpswede 1996.

Müller, Henning:
Antifaschismus und Stalinismus.
Zum Beispiel Friedrich Wolf, in:
Beiträge zur Geschichte der Arbeiter-
bewegung, (1991) 2, S. 165–181.

Müller, Reinhard:
Flucht ohne Ausweg.
Lebensläufe aus den geheimen
»Kaderakten« der Kommunistischen
Internationale, in:
Exil, (1990) 2, S. 76–95.

Müller, Reinhard:
Linie und Häresie.
Lebensläufe aus den Kaderakten
der Komintern (II), in:
Exil, (1991) 1, S. 46–69.

Müller, Reinhard (Hrsg.):
Die Säuberung. Moskau 1936:
Stenogramm einer geschlossenen
Parteiversammlung,
Reinbek bei Hamburg 1991.

Müller, Reinhard:
Die Akte Wehner. Moskau 1937 bis 1941,
Berlin 1993.

Müller, Reinhard:
Unentwegte Disziplin und
permanenter Verdacht. Zur Genesis der
»Säuberungen« in der KPD, in:
Neugebauer, Wolfgang (Hrsg.):
Von der Utopie zum Terror. Stalinismus-
Analysen, Wien 1994, S. 71–95.

Müller, Reinhard:
Aus der Moskauer Kaderakte
des parteilosen Bolschewiken Heinrich
Vogeler, in: Exil, (1995) 1, S. 33–44.

Müller, Reinhard:
»Schrecken ohne Ende«.
Eingaben deutscher NKWD-Häftlinge und
ihrer Verwandten an Stalin, Jeshow u.a.,
in: Exil, (1997) 2, S. 63–88.

Müller, Reinhard
(mit Natalija Mussijenko):
»Wir kommen alle dran«. Säuberungen
unter den deutschen Politemigranten
in der Sowjetunion (1934–1938), in: Weber,
Hermann/Ulrich Mählert (Hrsg.):
Terror. Stalinistische Parteisäuberungen
1936–1953,
Paderborn 1998, S. 129–166.

Müller, Reinhard und
Jan Rokitjanski,
Besedy na Lubjanke, Sledstvennoje delo
György Lukatscha, Materialy k biografii,
Moskva 1999.

Müller, Reinhard:
Menschenfalle Moskau.
Exil und stalinistische Verfolgung,
Hamburg 2001.

Ochotin, Nikita/Arseni Roginski:
Zur Geschichte der »Deutschen Operation«
des NKWD 1937–1938, in: Jahrbuch
für Historische Kommunismusforschung
2000/2001, S. 86–125.

Österreicher im Exil.
Sowjetunion 1934–1945.
Eine Dokumentation, hrsg. vom
Dokumentationsarchiv des
österreichischen Widerstands, ausgewählt
und bearbeitet von Barry McLoughlin
und Hans Schafranek, Wien 1999.

Otten, Uschi:
Zenzl Mühsam im doppelten Exil, in:
europäische ideen, (1995) 95, S. 9–18.

Pinkus, Benjamin:
Die Deportation der deutschen Minderheit
in der Sowjetunion 1941–1945, in:
Wegner, Bernd (Hrsg.): Zwei Wege nach
Moskau. Vom Hitler-Stalin-Pakt zum
»Unternehmen Barbarossa«,
München – Zürich 1991, S. 464–479.

Plener, Ulla:
Richard Ulbricht, ein deutscher
Facharbeiter. Vernehmungsprotokolle,
Anklageschrift und weitere Dokumente, in:
Utopie kreativ, (1991) 9, S. 93–106.

Plener, Ulla:
Auskünfte einer NKWD-Akte über letzten
Weg und Tod deutscher Kommunisten
in der Sowjetunion (1936–1939):
Willy Leow-Hoffmann, Hans Rogalla,
Josef Schneider, Paul Scholze,
Harry Wilde, in: Utopie kreativ, (1994) 1,
S. 131–139.

Plener, Ulla:
Arnold Reisberg – ein kommunistisches
Schicksal, in: Beiträge zur Geschichte
der Arbeiterbewegung, (1991) 2,
S. 259–268.

Plener, Ulla:
Helmut Schinkel. Zwischen Vogelers
Barkenhoff und Stalins Lager.
Biographie eines Reformpädagogen
(1902–1946), 2. Auflage, Berlin 1998.

Plener, Ulla:
Leben mit Hoffnung in Pein.
Frauenschicksale unter Stalin,
Frankfurt/Oder 1997.

Plener, Ulla:
»Was in der SU vorgeht,
ist ungeheuerlich…«.
Deutsche Arbeiter in Moskau als
»Brandleristen« verhaftet, in:
Utopie kreativ, (2000) 119, S. 909–918.

Rohrwasser, Michael:
 Der Stalinismus und die Renegaten.
 Die Literatur der Exkommunisten,
 Stuttgart 1991.

Sartor, Klaus:
 Das kommunistische Exil und der
 deutsch-sowjetische Nichtangriffspakt, in:
 Exilforschung. Ein internationales
 Jahrbuch; Band 8: Politische Aspekte
 des Exils, München 1990, S. 29–45.

Schafranek, Hans:
 Zwischen NKWD und Gestapo.
 Die Auslieferung deutscher und öster-
 reichischer Antifaschisten aus der
 Sowjetunion an Nazideutschland,
 1937–1941, Frankfurt am Main 1990.

Schafranek, Hans (Hrsg.):
 Die Betrogenen.
 Österreicher als Opfer stalinistischen
 Terrors in der Sowjetunion,
 Wien 1991.

Schafranek, Hans
unter Mitarbeit von Natalja Mussijenko:
 Kinderheim Nr. 6. Österreichische und
 deutsche Kinder im sowjetischen Exil,
 Wien 1998.

Schafranek, Hans:
 Am Beispiel der Moskauer Hitler-Jugend
 (1938). Mechanismen des Terrors
 der stalinistischen Geheimpolizei NKWD,
 in: Dokumentationsarchiv des
 österreichischen Widerstands (Hrsg.):
 Jahrbuch 1999, S. 124–160.

Scherbakowa, Irina:
 Nur ein Wunder konnte uns retten.
 Leben und Überleben unter Stalins Terror,
 Frankfurt am Main – New York 2000.

Schmidt, Ernst:
 Lichter in der Finsternis.
 Essener Opfer der Stalin-Ära,
 oppositionelle Linke und Fahnenflüchtige,
 Essen 1994.

Schnöring Kurt:
 Von Hitler verfolgt – unter Stalin
 ermordet. Das Schicksal bergischer
 Emigranten in der Sowjetunion, in:
 Bergischer Almanach, 1994, S. 52–56.

Schoppmann, Claudia (Hrsg.):
 Im Fluchtgepäck die Sprache.
 Deutschsprachige Schriftstellerinnen
 im Exil, Berlin 1991.

Schule unserer Träume.
 Die Geschichte der »Karl-Liebknecht-
 Schule« in Moskau 1924–1938.
 Ausstellungskatalog, Moskau 1996.

Schwarz, Josef:
 Zu Unrecht vergessen:
 Felix Halle und die deutsche Justiz,
 Schkeuditz 1997.

Soell, Hartmut:
 Der junge Wehner.
 Zwischen revolutionärem Mythos und
 praktischer Vernunft, Stuttgart 1991.

Stalinismus und das Ende der ersten
Marx-Engels-Gesamtausgabe (1931–1941).
 Dokumente über die politische Säuberung
 des Marx-Engels-Instituts 1931 und
 zur Durchsetzung der Stalin'schen Linie
 am vereinigten Marx-Engels-Lenin-Institut
 beim ZK der KPdSU, Beiträge zur
 Marx-Engels-Forschung Neue Folge
 Sonderband 3, Berlin – Hamburg 2001.

Stark, Meinhard:
 »Wenn Du willst Deine Ruhe haben,
 schweige«. Deutsche Frauenbiographien
 des Stalinismus, Düsseldorf 1991.

Stark, Meinhard:
 »Traten keine Probleme auf…«.
 Zur Rückkehr deutscher politischer
 Exilantinnen aus der UdSSR, in:
 Annette Kaminsky (Hrsg.): Heimkehr 1948,
 München 1998, S. 282–298.

Stark, Meinhard:
 »Ich muss sagen, wie es war«.
 Deutsche Frauen des GULag, Berlin 1999.

Stark, Meinhard:
 Deutsche Exilantinnen im GULag.
 Alltag des Überlebens, in:
 Jahrbuch Exilforschung 2000, S. 53–68.

Streibel, Robert (Hrsg.):
 Strategie des Überlebens.
 Häftlingsgesellschaften in KZ und GULag,
 Wien 1996.

Tischler, Carola:
 Flucht in die Verfolgung.
 Deutsche Emigranten im sowjetischen Exil
 1933–1945, Münster 1996.

Tischler, Carola
und Wolfgang Mühl-Benninghaus:
 »Achtung! Hier ist Moskau!«
 Der deutschsprachige Rundfunk aus der
 Sowjetunion 1929–1945, in:
 Humboldt-Spektrum, (1996) 3, S. 28–35.

Tischler, Carola:
 »Es ist notwendig, über die
 Zugehörigkeit zur Partei zu entscheiden«.
 Zur Rolle der KPD-Führung bei der
 Verhaftung ihrer Mitglieder während
 des stalinistischen Terrors, in:
 Moskau 1938. Szenarien des Großen
 Terrors, Leipzig 1999, S. 99–108.

Ueberschär, Gerd R. (Hrsg.):
 Das Nationalkomitee »Freies Deutschland«
 und der Bund Deutscher Offiziere,
 Frankfurt am Main 1995.

Unfried, Berthold:
>   Kommunistische Künstler in
>   der Sowjetunion der dreißiger Jahre, in:
>   Jahrbuch für Historische
>   Kommunismusforschung 2000/2001,
>   S. 126–143.

Vernite mne svobodu.
>   Dejateli literatury i iskusstva Rossii i
>   Germanii – zertvy stalinskogo terrora,
>   Moskva 1997.

Voßke, Heinz:
>   Briefe Wilhelm Piecks an Georgi Dimitroff
>   und D.S. Manuilski aus den Jahren 1937
>   bis 1941, in: Beiträge zur Geschichte
>   der Arbeiterbewegung, (1989) 4,
>   S. 488–499.

Weber, Hermann
und Dietrich Staritz (Hrsg.):
>   Kommunisten verfolgen Kommunisten.
>   Stalinistischer Terror und »Säuberungen«
>   in den kommunistischen Parteien Europas
>   seit den dreißiger Jahren, Berlin 1993.

Weber, Hermann
und Ulrich Mählert (Hrsg.):
>   Terror.
>   Stalinistische Parteisäuberungen
>   1936–1953, Paderborn 1998.

Wilhelmus, Wolfgang:
>   Das Schicksal der jüdischen Kommunistin
>   Adele Schiffmann, in:
>   Beiträge zur Geschichte der Arbeiter-
>   bewegung, (1990) 2, S. 220–229.

Zuravlev, Sergej:
>   >Malen'kie ljudi< i >bol'saja istorija<.
>   Inostrancy moskovskogo Eletrozavoda v
>   sovetskom obscestve 1920-ch – 1930-ch gg.
>   [>Kleine Leute< und >Große Geschichte<.
>   Ausländer des Moskauer Elektrowerkes
>   in der sowjetischen Gesellschaft
>   der zwanziger und dreißiger Jahre],
>   Moskva 2000.

AA	Auswärtiges Amt
AIZ	Arbeiter-Illustrierte-Zeitung
AMBRF	Archiv des Ministeriums für Sicherheit der Russischen Föderation
BA	Bundesarchiv
BPRS	Bund proletarisch-revolutionärer Schriftsteller Deutschlands
BstU	Der Bundesbeauftragte für die Unterlagen des Staatssicherheitsdienstes der ehemaligen Deutschen Demokratischen Republik
BzG	Beiträge zur Geschichte der Arbeiterbewegung
DDR	Deutsche Demokratische Republik
DFD	Demokratischer Frauenbund Deutschlands
DÖW	Dokumentationsarchiv des österreichischen Widerstandes
DVV	Deutsche Zentralverwaltung für Volksbildung
DZZ	Deutsche Zentral-Zeitung
EKKI	Exekutivkomitee der Kommunistischen Internationale
FSB	Federalnaja slushba bessopasnosti (russ.): Föderaler Sicherheitsdienst
GARF	Staatsarchiv der Russischen Föderation
GPU	Gossudarstwennoje polititscheskoje uprawlenije (russ.): Staatliche Politische Verwaltung; Bezeichnung für den sowjetischen Geheimdienst 1922–1934
GULag	Glawnoje uprawlenije lagerej (russ.): Hauptverwaltung für Lager, zugleich Synonym für sowjetische Lager
IKK	Internationale Kontrollkommission der Komintern
ILS	Internationale Lenin-Schule
IM	Inoffizieller Mitarbeiter
IML	Institut für Marxismus-Leninismus beim Zentralkomitee der SED
IRH	Internationale Rote Hilfe, russ.: MOPR
IVRS	Internationale Vereinigung Revolutionärer Schriftsteller
IWK	Internationale wissenschaftliche Korrespondenz zur Geschichte der deutschen Arbeiterbewegung
KI	Kommunistische Internationale
KJVD	Kommunistischer Jugendverband Deutschlands
KMU	Karl-Marx-Universität Leipzig
Komintern	Kommunistische Internationale
KP	Kommunistische Partei
KPD	Kommunistische Partei Deutschlands
KPdSU(B)	Kommunistische Partei der Sowjetunion (Bolschewiki)
KPÖ	Kommunistische Partei Österreichs
KPR(B)	Kommunistische Partei Russlands (Bolschewiki)
KUNMS/KUNMW	Kommunistitscheskij universitet nazionalnich menschinstw Sapada (russ.): Kommunistische Universität nationaler Minderheiten des Westens
MASCH	Marxistische Arbeiterschule
MfS	Ministerium für Staatssicherheit
MKOG	Militärkollegium des Obersten Gerichts
MOPR	Meshdunarodnaja organisazija pomoschtschi borzam revoluzii (russ.): Internationale Rote Hilfe (IRH)
NKFD	Nationalkomitee Freies Deutschland
NKWD	Narodnij komissariat wnutrennich djel (russ.): Volkskommissariat für innere Angelegenheiten; Bezeichnung für den sowjetischen Geheimdienst 1934–1946
NSDAP	Nationalsozialistische Deutsche Arbeiterpartei
PA-AA	Politisches Archiv des Auswärtigen Amtes
RGASPI	Russisches Staatsarchiv für Soziale und Politische Geschichte, Moskau (bis 1999 RZChIDNI)
RGI	Rote Gewerkschafts-Internationale
RSHA	Reichssicherheitshauptamt der SS
RSFSR	Russische Sozialistische Föderative Sowjetrepublik
RZChIDNI	Russisches Zentrum für die Aufbewahrung und das Studium von Dokumenten der neueren Geschichte, Moskau (ab 2000 RGASPI)

SA	Sturmabteilungen der NSDAP
SAPMO-BA	Stiftung Archiv der Parteien und Massenorganisationen der DDR im Bundesarchiv
SBZ	Sowjetische Besatzungszone
SED	Sozialistische Einheitspartei Deutschlands
SMAD	Sowjetische Militäradministration in Deutschland
SPD	Sozialdemokratische Partei Deutschlands
SS	Schutzstaffel der NSDAP
SSAL	Sächsisches Staatsarchiv Leipzig
TASS	Telegrafnoje agenstwo sowjetskaja sojusa (russ.): sowjetische Nachrichtenagentur
UAP	Unabhängige Arbeiter-Partei (seit 1962)
UdSSR	Union der Sozialistischen Sowjetrepubliken
UNKWD	Uprawlenije narodnogo komissariata wnutrennich djel (russ.): Verwaltung des Volkskommissariats für Innere Angelegenheiten
USPD	Unabhängige Sozialdemokratische Partei Deutschlands
WKP(B)	Wsjesojuznaja kommunistitscheskaja partija/Bolschewikow (russ.): Kommunistische Allunionspartei der Bolschewiken, Bezeichnung der KPdSU bis 1952
ZPA	Zentrales Parteiarchiv (der SED)
ZK	Zentralkomitee (der SED)

Abbildungsliste

(Es gehört mit zu den in diesem
Band verhandelten historischen Schicksalen,
dass wir nur über wenig historisches
Fotomaterial verfügen. Auch die zum Teil
schlechten Vorlagen sind den Zeitumständen
geschuldet. Trotzdem haben wir sie hier
aufgenommen und ihnen den Vorrang
gegenüber späteren Zeugnissen gegeben)

**Zum Beitrag
von Simone Barck**

Abb. 1
Grenztor von Negoreloje 1935
    Quelle: Maria Osten:
    »Gubert v strane tschudes«, Moskwa 1935,
    S. 69

Abb. 2
Familie Pieck beim Baden in Kunzewo,
August 1938
Stehend von links nach rechts:
Arthur Pieck (Sohn von Wilhelm Pieck),
Elli Winter (Tochter von Wilhelm Pieck),
Ursel Lode (Schwester von Grete Lode-Pieck),
Lore Pieck (Tochter von Wilhelm Pieck)
Sitzend von links nach rechts:
Wilhelm Pieck, Mutter Lohbeck (Haushälterin),
Grete Lode-Pieck (Frau von Arthur Pieck),
Theo Winter (Schwiegersohn von Wilhelm Pieck)
    Quelle: SAPMO-BA, Bild Y 10 – 11271N

Abb. 3
Familie Pieck in Kunzewo, August 1938
Von links nach rechts:
Eleonore Staimer (Tochter von Wilhelm Pieck,
mit dem Rücken zur Kamera), Lore Pieck,
Ursel Lode, Mutter Lohbeck, Elli Winter, Grete
Lode-Pieck
    Quelle: SAPMO-BA, Bild Y 10 – 123/00

Abb. 4
Maria Osten (Gresshöner) mit ihrem
Mann, dem russischen Filmregisseur
J. Tscherbjakow, um 1929
    Quelle: Hanna Kosterlitz, London

Abb. 5
Maria Osten und Julia Annenkowa, die
Chefredakteurin der DZZ, auf einer Veranstaltung
im Moskauer Presseclub anläßlich des
50. Geburtstages von Ernst Thälmann, 6.4.1936
Vordere Reihe von links:
der italienische Schriftsteller Giovanni
Germanetto, Prof. Julius Schmidt, Maria Osten,
Julia Annenkowa, Fritz Heckert
Hintere Reihe von links:
Grigori Schneerson, Ernst Busch, Hans Hauska,
unbekannt
    Quelle: SAPMO-BA

Abb. 6
Maria Osten als Sonderberichterstatterin aus
Spanien, dreißiger Jahre
    Quelle: Ernst Busch-Album

Abb. 7
Haftfoto von Maria Osten, 1941.
    Quelle: GARF, Fond 10035,
    Ermittlungsakte

**Zum Beitrag
von Reinhard Müller**

Abb. 8
Carola Neher mit ihrem Sohn Georg, 1936
    Quelle: Arbeiter-Illustrierte-Zeitung
    Nr. 5/1936, S. 95

Abb. 9
Familie Wolf, Moskau 1935
Von links nach rechts:
Martha Ruben-Wolf, Walter Wolf, Sonja Wolf,
Lothar Wolf
    Quelle: privat

**Zum Beitrag
von Meinhard Stark**

Abb. 10
Käte L. vor ihrem selbstgebauten
Blockhaus in einem sibirischen Dorf bei
Nowosibirsk, Ende der vierziger Jahre
    Quelle: privat

Abb. 11
Erna Kolbe, Moskau 1937,
sechs Monate vor ihrer Verbannung
    Quelle: privat

Abb. 12
Eingabe von Erna Kolbe an das Volks-
kommissariat für Innere Angelegenheiten
(NKWD) zur Wiederaufnahme ihres
Verfahrens, 25. August 1940
    Quelle: privat

Abb. 13
Mimi Brichmann während ihres Interviews
mit Meinhard Stark 1993
Quelle: Meinhard Stark

Abb. 14
Deutsche Exilantinnen als Verbannte
in Kasachstan, Anfang der fünfziger Jahre
In der Bildmitte Eva B.
Quelle: privat

Abb. 15
Eva B., 1937 bis 1954 Lager und
Verbannung, während ihres Interviews
mit Meinhard Stark 1991
Quelle: Meinhard Stark

**Zum Beitrag
von Hans Schafranek**

Abb. 16
Schutzbündlerfrauen bei Näharbeiten,
dreißiger Jahre
Quelle: Privatarchiv Natalija Mussijenko

Abb. 17
Passfoto von Eleonore Reisberg
Quelle: privat

Abb. 18
Grete Birkenfeld
als Lehrerin an der Karl-Liebknecht-Schule,
dreißiger Jahre
Quelle: Dokumentationsarchiv
des österreichischen Widerstandes, Wien

Abb. 19
Mimi Brichmann mit
ihrem Lebensgefährten Fritz Wirgien,
1934 in Engels
Quelle: privat

**Zum Beitrag
von Ulla Plener**

Abb. 20
Marta Globig mit ihrem Sohn Georg, 1923
Quelle: privat

Abb. 21
Käte Dünow mit ihrem Sohn Alexej
(1941–1945), um 1943/44
Quelle: privat

Abb. 22
Anna und Rudolf Tieke mit Tochter Ursula,
um 1934/35
Quelle: privat

Abb. 23
Gerda Hauser, Moskau um 1936/37
Quelle: privat

Abb. 24
Kurt und Käte Lesch (Käte Dünow)
in Leningrad, 1933/34
Kurt Lesch sitzend, erste Reihe, 4. von links
Käte Lesch stehend hinter ihm, 4. von links
Quelle: privat

Abb. 25
Emma Tromm, Moskau 1934
Quelle: privat

Abb. 26
Wanda Bronska in Moskau,
dreißiger Jahre
Quelle: privat

Abb. 27
Karla Flach, vierziger/fünfziger Jahre
Quelle: privat

Abb. 28
Karla Flach nach dem Ende
ihrer Verbannung, Suchumi, UdSSR 1955
Quelle: privat

**Zum Beitrag
von Christa Uhlig**

Abb. 29
Gertrud Bobek vor 1933 mit ihrem
Mann Dr. Felix Bobek
Quelle: privat

Abb. 30
Gertrud Bobek mit ihren Töchtern Eva (links)
und Anneli (rechts), Moskau 1937
Quelle: privat

Abb. 31
Brunhilde Hebel in Engels, Mitte der
dreißiger Jahre
Quelle: privat

Abb. 32
Fingerabrdrücke von Brunhilde Hebel,
aufgenommen in NKWD-Haft, Engels 1939
Quelle: privat

Abb. 33
Elisabeth Zaisser, 1952
Quelle: SAPMO-BA, Bild Y 10 – 3639/67 N

**Zum Beitrag
von Natalija Mussijenko**

Abb. 34
Elsa Weber (Mitte) 1925 als Studentin
der Kommunistischen Universität nationaler
Minderheiten des Westens (KUNMW)
Quelle: Privatsammlung
Natalija Mussijenko

Abb. 35
Sofia Krammer (1. Reihe, 2. von rechts)
mit den Bestschülern der
10. Klasse der Karl-Liebknecht-Schule, 1937
Quelle: Privatsammlung
Natalija Mussijenko

Abb. 36
Isolde Krömke (2. Reihe, 8. von links)
mit der 7. Klasse der
Karl-Liebknecht-Schule, 1936
Quelle: Privatsammlung
Natalija Mussijenko

Abb. 37
Haftfotos von Elisabeth Kelen-Bartos,
Physiklehrerin an der
Karl-Liebknecht-Schule, Februar 1938
    Quelle: GARF, Fond 10035,
    Ermittlungsakte

Abb. 38
Haftfotos von Fanny Neumann,
Absolventin der
Karl-Liebknecht-Schule, 1940
    Quelle: GARF, Fond 10035,
    Ermittlungsakte

**Zum Beitrag
von Uschi Otten**

Abb. 39
Zenzl und Erich Mühsam in Berlin,
23. Dezember 1924
    Quelle: privat

Abb. 40
Zenzl Mühsam in Iwanowo,
Oktober 1948
links: Elisabeth Kelen-Bartos (ungarische
Kommunistin, ehemalige Lehrerin an der
Karl-Liebknecht-Schule), rechts Zenzl Mühsam
    Quelle: privat

Abb. 41
Zenzl Mühsam in der DDR, 1956
    Quelle: Erich-Mühsam-Gesellschaft

Abb. 42
Lebenslauf Zenzl Mühsam,
3. August 1955
    Quelle: SAPMO-BA, IV 2/11/v. 5032

Abb. 43
Zenzl Mühsam in ihrer Pankower Wohnung,
fünfziger Jahre
    Quelle: SAPMO-BA, Bild Y 10 – 165/82 N

Abb. 44
Zenzl Mühsam in den fünfziger Jahren
    Quelle: SAPMO-BA, Bild Y 10 – 151/94 N

Abb. 45
Zenzl Mühsam mit Hermann Duncker,
Ende der fünfziger Jahre
Sitzend von links nach rechts: Hermann Duncker,
Zenzl Mühsam, Frieda Düwell, Li Weinert
(mit dem Rücken zur Kamera)
    Quelle: SAPMO-BA, Bild Y 10 – 163/82 N

**Zum Beitrag
von Rolf Harder**

Abb. 46
Lilly Becher, Berlin um 1931
    Quelle: Johannes-R.-Becher-Archiv,
    Stiftung Archiv der Akademie der Künste,
    Berlin.

Abb. 47
Lilly Becher, Berlin um 1945/46
    Quelle: Johannes-R.-Becher-Archiv,
    Stiftung Archiv der Akademie der Künste,
    Berlin.

Abb. 48
Lilly Becher mit ihrem Ehemann
Johannes R. Becher in Moskau, Winter 1936/37
    Quelle: Johannes-R.-Becher-Archiv,
    Stiftung Archiv der Akademie der Künste,
    Berlin.

**Zum Beitrag
von Frithjof Trapp**

Abb. 49
Ingeborg Franke (= von Wangenheim),
Szenenbild aus Gustav von Wangenheims Film
»Kämpfer«, Moskau 1936
    Quelle: Gustav-von-Wangenheim-Archiv,
    Stiftung Archiv der Akademie der Künste,
    Berlin

Abb. 50
Ingeborg Franke (= von Wangenheim)
und Bruno Schmidtsdorf,
Szenenbild aus Gustav von Wangenheims Film
»Kämpfer«, Moskau 1936
    Quelle: Gustav-von-Wangenheim-Archiv,
    Stiftung Archiv der Akademie der Künste,
    Berlin.

Abb. 51
Ingeborg von Wangenheim
mit den Söhnen
Edi (links) und Fridel (rechts), 1941
    Quelle: SAPMO-BA, Bild Y 10 – 122/00

Abb. 52
Gustav und Ingeborg von Wangenheim
mit den Söhnen
Edi (links) und Fridel (rechts), 1941
    Quelle: SAPMO-BA, Bild Y 10 – 121/00

**Zum Beitrag
von Carola Tischler**

Abb. 53
Josephine Boss in den dreißiger Jahren
    Quelle: Valentin Boss

Abb. 54
Adolf Boss mit Sohn Valentin in der
Sowjetunion, ca. 1935/36
    Quelle: Valentin Boss

Abb. 55
Josephine und Adolf Boss in der
Sowjetunion, ca. 1935/36
Von links nach rechts:
eine Bekannte, Josephine Boss, Adolf Boss
    Quelle: Valentin Boss

Abb. 56
Josephine Boss mit Sohn Valentin nach
der Verhaftung ihres Mannes
(d.h. nach März 1938)
    Quelle: Valentin Boss

**Die Autorinnen,
Autoren
und Herausgeber**

Simone Barck, geb. 1944
> Dr. sc., Literaturwissenschaftlerin,
> wissenschaftliche Mitarbeiterin
> am Zentrum für zeithistorische Forschung
> in Potsdam
> Schwerpunkte: Exilforschung,
> DDR-Geschichte

Anne Dignath, geb. 1976
> Studium der Germanistik,
> der Kunstgeschichte
> und der Allgemeinen und Vergleichenden
> Literaturwissenschaft
> an der Universität Mainz und der
> Freien Universität Berlin
> Schwerpunkte: Exilliteratur,
> Expressionismus, jüdische Lyrikerinnen

Areti Georgiadou
> Dr. phil., Publizistin und Juristin
> in Frankfurt am Main
> Schwerpunkt: Exilliteratur

Rolf Harder, geb. 1944
> Dr. phil., Archivar und Kulturwissen-
> schaftler, wissenschaftlicher Mitarbeiter
> der Stiftung Archiv der Akademie
> der Künste Berlin
> Schwerpunkte: Sowjetisches Exil
> deutschsprachiger Schriftsteller,
> Herausgabe der Werke und Briefe
> Johannes R. Bechers

Reinhard Müller, geb. 1944
> Dr. phil., Historiker,
> wissenschaftlicher Mitarbeiter
> am Hamburger Institut für
> Sozialforschung
> Schwerpunkte: Exil in der Sowjetunion,
> Stalinismus

Natalja Mussijenko, geb. 1946
> Diplom-Germanistin und Historikerin,
> ehrenamtliches Mitglied der
> »Gruppe zur Würdigung des Andenkens
> an die Opfer politischer Repressionen«
> bei der Regierung Moskaus
> Schwerpunkte: Schicksale der deutschen
> Emigranten in der Sowjetunion der
> zwanziger und dreißiger Jahre,
> Geschichte der Karl-Liebknecht-Schule
> in Moskau

Stefanie Oswalt, geb. 1967
Dr. phil., Historikerin,
freie Publizistin
Schwerpunkte: Geschichte und Literatur
deutscher Juden im 19. und 20. Jahrhundert, Exil, Gedenkstätten- und
Erinnerungskultur (besonders Ravensbrück, Berichte von Überlebenden
der Shoah)

Uschi Otten
Regisseurin, Dramaturgin, Autorin;
Arbeiten am Nationaltheater Mannheim,
Wiener Burgtheater, Volksbühne Berlin
Arbeitsschwerpunkt:
Frauenbiographien, z.B. Carola Neher,
Zenzl Mühsam

Rita Pawlowski, geb. 1941
Journalistin
Schwerpunkt: Frauenbewegung in der
sowjetischen Besatzungszone

Ulla Plener, geb. 1933
Dr. sc. phil., Historikerin,
freie Forscherin und Publizistin
Schwerpunkte: Geschichte
und Theorie der Arbeiterbewegung,
biographische Forschung

Anneke de Rudder, geb. 1967
M.A., Historikerin,
wissenschaftliche Mitarbeiterin an der
Gedenkstätte Deutscher Widerstand, Berlin
Schwerpunkte: Rezeption des
Widerstandes, Remigration,
Berliner Nachkriegsgeschichte

Hans Schafranek, geb. 1951
Dr. phil., Historiker in Wien
Schwerpunkte: Stalinismus, Geschichte
der deutschen und österreichischen
Emigration in die UdSSR

Beate Schmeichel-Falkenberg, geb. 1935
Publizistin,
zweite Vorsitzende der Gesellschaft
für Exilforschung, Gründerin und Leiterin
der AG »Frauen im Exil«
Schwerpunkt: Exilforschung

Eva-Maria Siegel, geb. 1957
Dr. phil., Literatur- und Kultur-
wissenschaftlerin,
Lise-Meitner-Stipendiatin
am Institut für deutsche Sprache und
Literatur der Universität zu Köln
Schwerpunkte: Exilliteratur, Frauen- und
Geschlechterforschung,
Diskursgeschichte des 19. Jahrhunderts

Meinhard Stark, geb. 1955
Dr. phil., Lehrer,
wissenschaftlicher Mitarbeiter am
Seminar für Osteuropäische Geschichte
der Ruprecht-Karls-Universität
Heidelberg
Schwerpunkt: Frauen im GULag

Carola Tischler, geb. 1963
Dr. phil, Historikerin,
wissenschaftliche Mitarbeiterin am
Lehrstuhl Geschichte Osteuropas
des Instituts für Geschichtswissenschaften
der Humboldt-Universität zu Berlin
Schwerpunkte: Geschichte Osteuropas,
Exilgeschichte

Frithjof Trapp, geb. 1943
Prof. Dr. phil., Germanist,
Leiter der Hamburger Arbeitsstelle
für deutsche Exilliteratur
Schwerpunkt: Verfolgung und Exil
1933–1945

Christa Uhlig, geb. 1947
Dr. paed., Erziehungshistorikerin,
Privatdozentin am Institut
für Allgemeine Pädagogik an
der Humboldt-Universität zu Berlin
Schwerpunkte: Geschichte der
Reformpädagogik, Erziehungs- und
Bildungsgeschichte der DDR.